数字

出版产业创新模式研究

SHUZI CHUBAN CHANYE CHUANGXIN MOSHI YANJIU

陈丹 著

科学技术文献出版社

SCIENTIFIC AND TECHNICAL DOCUMENTATION PRESS

图书在版编目(CIP)数据

数字出版产业创新模式研究/陈丹著.—北京:科学技术文献出版社,
2012.9

ISBN 978-7-5023-7072-5

Ⅰ.①数⋯ Ⅱ.①陈⋯ Ⅲ.①电子出版物-出版工作-研究-中国
Ⅳ.①G239.2

中国版本图书馆 CIP 数据核字(2011)第 222035 号

数字出版产业创新模式研究

策划编辑:孙微巍 责任编辑:洪 雪 责任校对:赵文珍 责任出版:王杰馨

出 版 者	科学技术文献出版社
地 址	北京市复兴路 15 号 邮编 100038
编 务 部	(010)58882938,58882087(传真)
发 行 部	(010)58882868,58882866(传真)
邮 购 部	(010)58882873
官 方 网 址	http://www.stdp.com.cn
淘宝旗舰店	http://stbook.taobao.com
发 行 者	科学技术文献出版社发行 全国各地新华书店经销
印 刷 者	北京金其乐彩色印刷有限公司
版 次	2012 年 9 月第 1 版 2012 年 9 月第 1 次印刷
开 本	710×1000 1/16 开
字 数	332 千
印 张	20.25
书 号	ISBN 978-7-5023-7072-5
定 价	42.00 元

序　言

陈丹副教授的专著《数字出版产业创新模式研究》即将面世。这是我期待中的重要事情。我之所以期待,原因有三:一是新世纪以来数字出版风起云涌,出版业数字化转型压力陡增,而数字出版产业创新模式的研究却很不足,出版产业亟需科研方面的支持和指引;二是陈丹副教授长期从事数字出版的教学和研究,已有不少专题文章发表,近年来她十分专注于数字出版产业教学和实践研究,我们期待她奉献新的著述;三是出于我对陈丹副教授的担心和祝愿。陈丹副教授现为北京印刷学院新闻出版学院常务副院长,身陷繁忙的院务工作,尽管她充满激情地工作,时有创新之举,我却不免要替她有所担心,担心她在专业上的发展受到太大的影响。我是衷心希望她在院务和专业两个方面都可得兼,成就两全其美的事业人生。然而,不曾想,我的担心乃是一个杞忧,眼前就有一部专著如期而至。

《数字出版产业创新模式研究》是一部与数字出版产业同步向前探索的专著。数字出版是对整个出版业生产方式和业务流程进行数字化的过程,从这个意义上说,数字出版将是出版业领域的一次重大变革,势必给出版业各个方面带来关键性的变化。在这场涉及诸多方面的变化中,产业层面的变化则尤其具有革命性。其中,传统出版产业数字化出版的嬗变,新兴数字出版机构的创立,数字出版产业要素的创新,数字出版产业链的构建,以及产业政策预设,如此等等,无不具有"其命维新"的意义。本书即以此为主要对象,立足于产业创新模式的研究,令人有登高望远、总揽全局之感。全书从数字出版产业的发展状况和研究态势的归纳和综述开始,在数字出版产业发展现状及特点研究的基础上,迅速进入不同产业主体的创新案例分析,这些案例堪称我国数字出版领域目前具有典型意义的不同实例,由此提炼出构建数字出版产业创新体系的任务,即数字出版的创新要素、创新主体和创新类型,并在此基础上形成数字出版创新体系模型,并对未来的数字出版创新模式进行构想,对企业和政府相关部门提出若干重要建议。全书建立在扎实的实践基础之上,既对发展中的数字出版产业有着直接的观照和深致的把握,又能对企业和政府提出具有可行性价值的建议,颇为可贵。一位长期置身高校教学工作的研究者,倘无实践至上的科学精神和实事求是的科学态度,是难以达到这样的科研境界的。

《数字出版产业创新模式研究》也是一部具有较强理论价值的数字出版研究专著。我们说研究者具有实践至上的科学精神和实事求是的科学态度,并非是对其理论研究及其理论价值有所贬抑或者些微的轻视。恰恰相反。我以为,只有将实践与理论有机结合,特别是让个案研究搭乘可靠的理论之舟,方可能让这种对实践的研究得到深化,并上升到理论的层面。本书较好地运用了由美籍奥地利经济学家熊彼特(Joseph A Schumpeter)首次提出的创新理论(Innovation theory),运用了当前国内外关于产业创新研究的各种理论成果,如技术创新、产品创新、流程创新、管理创新、服务创新、市场创新等方面的理论,创造性地提出创建数字出版创新体系模型的研究任务。其中蕴含的理论逻辑是严密而可靠的。全书从数字出版创新生命周期的时间、数字出版创新过程中的创新程度、不同创新的类型三个维度,勾勒数字出版产业的创新曲线,将创新理论与数字出版产业有机结合起来,创建了若干数字出版产业创新体系模型,在数字出版理论研究上有着独特的贡献。鉴于我国对数字出版的研究一直比较集中在"技术支持"、"赢利模式"、"版权保护"、"人才培养"等方面,而较少针对数字出版企业以及整个产业体系建设开展研究,益发显得本书的研究及其成果具有可贵的理论价值。

《数字出版产业创新模式研究》无疑还是一部具有较强创新精神的数字出版研究专著。如前所述,在数字出版研究中,本书将研究重点集中在数字出版企业以及整个产业体系建设上,确立了全书创新的起点。诚如书中所指出,在数字出版方面,并不是所有的传统出版单位都有胆量充当"第一个吃螃蟹的人"、"摸着石头过河"的角色,数字出版发展探索之路一直是崎岖不平的,因而研究的重点落在企业和产业体系上,也体现了研究者的勇气和敏锐。在数字出版创新模式的分析中,本书根据数字出版发展的实践,归纳出四种基于不同创新主体的创新模式,即内容提供商主导的产品创新模式、内容运营商主导的服务创新模式、技术服务商主导的技术创新模式、终端设备提供商主导的体验创新模式,并对未来数字出版的创新模式进行了构想,这是全书在本课题中最为重要的创新之处。这些典型案例和创新模式显然具有宣传推广价值,可以对全国相关数字出版的企业发展起到一定的引领作用,为经济发展方式转变和产业结构升级发挥一定的推动作用。而专著最后对企业和政府部门提出的具有可行性的若干建议,同样可以称得上是一种创建,体现了研究者的创新精神和责任感、使命感,值得称道。

在我强调指出了《数字出版产业创新模式研究》一书所具有的实践性、理论性和创新精神之后,我还要特别表达一个感受,那就是:这部专著对当前数字出版研究状况进行了比较全面的介绍和讨论,对数字出版生产过程的各个环节知识也做了比较详细的介绍和研究。这样一来,全书便显得更为完整、扎实、实用,更为有利于科研与教学的结合。而要把学问做到这个地步,显然需要研究者下一番硬功夫和死功夫,需要研究者长期的积累和深入细致的考察。想到陈丹副教授虽然院务工作倥偬,专业研究和教学却不曾有所松懈乃至放弃,专著写作并不曾有所粗疏、敷衍,全书文字晓畅,表述准确全面,对她的敬意在我心中油然而生。

是为序。

2011 年 10 月

聂震宁:韬奋基金会理事长、中国出版协会副理事长、北京印刷学院新闻出版学院院长、中国出版集团公司前总裁

CONTENTS

目录

第一章

绪　论

我国古代曾经历了两次大的出版革命。第一次是汉代蔡伦发明的造纸术，这是出版介质材料的伟大革命。纸张简便易携，很快取代了竹木简牍、石碑等记载和传播文化的介质。第二次是宋代毕昇发明的活字印刷术，这是在发明纸的基础上一次复制方法的伟大革命。有了印刷术之后，文化作品才得以大批量地复制传播。

数字出版的兴起被人们称为出版史上的第三次革命。数字出版结束了活字印刷作为主要复制手段的历史，在一定程度上，也结束了纸张作为主要出版载体的历史。1975 年，北京大学王选教授对国家正要开展的汉字激光照排项目发生了兴趣，大胆创新，研发出了汉字精密照排系统，终于在 20 世纪 80 年代引发了我国出版业"告别铅与火，迈入光与电"的技术革命。数字出版包括传统出版业的数字化和新兴的数字出版媒体两方面。事实上，在今天纯粹意义上的传统出版已不复存在，即使纸质出版物，其编辑出版流程也都离不开数字技术的应用。第三次出版革命已经进入到了新闻出版领域的各个角落。

数字出版是以电子数字转化、复制、储存和传输等现代高新技术为主要特征的。数字出版促进了出版载体和复制技术多元化。从 20 世纪下半叶开始，随着计算机技术、电子数字技术、现代通信技术、互联网技术等高新技术的发明和成熟，不仅录音带、录像带、CD 光碟、VCD 光碟、DVD 光碟、电子图书、数字杂志等新型数字出版物先后跻身于出版物行列，互联网、计算机乃至 MP3 播放器、电子阅读器、手机等也都成了承载出版内容的新型载体。纸张作为主要出版载体和活字印刷作为主要复制技术的历史，已被完全打破。

另外，数字出版的出现和发展也使出版物可承载内容进入了无限丰富的崭新时代。现在，一张方寸大小的光盘就足以容纳几百本纸质图书的信息，一部电子书就可以承载几十、几百种纸质图书，一个期刊数据库便可将全国乃至全球的期刊纳入其中。全球最大的网络书店亚马逊公司推出的 Kindle 阅读器，仅重 290 克，却可存储 200 本纸质图书，并可像手机一样与互联网保持实时连接。

新型复制技术和载体的出现还推动多媒体技术快速发展,数字出版物承载和传播的已不仅是静止的文字符号和图片信息,而且包括各种色彩丰富的动态画面,悦耳动听的音乐以及有声的朗读、解说。一个多种媒体集合而成的立体内容时代已伴随着数字出版物翩然而至。

数字出版观念的普及正改变着人们的阅读方式,图书、报纸、杂志等内容资源数字化加工后,运用先进的数字版权保护技术(DRM),通过互联网、无线网以及存储设备进行传播,用户在移动阅读设备上通过阅读软件实现阅读和听书等功能。这样一来,人们就能在地铁里、公交车上、等人的过程中随时阅读,充分利用碎片化时间,适应城市快节奏生活。中国出版科学研究所发布的第六次国民阅读调查报告显示,国民图书阅读率呈持续下降趋势,同时,网络阅读率急剧上升,发展势头迅猛而且速度很快,读者的阅读方式、阅读习惯正在发生着革命性的改变。

数字出版不是做几本电子书那么简单,而是整个生产方式和业务流程的数字化,从这个意义上说,数字化改造将是出版业领域的一次技术革命,它将给出版业的方方面面带来关键性的变革。出版业必须进行生产、流通手段的转型以满足这种需求的变化。

不是所有的出版单位都有胆量充当"第一个吃螃蟹的人",身先士卒的出版单位在实践中"摸着石头过河",逐步探索出自己的数字出版模式。虽然探索之路崎岖不平,但是在对市场情况和自身优势进行充分研究的基础上,他们形成了各具特色的数字出版创新模式。而这些创新模式,也是值得那些对数字出版怀着好奇之心却又踌躇不前的传统出版单位借鉴和学习的。

第一节　研究意义

创新不仅仅是一种理论研究,更重要的是一种实践活动,它为经济发展方式转变和产业结构升级提供可能性。以提供出版物产品和知识服务为主要特征的数字出版产业,成为当今出版产业科技与经济结合过程中发展最快、最活跃的领域,对经济优化升级以及服务国家自主创新战略具有重要促进作用。在创新的驱动下,数字出版的发展劲头十足,主要体现在以下几个方面。

(1)数字出版业务迅猛发展,产业机会凸显

数字化、网络化是出版业发展的大潮流、大趋势。国外一些有着几百年发展历史的报纸停止纸质出版,全部采用电子版和网络版;一些国际知名出版集

团数字、网络业务已经占其年度销售额的 60% 以上;有的出版社为了尽快进入网络出版领域,宁可割舍掉传统出版的看家业务,集中精力投入到网络出版业务领域中。据剑桥大学出版社首席执行官 Stephen Bourne 估算,目前剑桥大学出版社有大约 22% 的收入来自于数字出版业务。到了 2020 年,剑桥大学出版社 2/3 的收入将来自数字出版。

数字出版正面临一次前所未有的产业机会。事实证明,数字出版会突破传统出版赢利模式,并有望深刻改变新闻出版业的竞争格局。有机构分析,我国数字出版市场潜能比国外还要巨大。以电子书产品市场为例,据 PWC 普华永道国际会计公司预测,未来两年,美国将以年均 22% 的速度增长,2013 年可达到 32 亿美元;中国则将以年均 73% 的速度增长,2013 年可达到 6 亿美元。

(2)相关政策激励,推动数字出版产业发展

"十一五"期间颁布实施的《国家"十一五"时期文化发展规划纲要》、《新闻出版业"十一五"发展规划》、《文化产业振兴规划》以及国务院下发对新闻出版总署的新"三定"方案等一系列政策措施都做出过相应规定,对近年来数字出版产业的快速发展产生影响。

2010 年 8 月,国家新闻出版总署颁布实施《关于加快我国数字出版产业发展的若干意见》(以下简称《若干意见》),要求"以数字化带动新闻出版业现代化,鼓励自主创新,研发数字出版核心技术,推动出版传播技术升级换代,构建传输快捷、覆盖广泛的现代新闻出版传播体系"。

《若干意见》指出,"到'十二五'末,我国数字出版总产值力争达到新闻出版产业总产值 25%,整体规模居于世界领先水平"。根据《若干意见》安排,"十二五"期间,要在全国形成 8～10 家各具特色、年产值超百亿元的国家数字出版基地或国家数字出版产业园区,形成 20 家左右年主营业务收入超过 10 亿元的具有国际竞争力的数字出版骨干企业。到 2020 年,传统出版单位基本完成数字化转型,其数字化产品和服务的运营份额在总份额中占有明显优势。这意味着,"十二五"期间,数字出版业以企业为主体的创新体系将逐步建立健全,数字出版迎来又一轮发展黄金期。

(3)新兴"网络一代"催生巨大的数字内容消费市场

据研究估算,恩格尔系数在人均 GDP 为 100 美元以下时达到 53.2%,而在人均 GDP 为 1000 美元时,恩格尔系数是 28.4%,下降 24.8%。人均 GDP 达到 1000～3000 美元阶段,居民吃穿类消费比重会显著下降,文化娱乐等将成为新的消费热点。而 2010 年度统计数据显示,我国现在人均 GDP 即将达到 4000

美元。

最近一项针对占我国总人口 40％以上的"网络一代"（即 1970—2000 年出生人口）的调查指出，数字出版物在我国"网络一代"的读者中正在以每年 30％的速度增加。事实上，我国"网络一代"对数字出版内容的消费需求正在快速增加。可以预见，迅速扩大的数字内容消费群体，或将成为对电子书、手机报、网络视频等数字出版产品消费需求增长的主要拉动力量之一。

（4）科技金融结合，助力数字出版企业自主创新

数字出版与手机、电信网络的紧密结合是数字出版实现赢利的重要途径。同样，数字出版企业技术创新和资本市场的紧密结合抑或成为驱动数字出版产业发展的重要引擎。

可以看到，《若干意见》明确指出，"十二五"期间要"面向全社会，推动设立扶持数字出版专项资金，重点用于数字出版公共服务平台和骨干项目建设"；要"鼓励社会各界参与数字出版产业发展，用足用好金融领域支持文化产业振兴和繁荣发展的优惠政策，拓宽投融资渠道，引入战略投资者，实现投资主体多元化"。这表明，推动数字出版企业科技创新与社会金融资本的结合，将成为未来推动数字出版产业发展的一项重要举措。[①]

当然，在数字出版产业飞速发展的同时，我们仍然需要看到，数字出版产业的发展还存在诸多问题。

（1）数字出版产业没有成熟的经营模式

各行业呈非均衡发展，市场正在培育过程中，还没有出现比较成熟的经营模式。出版单位的数字化发展有快有慢，产业发展不均衡，发展道路不明确。传统出版企业生产方式、运营模式、管理方式等有待革新。因此，摸索出数字出版产业创新模式是亟需解决的问题。

（2）数字出版行业标准滞后

技术提供商期望出版社提供符合其标准格式的数字内容，而出版社希望作者能提供符合其出版软件支持格式的稿件内容，消费者则对不同技术提供商提供的不同数字平台之间难以无缝对接而烦恼。另一方面，数字出版跨部门、跨行业的标准博弈也初露端倪。

（3）数字出版产业与创新模式相结合的研究尚起步

在对前人关于数字出版的研究成果进行综述和总结时，发现关于数字出版

---

① 杨　靖.创新驱动给力数字出版［N］.科技日报，2011-07-06（007）.

的研究大多是从数字出版发展的"技术要素"、"赢利模式"、"版权保护"和"人才培养"等几个方面着手,创新理论研究也极少与数字出版产业相结合。

在当前经济全球化日益深入和新的科技革命即将来临的新形势下,本书关注研究数字出版产业的发展方向和发展态势,以及数字出版技术应用和数字出版产业整合等方面的问题。通过梳理目前我国数字出版领域具有典型代表性的几个数字出版企业的发展和创新过程,本书提炼出数字出版的创新要素、创新主体和主要的创新类型,并在此基础上创建了数字出版创新体系模型。以此模型,本书总结提炼了目前我国数字出版产业的几种创新模式,并对未来数字出版创新模式进行了构想。在理论层面,本书的研究在一定程度上丰富了数字出版创新模式理论方面的研究;在实践层面,也有利于党政部门对新产业形态最新进展以及科技服务业的特征和发展模式有清晰地认识,对政府采取新的政策措施提供支撑服务,也可对培育扶持经济新增长点,正确引导数字出版产业的发展、促进经济优化升级实现可持续发展具有一定的现实指导意义;同时,本书所研究的典型案例和创新模式也具有宣传推广价值,可以促进业内交流,也可以对全国相关数字出版企业的发展起到一定的引领和指导作用。

第二节 研究综述

本书着力研究数字出版产业创新,现主要对"数字出版"及"产业创新"相关文献进行梳理与综述。

一、数字出版研究综述

进入 21 世纪以来,随着数字技术的不断发展,探讨数字出版的文献也越来越多,数字出版的学术关注度逐渐增高。从中国知网(CNKI)"中国学术文献网络出版总库"中以"数字出版"为主题搜索到的相关文献量来看,学术界对数字出版的关注在进入 21 世纪后逐步加强,尤其是 2007 年以来的四年,发文量每年都超过 300 篇,且增长速度加快。可见,近年来,数字出版已成为学界和业界共同关注的热点话题。通过梳理相关文献发现,数字出版研究主要集中在以下几个主要方面。

(一)数字出版技术

数字出版技术是学界讨论的热点话题之一。其中,云计算成为数字出版技术研究中的热点话题。云计算是网络运行的新的核心技术,其基本原理是用户所需的应用程序并不需要运行在用户的个人电脑、手机等终端设备上,而是运行在互联网的大规模服务器集群中;用户所处理的数据也并不存储在本地,而是保存在互联网的数据中心;这些数据中心正常运转的管理和维护则由提供云计算服务的企业负责,并由它们来提供足够强的计算能力和足够大的存储空间,以保证消费者在任何时间、任何地点享受云计算服务。云计算这种新型计算方式的提出,使数字出版的进程又进一步加快了。数字动漫、手机出版、网络出版与营销等以新技术为支撑的数字出版业也正在积极利用先进的云计算技术作为数字出版发展的助推器。

邓向阳、彭祝斌在《云计算——数字出版业发展的助推器》一文中提出如下观点。首先,云计算应用有利于数字出版信息资源的整合。信息收集、处理、存储和共享是数字出版业发展的关键环节。数字出版业要想做到规模化经营,必须具备对数字信息的快速处理能力,云计算的存储能力和虚拟化技术可以在很大程度上满足数字出版业的需求。其次,云计算应用能增强数字出版的按需出版服务能力。云计算的另一个优势是易伸缩性,即云计算可根据消费者需求自由地调整规模,满足不同层次和规模的消费者需求,这对以按需出版为重要特征的数字出版业来说无疑具有极大的吸引力。对目前国内出版企业来说,实行按需出版的障碍不仅仅是数字印刷机、胶装机和切纸机等硬件设备,还包括集数字内容管理、订单管理、生产流程管理及物流、配送、生产信息管理于一体的按需出版集成管理系统。最后,云计算应用能有效降低数字出版成本。云计算技术有特殊的容错措施,可以通过数字资源格式和设备的标准化来降低经营成本,在数字出版业的应用中可以减少出版企业系统软件的投资。

在研究文献中,许多学者提到目前我国数字产品的格式众多,缺乏相关标准。和国外相对统一的数字出版格式相比,我国的出版制式显得多而乱,几乎是一个出版机构一种格式。国内目前电子书主要的阅读格式就有 Adobe 的 PDF、知网 CAJ、方正 CEB、书生 SEP、超星 PDG 等,多达 20 种左右,用户面对不同的出版商都必须选用不同的阅读器和软件,增加用户阅读成本必然导致用户流失,同时也是一种资源浪费。[①] 这种技术障碍不仅仅表现在产品格式上,同样存在于生产过程中,出现横向不统一和纵向不统一的问题。横向不统一,即同一出版企业采用不同技术企业的数字流程,每一个企业有独特的文件格式;纵向的不统一,即某一企业采用了同一企业数字流程,但不同时期的文件格式

---

① 严定友. 传统出版社数字出版模式设计原则[J]. 中国出版,2009(6).

不一样。有学者以方正飞腾软件为例,飞腾 3.0 和 4.0 以及后来的 4.1 和 5.1 之间格式不兼容,由此导致的后果是历史的数字成果不能在现时使用;同时由于技术原因,出版企业在历史数据保存与质量之间取舍不当,导致现时不能使用历史数据,这主要表现在为保存不惜压缩文件大小,过度压缩后,打开的文件出现不清晰等问题。

在相关文献中,多数学者提出,需要制定我国数字出版的统一制式,实现数字出版标准化,从而达到不同终端、不同时期可以无障碍阅读。聂震宁在比较国内外的数字出版的差异后,提出标准化是终结我国数字出版业"孤岛现象"的有效措施。他认为在数字出版业,"国内外的多种出版制式,导致用户必须使用不同的阅读器,这在一定程度上增加了用户阅读的成本,也可能在无形中造成数字图书的用户不断流失。目前由于数字出版服务业并没有搭建统一的联盟平台或者有效的整合技术,也就造成了数字出版商之间不能互通,从而形成信息资源的荒置和浪费,出现'信息孤岛',这与跨媒体出版所提倡的'一次制作,多元应用'理念背道而驰"。[①]

何格夫则认为我国的数字出版标准化问题长期得不到解决,成为困扰数字出版发展的难题之一。其主要原因有:①在互联网领域中,中文标准严重缺失,4000 项国际标准中只有 3 项由中国制定;②除了互联网基础性标准外,数字出版产业的标准化还包括出版元数据的标准化、网络出版的标准化、出版物流系统的标准化等;③我国目前数字出版的技术系统和装备系统缺乏行业的总体标准,地域分割性较强,难以做到统一,致使元数据和信息交换格式未能形成标准;④数字出版管理格式、数字出版防伪的保密、版权保护等技术问题还不完善。[②]

(二)数字出版赢利模式

在数字出版规模逐步扩大的同时,业界和学界也看到,我国数字出版的赢利模式尚不成熟。在相关研究中,有观点认为导致这一结果的原因主要是观念问题、资金问题、渠道问题和体制问题。也有研究认为,传统出版机构数字化没有形成赢利模式的原因首先在于仅是把原有的内容简单地转化,没有进行深度开发,加之为数不少的出版机构,特别是期刊社和小型出版社,由于经济实力有限,不能向数字化转型中投入更多资本,以至于无法放大优势,扩建销售渠道等。同时,还认为我国传统的出版机构受制于事业机构的影响,有意无意地形

---

① 聂震宁. 数字出版:距离成熟还有长路要走[J]. 出版科学,2009(1).
② 何格夫. 当前制约我国数字出版发展的六个因素[J]. 编辑之友,2008(2).

成了"等、靠、要"的思想。还有研究提出一个不容忽视的倾向,我国数字出版的内容和技术分离,也就是有技术的没有内容,有内容的没有技术,同时双方各守其利,没有共同的目标,且在利益分配过程中,内容提供方处于弱势状态对数字化的热情不高。

同时,不少研究立足于对数字出版赢利模式归纳总结。李红强将国内数字出版业赢利模式归纳为五种商业模式:一是威立的互动原创模式;二是电子阅读器的收费下载模式;三是以徐静蕾、起点中文网、榕树下为代表的网络原创模式;四是以谷歌图书搜索为代表的广告模式;五是亚马逊的按需印刷模式。[①] 其中,阅读器收费阅读和按需印刷模式得到广泛认可。不少学者认为,这两种赢利方式有利于节约成本,刘锦宏运用成本收益理论对按需印刷进行定量和定性的研究,其结论是按需印刷可以降低成本,达到有效传播,提高利润率。[②]

刘灿姣、姚娟、刘治认为未来的数字出版应该有五种基本模式,即版权赢利模式、用户创造内容模式、专业服务模式、增值服务赢利模式和联合经营赢利模式。[③] 在该研究中,研究者以比较研究的方式进行研究,每一个模式都借鉴国外经验,特别是以美国成功的案例进行佐证,支撑其论点。

陈洁在对影响数字出版赢利因素分析的基础上,提出基于群组信任的数字内容在线支付模式、门户网站读书频道阅读收费模式等可行赢利模式。在传统出版发展数字出版的赢利模式探寻中,针对具体数字出版形态特征,可采用的赢利模式不尽相同,如教育出版对应教育信息服务模式,大众出版发展与内容相应市场互动模式,专业出版则适合基于知识结构的定制模式。出版与手机的紧密结合是数字出版实现赢利的重要途径。[④]

闫翔、冷熠总结了现有数字出版赢利状况之后,提出了专业出版社如何适应和构建赢利模式的思路。他们认为,专业出版社可以依托其专业优势,在解决版权问题的基础上,组织建立专业知识数据库,为特定人群服务。此外,还有研究者认为,现阶段,国内数字出版谈赢利模式为时尚早,当下主要是考虑如何实现价值补偿或构建价值补偿机制。[⑤]

(三)数字出版版权保护

数字出版作为我国近几年新兴并迅速发展的产业之一,与其有关的出版法

① 李红强. 数字出版商业模式探析[J]. 编辑之友,2009(3).
② 刘锦宏. 基于数字出版的科学交流系统成本收益模型[J]. 图书·情报·知识,2009(1).
③ 刘灿姣,姚 娟,刘 治. 对数字出版新的商业模式的探讨[J]. 出版发行研究,2009(9).
④ 陈 洁. 数字出版赢利模式研究报告[J]. 求索,2009(7).
⑤ 闫 翔,冷 熠. 专业出版社数字出版赢利模式探讨[J]. 出版科学,2009(4).

律法规建设相对滞后,使得数字作品的版权不能得到有效保护,著作权人的权益不能得到有效保障,严重阻碍了数字出版产业的健康快速发展。

自互联网在我国应用、发展和普及,网络内容几乎一直是免费使用的,这对于数字出版企业力图通过网络出版获得利润来说一直是个挑战。网络传播信息在技术上几乎没有条件限制,作品不仅可以很方便、精确、逼真地进行复制,而且也可被任意删改或者移植。对于作品的版权所有者来说,其作品常常未经授权就会被任意传播给大量的读者。一些网络运营商在没有取得有版权保护的原作品的合法传播权的情况下,通过扫描、录入等手段大肆复制原作品,并通过互联网、通信网等渠道非法销售数字作品,公然牟取暴利,严重侵害了出版单位和作者的合法权益,影响十分恶劣。而且,大部分出版单位及作者又非常忌讳陷入经常导致"得不偿失"的"官司纠纷"中,对于这类侵害只能熟视无睹。

有关数字出版版权保护的研究从两个方面着手,一是从制度层面;二是从产业链的角度。不少学者认为,我国对数字出版保护力度不够,保护的领域不明确,2000年颁布的《互联网信息服务管理办法》和2002年制定的《互联网出版管理暂行规定》两部律法对现实数字出版适宜的程度受到挑战。更多的学者把版权保护上升到数字出版产业是否能有效有序发展的高度。持这一观点的研究有两个方面,一是内容生产者,特别是平面媒体内容生产者"被数字出版",从而导致权益损失;二是数字出版商产品被使用者或其他利益相关者再传播,导致出版者的利益损失。前者侵权主体是组织,后者侵权主体既包括个人也包括组织。对于版权保护,学者的一致意见是,版权得不到有效保护必将影响数字化出版的积极性,有导致数字出版市场混乱的可能。

何格夫认为数字出版维权困难重重,主要表现在:①侵权者手段一般都比较隐蔽,他们极力通过各种技术手段来规避法律;②有的侵权者身份隐蔽,特别是未经备案的网站或资本小的公司,采取维权措施经常得不偿失,但一经传播,危害又十分严重;③网络数据极易删除,因而对发现盗版、快速取证的要求比较高;④诉讼中的质证、认证过程相当复杂,因而需要具有法律专业知识;⑤侵权者经常通过滥用诉权、找寻公证瑕疵,甚至申请撤销公证程序等方式拖延责任认定和赔偿;⑥我国目前对网络作品的管理分属不同的部门,申请行政执法涉及工商、公安等多个部门协调,头绪多、落实难;⑦上述部门基本上以行政许可为主,缺乏对网络作品有效的事后和动态监管机制,且监管手段也比较落后,对网络作品无法实施实时动态、统一、有效的监控;⑧由于付费问题未能妥善解决,影响版权保护,纸质媒体的文字摘编向著作权人付费的标准有统一规定,而网上转载信息是海量的,且没有制定统一标准;⑨权利人权利意识淡薄,一些书刊没有采取有效的数字版权保护措施就在网络上任意传播;⑩我国绝大多数网民还缺乏良好的版权保护意识及正确的数字消费观念。①

王鹏涛认为,关于版权保护,"首先,从技术层面来看,数字版权保护将会从载体加密向内容加密和版权管理发展。其次,政府应该通过立法和司法来规范市场,保护知识产权,为数字出版创造良好的外部环境"。②

刘灿姣、黄立雄认为:"版权保护的不健全,导致盗版泛滥,市场秩序混乱,严重影响数字出版产业链的健康发展。原因有三:①出版社为了保护传统出版业的利益不愿出售数字化版权,形成数字出版产业链可开发资源不足;②数字内容出版商担心投资收益的风险,数字出版动力不足;③读者的消费观念受到严重的冲击,不愿意有偿购买正版的数字产品而寻求免费利用的捷径,或者直接不利用,导致正版数字作品消费不足,整个产业链陷入恶性循环。因此,从本质上说,没有版权保护,就没有数字出版产业链的发展。"③

对于如何加强版权保护,不同研究者提出多种路径。

(1)强化消费者的版权观念。消费者要具有版权意识,既是对版权人的尊重,也是对自身权益的维护。

(2)强化出版机构的版权意识。版权贸易是数字出版产业链上重要的一环,一个产业的正常健康发展,产业链不可或缺,故从事数字出版的机构要自觉地维护自身版权和尊重其他机构的版权。

(3)法律强制,由自律与他律共同着力。此路径是强化政府作用,进一步完善数字出版的版权保护法律法规。

(4)建立版权联盟,包括谈判、打包出售等。

(5)构建数字出版版权保护系统。针对数字出版领域的发展需要,首先需要统一数字版权保护涉及的相关标准,并通过建立互操作体系来兼容现有各种DRM技术,实现不同标准体系的互通。在已有成熟技术的基础上,选取最具紧迫性的前沿技术进行攻关,包括数字内容的注册与管理技术、数字内容分段控制技术、多硬件环境版权保护应用支撑技术、按需印刷版权保护支撑技术、内容交易与使用追踪技术、版权保护可信计数技术等。④

---

① 何格夫.当前我国数字出版面临的困境[J].大学出版,2008(1).

② 王鹏涛.基于流程再造视角的数字出版产业链创新研究[J].科技与出版,2009(4).

③ 刘灿姣,黄立雄.论数字出版产业链的整合[J].中国出版,2009(1).

④ 张 博,张 卫,杨立东,等.浅析数字出版版权保护现状及其对策[J].出版发行研究,2010(4).

另外,有学者提出,在版权保护上,还可以参照图书的惟一标识 ISBN 号,来给数字信息加上 DOI (Digital Object Identifier,数字对象识别符),就如同出版物贴上了条形码一样,无论走到哪里都有踪迹可寻。因而,DOI 被形象地称为数字资源的条形码。[①]

(四)数字出版人才培养

数字出版产业的发展首先要靠人才,人才的培养必须依靠教育。发展数字出版,人才培养为先。未来的数字出版人才应该是应用型、复合型和外向型的。新型出版人才不仅可以用脑,更重要的是动手,且其知识应该是多维度的,不仅有所涉领域的,还要具备相应的数字出版理论知识,以及相当的外交才能。

陈洁在《数字出版人才培育的多维探思》中认为,数字出版人才教育应该是紧密围绕数字内容的选择、编辑、保护、分发等各流程而展开的,强调技术与教育是传统出版数字化转型的双翼,主张对现有的出版机构管理层和技术研发部门进行重新配置,而原有的其他专业技术人员,由于掌握丰富的从业经验和专业知识,无论出版形态如何转变,他们是不可或缺的。他们需要的是重新再培训,对其知识结构进行补充和完善。[②]

陈勇在《浅谈数字出版人才的培养》中提出:"在课程设置上,应采取'平台＋模块'的课程体系,即以人文科学、社会科学、自然科学为培养教育的基础平台,实现文理科的大交叉,以专业原理、传播理论、数字技术、经营管理、'符号'编辑和行业法规为模块。根据目前数字出版市场的需求和各高校出版专业的办学特色,可突出'数字技术'模块。"[③]

宋超在数字出版人才的培养和教育问题方面提出了三点建议:①在经济全球化的前提下,数字出版的教育培训应当集全球之智慧,到全球去寻找和引进先进的理念、先进的内容、一流的专家,加强国际间的交流与合作,主动走出去学习;②应当认真研究世界数字出版的成功案例,把它们当做教育的素材和源泉;③应当将科研的成果及时转化为教育资源。[④]

代杨则通过 SWOT 的分析方法分析高校编辑出版专业的优势、劣势、机会与威胁,最后提出编辑出版学专业建设的四种策略,即:根据各高校资源优势坚持差异化人才培养模式;在国际交流与合作中培养数字出版人才;将科研成果

[①]　周永立. 数字版权保护和资源标识问题[J]. 编辑学刊,2011(3).
[②]　陈　洁. 数字出版人才培育的多维探思[J]. 中国出版,2009(3).
[③]　陈　勇. 浅谈数字出版人才的培养[J]. 山西师大学报(社会科学版),2009(5).
[④]　宋　超. 数字出版人才培养的三个建议[J]. 中国出版,2009(7).

及时转化为教育资源;将世界数字出版成功案例作为教学素材并完善课程体系。①

二、产业创新文献综述

创新理论(Innovation Theory)首次由美籍奥地利经济学家熊彼特(Joseph A Schumpeter)的《经济发展理论》系统的提出,"创新"就是"一种新的生产函数的建立(the setting up of a new product in function),即实现生产要素和生产条件的一种从未有过的新结合,并将其引入生产体系。创新一般包含五个方面的内容:①制造新的产品,制造出尚未为消费者所知晓的新产品;②采用新的生产方法,采用在该产业部门实际上尚未知晓的生产方法;③开辟新的市场,开辟国家和那些特定的产业部门尚未进入过的市场;④获得新的供应商,获得原材料或半成品的新的供应来源;⑤形成新的组织形式,创造或者打破原有垄断的新组织形式。②

王明明、党志刚、钱坤分析了产业创新系统理论发展轨迹,将产业创新系统划分为三大类,即国家创新系统理论、国家创新系统和技术系统相结合的理论、进化经济学为根基的理论。国家创新系统侧重制度——组织之间的关系,其核心思想就是通过制度和政策手段刺激科技知识在组织网络中的快速高效流动。技术系统类似国家创新系统,特别是在系统特征方面,但二者主要的区别在于技术系统是由技术而非国家限制来定义,更重要的是技术系统比较重视技术扩散的和利用的微观特性(与面向宏观的国家政策不同)。该理论强调动态、创新过程和经济变革,学习和知识是经济系统变革中的关键因素。③ 进化经济学为研究产业创新系统提供了一个清晰的理论框架,该理论认为,产业创新系统有自己独特的知识基础、技术、供给和需求,通过信息交流、合作、竞争、支配等各种因素,各种行为者相互影响,共同进化得以演变。④

弗里曼(C.Freeman)在其1982年的著作中将技术创新定义为包括与新产品的销售或新工艺、新设备的第一次商业性应用有关的技术、设计、制造、管理以及商业活动,它包括:①产品创新;②过程创新;③扩散。所谓产品创新

① 代 杨.数字环境下高校编辑出版学专业建设的 SWOT 分析及策略选择[J].出版科学,2011(2).

② 周培栋,连 瀚,田巧莉.西方技术创新理论发展综述[J].商场现代化,2007(16).

③ 王明明,党志刚,钱 坤.产业创新系统模型的构建研究[J].科学学研究,2009(2).

④ Nelson R.Recent evolutionary theorizing about economics change[J].Journal of Economics Literature,1995(33).

(Product Innovation)，是指技术上有变化的产品的商品化。它可以是完全新的产品，也可以是对现有产品的改进。所谓过程创新(Process Innovation)，也叫工艺创新，是指一个产品的生产技术的重大变革，包括工艺、新设备及新的管理和组织方法。所谓扩散(Diffusion)，是指创新通过市场或非市场的渠道的传播。没有扩散，创新便不可能有经济影响。①

通过文献梳理，我们发现产业创新研究主要围绕以下几种不同的创新类型展开。

(一)技术创新

我国学者侧重从企业是技术创新主体角度出发，强调政府通过制定政策与制度直接作用于企业，激励企业主动把握技术机会，充分利用外部资源，认清中国市场特性，从而提高企业的技术能力、管理能力和市场能力，实现中国产业自主创新。②

柳卸林系统地阐述了技术创新经济学的内涵、外延以及所取得的成果，认为技术创新是经济增长的主要源泉。③ 李垣对技术创新的动力机制、调节机制、决策机制、扩散机制进行了系统研究。④ 安立仁提出技术创新内阻力和外动力不足是企业效益不佳的一个重要因素。企业技术创新的内阻力因素归并为R&D费用、风险和"惯性"三种因素，在此基础上建立企业技术创新的内阻力模型，接着对企业技术创新的外力进行分析。外力分析主要集中在市场环境、政策法律环境和技术环境三个方面。⑤

盛亚和吴建中提出，搞好我国企业技术创新工作的关键在于处理好制度创新、文化创新和技术创新的关系。如果说制度创新是为企业技术创新提供良好的硬环境，文化创新则是为技术创新活动营造有利的软环境。只有将技术创新、制度创新和文化创新融为一体，从系统的角度认识它们的关系，企业技术创新工作才能从根本上活跃起来。⑥ 陈保平认为企业制度创新和管理创新是企业技术创新的重要内容，机构创新与重组则是企业管理和技术创新的重要内容。⑦

① C Freeman. The economics of industrial innovation[M]. MA：The MIT Press，1982.
② 中国科技发展战略研究小组. 中国科技发展研究报告 2005—2006[M]. 北京：科学出版社，2006.
③ 柳卸林. 技术创新经济学[M]. 北京：中国经济出版社，1993.
④ 李 垣. 企业技术创新机制论[M]. 陕西：西安交通大学出版社，1994.
⑤ 安立仁，席酉民. 企业技术创新的内阻力和外动力分析[J]. 西安交通大学学报，1998，2.
⑥ 盛 亚，吴建中. 论企业制度创新、技术创新与文化创新[J]. 科技进步与对策，1998，6.
⑦ 陈保平. 中小型企业机构设置管理创新的思考[J]. 科技进步与对策，1997，5.

徐志坚研究了技术创新利润与企业家的关系,认为企业家和管理者的区别在于制度创新,企业家创新利润是企业家无形资产的体现和来源。① 方新构建了系统分析企业规模与创新关系的大框架,从技术机会、经济发展、制度环境及战略技术等多个角度探索高技术小企业创业与创新的条件,并研究了高技术小企业技术创新的特点与过程。②

张伟峰、杨选留探讨创新网络交互作用特性,基于创新网络的视角,探讨技术创新的网络性。技术创新是一种高度依赖于企业技术能力和外部环境的活动,面对同样的市场和社会经济环境,企业的表现却各不相同。分析其原因,就在于能否把企业的内部技术能力和外部网络能力有机结合起来。企业创新网络的创建通常包括企业与企业的合作,以及企业与科研机构的合作和政府有关机构的参与等。③

张静认为,技术创新在媒介产品创新及其扩散中起了关键的作用,它对于媒介产品创新的作用在于两个方面:一是技术创新影响了媒介新产品的开发和生成,这其中包括了技术创新对媒介产品创新的发展趋势、发生形式、演化和新产品开发的各方面影响;二是技术创新的扩散机制影响了媒介产品在受众消费市场和技术市场上被用户采纳和接受的程度。④

(二)产品创新

产品创新是企业发展的动力,是营销经理人必须重视的问题。魏子华从产品创新的典型模式和关键驱动因素分析着手,综合运用层次分析法和模式外推法等多种分析方法,以企业开展的消费者行为研究的成果为基础,定量研究与定性研究相结合,阐述对各类产品创新模式特点和应用领域的认知和理解,总结产品创新模式在家用清洁产品领域的探索和实践经验,分析形成了家用清洁产品的系统、高效的产品创新模式。⑤

作为产品创新的新策略,许多公司将用户作为创新的主体进行创新活动。戴凌燕和陈劲研究了用户创新模式与传统产品创新模式的不同:传统模式下,厂商承担了几乎所有的产品创新责任和风险,客户只是被动地参与到产品创新过程中;在用户创新模式下,产品创新的责任部分地转移到了客户端,客户可以完全根据自己的需要主动地进行产品创新活动,厂商关注的重点也不再是设计

---

① 徐志坚. 创新利润与企业家无形资产[J]. 经济研究,1997,8.
② 方 新. 创业与创新:高技术小企业的发展之路[M]. 北京:中国人民大学出版社,1998,11.
③ 张伟峰,杨选留. 技术创新:一种创新网络视角研究[J]. 科学学研究,2006(2).
④ 张 静. 基于技术创新的媒介产品创新及其扩散研究[D]. 长沙:湖南大学,2007.
⑤ 魏子华. 产品创新模式的实证分析[J]. 当代经济,2009(2).

尽善尽美的产品原型,而是提供功能强大的工具箱。此外,还探讨了用户创新给企业带来的影响。[①]

刘瑞俊在对产品创新过程进行分析的基础上,指出了传统产品创新模式的缺陷,提出了以市场为导向、客户为中心、知识为核心、信息技术为支撑、实施人性化管理的新型网络化产品创新模式,并详细论述了新模式的特点、机制及构建方法;对新模式面临的关键技术问题——产品信息管理问题,提出了 PDM(Product Data Management)的解决方案;对产品创新的组织管理问题,围绕新模式,分析了传统组织方式对创新的制约,研究了将组织结构、人力资源与产品创新有效结合的组织方式与管理方法,提出了多功能动态产品创新团队的建立与项目管理方法的实施。[②]

吴涓提到,媒介产品家族创新模式之所以比单个产品创新模式优越,关键在于它能充分利用、开发创新项目之间的技术经济联系。媒介产品家族创新行为的核心问题就是如何更充分、更快地实现家族各产品项目间的知识和技术转移。基于技术创新的媒介产品家族创新的典型模式有三种:顺序创新模式、部分重叠创新模式和并行式模块化创新模式。[③]

罗正棣认为,产品创新可以使公司不断获得竞争优势,产品创新是企业的发动机。硅谷的企业具有极强的竞争力,其产品以新、快、科技含量高等特点,占据着各行业的龙头地位。硅谷新产品研发体系由技术和产品战略、创新流程与技能、组织结构与企业文化构成。在此基础上,他提出了卓越产品创新体系,即 PIE(Product Innovation Excellence)体系的概念。这是以硅谷产品创新模式为基础发展出来的一套关于高科技企业如何组织和开发新产品的框架体系,包括战略规划、组织文化提升和流程优化等方面。[④]

(三)流程创新

按照业务流程再造理论的创始人——美国哈佛大学博士 Michael Hammer 教授的定义,业务流程再造(Business Process Reengineering)"是对企业的业务流程作根本性地思考和彻底重建,其目的是在成本、质量、服务和速度等方面取得显著的改善,使得企业能最大限度地适应以顾客(Customer)、竞争(Competition)、变化(Change)为特征的现代企业经营环境"。它的特点是:对已有的流

---

① 戴凌燕,陈　劲 . 产品创新的新范式:用户创新[J]. 经济管理,2003(12).

② 刘瑞俊 . 产品创新模式研究[D]. 天津:天津工业大学,2002.

③ 吴　涓 . 基于技术创新的媒介产品家族创新模式[J]. 中国传媒科技,2007(12).

④ 霍　鑫,罗正棣 . 把硅谷的产品创新模式带到中关村[N]. 中国高新技术产业导报,200-12-18(B03).

程从根本上进行反思;彻底摒弃劳动分工思想设计流程的旧思路,不能指望对旧有流程稍作改良,要一切从满足顾客需要出发;绩效必须达到戏剧性的改善。①

流程创新是指对工艺流程及管理等方面的创新,其作用是降低生产成本、提高产品质量。成本的降低会增加自身收益、降低竞争对手的收益。在竞争情况下,产品的价格由自身及竞争对手的可变成本决定;在协作情况下,产品的价格由自身可变成本决定。竞争情况下的价格低于协作情况下的价格。协作可以增加收益,但会降低企业进行流程创新的动力。②

吕志军和黄照平针对目前出版业中存在的问题和面临的挑战,采用数学建模方法,从成本、质量、服务、速度四个方面剖析了传统出版业务流程的缺失,依据业务流程再造理论,提出了多元媒体出版、多元团队管理的观点,并建立了一个数字出版的创新模式。③

邱思宁认为,所有的组织在为顾客提供产品和服务时,都建立在三个主要的基点——流程、人员和技术之上,设计任何新流程时,必须使这三个因素适应市场和客户的需要,并且互相之间协调一致。企业在流程创新中可以通过信息技术的支持,实现操作的自动化、标准化和精细化,达到运营流程的优化,并且提升人员的素质与效率。随着销售网络建设的不断发展,企业在业务流程上除了继续提升营销能力以建立起面向市场和客户的全新体系之外,物流配送流程的创新整合也是一个关键。④

(四)管理创新

管理创新包括管理思想的创新、管理理论的创新、管理制度的创新、管理组织的创新、管理模式的创新、管理方法的创新、管理手段的创新等。管理创新和技术创新一起,构成了企业创新的主体内容,二者对于企业的技术进步和管理进步、企业素质的全面提高和活力的增强以及企业市场竞争力和经济效益的提高,发挥着越来越大的作用。⑤

企业管理创新是一项系统工程,具有系统化的流程,只有持之以恒,加强组织和管理,才能提高管理创新的有效性。Mol 认为,激进的、系统的和基于创新

---

① 丛 高,李敏强,寇纪淞.企业流程再造的方法研究[J].中国管理科学,1999(1):29—30.

② 魏轶华.流程创新的动机与影响分析[J].西安联合大学学报,2004(5).

③ 吕志军,黄照平.基于业务流程再造理论的数字出版模式创新[J].辽宁工程技术大学学报(社会科学版),2009(1).

④ 邱思宁.以流程创新营造企业竞争优势[J].当代经济,2006(12).

⑤ 李必强.论管理创新和管理集成创新[J].中国地质大学学报(社会科学版),2003(5).

平台的管理创新才具有获得竞争优势的最大潜力。[①]

Hamel认为,大胆管理创新的系统过程应该包括:致力于解决重大的管理问题,寻找可以揭示新方法的新的管理原则,解析管理信仰和实践,充分利用类推法。[②]

Birkinshaw和Mol通过对比技术创新与管理创新,提出了管理创新的四阶段模型,即对现状的不满、从其他来源寻找灵感、创新以及争取内部与外部的认可。[③] 企业管理创新既要重视和充分发挥个人的主动性和创造性,又应重视和充分发挥集体的智慧和力量。

(五)服务创新

服务创新是指新的设想、新的技术手段转变成新的或者是改进的服务。服务创新的驱动力不仅仅是过程的创新,在服务创新的第二阶段将产生大量的新的产品,包括高质量的通常也是个性化的服务,以满足特别的目标和特殊用户的需要。通过"干中学"和"用中学",用新的自动化过程生产的"老"的服务产品在内容方面得到了极大创新。[④]

服务创新是推动服务业发展的强大动力,同时对增强制造企业的竞争力有重要作用。服务创新与制造业技术创新在创新内容和形式上有所不同,关键在于创新维度的不同。四个创新维度分别是"新服务概念"、"新顾客界面"(包括服务提供给顾客的方式以及与顾客间交流、合作的方式)、"新传递系统"(指生产和传递新服务产品的组织)以及"技术"(服务创新可以在没有技术参与的情况下发生,但是大多数服务都可以通过使用某些技术而变得更为高效),不同维度间存在关联和相互作用,分别对应不同的职能活动。[⑤]

戴延寿认为,重视服务的创新管理,提高竞争力,已成为企业经营战略的核心思想。服务创新是形成企业核心竞争力的有效途径。企业要成功地实施经营战略,形成核心竞争力,应在服务创新上采取以下策略:积极推进服务组织结构创新,培育企业良好的文化价值观;合理塑造服务价值链流程,提高企业主导

---

① Mol M J,Birkinshaw J. Against the flow:reaping the rewards of management innovation[J]. European Business Forum,2006(27):24—29.

② Hamel G. The why,what,and how of management innovation[J]. Harvard Business Review,2006,84(2):72—84.

③ Birkinshaw J,Mol M. How management innovation happens[J]. MIT Sloan Management Review,2006,47(4):81—88.

④ 袁健红. 知识经济与服务创新[J]. 东南大学学报(社会科学版),1999(4).

⑤ 蔺 雷,吴贵生. 服务创新的四维度模型[J]. 数量经济技术经济研究,2004(3).

市场的竞争能力;加强信息网技术建设,推动服务创新,增强企业竞争优势;提高组织学习能力,保持企业竞争优势。①

(六)市场创新

市场创新,简单地讲,就是把新的东西引进到市场要素的每一个领域所引起的市场变化。一项新产品的出现形成了一个新的产业,创造出一个新的市场。竞争者和仿效者的出现使这一产品迅速扩散,新的市场也随之得到扩展。同时,竞争者会在新产品的基础上继续研究开发,使新产品不断完善,市场的种类和层次也随之增多。这一切,都使市场的结构得到不断完善。

吴林源和任凤珍认为,网络营销是市场创新的热点,是将信息流(商品的供需信息)、商流(交易谈判完成商业合同)、资金流(签订合同后向卖方的货款支付)和物流(付款后买方的货物递送)结合起来,通过网络协调、高效和优化地完成全套商贸活动。②

曲立伟将市场创新分为纵向市场创新和横向市场创新。纵向市场创新是指对现有市场的挖掘和深化,通过提高产品的市场渗透率来提高产品的市场占有率。横向市场创新是指企业通过扩大市场覆盖面,寻找新的细分市场,增加新的销售渠道来开拓新的市场,扩大其产品的市场销售量,提高其产品的市场占有率。企业应制定市场创新战略——信息战略、联合战略、特色战略、外向战略、补缺战略、服务战略,来实现持续稳定的发展。③

三、小结

综上所述,目前学界和业界关于数字出版的研究集中在数字出版发展的技术要素、赢利模式、版权保护和人才培养等几个方面,随着数字出版产业的日益壮大,学者对数字出版的研究已经由纯粹的理论研究向应用型研究演进,且具有相当的理论深度和应用性,对于指导和改进数字出版的发展具有不可替代的作用。但也应该看到,这些研究的缺位还是存在的,可归纳为以下三点。

(1)只重视数字出版现象分析,较少涉及数字出版本质特征的探索。我们看到,为数不少的研究成果仅停留在数字出版发展现状及存在问题等现象的归纳和分析上,鲜有文章对数字出版本质特征以及数字出版产业发展动力、组织结构、科技支撑等问题进行探讨。

① 戴延寿. 论企业服务创新与核心竞争力[J]. 漳州师范学院学报(哲学社会科学版),2003(1).
② 吴林源,任凤珍. 略论市场创新[J]. 铁道物资科学管理,2000(6).
③ 曲立伟,于桂芳. 浅议市场创新[J]. 辽宁经济职业技术学院辽宁经济管理干部学院学报,2006(3).

（2）只关注具体案例描述，较少总结数字出版创新模式。许多文献都是关于国内外数字出版企业发展的具体案例的描述，但很少有文献在此基础上，归纳总结出不同类型数字出版企业发展的创新模式。

（3）研究多限于出版业，较少放在产业创新的视角下进行研究。由于数字出版主要来源于数字技术与出版的结合，学界和业界在研究过程中，大多将其置于出版业发展的理论和实践框架中，很少有学者挖掘其产业创新的属性，将数字出版放在产业创新的视角下去考量。尤其缺乏结合我国数字出版产业以及行业的发展实际及典型案例，对数字出版产业创新体系及创新模式进行研究。

出版产业在经济全球化和市场激烈竞争的冲击下，也正在经历创新资源的重组和创新方式的变革。在内容形式、服务平台、技术手段、传播手段等方面进行的创新深刻地影响着出版企业运行机制的改革。① 而伴随经济发展和产业结构演进，必然会出现以数字出版为典型代表的出版产业创新模式和创新格局。

第三节 本书主要研究内容

本书将以产业创新的视角，来研究数字出版产业。在阐明研究意义之后，介绍了数字出版的相关概念和产业现状及特点，将重点放在创新主体案例分析和创新体系构建上面，得出创新模式，并对企业和政府提出数字出版产业创新发展策略及政策建议。

第一章是绪论，首先介绍本书的研究意义。在信息化变革中，数字出版不仅是众多学者关注的焦点，更是出版业"摸着石头过河"探索的崭新课题。本书着眼于数字出版创新模式的研究，将创新理论与数字出版有机结合起来，力图从具体案例中挖掘出创新模型，为我国数字出版的发展提供建议。其次，本书对"数字出版"和"企业创新"近四年来已有的研究论文进行综述。通过研究发现，前人对数字出版的研究集中在技术支持、赢利模式、版权保护、人才培养几个方面，而对企业创新的研究则很少针对数字出版企业。

第二章主要围绕数字出版产业现状及特点来展开。首先比较全面地阐述数字出版的概念及边界。数字出版是采用二进制代码的数字化形式创建、存储、传输、发布与管理数字内容，从而形成的一种出版活动或内容服务方式。接下来描述了数字出版产业发展的历程和现状。最后分析了数字出版产业的特

① 柳斌杰. 2011 年新闻出版业全力推动八大创新[N]. 中国新闻出版报, 2011-01-12.

点,即数字化、全媒体、读者为中心、产业化。

第三章是基于不同创新主体的案例分析。本书分别选取了数字出版产业链上的出版内容提供商、数字内容集成商、产品版权运营商、终端提供商以及数字技术服务商中的几个典型案例——商务印书馆、清华同方知网、中文在线、汉王科技、方正科技,通过分析这些数字出版企业的基本情况,包括企业主要技术及生产工艺、企业销售渠道及客户情况、企业市场及赢利情况、企业组织架构、企业主要数字出版产品与业务等,对该数字出版企业的创新过程与创新特征进行梳理,并分析了企业发展及创新的主要困难和问题、企业未来的发展方向等;同时,每个案例还会选择一个对比案例进行比较分析。

第四章讲述的是数字出版产业创新体系构建。首先,说明数字出版产业创新要素包括:技术、产品、服务、渠道、终端、组织、创新者。然后,通过梳理数字出版产业链,分别分析了数字出版的几个创新主体。在此基础上,归纳出目前我国数字出版产业的几种典型的创新类型。最后从数字出版创新生命周期、数字出版创新程度以及创新类型这三个维度,构建出数字出版创新体系模型。

第五章是数字出版创新模式及特征研究。首先,通过对前面几个典型创新案例进行汇总分析,列出了目前我国数字出版创新主体及创新要素布局表。在此基础上,分别归纳出基于不同创新主体的几种创新模式:内容提供商主导的产品创新模式、内容运营商主导的服务创新模式、技术服务商主导的技术创新模式、终端设备提供商主导的体验创新模式。最后,分析了目前我国数字出版产业的创新特征。

第六章提出了开放式数字出版创新模式构想。构想分为三个部分:数字出版内容平台将成为重要形态,数字出版产业链各方呈竞合混搭,数字出版版权保护与资源共享互为补充。

第七章分别针对企业和政府提出了数字出版产业创新发展策略及政策建议。数字出版的健康发展离不开企业的勇敢尝试和拼搏努力,也离不开政府为企业的发展提供良好的外部环境及政策支持,在企业和政府的共同努力下共同营造数字出版成熟、有序的创新运营模式。

第四节　主要创新点

本书选择了创新理论和数字出版的结合点,在对相关文献进行梳理、分析的基础上,选取不同类型数字出版企业作为主要研究案例对象,制定调研方案和调研提纲,开展调研,并在掌握大量具体资料数据的基础上,进行汇总和深入分析,以数字出版产业链中不同的创新主体,构建了数字出版产业创新体系,并据此形成分析框架,提炼出四种不同的数字出版创新模式。

在案例研究过程中,本书以数字出版产业链中不同的创新主体为主线,以相关研究案例的创新要素为研究起点,具体分析各案例中不同创新主体在开展数字出版过程中创新的过程,揭示不同创新主体的创新特征。

本书在梳理数字出版产业创新要素、创新主体及创新类型的基础上,从数字出版创新生命周期这个时间维度、数字出版创新过程中不同的创新程度以及不同的创新类型这三个维度,勾勒出数字出版产业的创新曲线,从而构建数字出版创新体系模型,以期为数字出版产业创新发展提供一个理论研究的模型。

在数字出版创新模式分析中,本书将根据目前数字出版发展现状,总结出四种基于不同创新主体的创新模式,即内容提供商主导的产品创新模式、内容运营商主导的服务创新模式、技术服务商主导的技术创新模式、终端设备提供商主导的体验创新模式,并对未来数字出版的创新模式进行构想。

第二章　数字出版产业发展现状及特点

第一节　数字出版概念与边界

数字出版的有关概念自 20 世纪 50 年代诞生以来,已经历了几个主要的发展阶段,体现为不同时代背景下不同发展阶段的不同视角,主要有电子出版、网络出版和数字出版。在这些概念的发展和演变过程中,也穿插着一些相关概念,如桌面出版、光盘出版、多媒体出版、在线出版、移动出版、手机出版、跨媒体出版、全媒体出版等,这些概念的发展和演变共同构成了数字出版概念发展的历史轨迹。

在这些概念中,"数字出版"这一概念最能从本质上反映技术、产业、媒介、出版这些属性,也是众多概念中认同度最高的。这主要表现在:第一,数字出版的命名在一定程度上能概括我们现在出版业发展的现状;第二,在全世界范围内,数字出版已经成为许多国家比较认同的一个概念,对数字出版的讨论有必要跟世界接轨;第三,我国出台了为数众多的数字出版产业政策,但数字出版的内涵和外延一直是困扰学界和业界的大问题,对已有数字出版概念的明晰,有助于我们把握数字出版产业的内在本质。[①]

英国著名情报学家 Lancaster 大约 30 年前做出了有关数字出版的预言。他说:"在我看来,在科学及其他领域出现完全无纸化的出版体系并不是问题,而在什么时间出现才是惟一真正的问题。"显然,时间已经证实了他的预言。出版领域已经发生了翻天覆地的变化,互联网和信息技术的发展创造了新的数字出版环境。[②]

---

① 张大伟. 数字出版即全媒体出版论——对"数字出版"概念生成语境的一种分析[J]. 新闻大学,2010(1):113—120.

② 贺德方. 中外数字出版的对比研究[J]. 编辑之友,2006(4):43—46.

一、数字出版及相关概念的历史演变

在本研究中,将数字出版的演变归纳为三个阶段——电子出版、网络出版、数字出版,而手机出版、跨媒体出版以及移动出版等都应是"数字出版"这个大的集合中的一个子集,它们分别强调数字出版的不同领域或环节,但还是属于"数字出版"的范畴。

(一)早期的电子出版阶段

1. 桌面出版和光盘出版

桌面出版这个概念起源于 20 世纪五六十年代科技期刊编辑出版的电子化,是电子计算机技术与出版活动相结合的产物,即桌面印前处理和印前技术,利用电子化手段进行纸质出版物生产的过程。

人们对于电子出版的研究始于电子出版物的出现。20 世纪 80 年代中后期,计算机处理技术进一步发展,出现了桌面出版系统(DTP, Desk-top Publishing)——通过个人计算机进行文字图像综合处理的整页拼版系统,这一技术使得电子编辑和电子排版技术在出版领域日益普及,使整个纸质出版物的排版、制版过程实现了电子化。

之后,人们通过检索软件,把计算机处理的数字化信息存储在软磁盘和只读光盘中,便形成了早期的电子出版物,这实际上是纸质出版物电子制作过程的副产品。① 在电子出版物这种形态出现以后,人们才开始关注电子出版技术及其带来的出版方式的变革。

相关研究始于 20 世纪 80 年代,在 90 年代中后期较为活跃。早期有关电子出版的研究主要集中于两点:一是对于桌面出版技术的研究,也就是桌面出版系统或称之为电子出版系统,即运用电子计算机技术处理彩色图文的输入、编辑设计、排版和输出等工艺的印前系统,如北大方正的电子出版系统;二是对于电子出版物的研究,对电子出版物的概念、特征等的研究。这两种研究一方面体现出电子出版是信息科技的产物,始于桌面出版系统的开发与研究;另一方面当时研究主要关注的电子出版物有软磁盘、光盘、集成电路卡等。在上述研究视角下,曾出现桌面出版和光盘出版这两个概念,都是电子出版发展和研究过程的中间环节。

---

① 罗紫初. 电子出版 日益繁荣——世纪之交国外出版业发展新动向透视(之六)[J]. 出版科学, 2001(3):66.

2. 电子出版和电子出版物

电子出版是伴随着信息技术的进步而出现的，因此它在不同的阶段有着不同的内涵，在国内和国际上都没有统一的定义。

在国外，电子出版为"Electronic Publishing"。据林穗芳先生考证，该词最早见于1977年。王昇在研究中指出，1978年4月 J・A・Urqart 在卢森堡"科技社会的出版未来"研讨会上，首次提出了"电子出版"（Electronic Publishing）的概念。[①] J・A・Urqart（1978年）认为，电子出版就是利用电子手段创建、管理、传播出版物的过程。[②] 这是目前资料显示的较早的电子出版的定义。这个界定强调了技术属性——"电子手段"，也概括了业务流程，虽然简单，没有界定外延，但相比早期的其他概念而言，是具有超前性和前瞻性的。

1985年，法国专业文献资料工作者和图书管理协会（ADBS）在所出的专著《电子出版和文献工作——从铅字到电子》中给"电子出版"下的定义是"借助电信网络、微型计算机、只读光盘等电子媒介（并需要专用阅读装置）传布信息"，反映电子出版的概念在西方已超越印前系统，延伸到光盘等非印刷的电子出版物。[③]

由于电子出版物的出现才引起人们关注电子出版，所以早期的研究有不少都是围绕电子出版物的。如，电子出版物是指视频显示终端（VDT）上的文字图像信息，这就是通常所说的软拷贝（Soft Copy），而印刷出版物是把文字与图像印刷或打印在纸张上的，通常称为硬拷贝。[④] 这个概念是从电子出版技术的发明而带来新型出版的出版产物的角度而阐述的，仅适用于电子出版物出现初期的情况。

1996年，我国新闻出版署颁布了《电子出版物管理暂行规定》（现在已经废止），表明电子出版这一行业已经作为出版行业的一部分纳入国家宏观管理范畴。《规定》中未对什么是电子出版给出界定，但解释了电子出版物，指"以数字代码方式将图文声像等信息存储在磁、光、电介质上，通过计算机或者具有类似功能的设备阅读使用，用以表达思想，普及知识和积累文化，并可复制发行的大众传播媒体。媒体形态包括软磁盘（FD）、只读光盘（CD-ROM）、交互式光盘（CD-I）、照片光盘（Photo-CD）、高密度只读光盘（DVD-ROM）、集成电路卡（IC-Card）和新闻出版署认定的其他媒体形态"。这个概念说明我国对电子出版的

①② 王 昇. 何为数字出版？［J］. 科技与出版，2006（5）：8.

③ 林穗芳. 电子编辑和电子出版物：概念、起源和早期发展（上）［J］. 出版科学，2005（3）：8.

④ 郑登理. 电子出版及其对图书情报工作的影响［J］. 情报科学，1986（6）：21.

认识已经超越了单纯的技术层面,不仅仅指印前系统,而落脚点为产生多种形态的电子出版物。这也从侧面反映出我国电子出版的研究紧跟国际步伐。

2008 年,新闻出版总署颁布了《电子出版物出版管理规定》,规定中对电子出版物的解释是,"指以数字代码方式,将有知识性、思想性内容的信息编辑加工后存储在固定物理形态的磁、光、电等介质上,通过电子阅读、显示、播放设备读取使用的大众传播媒体,包括只读光盘(CD-ROM、DVD-ROM 等)、一次写入光盘(CD-R、DVD-R 等)、可擦写光盘(CD-RW、DVD-RW 等)、软磁盘、硬磁盘、集成电路卡等,以及新闻出版总署认定的其他媒体形态"。相比 1996 年的界定,这个概念强调了编辑加工,调整了最终的媒体形态。这个定义从技术手段、出版流程的角度给予界定,强调了政府机构对其进行监管的重要性,是狭义电子出版物概念的代表。

20 世纪 90 年代,国际上公布了电子出版含义的国际标准:①最狭义的理解是指图书、期刊或报纸生产过程中的计算机排版技术,如北大方正的电子出版系统;②一般意义上的理解是指不仅生产技术采用电子技术手段,而且最终产品也是电子形式的出版物,全文数据库就是这类出版物的典型代表;③最广义的理解是指以电子形式传递信息的任何技术,即所谓"无纸"出版,包括可视图文(Videotext)、电子邮件(E-mail)、电子信箱(MHS)、电视和广播等。[①] 这三种理解体现了电子出版发展的不断深化的三个阶段。

我国的辞海(1999 年版)对电子出版做了界定:①利用电子计算机技术制作电子出版物的工艺过程,通常包括前期策划、素材准备、美术设计、程序编制、后期制作或通过网络发送等环节;②亦称"电子出版系统",运用电子计算机技术处理彩色图文的输入、编辑设计、排版和输出等工艺的印前系统。第一种强调了技术因素对业务流程的影响,具有代表意义。

也有学者认为,电子出版是指利用计算机,以数字化的方式对文字、图形、图像、动画、声音、音乐、影像等信息进行编辑、加工和组织合成,最后以数字化的文件形式存储在磁、光、电介质上进行传播发行,或者直接以数字化的方式通过网络进行传播,并利用计算机等类似输出设备进行阅读的一种信息传播行为。[②]

可见,在电子出版物出现初期和电子出版研究早期,人们对于电子出版

---

① 孙艳华,钱 俊,周 山. 电子出版及其与音像出版、多媒体出版、图书出版间的关系[J]. 印刷质量与标准化,2005(5):20—21.

② 孔令君. 电子出版与传统出版将在竞争中并存[J]. 出版与印刷,2001(4):23.

的认识局限于当时的技术水平和产业发展状况,同今天的电子出版或数字出版的内涵有一定的距离。但随着技术的不断发展,电子出版的内涵也在不断深化。

3. 多媒体出版

传统出版及早期的电子出版都是用单一媒体来传递信息,随着视频数字化技术的进一步开发,出现了融文本、视频、音频、图形、图像于一体的多媒体电子出版物,随之出现了多媒体出版这一概念。这是数字出版发展过程中的一个重要的组成部分,也是重要发展阶段。

多媒体出版可分为离线型和在线型两种。离线型多媒体出版主要是指多媒体光盘的出版,实际上就是多媒体电子出版;在线型多媒体出版的实质就是网络(互联网)出版。

有的研究提出了多媒体电子出版的概念,指"以图、文、声、像等多种形式,并且由计算机及其网络对这些信息以内在的统一方式进行存储、传送、处理及再利用的电子出版"。[①] 可见,多媒体电子出版更强调多种形式的数字信息和内容在同一出版物中出现,是把多媒体信息存储在有形介质上的电子出版,它是电子出版的延伸和发展。

4. 小结

纵观20世纪五六十年代至20世纪末这一段时期,电子出版概念从发轫到多媒体出版出现,可以看出,电子出版作为数字出版的起源,在20世纪的发展还局限于技术水平和产业状况。从学术界的研究情况来看,对电子出版的研究主要集中在90年代中后期。21世纪以后也有研究以电子出版为主题,但数量较少,并且此时的研究范畴同数字出版就比较接近了,如闫玉玺认为电子出版可以分为狭义和广义两个方面。狭义的电子出版是指在出版的整个过程中,从编辑、制作到发行,所有信息都以统一的二进制代码的数字化形式存储于光、磁等介质中,信息的处理与传递必须借助计算机或类似设备来进行的一种出版形式。[②] 可见,对电子出版的狭义的界定是对其进行学术研究的必然,是明确学科范畴与研究对象的需要。广义的电子出版即向现在数字出版的概念迈进了更深入的一步,泛指借助数字化的信息化手段来进行传播的行为。这我们将在后面详细论述。

---

① 孙艳华,钱 俊,周 山. 电子出版及其与音像出版、多媒体出版、图书出版间的关系[J]. 印刷质量与标准化,2005(5):20—21.

② 闫玉玺. 电子出版系统传播特征探析[J]. 理论界,2005(4):220.

（二）网络出版阶段

20世纪90年代后期，伴随着计算机网络的出现，国际互联网（Internet）的开通与兴起，以及计算机数字化信息处理技术的飞速发展，电子出版的发展步入一个崭新阶段，即网络出版时代。

此时，电子出版成为集计算机技术、电子技术、多媒体技术、通信技术和软件技术于一身的新兴出版方式。人们根据信息传播时所使用媒介的不同，将电子出版分为两大类：以光盘等可移动的介质为载体的光盘出版和以网络为主要媒介的网络出版。这说明，网络出版是电子出版在介质上的延伸。

1. 网络出版概念的起源与发展

"网络出版"对应的英文名词是"Network Publishing"，这是出现最早的一个名词；之后出现的是"Web Publishing"和"Online Publishing"，可翻译为互联网出版和在线出版，二者的指代相同。此时，计算机网络发展为万维网（World Wide Web）。由于互联网的迅速发展和普及，人们在使用中习惯性地将网络等同于互联网，虽然仔细推敲起来，网络不完全等同于互联网，要比互联网宽泛，但这种习惯延续至今已被人们接受，所以我们在此研究中将其等同，统一称为"网络出版"。那么，不管是网络出版还是互联网出版、在线出版，有一点是相同的，即都是从技术角度来阐释传播介质的变化。

国外还出现过一个名词是"Network Transmission"，翻译过来是网络传输，在国外也指网络出版。"Web Publishing"出现以后，国外媒体逐渐用其替代"Network Publishing"指代网络出版。在国外亦有电子网络出版的叫法，即数码信息传输出版（Digital Information Communication Publishing）。可见，无论是对电子出版的研究还是之后对网络出版的研究，都是一脉相承的，而且网络出版是对电子出版的深化和扩展，是电子出版发展的一个阶段。

国内学者将上述概念引入我国，因理解不同、翻译不同，导致出现很多不同的叫法，比如有研究者将"Network Publishing"翻译为"网络传播"或者"泛网络出版"。就本研究搜集到的有关研究文献来看，认同度较高的概念是"网络出版"。研究者普遍以网络出版为研究主题，其文献数量是以互联网出版为研究主题的14倍多；而以在线出版为研究主题的则更少，不到网络出版的2%，并且主要集中在技术层面，范围较窄。

在线出版最早应用在科技期刊出版领域。科技期刊因其强调时效性强和社会效益，必须使其刊载的科技成果尽快地让尽可能多的人知晓，能尽早地产生社会效益，并且尽量避免被海量信息所淹没。因此，互联网的出现及计算机信息技术的发展改变了科技期刊的出版和传播方式，即出现了科技期刊的在线出版。

在线出版的科技期刊在万维网上建立自己的站点，放入已全部电子化的出版内容。读者通过使用 Netscape 等浏览器，选取期刊在网上的地址（URL），即可进入该刊的主页（Home Page），查阅该刊内容。[①] 在线出版这一概念是在互联网出现初期，出版界将其作为一种技术应用到出版领域的一种探索。以其为主题的研究文献仅占到数字出版相关研究文献总量的 0.5%，是数字出版发展过程中的一个阶段。

随着互联网与计算机的普及，越来越多的读者开始通过互联网获取信息、查找资料，同时，也有越来越多的出版机构建立网站，发布信息，传播出版物，这为网络出版的进一步发展奠定了基础。

在网络出版研究初期，学术界对它的研究主要集中在电子书方面，包括与之相关的在线阅读、离线阅读及按需印刷（POD），这些研究主要基于传播过程中所使用的媒介不同，也同当时的产业发展状况相吻合。20 世纪 90 年代末期，随着网络的出现和互联网的普及，出版社的（部分）出版流程实现电子化，读者的阅读习惯也发生变化，给电子书以一定的发展空间。因此，当时的很多研究把网络出版等同于电子书，认为网络出版是以电子图书为信息内容的出版发行方式，其外延包括电子阅读器、网上书店、电子书屋、购书网站等。还有的研究认为二者是不同领域的两种产业，各自独立发展，在某些环节彼此使用。现在看来，这些观点无论从范畴来讲，还是从产业发展的角度来讲，都存在局限性，但确实对电子书的研究起到了推动作用，同时也促进了对网络出版的认识，及其研究的发展。

随着国内对网络出版研究的不断深入，我国对网络出版、互联网出版、在线出版这几个概念基本形成共识。因此，本研究将第二个阶段归纳为"网络出版"。

2. 不同视角下的网络出版

（1）狭义的网络出版

对于网络出版这个概念的解释，有多种不同的提法，概括来讲主要是狭义和广义两种。两者实质区别是，网络出版的范畴有多宽，即是否跳出了传统意义上对出版的限制。

---

① 陈进元. 信息时代科技期刊出版的新形式——在线出版[J]. 科技与出版,1997(6):21—23.

　　狭义的概念中,具有代表性的有新闻出版总署和信息产业部制定,2002年8月1日起施行的《互联网出版管理暂行规定》的解释,即互联网出版是"指互联网信息服务提供者将自己创作或他人创作的作品经过选择和编辑加工,登载在互联网上或者通过互联网发送到用户端,供公众浏览、阅读、使用或者下载的在线传播行为"。这一概念主要是从产业发展和政府监管的角度出发,限定了互联网信息服务提供者必须具备合法的出版资格才能从事网络出版。此外,这个概念所指的互联网的范畴明显小于网络。

　　基于《互联网出版管理暂行规定》的解释,有不少研究者将网络出版概括为"具有合法出版资格的出版机构,以互联网为载体和流通渠道,出版并销售数字出版物的行为"。[①] 这一概念肯定网络出版是传统出版手段在电子与网络时代的新形式,主体有合法化、作品的数字化、传输的网络化、交易的电子化构成了网络出版的基本要素。然而,在出版实践中,并不是所有从事网络出版的机构都具备合法的资质,或者说按照这一界定,将有大部分网络出版和出版活动被排除在外。

　　还有一些学者认为,网络出版尽管有不同于传统出版的新特点,如可以人机交互、即时更新、海量存储等,但在出版的内涵上并没有发生实质变化,并强调网络出版不等于网络信息传播。[②] 这种观点也是狭义网络出版的代表之一。

　　持类似观点的研究,通常把网络出版看做是传统出版过程虚拟化和传统出版物网络化的结合,因此很自然地要求网络出版具备传统出版的诸多要素,比如原有的工作环节、业务部门、管理机构甚至是整个业务流程等。此外,通常还强调网络出版的主体合法性。

　　(2)广义的网络出版

　　广义的网络出版界定比较多,不同学者从不同角度提出多种不同概念,其基本共同点是不受传统意义上出版诸多要素的限制,归纳起来有以下几种。

　　1)从信息传播的角度来看

　　北京大学谢新洲教授认为,网络出版(Network Publishing)是指在计算机网络上利用网络媒体直接进行组稿、编辑、出版、制作以及销售等信息发布和在线交易活动的一种新型出版形式。网络出版是数字出版与互联网结合的产物。[③] 网络出版是指出版者采用一定的技术手段将其待出版的作品存放在网络

　　① 孟　云. 网络出版——未来出版的主流[J]. 科技信息,2006(11):170.
　　② 徐丽芳. 数字出版:概念与形态[J]. 出版发行研究,2005(7):5—12.
　　③ 谢新洲. 网络出版面临的问题与未来走向[J]. 传媒,2005(7):9—11.

服务器上,以有偿或无偿的方式提供给用户的出版形式。从广义来讲,信息通过互联网向大众传播的过程都可以叫做网络出版。网络出版也是电子出版的一种。[①] 这一界定既强调了网络出版的技术因素,又跳出了传统出版要素的限制,从信息传播的角度体现了这种新型的出版方式的特点。

南京大学的王蕾认为,凡是将信息、知识、观念等内容,用文字、图像、声音等代码以任何形式在因特网上传播,均可称之为网络出版。[②] 这个定义的外延较为宽泛,包括电子书(E-book)、网络期刊、网络报纸、网络广播、网络电视、网络音像及网络文件、网络软件等。在这个定义中,网络出版的主体是多元化的,传统媒体、网络公司、娱乐集团、政府机构以及个人都可成为网上的出版者。

可以说,这种观点认为网络出版即网络信息传播,凡是将信息以任何形式通过互联网进行传播都属于网络出版。

2)从技术和载体变化的角度来看

匡文波在研究中对网络出版物的界定为,将信息以数字形式存贮在光、磁等存贮介质上,通过计算机网络高速传播,并通过计算机或类似设备阅读使用的出版物。[③] 他认为网络出版物亦是电子出版物的一种类型,与之对应的是封装型电子出版物。两者的主要区别在于前者是通过计算机网络出版发行的,即其创作、交稿、审稿、编辑、出版、发行等都可在计算机网络中进行;而后者是通过书刊等渠道发行的。这个解释中,着重强调的是两点:一是强调了计算机技术的应用;二是强调了载体发生变化,由实物变成网络。

孟云将网络出版定义为"利用互联网创建、管理和传递(或访问)数字内容,并为组织和个人创造价值的过程和技术"。[④] 这一定义既说明了网络出版的支撑环境,也强调了其社会属性。

林江在研究中指出,从政府监管及产业发展的角度考虑,对网络出版的认识宜宽不宜窄,不应将网络出版仅仅理解为传统出版业的一次换装,应该看到网络出版中已不复存在传统出版中出版单位的专有出版权,而是出现了出版主体的多元化;从出版管理的角度看,网络出版则宜粗不宜细,过窄的界定不利于产业发展空间的拓展。他认为较为宽泛的网络出版的定义是通过互联网传播数字内容的过程。[⑤]

---

① 谢新洲. 电子出版技术[M]. 北京:北京大学出版社,2006.
② 王 蕾. 网络出版初探[J]. 现代传播,2002(12):101—103.
③ 匡文波. 网络出版论[J]. 中国出版,1999(2):55—57.
④ 孟 云. 网络出版——未来出版的主流[J]. 科技信息,2006(11):170.
⑤ 林 江. 宽带时代的网络出版及其监管[J]. 中国出版,2001(8):13—16.

3）从业务流程来看

北京大学的王锦贵主要从网络出版的具体流程来界定网络出版，认为网络出版就是将作者的著作经过加工后通过计算机互联网（Internet）以电子文献的形式广为传播（出版发行）。它的实质是拥有固定域名并与互联网相连的网络实体，以计算机网络（互联网）为介质，定期或不定期地向网络用户提供信息产品和服务的一种信息传递模式。网络出版概念和行为是传统的出版概念和出版行为在互联网时代合乎逻辑的延伸。[①] 根据这一解释，目前的网上发布除了BBS、E-mail 及 chat（网上聊天）等少数内容外，大部分可归于网络出版的范围。

4）从传播目的来看

杨晓鸣、蒋保纬认为，网络出版指为了满足网络读者的需求，将作品在网络上公之于众的传播活动。[②] 这个定义着重强调了网络出版的目的是满足读者的需求，没有明确指出加工、制作等环节，但从其传播目的来看，传播的作品必然是选择、加工和制作过的。对于作品的选择、加工和制作者并没有做严格界定，这也是广义网络出版概念的特点之一。定义中的"作品"比我国的著作权法规定的要宽泛一些，包含网络上的除私人信函一类信息以外的其他信息。

综合来看，上述四个角度并不是单一存在的，有的概念从多个角度进行界定，只是各自有所侧重。

如图 2-1 所示，如果将出版者作为网络出版的主体，出版内容作为网络出版的客体，可以建立一个网络出版矩阵图。不同的主体和客体，形成了具有不同内涵和外延的网络出版矩阵。根据以上分析，狭义的网络出版，更多指矩阵图中区域 1 或区域 1＋4 部分；而广义的网络出版，则可能包括矩阵图中各组合区域。

（三）数字出版阶段

"数字出版"这一概念是伴随着技术的不断进步而不断深化的，从桌面出版、电子出版、互联网出版、网络出版到数字出版，这是一个循序渐进、不断深化的过程。"数字出版"作为一种概念在国外并不普及，国外使用更多的是"数字内容管理"（Digital Content Management）或者"数字内容产业"（Digital Content Industry）。

数字出版在我国的发展具有非常明显的中国特色。学界和业界对数字出版的研究开始于 20 世纪末至 21 世纪初，从 2005 年开始成为热点，且热度持续

---

① 王锦贵,王京山. 网络出版探析[J]. 中国出版,2001(5):37—39.

② 杨晓鸣,蒋保纬. 网络出版之我见[J]. 中国编辑,2003(2):72—75.

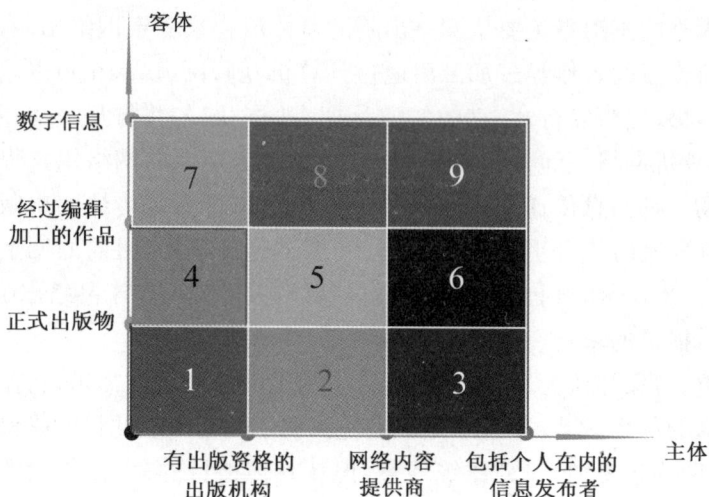

图 2-1　网络出版矩阵图

不减。在现有研究中,研究者对数字出版是什么,对它的概念分析并不如前两个阶段多,而主要集中在数字出版发展过程中的问题及途径,如赢利模式、产业链等。相比之前的电子出版和网络出版阶段,人们已经普遍接受这一新兴技术和产业带来的冲击和变化,已将研究的兴奋点由"是什么"转入到"怎么做"。

始于桌面出版系统的电子出版技术使出版业迎来一场变革,告别了"铅与火",迎来了电子出版时代;电子出版技术使得图文声像等集于一身的多媒体出版得以实现,加之网络和计算机技术的发展,网络出版作为电子出版的一种发展形态得以兴起和繁荣。再到 2010 年代中后期,随着手机出版、移动出版、跨媒体出版、全媒体出版等概念的探讨,人们越来越接近数字出版的本质。

对数字出版的理解,最早是出版的数字化,也有称之为数字化出版的。它类似于电子出版技术出现初期在出版环节的应用。但人们对数字出版的认识已经不仅仅是传统出版的数字化,认为数字出版绝非简单地为图书内容资源的数字化,它是指各种出版物在网络上(包括无线网络)直接创作、编辑、生产制作及传播,其最大的特点是把文字、声音、图像融为一体,打破图书、报纸、期刊等纸质媒体,电影、电视等形象媒体,广播、数码音乐等音频媒体之间的壁垒,消融了媒体的物理介质之间,地域、行政之间甚至传播者与接受者(读者)之间的界限,从而彻底改变出版业的终极形态,催生出一个比传统出版业面更广、规模更大的产业——数字创意产业。①

对数字出版概念的界定，具有代表性的有以下几种类型。

1. 从存储介质、载体来界定

从存储介质及载体变化角度来界定的数字出版的概念，以北大教授谢新洲为代表，他认为数字出版是电子出版的另一种说法，两者在本质上是一样的。所谓数字出版，是指在出版的整个过程中，从编辑、制作到发行，所有信息都以统一的二进制代码的数字化形式存储于磁、光、电等介质中，信息的处理与传递必须借助计算机或类似设备来进行的一种出版形式。② 这个界定既强调了介质和载体的变化，也阐释了出版流程的特点，即内容的数字化、生产模式和运作流程的数字化、传播载体的数字化和阅读消费、学习形态的数字化等。这一概念将数字出版等同于电子出版。显然，数字出版是由电子出版发展而来的新概念，是电子出版拓展的产物。

相类似的观点还有：数字出版的一个重要特点，就是编辑、复制和传播的内容始终以二进制代码的数字形式存在于光、磁、电等介质之上。所谓数字出版，就是指从编辑加工、制作生产到发行传播过程中的所有信息都以二进制代码的形式存储于光、磁、电等介质中，必须借助计算机或类似设备来使用和传递信息的出版。③

张立认为，以往的相关概念更多地表现了数字技术在出版的某一流程或某一介质上的应用，只有"数字出版"第一次用更本质的技术属性来概括出版的全过程。因此，广义上说，只要是用二进制这种技术手段对出版的任何环节进行的操作，都是数字出版的一部分。它包括原创作品的数字化、编辑加工的数字化、印刷复制的数字化、发行销售的数字化和阅读消费的数字化。④

这种角度的共性在于：第一，强调了存储介质的变化，由纸介质变成了磁、光、电介质；第二，强调了载体的变化，需要借助计算机或类似设备。而这两点都是基于技术的。

正是基于技术的这一出发点，业内也出现了手机出版、移动出版等概念。随着上网手机的日益普及，手机正在成为互联网的重要终端设备，手机出版是网络出版的延伸与组成部分。手机出版是手机出版服务提供者使用文字、图

① 刘　燕，厉春雷，钱永红．浅谈数字出版中的版权保护[J]．编辑之友，2007(4)：95－96.

② 谢新洲．电子出版技术[M]．北京：北京大学出版社，2006.

③ 徐丽芳．数字出版：概念与形态[J]．出版发行研究，2005(7)：5－12.

④ 张　立，陈含章．数字技术与数字出版[J]．编辑学刊，2006(3)：4－9.

片、音频、视频等表现形态,将自己创作或他人创作的作品经过选择和编辑加工制作成数字化出版物,通过无线网络、有线互联网络或内嵌在手机载体上,供用户利用手机或类似的移动终端阅读、使用或者下载的传播行为。[①] 匡文波认为,手机出版就是以手机为媒介的出版行为,是网络出版的延伸。[②]

手机出版使手机从人际传播工具变成了大众传播媒介,它的产生和发展适应了数字新时代社会对信息的需求。手机出版与网络出版一样,都属于数字出版的范畴。[③]

移动出版是指出版社以移动通讯设备为平台,进行图书选题策划、编辑出版、信息发布、宣传营销以及售后服务的新型出版形式。在这里,出版社是内容提供商或文化事件发起者,而移动通讯设备则成为新型传播渠道。[④]

2. 从业务流程的特点来界定

从业务流程的角度来看,祁庭林认为数字出版包括原创作品的数字化、编辑加工的数字化、印刷复制的数字化、发行销售的数字化以及阅读消费的数字化。也就是说,数字出版是内容提供商将著作权人的作品数字化,经过对内容的选择和编辑加工,再通过数字化的手段复制或传送到某种或多种载体上,以满足受众需要的行为。这里的载体可以是光盘、互联网、电视甚至纸质载体。数字出版实际上包括两方面的内容:一方面是传统出版业的数字化;另一方面是新兴数字传媒的崛起。[⑤] 这一概念是从传统出版流程的角度来看待数字出版。

聂震宁认为,数字出版的生产流程包括:内容源→内容创建→内容管理→内容发布→应用集成(技术服务、系统集成商)→多种运营接入(电信、网络服务)→用户。在这个生产流程中,数字出版将会对现行的印刷方式、物流方式、销售模式等带来根本性的变革。[⑥]

3. 从数字内容管理的角度来界定

葛存山等人从数字内容管理的角度对数字出版进行界定,认为数字出版

---

① 毕　昱.3G时代的手机出版与传统出版[J]. 出版发行研究,2009(5):8—11.

② 匡文波. 手机出版:21世纪出版业的新机遇[J]. 陕西师范大学学报(哲社版),2005(1):119—124.

③ 莫林虎,王　一. 手机出版产业现状及运营模式的比较分析[J]. 出版发行研究,2009(5):12—15.

④ 黄朝琴. 移动出版[J]. 出版参考,2004(7下):21.

⑤ 祁庭林. 传统出版如何应对数字出版的挑战[J]. 编辑之友,2007(4):4—6.

⑥ 聂震宁. 数字出版:距离成熟还有长路要走[J]. 出版科学,2009(1):5—9.

(Digital Publishing)就是采用二进制数字代码创建、存储、传输、再现和管理数字内容(Digital Content)的出版方式与活动。数字出版作为一种新兴的出版形态,包含了手机出版、博客出版、网络学术出版、网络游戏出版、软件出版、网络杂志出版、网络广告、网络音乐、影视出版、动漫出版等多种形式。①

周荣庭认为,数字出版就是对数字内容的创建、管理和传送的过程;并且还认为,数字出版或者数字化出版是指在整个出版过程中,从编辑、制作到发行,所有信息都以统一的二进制代码的数字化形式存储于光、磁等介质中,信息的处理与传递必须借助计算机或类似设备来进行的一种出版形式。② 周荣庭的研究一方面体现了数字内容管理,另一方面又体现了出版流程和技术因素。

相似的观点还有:数字出版应是对数字化作品内容进行编辑加工,并将其复本向公众传播的过程。③ 这一界定能够准确地概括出数字化出版形态的共同特征,体现出版传播的本质属性,也能涵盖未来层出不穷的更新的数字化出版手段。

4. 从媒体应用的角度来界定

从媒体应用角度的界定来看,与数字出版相近的概念是跨媒体出版和全媒体出版。这两种概念虽不是直接针对数字出版而下的,但它们的描述与表达,及构成的要素都体现数字出版的本质。

王选曾提出,网络出版的概念是由两个概念组成的,即"基于 Web 的印刷出版"和"以 Web 为媒体的出版"。这两个概念现已被统一在"基于 Web 的跨媒体出版"的旗下。④

跨媒体出版就是出版者同时传输相同内容到不同媒体上,以满足受众的不同需求的过程。⑤ 这个概念中的"同时"指在出版的每一个环节都要贯穿跨媒体的理念,其工作流是单一的。并且跨媒体出版不同于多媒体经营,是出版理念上的不同。

通俗来讲,跨媒体出版就是在出版流程的选题策划、印前编辑和印刷的过程中,出版内容都可以一种数字的形式存在,以便适应不同的承载媒介,使所有

---

① 葛存山,张志林,黄孝章. 数字出版的概念和运作模式分析[J]. 北京印刷学院学报,2008(10):1—3.

② 周荣庭. 网络出版[M]. 北京:科学出版社,2004.

③ 汪曙华. 也谈数字出版的概念界定和发展路径选择[J]. 怀化学院学报,2008(12):155—157.

④ 王 选. 电子出版在中国的发展——回顾与展望[J]. 印刷技术,2007(6):163—164.

⑤ 刘茂林. 跨媒体出版:概念、流程、特征[J]. 出版发行研究,2005(5):61—64.

的媒介都能共享相同的信息资源,并在以各自媒体的特点进行宣传销售的同时,又吸收其他媒体传播形式和特点的一种立体经营模式。[①]

与跨媒体出版相近似的概念还有全媒体出版。童之磊认为,全媒体出版就是同一个内容在同一个时间在各种各样的媒体上发布,发布载体包括纸质媒体、互联网、手机和手持阅读器以及未来更多我们所不知道的新兴媒体。[②]

此外,数字复合出版也体现了媒体应用的特点。田胜立指出,数字复合出版的概念既包括传统出版各环节的数字化,并可生成各种传统出版载体形式,也包括"数据库存储、有线或无线网上传播、手持终端读取"这类出版服务方式。[③] 这里强调了出版的数字产品和服务性功能,体现了数字出版是对传统出版活动功能的一种拓展。

二、认识数字出版的几个维度

综上所述,数字出版的概念随着技术和内容的变化而不断深化,经历了不同的技术阶段和内容阶段,名称也从"电子出版"到"网络出版"不断演变直到被称为"数字出版"。为了更清晰地解析"数字出版"这个概念,本研究认为可以从以下几个不同的维度认识并阐释数字出版的内涵和外延。

(一)技术维度

技术因素在数字出版的发展过程中起着至关重要、无可替代的作用。数字出版的萌芽可以追溯到 1951 年美国麻省理工学院的巴格利(P. R. Bagley)对利用计算机检索代码做文摘所进行的可行性研究。1961 年,美国化学文摘服务社用计算机来编制《化学题录》,这一研究产生了电子出版物的雏形。[④] 这是数字出版最初的形态,但在当时学者们对数字出版的内涵和外延没有一个比较明确的说法。

之后出现的桌面出版系统、电子出版技术、计算机处理技术及网络和互联网……数字出版的每一次发展和演变都是在技术的推动下进行的。从研究者对数字出版及其相关概念的界定同样也能看出技术的发展轨迹。无论是二进制代码,是磁、光、电介质,还是计算机及类似设备,都具有浓重的技术色彩。可以说,没有技术,数字出版就无从谈起。

① 刘海涛. 浅谈跨媒体出版的优势与特征[J]. 当代传播,2006(4):105−106.

② 肖　竹. 开放·合作·共赢——全国书博会全媒体出版整合营销沙龙侧记[J]. 中国出版,2009(5):58−60.

③ 田胜立. 数字传媒时代对编辑规范和人才的要求[J]. 编辑之友,2007(6):7−8.

④ 谢新洲. 电子出版技术[M]. 北京:北京大学出版社,2006.

20 世纪末兴起的数字出版浪潮对传统出版业乃至整个内容产业产生了巨大的冲击和深刻的变革。显然,推动和主导这一变革的无疑是互联网应用的深入,是计算机、信息和网络技术的突破性进展。技术既是催生数字出版的重要动力,也是重新定义数字出版存在和发展的基础,同时,它也引发了出版业乃至整个内容产业的新革命。在这一背景下,数字出版与传统出版相比,在内容产品、市场消费、产业形态、商业规则等方面呈现出革命性的变化。

通过前面对数字出版概念发展历程的分析可以看出,从桌面出版、电子出版、网络出版、跨媒体出版、手机出版到数字出版,各种概念的提出无一不是建立在一种或几种技术的进步或大规模使用的基础上,都是用更本质的技术属性来概括出版的不同过程。例如,1978 年 4 月,J•A•Urqart 在卢森堡提出的"电子出版"就是伴随着电子技术出现,利用电子手段创建、管理、传播出版物的过程。而随着计算机通讯技术、网络技术和数据库技术的发展,特别是 Internet 的发展,电子出版物不仅包括只读光盘这种有形载体,还包括计算机网络上的无形传播,网络出版开始成为数字出版的主流形式。"移动出版"、"全媒体出版"等概念则是伴随着跨媒体出版技术、电子纸技术、跨平台资源整合管理技术、知识挖掘技术和多媒体技术等的出现而不断出现在各种数字出版的创新模式中。"数字出版"概念最早也是从技术的角度出发的。谷歌最近提出的"云计算"的概念及打造全球"信息工厂"的计划和相关技术的出现,也引发了人们关于能"整合全球信息,并通过一个简单的接口提供给用户"的"云出版"的遐想。如果这一设想成为现实,无疑将使内容信息的集中度急剧增加,并带来出版产业形态新的变化。

对数字出版的界定同样能反映数字出版的技术属性。如中国出版科学研究所数字出版研究室主任张立(2006 年)提出:数字出版是指用数字化的技术从事出版活动。数字技术的直接结果是计算机的发明与普及,数字技术在出版界的应用,就是数字出版。[①] 吕志军(2007 年)认为:数字出版是采用数字技术二进制的技术手段进行的出版。一方面,数字出版主要指利用数字出版技术对出版业的各个业务流程进行改造,它包括数字化的创作、数字化的编辑加工、数字化的复制发行、数字化的阅读消费等;另一方面,数字出版也被业界理解为出版管理的信息化,指利用现代信息技术设备和工具对传统出版的管理进行信息化改造,例如包括编务、出版印制、发行、财务等出版环节的 ERP 管理系统等。[②]

---

① 张　立. 数字出版相关概念的比较分析[J]. 中国出版,2006(12):11—14.
② 吕志军. 数字出版对传统出版业务流程的影响[J]. 大学出版,2007(2):36—37.

可见,无论从哪一个角度理解数字出版,"数字技术"都在其中起到关键的作用。

数字技术改变着出版产业的发展模式,它是建立在数字融合基础上的电信、传媒和出版业之间的融合。数字出版产业的基础是技术融合,这些传统产品可以通过数字技术对其进行统一编码和处理,可以共同享用一个技术平台,并通过同一个网络平台进行传播,而产品和技术平台的融合又会促使企业产品、业务和组织结构等方面重新整合。这导致产业领域内的企业出现合并与重组,使得原本属于不同产业领域的企业出现了合作与竞争,从而形成新的价值链和业务模式。技术整合数字出版产业链主要是横向整合数字内容出版商,实现数字出版产品数据格式的一致性,改变因格式不一致导致读者阅读成本过高,阅读方式不便;但另一方面,整合数字技术提供商,加强集成研发,尤其是数字产品防盗版技术方面的合作,防止重复研发,资源浪费。技术融合主要体现在通信、广播电视与网络和其他媒介的融合。数字技术的大量应用为画面和声音的传递提供了便捷方式,信号压缩技术的应用使媒介传播大容量的信息内容和服务成为可能;数字与压缩技术的融合促进传播基础设施融合,使传播呈多媒体化和多渠道化;而计算机数据处理能力的升级、切换功能的加强以及光纤的广泛应用等,都将促进接收终端的融合。这样,数字出版只有充分发挥技术优势,广泛结合内容资源,积极拓展新的市场渠道,才能在整条产业链的带动下,促进数字出版行业的高速发展。

因此,从某种意义上讲,数字出版是一种技术,是一种手段。数字出版具有明显的技术属性。

(二)产业维度

在有关数字出版的研究中,研究者并没有像以往一样一直纠缠于概念的界定,而是不断将研究触角扩展到产业发展层面,如产业链的构成、赢利模式、传统出版单位向数字出版拓展的探索等。穆青(2009年)提出,数字出版更贴切的定义是基于网络和新媒体的长尾服务。从产品跃升到服务,出版商需要迎接的不仅是思路的改变,更是对内容资源的细致思考和创新性的服务平台架构,运营模式的改变要实现从单一的内容提供商向资源服务商的转型。[①] 这种观点非常贴切地反映了数字出版的产业属性。直观地看,从业实体关注的是如何发展,而不是如何界定。

从产业的角度来看数字出版,有时也被称为数字化出版,即指将数字内容

---

① 穆 青. 数字出版全新商业模式的创建[J]. 出版参考,2009(3下):26.

通过互联网来传播,以网上支付为主要交易手段的出版方式。在这一过程中,可以清晰地看到著作权人、数字出版商、技术提供商、网络传播者及读者构成了数字出版产业链的主体,他们的出版活动形成了完整的出版环节,最好地体现了数字出版的产业属性。

聂震宁(2009年)曾指出,出版产业的本质是产业组织选择作品,经过一定载体的制作,转化成为具有实用价值和交换价值的出版物,通过市场机制实现文化价值和经济价值,并进而通过资本运作形成再创造与再生产的经济产业链。[1] 如果把现代出版产业看做是信息产业的一部分,那么它就是核心部分,即信息内容提供者。从数字出版的构成来看,数字出版涉及版权、发行、支付平台和服务模式等环节,它不仅仅指直接在网上编辑出版内容,也不仅仅指把传统印版的内容数字化或者把传统的出版物扫描到网上,真正的数字出版指的是依托传统的资源,用数字化工具进行立体化经营。[2]

可见,数字出版的产业属性非常明显,且内涵丰富。从产业的视角出发,数字出版产业所涉及的范围亦能很好地揭示数字出版这一概念的本质特征。综上所述,"数字出版产业"具有以下三个要点:①数字出版产业以数字化为显著特征;②数字出版产业以数字信息为核心,是数字内容产业的重要组成部分;③数字出版产业以市场为纽带,具有较强的经济性和广泛的传播性。

(三)媒介维度

从古至今,信息存储的介质一直在发生着变化,从龟甲兽骨、竹简、布帛、纸到光磁介质。存储介质的演变史就是一部出版发展史。数字出版出现初期,不少研究从存储介质的视角来看数字出版,认为数字出版的出现主要是基于存储介质的变化,即造成出版业历经数字出版变化的根本原因在于存储介质的演变和发展,存储介质的变化使数据创建、存储、管理、发布的途径和方法发生变革。

从出版物的形态来看,数字出版就是继图书、报纸、期刊、音像制品、电子出版物、网络出版物等之后的又一种出版形态,是一种崭新的文化生产与传播方式。这种新兴的出版形态以数字化技术为支撑,以计算机网络为载体,是对传统出版形态和样式的全方位变革。

数字出版依托传统的资源,用数字化技术使内容进行立体化传播,可以说是依托于信息技术、数字技术和计算机网络技术而诞生的全新的传播媒体。因此,在数字出版的发展过程中曾出现一个概念"全媒体出版"。所谓全媒体出

---

① 聂震宁. 数字出版:距离成熟还有长路要走[J]. 出版科学,2009(1):5—9.
② 何格夫. 当前我国数字出版面临的六大困境[J]. 出版广角,2008(3):49—51.

版,就是在数字技术的帮助下,将同一个内容在同一个时间的纸质媒体、互联网、手机和手持阅读器等新兴媒体广泛刊载,同时覆盖所有读者的出版形式,它实现出版产业与新媒体的融合。全媒体出版的特点是:①文字、语言、图形、影像等多种符号的使用;②视觉、听觉、触觉等多种媒体的使用;③纸张、光盘、磁盘、集成电路等多种传播载体的应用;④报纸、杂志、音像制品、网络、移动终端等多种传媒形态的应用。可见,数字出版在全媒体的状态下充分体现了它的媒介属性,同时也打破了传统出版按介质划分的限制。

(四)出版维度

出版界对出版的界定是"编辑、复制作品并向公众发行的活动",其三要素是编辑、复制和发行。这里强调了编辑加工的作用,复制和发行在互联网时代实际上是合二为一的。当然,从狭义的角度来讲,这个概念还强调了出版主体的合法资格。

数字出版始于数字化技术在出版领域的应用,随着数字化技术的不断发展及在出版领域的不断拓展,传统的出版流程也发生了重大变革。从数字出版有关概念的论述可以看出,对数字出版的界定有多个角度,数字化技术对出版业的影响是不言而喻的。数字出版不仅仅指将传统纸介质书转为电子书这一技术概念,而且是一个不断发展的、具有革命性的新型出版方式,在出版物表现形式、传播方式、出版流程、管理手段以及服务营销方式等方面均发生革命性的变化。[①] 在发展过程中,还出现了技术服务提供商、突破传统出版领域的新介质等变化,但这并不能改变出版的本质,即其中最重要的核心点——"内容"没有发生变化。也就是说,无论技术的更替、流程的再造及产业链的重组,都无法改变出版最本质的特点,即提供内容。从这个角度讲,可用把数字出版归纳为内容提供商对著作权人的作品进行选择和编辑加工,然后数字化,再通过数字化手段将其复制或传送到某种或多种载体上以满足受众需要的行为。这里体现了数字出版的几个要件:第一,获得作者授权,以公开传播其作品;第二,必须对作品进行选择和加工;第三,向公众传播。这同出版的三要素编辑、复制、发行一脉相承,虽说在细节上可能存在看法的分歧,但用一种更宏观的视角来看,可以说数字出版曾经强调跳出出版的限制,而今又回归出版的本质。

张立指出,只要是用二进制这种技术手段对出版的任何环节进行的操作,都是数字出版的一部分。它包括原创作品的数字化、编辑加工的数字化、印刷

---

① 毕海滨. 数字出版面临的问题与新的数字出版模式[J]. 大学出版,2007(1):38—40.

复制的数字化、发行销售的数字化和阅读消费的数字化。[①] 可见,数字出版在这里强调的不只是介质,更重要的还是出版流程,"出版"仍是数字出版最主要的属性之一。

新闻出版总署 2010 年发布的《关于加快我国数字出版产业发展的若干意见》(新出政发[2010]7 号)文件提出:数字出版是指利用数字技术进行内容编辑加工,并通过网络传播数字内容产品的一种新型出版方式,其主要特征为内容生产数字化、管理过程数字化、产品形态数字化和传播渠道网络化。

三、我们理解的"数字出版"

数字化出版并非单纯指传统出版流程受到数字技术影响,仅仅在出版物产品形态及技术层面发生的变化,更是指一种基于信息技术发展出现的新的出版理念和出版行为。数字出版不是依附于传统出版而存在的一种出版形式,而是可以独立创新的出版生产行为,是对传统出版形态的提升、对传统出版方式的扬弃。

数字出版相对于传统出版,在出版思想、操作流程、经营策略、实现目标等各个环节都远远超出了以往的概念,进而在企业构成、出版物形态等方面较之传统出版要宽泛得多。它包括传统出版业数字化的全部过程和结果,同时也包括了新兴的数字媒体。因此,数字出版不是传统出版的简单延伸,也并非传统出版和数字产业的结合或交集,而是网络时代整个数字内容产业的一场革命。

我们认为:数字出版是采用二进制代码的数字化形式创建、存储、传输、发布与管理数字内容,从而形成的一种出版活动或内容服务方式。

从"出版的数字化"和"数字化的出版"两方面可以更好地理解"数字出版"。其中,"出版的数字化"主要指利用数字出版技术对传统出版业的各个业务流程进行改造,是传统出版业在内容和形式上的延伸和扩展。传统出版业的数字化改造工程内容十分庞大,几乎涵盖书报刊从信息采集到编辑加工、从复制到发行的全部流程,具体包括书报刊编辑手段的数字化、内容资源的数字化、数字印刷以及发行和分销手段的数字化等。因此,所涉及的相关数字技术也极为复杂多样。"数字化的出版"则包括了新兴的数字媒体或个人生产并发布数字内容的整个过程和结果。数字技术和新闻出版业的结合产生了一些新兴的数字出版媒体。互联网对传统出版业的渗透,出现了网络游戏、博客等新型出版形态。

---

① 张 立 . 数字出版相关概念的比较分析[J]. 中国出版,2006(12):11—14.

通信技术对出版业的渗透，出现了手机短信、手机小说、手机新闻、手机报纸、手机音乐、手机游戏，甚至手机视频等新的媒体。数字出版是传统出版业在内容和形式上的延伸和扩展，不仅大大丰富了出版物的内容和形式，也改变了传统出版物的生产方式和消费理念，直接创造出一些新的出版媒体形式。

实际上，今天纯粹意义上的传统出版已不复存在，即使纸质出版物，其出版流程也离不开数字技术的应用。随着数字技术的进一步发展，未来将不再有传统出版与数字出版的划分，数字出版就是未来出版业的全部，也是未来出版业的方向。因此，数字出版不是传统出版的简单延伸，也并非传统出版和数字产业的结合或交集，而是网络时代整个数字内容产业的一场革命。网络强大的信息储存和检索功能为出版的数字化革命提供了巨大的创新空间，解放了传统内容资源的生产力。信息沟通的互动性更是数字出版的最大优势。因此，在数字时代，出版将成为网络信息服务产业的一部分，数字出版的核心任务是利用数字技术来开发和利用内容资源，最大限度地扩大内容资源的影响力。

四、数字出版的本质特征

通过对数字出版及其相关各概念历史演变过程的分析，我们发现计算机、信息和网络技术既是催生数字出版的重要动力，是重新定义数字出版存在和发展的基础，也引发了我们对数字出版本质的进一步思考。

"书既可以是一个网页、一部手机，还可以是一个电子游戏、一部电影"，法兰克福书展主席博思对"书"的解释启示我们：在数字化出版时代，不只是"书"的概念外延和内涵在扩展，与之密切相关的出版在历史上所建立的全部思维范式都在发生着扩展与变化，数字出版的内涵也在不断地丰富变化着。根据前面我们归纳总结的数字出版的内涵和外延，数字出版的本质特征可以归纳为如下几个方面。

（一）数字化

西方媒体推崇的电脑和传播科技领域最具影响力的大师之一——麻省理工学院的教授、MIT的媒体实验室的创始人尼葛洛庞帝在其代表著作《数字化生存》一书中提出，人类社会已进入"0"和"1"组成的数字时代，作为"信息的DNA"的比特，正迅速地取代原子而成为人类社会的基本要素，并由此带来后信息时代的数字化生活方式，让人们步入美妙的数字伊甸园。

在前面对数字出版概念的梳理中我们发现，数字出版区别于传统纸质出版的最重要的特征是"数字化"，在以数字化为特征的出版过程中，所有的信息都以统一的二进制代码的数字化形式存储、处理与传递。该过程也是数字制式的传播技术手段逐步替代传统传播手段的过程,这一转变渗透到数字出版的各个领域和环节,也可理解为出版内容的数字化、生产模式和运作流程的数字化、传播载体的数字化、阅读消费的数字化等。

1. 出版内容的数字化

数字出版的边界不断拓宽,融合了移动内容、互联网、游戏、动漫、影视等几乎所有的数字内容。出版物内容数字化应是数字出版必须具备的根本特征,无论终端阅读的介质是什么,只要记录在介质上的内容是数字化的,这种出版物就一定是数字出版物。

2. 生产模式和运作流程的数字化

采集数字化——内容提供商从著作权人处采集作品并数字化的过程。所采集的信息包括两种不同形式的内容来源:一种是将掌握在出版社、报社、期刊社等传统出版单位手中的模拟内容资源通过 OCR 识别,转变为数字化信息;另一种是直接将各种原创数字内容汇总导入。

编辑加工数字化——实现无纸编辑。把一二次文献同步制作、报道与发行,实现标准化与规范化的标引与结构化加工。这样加工后的数字信息具有较强的技术依赖性,信息易压缩、加密以及多种媒体形式的嵌入各种出版物中。

印刷复制数字化——通过数字印刷、电子纸的应用、按需印刷等方式完成数字内容的复制。

管理数字化——流程管理与内容管理融为一体,在操作的每个环节上都可以浏览所涉及的内容。不仅令出版全过程可控,改善编辑的工作强度,提升出版质量和效率,而且为随机修改带来无可比拟的灵活性。[1]

发行数字化——数字内容通过各种网络(互联网、通信网、物联网等)以数字信息形式进行传输,实现网上发行。网上发行不再是过去传统出版时从出版社向读者的单向流动,而是基于各种网络的读者与作者、读者与出版社的双向、多向交流,是为读者、作者的更深层次服务。开拓的信息服务商业模式可实现多层面的信息交流与挖掘、分析,实现了作者、读者、编辑多方面的信息分享、沟通,为向读者和作者提供更深层次的延伸服务提供数据基础,通过数据挖掘与分析、汇总,可实时了解客户的资源结构与市场需求发展趋势。[2]

交易数字化——在数字内容存储方式、流通方式、支付方式实现数字化的

---

[1] 聂震宁. 数字出版:距离成熟还有长路要走[J]. 出版科学,2009(1).

[2] 李家强,曾迪忠. 数字出版的探索与实践[J]. 大学出版,2007(2).

基础上，用户可通过网上银行或电信运营商完成结算，并可以实现与集团、专业、特种用户的服务。

3. 传播载体的数字化

随着电子、通讯和网络技术的发展，内容传播的载体由纸质媒体扩展到电脑屏幕、视听终端、手机、掌上电脑、配备电子纸的专用阅读器乃至 MP3 、GPS 导航仪、PSP 游戏机等任何可显示数字内容的设备上，内容消费变得无处不在。

同时，阅读终端已经远远超出了内容载体的概念，围绕阅读终端产生的客户应用体验、社群网络、内容交互性等其他配套服务成为用户消费的重要组成部分。2007 年年底，亚马逊公司推出电子书产品"Kindle"，人体工学设计和电子墨水技术使其持握感和阅读感逼近真正的印刷书籍，数百本书的存储量和随时在线、完全免费的网络服务使其具备传统书籍无法比拟的优势，亚马逊公司甚至提出以此"改变人类阅读方式"。

4. 阅读消费的数字化

根据第七次全国国民阅读调查数据，我国 18 周岁以上成年国民数字出版物阅读率为 24.6%。网络在线阅读和手机阅读是两大主要数字化阅读方式，分别有 16.7% 的国民通过网络在线阅读，14.9% 的国民接触过手机阅读，另有 1.3% 的国民使用其他手持阅读器进行数字化阅读，比 2008 年的 1% 增加了 0.3%，增幅为 30%。

据中国互联网络信息中心（CNNIC）发布的第 28 次中国互联网络发展状况统计报告数据显示，截至 2011 年 6 月底，中国网民规模达到 4.85 亿，而受众最广的前五大网络应用分别为搜索引擎（79.6%）、即时通信（79.4%）、网络音乐（78.7%）、网络新闻（74.7%）和博客/个人空间（65.5%）。

从手机阅读看，手机报是最主要的手机阅读方式，在有手机阅读行为的人群中，有近六成（58.7%）的人读过手机报；另外，有近半数（47.6%）的人使用手机 QQ、飞信；有手机阅读行为的人中，三成左右通过手机阅读小说或进行网页浏览；两成左右的人利用手机听音乐或玩游戏；手机影视作为一种较为新型的影视播放模式，目前的使用者比例还不太高，约为 4.9%。

由此可见，作为数字出版存在的基础和前提，数字化阅读已成为目前人们的主要阅读方式。

（二）全媒体

数字出版是传统出版与当今先进的数字化技术相结合的产物。数字出版的核心技术是数字技术，而数字技术框架下的数字表达、存储和传播技术使文字、图像、影像、语音等原来以不同表现形式和载体表达的内容要素得到统一。也就是说,在数字环境下,不论是文字、图片、音频还是视频的信息内容,都可以通过计算机以"0"和"1"的数字形式加以组织、处理和表现,并通过不同的信息传输平台进行传播。而读者亦可根据自己的实际需要,通过不同的终端来接收,从而在更大程度上实现信息消费的个性化和便利性。

基于此,数字出版的边界不断拓宽,融合了移动内容、互联网、游戏、动漫、影视等几乎所有的数字内容。另外,互联网、有线电视网、电信网"三网融合"的趋势也使得电子书刊、电视、移动内容、网络信息等以所属行业和传播方式相区分的数字内容趋于统一,从而实现了"全媒体"框架下的数字出版。

全媒体出版除了强调出版的多介质外,还包括文字、语言、图形、影像等多种符号的使用;视觉、听觉、触觉等多种媒体的使用;纸张、光盘、磁盘、集成电路等多种传播载体的应用;报纸、杂志、音像制品、网络、移动终端等多种传媒形态的应用;以及多种显示终端和制作技术的应用等;另外,也包括传统出版全流程数字化并生成各种出版载体需要的形式和格式;同时也涵盖了新型基于数据仓库和数据挖掘的定制化出版增值服务。通过全媒体出版,实现了"一种内容、多种媒体、同步出版",满足了任何人在任何时间任何地点通过任何方式阅读任何内容的需求。

因此,所谓全媒体出版,就是在数字技术的帮助下,将同一个内容在同一个时间的纸质媒体、互联网、手机和手持阅读器等新兴媒体广泛刊载,同时覆盖所有的读者的出版形式。它实现出版产业与新媒体的融合。全媒体出版体现了数字出版兼容、共享和开放的本质特征,它是数字出版的一种高级形式与表现。与跨媒体出版相比,全媒体出版还强调多渠道的同步出版。

全媒体出版模式通过最密集的信息发布、最有效的全媒体整合营销,将资源有效整合,实现传播模式从"单一"向"多元"转型,从而带来版权价值最大化、信息传播广泛化、品牌传播具象化。正如新闻出版总署孙寿山副署长所说:"全媒体整合营销这一理念最大的贡献就在'整合'二字。一是传统出版与数字出版的整合,打破了把两者对立起来的思维误区;二是纸质图书、互联网、手机、阅读器等不同媒体的组合,把不同媒体由竞争对手变为合作伙伴;三是出版商、技术提供商、移动运营商等不同身份的整合,实现了角色的换位与融合;四是出版、电信、影视等不同行业的集合,达到了优势互补,资源共享;五是读者阅读选择与体验的整合,最大限度地满足了读者的需求。"于是,这种顺应全媒体出版产业发展的技术融合、资本整合和媒介融合就不可避免地产生了。

　　对于出版单位这种具有内容生产特点的企业来说,在全媒体出版环境中,就不单纯是生产某一介质的产品,而是生产"内容"。不管什么样的介质,内容都是一样的,介质只是承载内容的载体,或只是人们消费内容时的一种固化的阅读器而已。可以走图书、报刊、广播电视、数字化产品开发之路,将同样的内容用不同的媒体形式进行包装转化,最大限度地推向市场和占领市场,获得最大化收益。

　　可见,数字出版打破了传统出版按介质分割的限制,通过全媒体的出版经营实现了内容资源价值的最大化。在数字出版的条件下,能充分按照主题,以最直接的阅读形式,把传统的零散的出版进行整体运作,从而真正形成整合性、系统性的连续出版。[①]

　　以图书为例,全媒体出版就是指图书一方面以传统方式进行纸质图书出版;另一方面以数字图书的形式通过互联网、手机、手持阅读器等终端数字设备进行同步出版(如图 2-2 所示)。

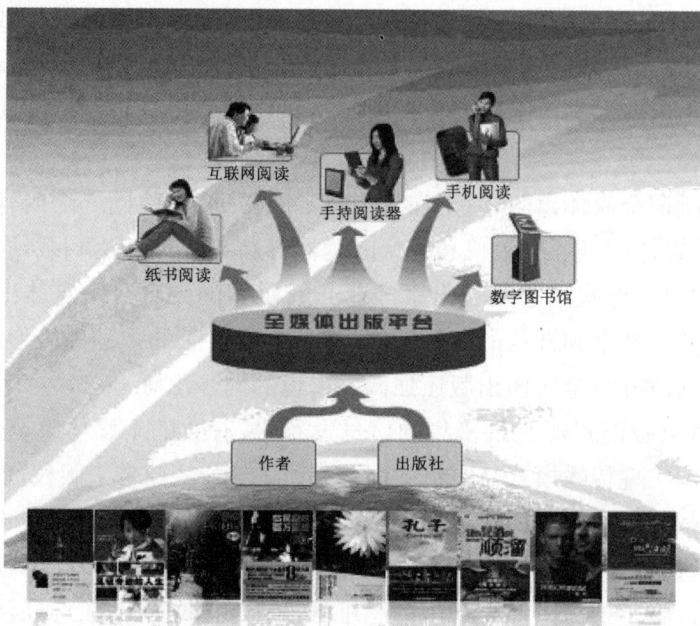

图 2-2　全媒体出版示意图

①　张建明.论数字出版泛化的出版概念对出版产业的影响[J].出版发行研究,2009(3).

2008 年 12 月,长江文艺出版社和中文在线凭借电影《非诚勿扰》的影响力,将冯小刚的长篇小说《非诚勿扰》以全媒体方式出版,这是我国首次实现图书的全媒体出版。随着网络技术的发展,图书出版已由原来单一纸质图书出版延伸至互联网阅读、手机阅读等。例如,《非诚勿扰》采用传统图书、互联网、阅读器、手机阅读等四种形式同步出版,其中长江文艺出版社负责传统纸书出版,中文在线获得该书数字出版独家授权,并与汉王、移动梦网等共同实现多渠道的同步数字出版。这样,读者既可以通过中文在线旗下的 17K 文学网进行网络阅读,也可以通过汉王公司的手持阅读器阅读,移动梦网则开辟了读者手机阅读的通道,这是我国首次实现图书的同步全媒体出版。据中文在线公布的数据显示,除纸质图书外,《非诚勿扰》的全媒体出版发行收入达 10 万元以上,实现了赢利。继《非诚勿扰》之后,曾荣获 10 项奥斯卡大奖的电影《贫民窟的百万富翁》也以全媒体方式出版,作家出版社出版纸质图书,中文在线则获得该书数字出版的授权,实现了全球全媒体同步出版。读者除了图书,还可以通过电视荧屏、手机、手持阅读器、互联网等多种媒介进行欣赏和消费。

目前,业界和学界人士都比较看好这种全媒体数字出版模式。传统出版社通过与中文在线等数字出版运营商开展数字出版的合作战略,实现了传统出版业的转型,达到出版产业升级。

(三)读者为中心

互联网时代,海量的存储空间、充足的带宽、免费的传输成本使得内容产业从资源短缺的时代进入了资源富足的时代。数字出版内容范围的拓展以及表现方式的转变,将传统的读者、观众、网民转变成广义的"内容消费者",搜索技术的发展开辟了个性化内容需求的广阔市场。在在线阅读和海量信息迎合"浅阅读"趋势的同时,数据挖掘(Data Mining)、知识发现(Knowledge Discovery in Databases)等技术使得内容消费提升为高层次的知识消费———从未有过的"深阅读"乃至"创造性阅读"成为可能。伴随电子技术的发展而诞生的各种阅读终端也使得阅读体验呈现移动、个性化、跨媒体的特点。[①]

因此,数字出版中,海量的数字资源和日趋成熟的数字出版技术使过去传统出版中出版者为主体的格局发生了变化,出现了读者为中心的市场重心转移。在这种变化中,读者的要求越来越高,在权利保护与作品传播利益平衡中,读者的能力也逐步加强。个性化定制、一次创建多次使用、强大而准确地搜索

---

① 傅　强 . 数字出版:新的革命[J]. 浙江大学学报(人文社会科学版),2008(7).

和链接功能、交互功能等以读者为中心的各种功能成为数字出版区别于传统出版的特点与优势所在。

基于此,数字出版企业的经营理念将由传统出版的"产品"中心、"内容为王",转变为"读者"中心、"服务为王"。能否建立以"读者为中心"的运营体系成为数字出版企业能否生存的决定因素。所以,用户的需求是数字出版商业模式成功与否的关键因素。

面对网络时代的用户,出版企业不能拘泥于传统出版的思维,要充分利用网络和技术的优势,来满足读者的全方位需要。同时数字出版作为高度创造性的服务,在很大程度上不是满足用户已有的需求,而是创造尚不存在或是潜在的需求。所以,数字出版更贴切的定义是基于网络和新媒体的长尾服务。从产品跃升到服务,出版商需要迎接的不仅是思路的改变,更是对内容资源的细致思考和创新性的服务平台架构,运营模式的改变,要实现从单一的内容提供商向资源服务商的转型。

在数字出版时代,每一个读者通过数字沟通都可以获得个性化服务,互联网则为这个数字交易提供了一个广阔的平台,最大程度地满足读者的需求是数字出版商业模式成功与否的关键因素。面对数字时代的读者,出版商不能拘泥于传统出版的思维,要充分利用网络和技术的优势,来满足读者的各种需求。数字出版更贴切的定义是建立在"读者为中心"基础上的基于数字媒体的长尾服务。

(四)产业化

《信息时代的出版》一书提到:"出版的定义变得宽泛,被新技术扩大了范围。如果出版意味着不连续的物理产品包装和销售,像报纸、图书、有声唱片、视频软件和光盘,那么通过通信或卫星传输的电子数据库又是什么? 如果出版包括数字产品的包装和发行,包括数据库、视频和音频节目,那么怎样区分和广播的区别呢? 按次付费的卫星电视也是出版的一种形式么? 这些之间的区分又是什么呢?"①或许这种混淆不清正是内容融合引发产业融合的体现,因此需要在发展数字出版之时有整合的思维,贯通产业链条,在数字内容产业的大视野中发展。数字出版的发展不仅带来内容载体、表现形式、传播方式和阅读方式的变化,也使数字出版的范围延伸到了几乎所有数字内容产业。与传统纸质出版相比,内容融合、产业融合背景下产生的数字出版其产业特性也更加明显。

---

① Douglas M Eisenhart, Publishing in the Information Age: A New Management Framework for the digital Era. Praeger, 1996, pp. 4.

数字出版产业是数字内容产业中的一部分，数字内容产业由影视制作、交互数字电视应用和内容制作、在线交互式游戏、基于互联网的市场营销、基于互联网的数字内容出版和发行、在线教育内容研发、移动内容研发和出版、版权和内容管理及其他软件应用相关的创意产业等组成。[①] 其中与数字出版产业直接相关部分有基于互联网的数字内容出版和发行、在线教育内容发展、移动内容研发和出版等，这些都是数字出版所涵盖的内容，其产品形式包括电子报、电子期刊、电子书、数据库及在线出版内容的服务及增值应用等。

数字出版产业链由数字内容提供商、数字内容出版商、数字技术提供商、网络服务提供商和读者等主体构成，突破了传统出版产业链的范畴，实现了在数字化时代参与主体多元化的转变。数字出版产业链是以出版价值链为基础的具有连续追加价值关系的数字出版关联企业组成的企业联盟，整条产业链是一个实现数字出版产品和服务的价值不断增殖的过程。

第二节　数字出版产业的发展现状

一、数字出版产业的边界

（一）产业界定

产业经济学中产业的含义，"是指生产同类产品，并具有密切替代关系的厂商在统一市场的集合"。[②] 可以说，数字出版产业是指用数字化技术编创、复制、发行出版物并具有较高替代关系的厂商的集合。

从产业链的角度看，根据不同厂商所开展的主要业务看，构成数字出版产业的厂商主要可分为四类。

第一类是数字出版商，主要从事数字内容的生产、加工和传播。它大致包括三小类：一是开展数字出版业务的传统书、报、刊出版社，如施普林格、中国高等教育出版社、爱思唯尔等；二是从事数字内容集成加工和传播的公司，如谷歌、清华同方知网等；三是从事网络原创资源开发并传播的公司，如盛大文学。

第二类是数字发行商，专门开展数字出版内容的推广、发行，如亚马逊、龙源期刊网。

第三类是数字阅读运营商，主要通过特定渠道或设备控制终端消费者进而

---

① 陈洁. 数字出版赢利模式研究报告[J]. 求索，2009(7).
② 杨建文，周冯琦，胡晓鹏. 产业经济学[M]. 上海：学林出版社，2004.

开展活动,如 Kindle、汉王科技等。

第四类是数字出版服务商,专门为机构或个人的数字出版业务提供技术支持或服务,如北大方正、BioMed Central 等。

当然,这并不是严格科学的划分,实际上其中的大部分公司在数字出版产业中同时充当多种角色。

(二)产业细分

从总体上说,数字出版产业提供的是数字形态出版物,这也是其区别于传统出版产业的最明显之处。从数字出版物形态看,根据新闻出版总署 2010 年发布的《关于加快我国数字出版产业发展的若干意见》(新出政发〔2010〕7 号)文件,目前数字出版产品形态主要包括电子图书、数字报纸、数字期刊、网络原创文学、网络教育出版物、网络地图、数字音乐、网络动漫、网络游戏、数据库出版物、手机出版物(彩信、彩铃、手机报纸、手机期刊、手机小说、手机游戏)11 种形式。其中,网络游戏是否应该划入数字出版产业的范畴内,专家们仍争论不已,但在我国的政府统计口径中,它无疑属于数字出版产业的重要组成之一。随着技术发展和社会需求的变化,数字出版物的形态不断丰富,数字出版产业的边界会不断扩大,内涵也会更加丰富。

从社会功能看,数字出版物与传统的书报刊之间没有太大区别。因而数字出版产业与传统出版业相似,可以划分为学术出版、教育出版和大众出版三大部门,分别主要满足科学研究与知识积累、文化教育、娱乐休闲方面的社会需求。

(三)产业融合与边界扩大

在数字技术兴起之前,建立在模拟技术基础上的出版产业与广播电视、通信等产业之间泾渭分明,而数字技术和互联网的兴起从根本上推动了这三个产业的融合,并且随着技术的发展,产业融合的程度不断加深。数字出版产业就是这种融合的产物,它成为三个甚至更多产业发展的交叉且逐渐延展的地带。反过来,不断扩大的数字出版产业不仅拓展了出版的产业边界,还由于其继承了广电、通信等产业的基因而改变、丰富了传统出版产业的产品、功能和市场。其中影响最大的可能是数字出版业中的大众出版部门,其与影视、网络游戏等娱乐产业之间的重合区将越来越大。

目前,我国政府正推进电信、电视、计算机三网融合,努力实现三者之间的互联互通、资源共享,也为数字出版产业的发展带来巨大动力。有业内人士认为三网融合对数字出版业有五大好处:信息服务将由单一业务转向文字、语音、数据、图像、视频等多媒体综合业务;极大地减少基础建设投入,并简化网络管理,降低维护成本;将使网络从各自独立的专业网络向综合性网络转变,网络性能得以提升,资源利用水平进一步提高;通过网络的整合,衍生出更加丰富的增值业务类型,如图文电视、视频邮件和网络游戏等,极大地拓展业务提供的范围;打破了电信运营商和广电运营商在视频传输领域长期的恶性竞争状态,各大运营商将在一口锅里抢饭吃,看电视、上网、打电话资费可能打包下调。① 可见,数字出版产业的边界及运营方式将在三网融合的背景下发生新的变化。

二、数字出版产业发展历程及现状

(一)数字出版产业发展历程

1. 探索阶段——数字出版产业发展迅速但亟待整合

如果说数字出版一开始只是一些由网络游戏、网络广告占主要地位的网络新媒体为了实现利益最大化的小打小闹,那么数字出版产业真正得到有机整合来自于首届数字博览会的举办。

2005 年 7 月,经过近一年筹备的首届数字博览会以"互通互联,共建共享"作为主题在北京召开,"整合"无疑是出现频次最高的关键词之一。数字出版产业需要多方整合:传统内容资源与网络资源的整合:传统出版力量和技术提供商的整合,以及企业之间通过竞争达到对市场资源的整合。这一切,需要政府、企业和消费者的积极参与和良性互动。来自出版社、电子书制作商、软硬件技术提供商、国内外数字出版企业等众多代表共聚数博会,在会场展示了众多高新技术产品和优秀的电子出版物,而许多政府部门和数字出版领域的专家学者也参与会议研讨,共话中国数字出版产业链的构建和发展。

在第二届数字博览会上,《2005—2006 中国数字出版产业年度报告》出炉。该报告是我国第一本关于数字出版产业的年度报告,它从产业发展的角度入手,对互联网、电子图书、网络游戏、手机出版等内容进行了详细的分析与梳理,范围包括中国大陆、台湾和香港地区。报告认为,2005—2006 年是我国数字产业飞速发展并出现重大转折的年度,是数字出版概念被业内广泛认可的年度,也是数字出版产业链、数字出版规模正在形成的年度。

《2007—2008 中国数字出版产业年度报告》统计,我国数字出版产业收入规模,2006 年是 213 亿元,2007 年增长到 362.42 亿元,比 2006 年增长了

---

① 赵　婷,廖小册. 三网融合将为出版业带来什么[N]. 中国新闻出版报,2010-08-26.

70.15％,截至 2008 年 12 月,我国数字出版业的整体营业规模达 530 亿元,比2007 年增长 46.42％,比 2006 年增长 149.13％。

2009 年我国数字出版产业的绝大部分产值都是由网络游戏、网络广告和手机出版这"三巨头"创造的。网络游戏、网络广告和手机出版"三巨头"之所以能占据前三,是因为它们直接脱胎于互联网和通信等新兴产业,拥有全新的商业模式,内容、技术与运营能够很好地融合在一起。作为数字出版产业的重要组成部分,电子书产业所占的比例却显得有些尴尬。电子书产业的发展已有多年,与技术提供商、渠道运营商等产业链环节的积极参与不同,传统出版商对于数字出版的态度相对淡漠。虽然近年来传统出版商纷纷开始涉足数字出版,但对于自身角色定位把握不到位,影响了电子书产业的发展。

虽然数字出版产业的总产值每年都迅速增长,但是产业内各种要素发展不平衡,传统媒体资源与网络资源得不到有机整合,技术提供商投入做内容,传统出版商将其视作竞争对手而不是互利共赢伙伴,导致重复建设,浪费了一定的人力物力。

2. 初步成型——出版集团统一规划数字出版业务

由数字化浪潮带来的产业融合使得出版、网络、电子、电信等行业的界限被打破,内容行业逐渐被纳入更宏观的服务业范畴并不断产生新的商业模式。数字出版以强大的力量分解着传统媒体包括电视、广播、报纸之间的边界,分解着社群、产业之间的边界,同时也分解着信息发送者和接受者的边界。数字出版将会打破传统出版业按介质区分的行政分割,极大地延长出版物的产品线,实现内容资源价值的最大化。

传统出版业对数字出版业的认识也悄然开始转变。中国出版集团、高等教育出版社、外研社等纷纷介入并大力开展数字出版业务,他们不甘心只做内容提供商,希望利用自己的优质内容在产业链中获取更多的价值,探索出适合自己的数字出版商业模式。正如中国出版集团刘成勇所说,对于一个出版集团来说,仅靠做内容是不行的,应该走内容、平台、终端三位一体的产业路线。

数字出版实现了出版商、技术提供商、移动运营商等不同身份的整合,促成角色的换位与融合;实现出版、电信、影视等不同行业的集合,达到优势互补,资源共享。高增长态势和数字化浪潮将会使数字出版业融合加剧,形成多赢局面。①

---

① 左永刚. 数字出版业高增长折射产业新动向[N]. 中国高新技术产业导报,2010-08-02.

我国数字出版产业呈现高增长态势,将推动产业链上下游加速融合,数字出版业将进入"运营至上"的产业化发展阶段。这在宏观层面需要数字出版业的上下游产业主体建立密切联系,在微观层面需要通过有效的整合为读者提供更加精准的内容。

以电子阅读为例,分析亚马逊的运营模式可以看出,网络运营商已经被彻底渠道化,仅仅作为内容下载的通路存在,而提供终端设备和内容下载平台的亚马逊成为产业的主导者,电子阅读器的竞争不再仅是"硬件竞争",而是综合了内容、运营和服务的"平台竞争"。

可见,在数字出版产业发展过程中,平台是产业链各环节都希望扮演的角色。平台建设的意义不仅在于对用户阅读需求的把握以及支付方式的搭建,更在于对海量内容资源的聚合。也许未来10年,数字出版业将持续向平台化方向发展,只有产业链上下游共同努力,构建良好的环境,才能使数字出版产业更好地发展。

随着传统出版与数字出版的重组和整合,互联网和通信技术的发展,新兴的数字出版业将焕发出前所未有的产业生命力,从出版源头到纸本、数字的出版,再到以门户、手机和电子书等移动终端为特征的阅读,传统出版冲破了原有的与数字技术的隔阂,两者实现了良好的整合、合作或者紧密融洽的分工,数字出版的产业链条走向有序整合并最终完成产业化的过渡。

3. 数字出版基地建立——数字出版产业呈集群式发展

产业集群是产业发展适应经济全球化和竞争日益激烈的新趋势,是为创造竞争优势而形成的一种产业空间组织形式。在经济全球化的今天,产业集群式发展已成为全球性的经济发展潮流,产业集群构成了当今世界经济的基本空间框架。加强国家出版传媒产业园区的建设发展是新闻出版业五年发展规划的突出内容和重要任务,以此推动出版资源整合,充分挖掘多种出版资源的潜力,从而促进体制机制创新,促进出版产业大发展、大繁荣。

在我国,随着数字出版产业的迅猛发展,根据业界的需求,各部委和地方政府批复成立了多种类型的与数字出版相关的产业基地,集群式发展已初现端倪。

自2008年第一家国家级数字出版基地成立以来,我国已经成立了上海张江、天津、重庆、中南、华中、杭州、西安、广东、江苏9家国家级数字出版基地。业界普遍认为,数字出版基地建设将对实施国家数字出版工程,发展数字出版产业创造良好条件。

2010年5月新闻出版总署批复在北京成立第一家国家出版创意产业园区，综合配置出版资源，汇聚龙头企业，出版具有良好社会效益和经济效益的精品出版物，充分发掘国有、民营书业的内在潜力。①

目前我国数字出版基地大体框架、布局已经基本就位，在"十二五"期间，数字出版基地应有重大进展，以确保我国由出版大国向出版强国转变的规划完成。

建设数字出版基地有利于传统出版向数字化转型。例如，成立最早的上海张江基地连续3年以每年30%的产值递增，2010年年底产值达到上百亿元。基地支持传统新闻出版企业的数字化、网络化转型；将引进大型出版集团入驻基地，为大型传统出版社、期刊杂志社引进数字出版技术、改造传统出版流程、打造现代化的全复合出版模式，并积极推动数字出版技术研发企业、数字平台等企业和传统出版企业的合作；建成与市新闻出版局合作的数字作品登记保护平台；基地还支持以电子阅读器、平板电脑等新闻出版新载体的技术及新产品的研发、应用和产业推广。对于数字出版领域的商业模式的探索，基地也会加以扶持。基地将发掘、扶持数字文化领域里创新性的商业模式，通过引进风险投资、政府扶持基金、资源对接等方式，鼓励创新性商业模式的应用。基地也将通过重大项目立项、项目合作、项目推介的方式推进企业出版技术研发、数字平台分享和数字资源的推广应用。基地将继续关注和支持凌攀科技等中小企业商业模式的探索和运营。

在取得突出进展的同时，张江基地遇到了发展中的一些问题，可供国内其他基地借鉴。首先便是基地经营性指标和功能性指标的矛盾。张江基地运营主体是基地公司，是一个企业实体，而张江基地公司在这三年里，绝大部分的基地服务业务都是以推进基地建设、产业发展为目标的，并不是以利润为目标。因此，虽然基地发展得越来越大，越来越好，但是基地公司的发展却没有跟上基地和产业发展的步伐。两个主体发展截然不同的趋势已经成为基地存在的一个重要问题，功能性和经营性的定位对基地公司带来一些制约。其次是基地经济性标杆和产业性标杆之间协调发展的矛盾。基地发展既需要做大做强基地的产业规模，同时也需要在产业中产值比重不大却对产业发展具有重大带动作用的企业。但是一般地方政府往往注重经济性标杆而忽略产业性标杆，因此在两者之间的协调发展上还需要下大工夫。一些园区发展思维里还是看到经济

---

① 2010—2011中国数字出版年度报告.

标杆,特别是引进企业的时候,可能还关注未来的产值问题,但是有一些行业标杆的企业就是带有一些功能性的,经济上的回报不一定贡献很大,但是对于行业很重要。最后是一些企业为享受各地优惠政策而采取候鸟式迁徙的方式。园区对新引进的企业都会采取各种优惠政策,但是企业发展几年之后,政策的跟进会弱化。前几年的税收返回很大,几年后又没有了。各个园区可能都有类似的情况,上海各个园区之间都有这样的企业流动,或这里一个企业,那边再搞一个企业,享受那边的政策,大家都有共性的问题。①

（二）数字出版产业发展现状

数字出版是高新技术出版,它的产业链短,参与主体却更复杂。在这样一个数字化内容生产链上,省去了物质形态的印刷环节,而简化为"数字化内容＋数字平台＋终端读者"模式。总体来说,数字出版产业呈以下几个发展状态。

1. 新媒体、新业态成为出版企业资本运作主阵地

综合来看,2011年出版企业资本运作的主题是新媒体、新业态。

截至2010年年底,经营性出版单位的转企已经全面完成,这为出版产业的资本运作创造了良好的条件,但出版产业的行政分割与行业分割尚未完全打破,出版企业的跨地域、跨行业重组仍有不小的阻力。相对而言,出版企业投资重组新媒体公司的阻力更小一些。

数字出版等新媒体具有良好的发展前景,但短期内靠新媒体赢利是不现实的,从事数字出版必须有长远眼光,要有大量的资金投入,但最重要的方式是资本运作。新浪、百度、当当网等新媒体公司都是在风投的陪伴下长大的,而后又都先后在美国上市。今后会有更多的出版企业通过资本运作进军新媒体领域。出版企业投资数字出版等新媒体已经形成共识,这一共识将会发展成为一种不可阻挡的趋势。

2. 数字出版产业链运营机制初步确立

数字出版是中国出版业发展方式转变的重要方向,是中国出版产业升级的必由之路,代表着中国出版业发展的未来。数字出版产业在2011年实现新的跨越式发展。主要体现在:数字出版的产业发展环境进一步优化。新闻出版总署《关于加快我国数字出版产业发展的若干意见》、《新闻出版总署关于发展电子书产业的意见》助推数字出版产业高速发展,更多的出版企业获得电子书出版资质、电子书复制资质、电子书总发行资质,数字出版产业的发展进一步规范

---

① 周克勇.数字出版基地怎样"推"品牌"扶"发展[N].中国新闻出版报,2011-07-21(007).

和有序。

数字出版内容标准和数字版权保护体系进一步完善。2010 年,中国文字著作权协会在继续寻求谷歌数字图书馆侵害中国作家权益一事的解决途径,龙源期刊网法人代表因拒付数字出版侵权的罚款被行政拘留,这一系列事件引发了业内对网络盗版侵权的普遍关注,数字出版版权保护体系将逐步建立,数字产权保护技术进一步发展。

数字出版产业链运营机制初步形成。整体上看,我国的数字出版尚处于初级阶段,在 2011 年,建设和谐出版产业链成为产业链各方共同的追求。

3. 民营与国有出版企业合作与竞争进一步深化

国有出版企业与民营书业是推动中国出版业发展的两股重要力量,两者的合作将推动中国出版业以前所未有的速度高速发展。

2011 年 1 月 19 日,中南出版传媒与北京博集天卷图书发行有限公司签订战略合作协议,这是 2011 年国有出版企业与民营书业合作的首个案例,今后还会有更多这样的合作展开。国有出版企业与民营书业企业的资本合作将会有新的进展。同时,许多民营书商已经不像以前那样选择新疆、内蒙古等地的出版社进行项目合作,而是选择那些有一定品牌影响的出版社进行项目合作。

此外,版权合作进一步深入。比如,许多民营书商都在出版人教版教材的配套教辅,但并没有获得授权,经人教社声明要维权后,一些大的书商开始与人教社洽谈版权合作。相信这些合作今后会有新的进展,教辅书市场也必将变得规范有序。

4. 数字出版产品"走出去"成亮点

《新闻出版业"十二五"时期发展规划》、《新闻出版业"十二五"时期"走出去"发展规划》的制定出台并付诸实施,促使 2011 年新闻出版行业建构起"走出去"的立体化格局。随着在 30 个主要国家办社办厂办报计划的启动落实,2011 年资本"走出去"驶入快车道,并深入展开差异化、本土化的实践探索。随着新闻出版重大科技工程、行业信息化标准建设、传统新闻出版业数字化转型、印刷业升级转型的进一步展开,绿色印刷和数字印刷工程、数字出版产品"走出去"工程的启动实施,以及多网覆盖的新闻出版内容传播新体系的构建,数字出版产品"走出去"在出版"走出去"的众多途径中脱颖而出。[①]

---

①　郝振省,魏玉山. 出版业呈现六大趋势[N]. 光明日报,2011-07-26(013).

5. 数字出版行业标准进一步明晰

2011 年 7 月底,据新闻出版总署信息中心有关负责人透露,我国数字出版行业标准体系制定已经到了最后阶段,有望在 2011 年年底出台。

即将出台的数字出版标准体系包括《数字出版规定术语表》、《数字出版标准制定指南》等系列文件,尽管还没有细化到文本格式等具体标准上,但作为"标准的标准",这实际给具体细则的出台提供了依据和时间表。据权威人士透露,按照标准体系的部署,中文在线、百度、中国移动、汉王科技、方正电子等 13 家企业将分别参与电子书、手机出版、有声读物等 13 种具体类别标准的制定工作。

数字出版版权问题无疑是此次标准体系中备受业界关注的核心问题之一。长期以来,由于版权难以得到保护,部分传统媒体迟迟不愿进入数字出版行业。对此,即将出台的标准体系将对数字出版版权的具体内容做出相应的规定和指南,这无疑会撬动传统媒体的大量资金和资源投入到数字出版行业中来。

标准体系的出台将使数字出版市场重新洗牌,而参与标准制定的企业将占尽先机。与此同时,"被标准"的企业则可能会面临巨大的标准改动的成本压力。一位业内人士算了这样一笔账,假如改动一本书的格式成本为 3 人/天,那么一个拥有 10 万本书的普通出版企业,就需要 30 万人/天的工时,大概需要 1 亿元的资金。由此得出,仅内容、文本方面的改动就足以让一些小出版企业直接出局。[①]

6. 政策激励推动数字出版产业发展

2010 年 8 月,国家新闻出版总署颁布实施《关于加快我国数字出版产业发展的若干意见》(以下简称《若干意见》),要求"以数字化带动新闻出版业现代化,鼓励自主创新,研发数字出版核心技术,推动出版传播技术升级换代,构建传输快捷、覆盖广泛的现代新闻出版传播体系"。

《若干意见》指出,"到'十二五'末,我国数字出版总产值力争达到新闻出版产业总产值 25%,整体规模居于世界领先水平"。根据《若干意见》安排,"十二五"期间,要在全国形成 8～10 家各具特色、年产值超百亿的国家数字出版基地或国家数字出版产业园区,形成 20 家左右年主营业务收入超过 10 亿元的具有国际竞争力的数字出版骨干企业。到 2020 年,传统出版单位基本完成数字化转型,其数字化产品和服务的运营份额在总份额中占有明显优势。这意

---

① 孟 刚. 我国数字出版市场将面临重新洗牌[N]. 中国消费者报,2011-07-22(A05).

味着,"十二五"期间,数字出版业以企业为主体的创新体系将逐步建立健全,数字出版迎来又一轮发展黄金期。

事实上,自 2006 年以来,影响数字出版产业发展的引导政策开始陆续颁布实施。其中,2006 年 2 月颁布的《国家中长期科学和技术发展规划纲要(2006—2020 年)》提出了要"重点开发以视、音频信息服务为主体的数字媒体内容处理关键技术,开发易于交互和交换、具有版权保护功能和便于管理的现代传媒信息综合内容平台";同年 3 月颁布的《中华人民共和国国民经济和社会发展第十一个五年规划纲要》更是提出要"积极发展数字出版,重视网络媒体建设"。"十一五"期间,国务院下发的《关于进一步推动新闻出版产业发展的指导意见》也专门提出要"发展数字出版等非纸介质战略性新兴出版产业","支持电子纸、阅读器等新闻出版新载体的技术开发、应用和产业化,提高数字阅读设备的质量、方便性以及版权保护水平"。此外,"十一五"期间颁布实施的《国家"十一五"时期文化发展规划纲要》《新闻出版业"十一五"发展规划》《文化产业振兴规划》以及国务院下发对新闻出版总署的新"三定"方案等一系列政策措施都做出过相应规定,对近年来数字出版产业的快速发展产生影响。

第三节　数字出版产业的特点分析[①]

不同产业由于在整个社会经济系统中所处的地位、功能和发展阶段不同,其运作方式也各有特点。从社会经济的发展实践看:一个新兴产业的运作往往是在吸收传统产业运作方式的基础上逐渐稳定、成熟起来的。考察和分析产业的运作方式及特点,有利于把握该产业的经济本质和发展规律,从而更好地推动产业的健康发展。随着数字技术的普遍应用、商业模式趋于成熟、经济规模迅速壮大等,数字出版的产业运作方式逐渐萌生、发展,形成了当下的数据库、电子书、文学网站、多媒体互动报刊等形态各异的数字出版运作方式。但是,从与传统出版业和其他传媒业比较来看,这些数字出版的运作方式在生产对象、资源来源、经营方式等方面呈现出共同的特点。这些特点主要表现为五个方面:以信息和知识为生产对象,以创意为核心资源,以获得受众注意力为赢利途径,具有双边市场特性,以版权保护和管理为运行基础。

---

① 张新华.数字出版产业运作基本特点探析[J].现代出版,2011(2).

一、以信息和知识为生产对象

从本质上讲,出版活动的对象是信息和知识。信息是物质存在和运动的表现形式,知识则是人的大脑通过思维重新组合的系统化的信息。1996年,世界经合组织发表了题为《以知识为基础的经济》的报告,认为知识经济是建立在知识和信息的生产、分配和使用(消费)之上的经济。它是相对于农业经济、工业经济而言的新的经济形态。知识经济是把知识作为最重要的资源,并把人创造知识和运用知识的能力看做是最重要的经济发展因素。数字出版产业正符合知识经济的这一本质特征,数字出版的生产、流通和消费都是围绕一定的数字内容展开的。数字内容是由人类所创造出来的符号化的信息、知识和文化构成,且与传统出版必须借助物质化的载体手段不同,它可以脱离载体而纯粹以信息的方式存在。

相对于传统出版及传媒产业所经营的内容来说,数字出版内容具有更长、更鲜活的生命力。这是数字出版内容两个显著特征决定的。第一是具有多重生命。"内容具有多重生命"的概念是美国学者 Joan Van Tassel 在《数字权益管理》一书中提出的,它"首先是一个初始的产品,其次是一种可以被赋予新的形式的财产——可以被重新包装、重新发布和重新设计;然后通过在几乎没有数量限制的播放器和设备分销、购买;并且通过种类繁多、相互结合的形式来获得体验"。他认为,传统的内容制作阶段包括开发、生产、作品发布、分销和消费。数字环境下的内容所有者则必须加入对生命的重新赋值(包括重新包装、重新表达、重新定位等),如果最终的产品被重新制作,重新分销并且被一个新的用户群体来使用的话。[1] 第二是交互性。信息和知识在消费的过程中不仅不会被消耗掉,而且还遵循着边际效益递增的规律,但传统出版的内容完全由它的创造者和传播者决定,一旦"出版"就确定不移,不容更改;而在数字化环境下,数字出版的内容在生产、传播和接受的过程中,可以不断地被修改、增减,甚至消费者也可拥有和作者、传播者同等处理内容的权利(版权保护的权利除外)。

二、以创意为核心资源

以信息和知识为内容的数字内容是大脑的创造物,其源头是人类的创意,

---

① Joan Van Tassel. 数字权益管理[M]. 北京:人民邮电出版社,2009.

所以数字出版业无疑是创意产业的重要组成部分。创意是数字出版业的根本源泉，所以激发、保护并开发创意，进而培养、聚集有创意能力的人就成为数字出版产业获取资源的主要手段。虽然传统出版业也以知识和文化为生产对象，但在信息技术及数字环境下，数字出版摆脱了传统出版业精英化的创作模式、工业化的生产手段和物质化的载体及传播渠道，为创意从创作到消费开辟了无限的发展空间。借用有的学者对创意经济的论述，这一变化"将关注重点从信息、知识等具体方面转向抽象的个人创造性思维层面，从最初依靠科技、网络等人类创造性思维的劳动成果，进而转向具备创造性的个体——人，直至重视培养与追逐具备创新精神的人才"。[①]

以创意为源泉的数字出版产业改变了内容创造传统模式，实现了从精英向大众的转变。《创意经济》的作者约翰·霍金斯认为，创意经济依赖于个人的创意、想法，不会被艺术家等特定人群所垄断，任何人都可以有创意，都可进行创意。国内著名学者厉无畏也指出创意不是大师的权利。这在数字出版业就表现为内容创作者和生产者和消费者之间的界限模糊，进而带来一种用户创造内容、获得资源的新模式。

三、以获取受众注意力为赢利途径

从产业运营的角度看，数字出版产业是注意力经济，是以获取受众的注意力，进而获得商业利益的经济形式。

人们对数字出版物的消费需要支出货币和时间上的双重成本，在物质越来越丰富的背景下，时间对于消费者来说越来越宝贵。为了节约时间成本，消费者需要从海量的信息中选择最重要、最有意义的信息，这种选择机制就是注意。心理学认为，注意是认识（包括感知、记忆、思维等）选择性的高度表现，其注意对象有高度的专一性。而"注意力"，按照托马斯·达文波特和约翰·贝克在《注意力经济》一书中的定义：是对于某条特定信息的精神集中。当各种信息进入我们的意识范围，我们关注其中特定的一条，然后决定是否采取行动。[②] 数字出版从有限的物质化信息生产桎梏中解放出来，在全新的数字化信息环境中运行，泛滥的信息给消费者的信息消费活动带来严重干扰，也消耗着消费者宝贵的注意力资源。如果内容不能成为消费者注意力所关注的对象，就会成为干扰消费者正常信息消费的"噪音"，其存在的价值就变为负值。所以，从根本上说，

---

① 黄　阳，吕庆华．创意经济：以人为本的经济发展观[J]．理论探索，2010(3)．
② 唐朝华．注意力的特点与商业营销策略[J]．湖南科技学院学报，2005(2)．

数字出版的价值实现方式和运营目标就是吸引并获得消费者的注意力。

最早提出注意力问题的是诺贝尔经济学奖获得者赫伯特·西蒙:"信息需要消耗什么是非常显而易见的,它会消耗信息接受者的注意力。因此,过量的信息会导致注意力的贫乏。"①这种观点被 IT 业和管理界形象地描述为"注意力经济"(the economy of attention)。最早正式提出"注意力经济"概念的是美国的迈克尔·戈德海伯(Michael H. Goldhaber),其 1997 年在美国发表了一篇题为《注意力购买者》的文章,认为当今社会是一个信息极大丰富甚至泛滥的社会,而互联网的出现,加快了这一进程。相对于过剩的信息,人们的注意力成为一种稀缺资源。Web2.0 技术出现后,中国学者姜奇平提出了"基于意义的注意力经济",认为注意力不是一种被动的信息接受,而是一种主动的信息选择;用户根据自身框架所依据的意义进行信息选择。对于厂商来说,不再意味着用广告式推销来消解消费者的选择;相反,意味着要通过对话中的意义挖掘接近用户,使用户将注意力真正集中在自己的需求上。②

作为一种注意力经济,能否获得受众的注意力资源就成为数字出版产业运营成败的关键。根据姜奇平"注意力形成与对话循环"和"注意力取决于意义挖掘"的观点,在获取注意力上可以从三个方面努力:一是利用网络加强数字出版企业与用户之间的互动,跟踪、收集、分析用户的消费意图;二是从信息加工的观点来看待意义选择过程,用编码、解码的方法进行语形、语义和语用之间的转换,发掘用户潜意识领域、情感领域等的深层需求;三是利用符号传播、网络互动等方法,实现数字内容的交换,最终实现注意力从眼球到精神价值的交换。

四、具有双边市场特征

相对于传统出版业来说,兴起于数字、网络技术基础上的数字出版产业的一个独特之处还在它具有双边市场的特征。

双边市场理论兴起不久,一般认为其形成的主要标志是 2004 年于法国图卢兹召开的,由国际产业经济研究所(IDEI)和政策研究中心(CEPR)联合主办的双边市场经济学会议。关于双边市场的定义,经济学家们各有不同的说法。Armstrong 认为,两组参与者需要通过中间层(intemrediary)或平台(platform)进行交易,而且一组参与者(最终用户)加入平台的收益取决于加入该平台的另一组参与者(最终用户)的数量,这样的市场称为双边市场。③ 这一定义虽然没

---

①②　姜奇平. 基于意义的注意力经济——注意力经济的 2.0 版[J]. 互联网周刊,2005(20).

③　郭秀兰. 基于双边市场定价理论的媒体市场研究综述[J]. 财经界(学术版),2010(3).

有获得研究界的普遍接受,但抓住了双边市场的三个基本要素(平台、买家、卖家)及它们之间的基本关系。双边市场一般具有三个特征:第一,有两个不同的消费者群,例如银行卡支付平台中的持卡人和商家;互联网上交易平台的买方和卖方;第二,两个消费者群之间有外部性;第三,存在一个中介平台,能够将两个用户群之间的外部性内部化,由于信息不畅、比较高的交易成本以及根本无法交易等问题,用户群依靠自己来内部化其外部性的困难往往比较大。①

由于大众传媒业一般同时在广告和受众两个市场上运行,在两个市场中起到了桥梁或平台的作用,所以大众传媒业被认为是具有双边市场特征的产业之一。数字出版产业则除了一般传媒业在广告和受众两个市场上同时运行的模式外,还有一种更典型的双边市场模式,即在内容提供者、内容购买者两个市场上同时运行。

数字出版产业双边市场具有两个独特属性。

第一,数字出版企业联结着多种消费群体,包括内容提供方、受众、广告商等。数字出版企业开展经营活动,必须通过一定的网络平台向消费者提供产品和服务。这些消费者包括三个群体:一是内容提供方,包括作者、媒体或内容产品提供商。数字出版企业通过网络平台高效优质的服务和数量众多的受众,吸引大量的内容提供方参与;二是受众,数字出版平台上的内容产品质量越高,内容越丰富,受众越愿意到该平台上消费,获得的效用就越大;三是广告商,目前只有部分数字出版商开展广告经营业务,但对于采用免费阅读模式的平台来说,广告是主要的收入来源。所以,从内容平台的结构特征看,数字出版产业是一种典型的双边或多边市场型的平台经济。

第二,数字出版产业的双边市场存在着多边交互性。在数字出版产业中,由于存在三个不同的消费群体,这三个群体之间都存在交互性,所以数字出版产业的双边市场体现了"多边市场"的结构。受众对平台的需求主要体现在内容产品上,内容提供方在一定程度上决定了平台上的内容产品的数量和质量。内容产品的数量和质量不仅影响受众,还会直接影响广告商对广告的投放量,而广告量的多寡一方面会影响内容产品的定价水平,另一方面会影响内容提供方和受众的消费意愿。所以,对于数字出版产业的经营者说,一个重要的任务就是调节好三个消费群体的利益关系。

---

① 纪汉霖.双边市场定价策略研究[D].复旦大学,2006.

五、以版权保护和管理为运行基础

"知识产权和版权是贸易信息时代的原料和基石",①对于数字出版产业的运行来说,版权保护和管理是重要前提和基础。经济学意义上的版权是一种财产权,是对知识、信息及技术成果进行排他性使用、支配的一种权利,其客体是财产权这一无形资产,而不是知识、信息及技术成果本身。信息和知识产品具有公共品属性,在消费上具有非竞争性和非排斥性的特点。相对于其他的信息和知识产品来说,以数字化、信息化存在和传输的数字出版内容具有更强的公共品属性;同时,数字出版内容的复制和传播的成本都接近零,这就决定了数字出版产业的运行对版权保护和管理的要求更高。

对数字出版产业的内容进行版权保护,其价值和意义在于它能激励社会有效率地配置和使用知识、信息资源。但在现实实践中,数字版权的保护面临着严峻的挑战。目前,从发展中国家到发达国家,数字出版产业的各个环节,从作家创作到作品的加工、传播直至最终的消费等,侵犯版权的现象经常发生。其部分原因在于,在该产业运行的各个环节上,针对数字版权的盗版更加容易;此外,至少还有四个可能更重要的原因:①传统采用的利用法律手段保护版权的方法远远不够,数字版权的保护同时需要技术手段(即通常被称为 DRM)得以实现,但在信息技术飞速发展的背景下,通过技术手段筑起的版权壁垒很易于失效;②自网络诞生以来,普通消费者已经习惯了免费获取网络信息的方式,对数字出版内容缺乏版权意识;③更深层的因素在于,在学术研究甚至立法层面还存在版权保护所涉的版权利益人与公众利益之间平衡问题的争论;④数字版权问题已经超出了传统以国家为单位进行立法保护的问题,成为全球性问题。

或许,保护数字版权的技术和法律手段都不会臻于完美,甚至关于版权保护所引发的公共权益问题的争论将继续进行,但数字出版内容的创造者、生产者及其他版权利益相关方必须通过版权保护和管理才能达到赢利的目的,否则数字出版产业也行之不远。

作为脱胎于传统出版业又与其他大众传媒业日益融合的数字出版,在产业运作上虽仍打着传统出版业和传媒业的烙印,其自身的独特属性却越来越清晰地凸显出来。随着这些运作特点的彰显,数字出版产业的发展前景和方向将会越来越明朗。

---

① Joan Van Tassel. 数字权益管理[M]. 北京:人民邮电出版社,2009.

第三章

基于不同创新主体的创新案例分析

第一节 出版内容提供商为主体的创新案例分析——商务印书馆

一、相关行业现状及背景

随着信息技术的不断发展,人类已经进入信息时代,出版形态也越来越多样化。依托于数字技术和网络技术的数字出版,无论在内容上还是形式上都延伸和扩展了传统出版业,不仅大大丰富了出版物的内容和形式,而且也改变了传统出版物的生产方式和消费理念。随着数字出版技术和互联网应用水平的持续提高,国民阅读习惯和阅读环境的逐步变化,我国的数字出版产业开始进入一个高速发展期。

目前,我国数字出版产业已经覆盖图书、报纸、期刊、音像等传统出版领域,并形成学术、文学、游戏等专门性的互联网内容服务门类,还出现了手机出版等新业态。《2010—2011年中国数字出版年度报告》显示,2010年国内数字出版产业总体收入规模达到1051.79亿元,比2009年增长了31.97%,其中手机出版为349.8亿元,网络游戏为323.7亿元,互联网广告为321.2亿元,电子书为24.8亿元,博客为10亿元,互联网期刊为7.49亿元,数字报纸(网络版)为6亿元,网络动漫为6亿元,在线音乐为2.8亿元。手机出版、网络游戏和互联网广告在数字出版年度总收入中所占比例分别为33.26%、30.78%和30.54%。手机出版一直占据着数字出版主力军的位置。未来数字出版的主要方向应该是以手机等为阅读终端的移动出版。

值得注意的是,尽管我国数字出版产业发展势头强劲,2010年总收入约是2006年总收入的5倍,年增加速度为49.73%。但其中以广告和网游等娱乐内容居多,书报刊出版共计不足30%,整体上还不足以对传统出版产业构成颠覆性的冲击,与传统出版直接相关的只有电子书、数字期刊、数字报纸这三项,这三项加起来比重也很小,传统出版的内容与网络游戏等新兴媒体的发展速度不可同日而语,这个是非常现实的一个问题,可见数字出版任重而道远。

从传统出版业方面来看,数字技术在给传统出版业带来无限发展空间的同时,也带来严峻的挑战。产业融合、复合多媒体出版已成为目前中国出版业发展的大趋势,传统出版社面临着由信息提供商向信息服务商的角色转型,如何找到一个好的突破口去拥抱数字出版是当下所有出版社面临的首要问题。

目前,以传统出版单位为主开展的数字出版业务赢利模式尚不清晰,传统的思维方式制约着数字出版的发展,当前的内容加工水平也难以符合多样化数字阅读的需求,既熟悉出版流程又了解技术开发与经营的复合型人才也十分匮乏。此外,数字出版整体上缺乏统一标准,传统的版权保护无法适应网络环境下数字出版的发展,对新媒体尚未形成有效的监管机制等,这些都成为限制我国出版业数字进程的障碍。

数字出版的发展趋势主要体现在以下几个方面。第一,是产业融合。数字出版的产品、产业服务需要多角度的行业支撑,出版、新闻、广电以及网络、信息之间的界限已经越来越模糊了。国家目前倡导三网融合,来更好地提升文化的高度。第二,是复合出版。所谓复合出版,就是一种兼顾多种媒体的出版形式,其理念为“一次制作,多元发布,多形态发布,多媒体发布”。2008 年,新闻出版总署组织了一个有关复合出版的重点项目,要打造一个多平台多介质互通的大出版平台。这个项目融合了包括出版、IT、内容集成商、技术集成商等各方面的专家学者。商务印书馆作为复合出版的示范应用企业之一,参与到此项目之中。第三,是资源的深度加工。出版资源对于出版社来讲是非常重要的,也是数字出版的前提和基础。对于数字出版资源进行收集、整理及深度加工,实现小众化和个性化出版,这将是数字出版的发展趋势,也是各个出版社在数字出版浪潮中的一种尝试。

二、企业基本情况

(一)企业概况

商务印书馆是国家级的出版机构,现隶属于新组建的中国出版集团。1897 年 2 月 11 日成立于上海,1954 年迁到北京,至今已有 114 年的历史。它是中国历史上最悠久的现代出版机构,与北京大学同时被誉为中国近代文化的双子星。不管是出版质量、权威性、码洋还是利润等,商务印书馆在全国出版社中都名列前茅。

商务印书馆经过一百多年的历史沉淀,形成了很好的文化氛围,与一般的出版社相比,它更像是一个研究型的学术性机构,出版过一系列中外学术名著,出书范围涉猎期刊、学术研究、语言学、经济、历史、科技等各个方面,约有 5 万种。此外还出版《英语世界》杂志及《中国语文》等重要学术期刊 20 种,以及部分音像制品。

在数字出版方面,商务人秉承敢为人先的精神,继承努力满足不同读者需求的传统,积极探索数字化时代传统出版社的发展之路,提出了一套完整的数字出版理念,开展了以工具书内容系统为代表的一系列数字出版实践。

(二)成长历程

商务印书馆的创立标志着中国现代出版业的开始。一百多年来,商务印书馆从最初一个小小的印刷作坊,逐步发展成为当代中国首屈一指的出版和文化机构,历经沧桑、默默耕耘,人才荟萃,名家辈出。

以张元济、夏瑞芳为首的老一辈出版家,平地为山、艰苦创业,为商务的发展打下了坚实的基础。早在商务创立不久就成立股份公司,并从此先后延请高梦旦、王云五等一大批杰出人才,开展以出版为中心的多种经营,实力迅速壮大。

新中国成立后,商务积极完成公私合营改造,并于 1954 年迁至北京,在中央的大力支持下开始了新的奋斗历程。1958 年,全国出版社业务分工,商务承担了翻译出版国外哲学社会科学和编纂出版中外语文辞书等出版任务,逐渐形成了以"汉译世界学术名著"、"世界名人传记"为代表的翻译作品,和《辞源》、《新华字典》、《现代汉语词典》、《英华大词典》等为代表的中外文语文辞书为主要支柱的出版格局。

改革开放以来,特别是近十年来,在汉译世界学术名著和辞书两大支柱之外,商务人锐意进取,积极、稳妥地开拓新的出版领域。极盛时期,商务有员工 5000 多人,在海内外设有分馆 36 个,各类办事机构 1000 多个,所出书刊占全国 60% 以上,创造了中国现代出版业的诸多第一,成为当时亚洲最大的出版机构,在海内外铸造了商务印书馆这个民族出版业最著名的品牌,成为堪与北大媲美的文化重镇。

商务有着良好的国际合作关系,不仅与香港、台北、新加坡、吉隆坡等地的海外 4 家商务印书馆进行经常性的业务交流,而且还合资成立并控股了一家出版机构——商务印书馆国际有限公司。此外,商务还与牛津大学出版社、朗文出版公司、拉鲁斯出版公司、哈佛商学院出版公司以及小学馆、斗山东亚出版公司等世界著名出版机构保持着密切的合作关系。版权贸易活跃,每年引进和输出图书200多种。

商务印书馆现隶属于新组建的中国出版集团,正以崭新的姿态迎接我国文化体制改革和出版体制创新的机遇和挑战。面对数字出版的大趋势,商务印书馆2005年成立了北京商易华信息技术有限公司,刘成勇担任总经理,在他的带领下开展数字出版业务,探索数字出版经营模式,开辟新的经济增长点,并取得了不错的社会效益和经济效益,给同类企业的发展树立了一个成功的典范。

商务印书馆的数字出版业务划分为五个方向,即工具书在线、电子书、英语世界、按需印刷网、数字期刊方阵。而刘成勇作为我国出版业信息化的一名先行者,抓住了当前信息技术飞速发展的机会,打造了数字出版产业链,以内容资源优势争做产业链的主导。

(三)企业规模与地位

现在,商务年出图书800种左右,其中新书350种左右,重印书450种左右,此外还出版《英语世界》、《汉语世界》杂志及《中国语文》、《方言》等重要学术期刊20种,以及部分音像制品。据近几年开卷图书市场调查报告显示,在全国图书零售市场上,商务出版的中外语文辞书处于绝对领先地位。

商务印书馆出版过一系列中外学术名著,比如《世界学术名著》、《国富论》等经济方面的,还有历史和科技方面的等。它是翻译西学的典范,在翻译质量和翻译水准上都有很好的口碑。商务印书馆经过一百多年的历史沉淀,形成了很好的文化氛围,它还不同于一般的出版社,更像是一个研究型的学术性机构。商务印书馆出版的著作初步统计大概有近5万种,涉猎期刊、学术研究、语言学、经济、历史、科技等各个方面。

在数字出版方面,商务人秉承敢为人先的精神,继承努力满足不同读者需求的传统,积极探索数字化时代传统出版社的发展之路,提出了一套完整的数字出版理念,开展了以工具书内容系统为代表的一系列数字出版实践。将商务印书馆的出版资源分为现代出版资源和历史出版资源两大部分(现代出版资源又包括工具书、一般图书和期刊等),并分别选择了相应的数字出版形态——工具书在线、电子书、网络学习平台、数字期刊方阵、按需出版等。在整个数字出版产业链中,商务印书馆不仅要做内容提供商,而且要做数字出版商,争取走在数字出版的前列,商务印书馆正以自己独有的优势和策略做出努力,力争这一目标早日实现。

（四）员工基本情况

为了适应出版数字化、信息化进程和长远发展的需求,商务印书馆在人才队伍建设上下了很大力气,已经形成业内较强的竞争力,奠定了可持续发展的坚实基础。现有正式员工 275 人,其中 90 人拥有硕士、博士学位,97 人拥有副编审以上高级职称,学术水平和专业素养较高。一批年轻人走上管理岗位,成为业务骨干,促进了管理队伍和技术队伍的年轻化、知识化。

商务印书馆的品牌和口碑很大程度上是源于其高质量的出版物,这当然与其一流的编辑力量密不可分。目前,商务现有汉语、英语及其他外语语种的辞书编辑 50 多人。这些辞书编辑具有学历层次高、技术职务高的特点。他们首先是富有经验的辞书编辑,经过他们之手编辑加工的辞书质量很高,多次获得国家辞书奖;他们又是勤奋的辞书编者,或独立编写或参与编纂,努力把专业知识和辞书编辑经验付诸实践;他们同时也是语言学者或辞书学专家,积极参加海内外各种学术活动,并发表自己的真知灼见,已经在国内学术界、辞书界产生一定的影响。可以说,商务印书馆的辞书编辑队伍老、中、青三代结合,多语种、多专业齐头并进,论其实力,在国内辞书界属最强。

（五）创业者特征

作为成功的出版企业,商务印书馆领导人在其创立和发展的过程中所奠定的基础,为其成为出版界支柱起了不可磨灭的作用。

1. 早期创新主体

商务印书馆是近代出版业形成过程中文化经营与商业运作结合的成功典范。商务印书馆在早期成长过程中,有三个关键企业家——夏瑞芳、张元济和王云五,他们的创新活动为商务印书馆的快速成长和发展起到了根本性的作用。他们是早期商务印书馆的创新主体。

（1）创始人——夏瑞芳

商务印书馆虽是由夏瑞芳、高凤池、鲍咸恩、鲍咸昌等人共同创立的,但夏瑞芳始终是商务印书馆的灵魂人物。直到 1914 年去世前,他一直主导着商务的发展。

在人才方面,夏瑞芳大胆引进有实力的人才,而且人才结构也较为合理。如优于工艺的创业元勋鲍咸昌,精于核算的高梦旦,还有后来引进的张元济,这些人后来大多数成为商务印书馆的骨干人物,为商务的长远发展奠定了良好的基础。

在产权方面,通过和金港堂的合资,迅速积累了商务印书馆的原始资金,并促使出版印刷技术快速进步,为商务印书馆投身出版大展身手奠定了基础,这也是商务印书馆对于优秀人才具有较大吸引力的原因。由于历史的原因,商务印书馆当时选择和日本金港堂合资是需要很大的勇气和眼光的。利用日本的印刷技术和资金,使商务印书馆如虎添翼,由此踏上了大发展的康庄大道。可以说,在夏瑞芳手上,商务已经初具规模,基本的企业规范已经建立。

(2)将文化融入企业的人——张元济

商务印书馆从一家小印刷厂发展到规模空前、有现代化印刷设备的大出版公司,是与张元济的指导与努力分不开的。1902年,在夏瑞芳的极力邀请下,张元济加入商务印书馆。张元济来商务印书馆后办的第一件事就是健全机构、网罗人才。他聘请高梦旦担任国文部主任,经蔡元培推荐,招聘杜亚泉为理化数学部主任,任用邝富灼为英文部主任,又邀请蒋维乔、庄俞、夏曾佑、颜惠庆担任编辑,并请蔡元培、陈独秀在馆外为特约编辑。

编印教科书也是张元济重点主持的工作。主持编译所之后,张元济十分重视出版外国学术和文学名著。同时,他精通版本、目录及古籍校勘学,在他的主持下,商务先后影印了《四部丛刊》、《百衲本二十四史》、《续古逸丛书》、《丛书集成初编》、《四库全书珍本初集》等多卷本古籍。经过张元济几十年的努力,商务印书馆在保存古籍、积累文化方面做出了巨大的贡献。

但事实上,他真正的伟大之处在于自觉地将文化传播与企业家精神紧密结合在一起,他的思想兼容并蓄,政治态度温和而不激进。在他的影响下,商务印书馆在发扬、发展和传播旧文新知的同时,始终将商务传统放在首位。

正是张元济在企业组织制度方面的变革,奠定了商务印书馆现代管理体制的雏形。从此,商务印书馆日益成为一个大型企业。一个集中的、分层次的管理体制保证了整个企业各种业务的顺利运转。由于张元济翰林出身,在士人中享有声望,许多读书人愿与之交往。通过张元济的努力,众多文化人先后到商务印书馆任职。而强大的人才队伍令商务印书馆的实力得以壮大,并且逐步发展成为一个汇集知识分子的中心点。营业额的不断攀升也证实了张元济人才战略的正确。

(3)使企业发展壮大,渡过难关——王云五

王云五文化素养深厚,以个人禀赋、后天努力以及实干精神,为商务的稳定与发展做出了重要贡献。1921年,王云五正式接任商务印书馆编译所所长后,按照自己的出版思路对商务印书馆进行了一系列改革,这次改革冲击了商务印书馆的保守势力,浓厚了商务印书馆的改革氛围,所引进的人才大多是新近从

国外留学归来的新一代知识分子,实现了编译所新老交替。同时,改革从关键的组织改进着手,依据学科门类实行新组合,表明新文化和新知识在商务印书馆内部开始生根,而这样一种组合模式一直影响到后来以至今天的出版业。编辑生产力的解放决定了商务印书馆在一定时期内的成功,也为王云五由此向更深层次的改革做了必要的铺垫。

1929年,王云五出任总经理后将外国的科学管理原理的"通则"嫁接到中国的出版事业上,这是中国出版史上的一次新鲜的、成功的尝试。在全部科学管理计划中,主要特点就是以新观念、新方法、新技术、新器材来加强经营管理。一是紧紧抓住对于人、财、物等出版资源的优化配置;二是抓住制度创新,试图在商务印书馆建立一种资本主义的工作体制;三是强调系统性,他的科学管理法计划中,由12个子计划组成,涉及科学管理的方方面面;四是以泰罗制为基础,此距泰罗的科学管理法发明已有35年,而国内还很少有人注意到,更少有采行者。

通过对商务印书馆最主要的几位创始人的回顾,能够发现并总结出如下特点。

第一,教育背景:他们绝大多数都受过高等教育,拥有先进的出版理念并能以开阔的视野接受来自外面的技术和资本,是中国近代社会难能可贵的知识分子和管理经营人才。

第二,思想、抱负上的一致性:他们进入商务印书馆的时间不同,所在的岗位不同,在商务印书馆工作的时间也不同,但他们始终坚持一个出版理念,就是要通过长期的文化教育实践以开发民智,达到振兴中华的目的。

第三,意志坚定的实干家:近代中国社会动荡,思想文化领域尤其激烈。商务印书馆能够经受住多次战争和社会环境的起起落落屹立不倒,当然与商务印书馆这些创始人坚定的信仰和务实的精神密不可分。

2. 对商务印书馆数字出版有重要贡献的经营者

面对数字出版的大趋势,各个出版社都在积极探索适合于自己的发展方向和经营战略。作为有百年历史的商务印书馆也不甘人后,成立了北京商易华信息技术有限公司,在杨德炎和刘成勇的带领下,探索出适合于自身数字化发展的经营战略,并取得了不错的社会效益和经济效益,给同类企业的发展树立了一个成功的典范。

(1)杨德炎

1945年3月出生,2010年6月22日因病去世,汉族,中共党员,大学文化,编审。曾任商务印书馆编辑、总编室副主任、主任、助理总经理,后借调到我驻德、瑞士使馆文化处工作5年,任一等秘书,文化专员。1992年任新闻出版署外事司司长。1996年4月调商务印书馆,任总经理。

商务印书馆有着百余年的光辉历史,许多文化名人都曾在商务工作过。杨德炎主持商务印书馆后,既要保留商务印书馆的优良传统,维护好商务的良好声誉,又要在现代社会里继续发展和壮大商务。

杨德炎认为,商务追求出版物的经典性、权威性和高雅的文化品格,从未将商务之利放在前位,从未为牟利而出版低级庸俗读物。他从1996年4月至2008年5月一直担任商务印书馆的总经理。在这12年的出版生涯中,商务印书馆的各类图书,如《新华字典》、《现代汉语词典》、《牛津高级英语双解词典》不断修订再版,一直保持着最严谨最前沿的学术水平,深受广大读者的爱戴和欢迎。《汉译世界学术名著丛书》等大批国内外学术著作始终保持着思想性和极高的学术价值,使国人和学术界人士可以通过这个窗口了解到国内外的学术动态和人类思想源远流长的历史与现实,给我们国家的改革开放和思想解放提供了思想的园地和可资借鉴的理论。

杨德炎以新华系列为核心,开发了许多其他的新型工具书;以《商务印书馆文库》为核心,编辑了一批原创图书;还着手创立《故训汇纂》、《文津阁四库全书》、《张元济全集》、《赵元任全集》、《钱钟书手稿集》等重大出版项目。所以,人们称杨德炎是杰出的出版家,一点都不为过。出版家不在于你说了什么,重要的是你做了什么,杨德炎是在用业绩说话,绝不空谈。面对改革大潮,出版业从过去的计划经济走向市场经济,市场经济就免不了会有这样那样的竞争。面对复杂的形势,杨德炎有他自己的主见和思考,他不喜欢守旧,面对市场,他锐意改革,开创本社图书自办发行,创建涵芬楼书店,创立商务印书馆辞书研究中心、商务印书馆世界汉语教学研究中心等。而且他还广泛与国外出版集团合作,如牛津大学出版社、日本小学馆、德国贝塔斯曼集团、美国哈佛商学院出版公司等,使商务印书馆不仅在国内,而且在国际上也有着广泛的影响。他意识到商务印书馆不仅要请进来,还要走出去,把中国的学术介绍到世界各地去,不仅要让国人通过商务印书馆这个平台看世界,也希望全世界的人透过这个平台了解中国,这是他的一个心愿。

为了迎接数字出版对传统出版社的挑战,杨德炎带领商务印书馆开展了一系列数字出版实践,占据了数字出版发展的制高点。2007年7月16日—19日在北京国际会议中心举办的第二届中国数字出版博览会上,商务印书馆杨德炎总经理发言:"没有数字出版参与的出版企业是不可能繁荣的,出版社要在数字出版领域找到更具有控制力的地位,必须更加积极全面介入,要更快地使自己从内容提供商变为信息的提供商。"他自豪地介绍:"商务印书馆数字化的确也是走在前头的!"

杨德炎不仅仅是一位优秀的出版家、企业家,更是一位慧眼识英才的伯乐。2005年,他创建了全资子公司——北京商易华信息技术有限公司,并任命刘成勇为该公司的总经理,为商务印书馆在数字出版中取得瞩目的成绩奠定了良好的基础。

(2)刘成勇

1960年出生于江苏丰县农村,自幼爱好学习。从村,到乡,到丰县一中,到中国科技大学计算机系、北京大学计算机系,后来又在职攻读对外经贸大学MBA,中央党校经济学博士,一路走来,总是想多学点东西,让自己知识面宽一些,相对全面一点,文理都接触,不想人为地限制自己的发展方向。其个人兴趣广泛,喜欢读书,自称什么都看,涉猎经济、法律、政治、语言、历史等。

读万卷书,行万里路。刘成勇尽可能地多学习,多工作,尝试各种不同的角色。毕业10年来,先在新闻出版总署当公务员,做了6年的组织人事工作,后到商务印书馆,负责百年老店的信息技术工作,后来成为北京商易华信息技术有限公司总经理,做企业管理工作。

虽然商务印书馆一直对信息技术比较重视,但刘成勇到任后发现,以前的信息化做的都是一些零散的工作,并没有提升到整体战略层次的高度。2002年底,刘成勇为商务印书馆规划了"四化二网"的信息化发展战略,即"办公自动化、管理网络化、资源数字化、商务电子化、外部互联网建设和内部局域网建设"("四化"就是把出版业务归为四块,其中办公自动化是一些基本的流程;管理网络化领域包括秘书系统、ERP;资源数字化是把一些历史资源数字化,现在最新的一个业务数字出版也归为此类;商务电子化则是实施商务,如B2B、B2C。"二网"指外部互联网和内部局域网)。在当时,信息化作为一种战略提出在行业里并不多见。

刘成勇工作干得有声有色,但是有的单位里CIO或者准CIO做事情总是感到有所受擎,施展不开,或者干脆不敢越雷池一步。对于这些CIO遇到的困惑,刘成勇是这样看:"有'为'才能有'位',有'位'才能有'为'。这是一个辩证的关系,一般人得先给他一个位置才能干事,才能有作为,不把他放在那个位置,天大的能力他也发挥不出来,但话说回来,也不完全对,因为有时候位置也是需要自己争取的。"

以前商务印书馆技术部也像其他单位一样，只做些日常的电脑、网络维护，如何深入结合业务没人考虑。怎么取得领导支持，把信息化做好？刘成勇首先是在2003年把原来的技术部改名为信息中心。改名仅仅是开端，他这样思考："负责信息化的部门，如果不懂业务，很难搞得好。不能为了信息化而信息化，一定要拓展到数字业务方面。所谓数字业务，在出版行业就是数字出版。"原来的信息化是为单位提供信息服务，很多CIO还把自己定位在一个从属、辅助层面上，并没有牵涉到真正的业务，而刘成勇在信息中心做的事情截然不同。

首先硬件全管，凡是和互联网有关系的，如电脑、采购、设计、规划、局域网等全管，整个企业的网站和出口在信息中心；其次把电子商务和新的数字化业务网络出版业务，从硬到软，到应用，到更高层次的业务都集中过来。这与其他出版社不同，很多单位的技术部门只管技术，不管业务，只需保证网络正常运行，即使管ERP系统也是服务，始终处于从属地位。刘成勇认为："如果是这么一个思路的话，你这个部门的地位就永远没法去协调！"

2003年商务印书馆成立了信息化领导小组，由一把手总经理任组长，相关的副总经理、有关的部门领导做成员。刘成勇感觉自己很幸运，因为杨德炎总经理和分管的副总经理江总对信息中心的工作都相当支持。CIO的工作没有CEO的强大支持，根本就没有办法开展。但总经理、分管副总经理对刘成勇和他的团队都很放心，这种信任是一点一滴积累起来的。

首先，作为信息中心主任的刘成勇和他的团队做了很多的工作，做事情做项目需要公开、公正、透明，在搞采购、做网站规划时他都发动全体领导和员工参与，几件事做下来领导觉得认可。刘成勇总结说："要保证做事都成功，不能失败，否则即使10件成功，1件失败，就会非议很多，这种信任感就没有了，但这很难。"

其次，要学会巧妙地向领导汇报工作。领导很忙，天天去汇报工作也不现实，于是信息中心内部编了本《出版信息化发展动态》刊物，专门呈送领导过目，每月定期把行业国内外信息化发展现状和动态、问题摆出来，告诉他们，别人干什么我们干什么，别人做到什么层次，我们做到什么程度了，用这种办法让领导心里有数，了解这个行业，知道下属在做什么。同时领导对整体的工作有个把握，认为自己能够掌握全局，对下属的信任度自然就有了。

有了这个信任感之后，再提一些新的思路时，领导就很支持了，因为他知道信息化、数字化是大势所趋，他也很明白地知道怎么去支持。工作做到这个份上,作为一个信息中心主任或者 CIO 来说工作就好干了。

另外要取得领导信任,CIO 还要具备综合素质,纯搞技术的人未必适合,但 CIO 有技术背景更好。刘成勇在北京大学读了计算机专业硕士,为了提高自己的综合素质,又在对外经贸大学读 MBA,博士则学了中央党校的世界经济。他认为做一个 CIO 也好,信息中心主任也好,知识面要宽,才能从更广的角度看问题,而不局限于技术角度、管理角度。

2005 年北京商易华信息技术有限公司成立,刘成勇担任总经理,每天上班要面对一个公司,这和作为一个部门的信息中心主任很不一样,牵涉很多东西。产品设计要管,需求要管,技术要管,市场营销、财务,包括对外合作的一些事情等都要管。他考虑更多的是开展数字出版业务,探索数字出版经营模式,开辟新的经济增长点。

出版单位的信息化建设有两大部分。第一部分是管理信息化,包括 OA 和 ERP,用 IT 技术和信息化手段促进管理水平的提高。一般信息化先从硬件开始,但是做到一定程度会遇到一个问题,不能纯粹以 IT 技术为重心,一定要和业务结合起来。他们的 ERP 一期工程从 2004 年 1 月 1 日开始上线,实现了内部数据流的一体化,叫做财务业务一体化建设,实现了以财务为核心,突出单品种核算。以出一本书为例,从选题策划开始,它的数据就进了系统,稿费、印刷费用、成本、发行,到最后挣了多少钱一目了然。这样就能对一本书的成本利润进行考核,同样也可以对一个编辑和一个部门的业绩进行考核。一期把整个企业的流程串了起来,从编务到出版到发行到财务,为激励约束考核机制的健全,打好了技术基础、数据基础。在 ERP 一期 2007 年刚刚验收后,他们马上又启动了二期。根据规划,下一步还要把人力资源部、版权工作、各个编辑室甚至行政管理、总务都纳进去,从选题开始建成一个真正的 ERP 系统。第二部分是新的数字出版业务,在管理信息化阶段,信息化工作从属于业务,以需求为导向,编辑室、出版部、发行部、财务部门有自己的需求,信息中心以技术手段实现它们的需求,把管理放到网上去,实现流程再造,以一些新的手段,实现协调、综合作用。管理信息化进入高级阶段之后,必须进入数字出版阶段。

新的数字出版阶段是技术部门的发展需要,也是出版单位的发展需要,和传统的纸质出版并行。商务印书馆的数字出版业务划分为五个方向:第一是工具书在线;第二是电子书,做成网上翻阅的形式;第三是英语世界,这是一个平台,可以看电影听音乐,可以看听杂志;第四是按需印刷网,包括历史文献和个人展示博客的印刷品;第五是数字期刊方阵,让作者和编辑都能在这个平台上互相进行交流。

在总经理刘成勇和团队的共同努力下，商务印书馆数字出版业务取得了骄人的业绩。而刘成勇作为我国出版业信息化的一名先行者，他抓住了当前信息技术飞速发展的机会，打造数字出版产业链，以内容资源优势争做产业链主导。他用"品牌、分类、主导"六个字概括出商务印书馆的数字出版理念。"工具书在线"打造出一个集文字、图像、声音、动画、视频为一体的全方位、立体化的多媒体数字出版平台，向全球互联网用户提供各种工具书的检索服务。"按需印刷"不仅将历史图书出版资源以数字化的形式保留下来，实现出版资源的整理、应用融合并贯通，同时实现和满足用户的个性化需求。

三、企业主要技术及生产工艺

商务印书馆虽是一家有着百年历史的出版企业，但其锐意创新的精神并不落人后。2005 年 10 月，成立北京商易华信息技术有限公司，开展数字出版业务，探索数字出版经营模式，开辟新的经济增长点。

目前，大多数国内出版单位还没有找到适合自己出版资源的数字出版形态，没有开发出适合互联网时代需求的数字出版产品，没有建立起稳固的数字出版产品销售渠道，没有在数字出版领域实现赢利。商务印书馆开展数字出版工作成功的四个要素是"四化"。一是数字化，对内容资源进行数字化是传统出版社进行数字出版的第一步。出版资源只有在数字化后，才能开发出不同形态的数字出版产品，实现增值利用。现在出版社所拥有的资源，即使是在纸质图书排版过程中产生的电子文档，也并不适合大多数数字产品的要求，均需进一步加工。数字资源的加工方法主要有 OCR 识别、拆分、标注、校对、转换等，这需要相当的成本投入。二是产品化，形成可供用户使用的数字出版产品。因此，在启动出版资源数字化之始，就要按照市场的需求，认真规划，从而开发出满足互联网时代需求的数字出版产品。同时，数字化内容必须用不同的媒体形式进行包装转化，以软件、手机或互联网的形式呈现给用户，最大限度地推向市场和占领市场，这样才能获得最大化收益。三是平台化，孤立的数字出版产品成功的可能性不大，要想在数字出版领域有所作为，搭建具有一定技术门槛、拥有特色内容的数字出版平台尤为重要。四是规模化，这不仅体现在海量的出版资源和高集中度上，而且只有在用户数量、访问量都达到相当大的规模之后，数字出版的成功才是可以预见的。

商务在出版行业内较早利用新兴的计算机和网络技术，实施全面、系统的信息化建设,开发了在国内出版界领先的辞书语料库及编纂系统、门户网站、管理信息系统,正一步步实现生产、管理、销售的自动化、网络化。商易华自成立之日起,就致力于中国数字出版,包括工具书在线、英语世界网络学习平台、按需印刷、中国语言学数字期刊方阵、网络语音等业务,并与北大方正、中国雅虎、香港看汉科技有限公司、新加坡 E-BOOK SYSTEMS 公司等知名企业和北京大学等国内一流大学开展全方位合作,为传统出版单位向数字出版转型提供最专业的服务和本地化的支持。它成功实施了商务印书馆辞书语料库及编纂系统、工具书在线等多个项目。其中,语料库系统获财政部和新闻出版总署科技专项资金 1000 余万元,是目前中国出版业最大的信息化项目之一。

此外,商务印书馆现在也有一个 ERP 技术平台,它主要是把出版涉及的编辑、印刷、出版发行还有财务这几块有机地结合在一起。它基本是属于业务模块、业务范畴的,以财务为核心地把业务整个拢起来,基本上没涉及编纂。

四、企业销售渠道及客户情况

商务印书馆历史悠久,资源权威,也开拓出多个新兴业务领域。在数字出版方面,积极探索网络出版、手机出版、阅读器出版、多媒体出版、电子出版物和按需出版等。在市场推广方面,商务印书馆具体推广的途径有很多种。

第一,商务印书馆充分利用本源的传统出版优势,除了以编印教科书为主要业务外,还陆续出版了《辞源》、《中国古今地名大辞典》、《中国人名大辞典》、《中国医学大辞典》、《现代汉语词典》等大型工具书,《东方杂志》、《小说月报》等重要刊物,整理影印了《四部丛刊》、《丛书集成初编》、《续古逸丛书》、《百衲本二十四史》等大型古籍,还出版了严复、林纾等人翻译的著名外国小说和学术著作。据近几年开卷图书市场调查报告显示,在全国图书零售市场上,商务出版的中外语文辞书处于绝对领先地位。

第二,借助传统出版平台,以数字出版产品为核心,来打造数字出版的品牌。例如,按需印刷不再局限于传统印刷要求 3000 册起印的标准,使得"零库存"不再是梦想。商务印书馆利用其历史图书出版资源,以数字化的形式保存下来,并加以开发利用,针对市场的需求提供个性化服务,其销售对象是以图书馆为代表的机构和个人。这项按需印刷的业务不仅需要高科技水平作为支撑,更重要的是具备绝版、断版书的资源,而商务印书馆的数字出版所掌握的资源是其他出版社无法比拟的,其在这方面的市场份额是值得关注的。

第三,在 IT 行业范围内打造优势。从 2007 年底开始,商务印书馆的视野不再局限于出版行业,而是在中小型 IT 企业信息化交流会上,借助 IT 行业打造优势。在数字出版领域里,像中国移动、汉王、方正等企业并不属于传统出版范围内,因此必须跳出出版行业考虑数字出版的推广,才能够更好地分割市场份额。同时,商务印书馆历年都参加数博会、文博会、数字出版年会、书博会等涉及数字出版的各种活动,来推广商务印书馆的数字出版产品。

此外,利用海外市场进行推广也是正确的选择。商务有着良好的国际合作关系,不仅与香港、台北、新加坡、吉隆坡等地的 4 家商务印书馆进行经常性的业务交流,还合资成立并控股了一家出版机构——商务印书馆国际有限公司。商务还与牛津大学出版社、朗文出版公司、拉鲁斯出版公司、哈佛商学院出版公司以及小学馆、斗山东亚出版公司等世界著名出版机构保持着密切的合作关系,版权贸易活跃,每年引进和输出图书 200 多种。同时,全世界的孔子学院也在帮助商务印书馆进行推广,使得海外的留学生、华人、华人子女纷纷借助商务平台,掌握更多的知识和技能。

五、企业市场及赢利情况

(一)市场竞争对手及市场份额

随着数字技术和互联网技术的广泛应用,数字出版已经成为世界出版业发展的方向和潮流。在国外,许多国际大型出版集团,如培生教育、麦格劳-希尔、汤姆森等纷纷投入数字出版平台的建设,掀起了全球出版业数字化改造的高潮。在国内,上到政府和出版管理部门,下到出版单位,都认识到了数字化出版和数字化改造的急迫性。

除了商务印书馆将“工具书在线”、按需印刷网、《东方杂志》数据库全部整合到一个新的平台,展开数字出版业务外,其他出版社如中国作家出版社、春风文艺出版社、安徽传媒集团等也纷纷采取积极姿态,或成立数字出版部门,或上马数字出版项目。

在传统出版领域,出版社无疑是主导者,一本书要出什么内容,出多少本,卖给什么人,定什么价格,这些都是出版社可以自己决定的。然而在数字出版时代,出版社却变成了弱势的内容提供商,很难掌握产业链条的其他部分。譬如,传统出版商在电子书出版市场上所占的份额比较少,大约只有 10%,其他90% 以上的份额都被四大电子图书出版商方正、超星、书生、中文在线占据了。由此一来,传统出版商大多只成为电子书的内容提供者。

商务印书馆在数字出版方面,现阶段最主要的业务就是工具书在线、《东方杂志》数据库以及按需印刷业务。其中,《东方杂志》是中国近现代史上刊龄最长的、影响最大的杂志,这个也是独一无二的,商务印书馆把它做成数据库,已经构成了珍贵的史料,是无人可以替代的产品。

在工具书在线方面,商务印书馆是中国惟一一家横跨三个世纪的出版社,被誉为"工具书的王国"。尽管商务印书馆有自己权威的资源和独一无二的品牌优势,在工具书这一数字出版业务上,商务印书馆仍然有强大的对手——"中国工具书集锦在线"。在 2007 年,具有百年历史的商务印书馆推出自己的工具书在线系统之时,经过近 8 年的耕作,知网的"中国工具书集锦在线"也正式推出,收录了 168 个专题,4000 多部工具书,一时间成为业内关注的焦点。相较于免费开放的工具书在线,知网的"中国工具书集锦在线"是付费下载的,但是它的出现还是带来不小的震动。

在按需印刷方面,商务印书馆也有强劲的对手,如知识产权出版社。知识产权出版社是国内按需出版的先行者,作为国家专利文献的法定出版单位,知识产权出版社累计出版的专利文献已达 180 万件,相当于 8 万多种一般图书,现在每年新增专利申请 30 多万件,相当于 1 万多种一般图书。此外,中国标准出版社也走出了一条按需印刷的赢利之路,通过按需印刷这种先销售后印刷的出版形式,中国标准出版社不仅大大降低了库存与损耗,减少了出版风险,同时也方便了用户,随时能够满足客户的需求,提供个性化服务。

(二)主要赢利模式

对于市场中每个出版社而言,都有自己主要的受众群体,在数字出版大行其道的时代,信息的传播、接受方式的改变,要求出版社的经营模式也相应发生变化,对内容资源的占有优势也逐渐变弱,服务模式的重要性日益突出。目前,以传统出版单位为主开展的数字出版业务赢利模式尚不清晰。拥有数字内容版权是赢利的关键,但在目前中国互联网依旧处于"免费时代"的格局下,此举究竟能带来多少商业价值还很难得知。

就《东方杂志》和"工具书在线"而言,它们所采取的赢利模式方向都是不一样的。以"工具书在线"为例,"工具书在线"最开始是想做一个普及型的平台,一期可用的工具书只有 10 本左右,量比较少,资源不够丰富,因此用户可以免费使用。商务印书馆还在扩大工具书上线的范围,尝试将更多更常用的工具书放在网上,在规模足够大、资源足够充沛的基础上才会考虑收费,并且具体的收费方式还要再做研究。

《东方杂志》的赢利模式与"工具书在线"截然不同,实现了 B2B、B2C 的赢利模式。2008 年商务和德国勃利图书馆签订了《东方杂志》数据库版的合同,购买了《东方杂志》的数据库版。一期结束后,二期目前在做全文检索,将更进一步满足用户的需求。

　　网络使得用户能以更低的成本获取更多的内容资源,对于数字出版单位而言,网络的海量信息使得数字出版物被"淹没"的可能性也大大增加。目前国内还没有统一的数字出版标准,要想在众多竞争者中脱颖而出,注重服务的同时也要突出个性。给用户提供一个便捷、人性化的阅读平台有助于扩大用户面,个性化的出版可以培养用户的忠诚度,为长期发展做好准备。

六、企业组织架构

　　商务印书馆在党委会的领导下,由 21 个部门构成,包括总编室、营销策划部、版权处、编辑室(7 个)、出版部、发行部、经营部、音像中心、信息中心及其他行政部门。此外,在商务印书馆的领导下,还成立了若干二级机构,包括北京商易华信息技术有限公司、商务印书馆国际有限公司等部门,主要开展数字出版创新业务(如图 3-1 所示)。

七、企业主要数字出版产品与业务

　　商务在品牌、分类和主导的数字出版理念下,利用它的现代出版资源和历史出版资源开展了很多数字出版的实践。目前,商务印书馆数字出版的主要工作有四个方面。一是商务印书馆工具书内容系统。工具书比一般图书更加适合数字出版,而且又是商务最具代表性的出版物。商务的"工具书内容系统"包括辞书语料库及编纂系统、辞书数据库排版和工具书在线三部分。这三个部分构成了一个完整的工具书内容系统,使语料采集、辞书编接、辞书出版、存储、网络在线发布、数字营销等形成了一个自动化"工具书内容系统",大大提高商务印书馆工具书编纂质量,缩短出版周期,拓展出版形态,提高核心竞争力。二是网络学习平台,即以《英语世界》和《汉语世界》等杂志为基础,打造在多媒体网络环境下的英语和汉语立体化学习模式。三是电子书。商务印书馆正在和北大方正、新加坡电子书系统公司开展合作,进行电子书的开发工作。四是按需印刷。针对商务印书馆不再重印和近期内不打算重印的历史出版资源,商务印书馆将为读者提供按需印刷的服务。商务印书馆的主要数字产品如图 3-2所示。

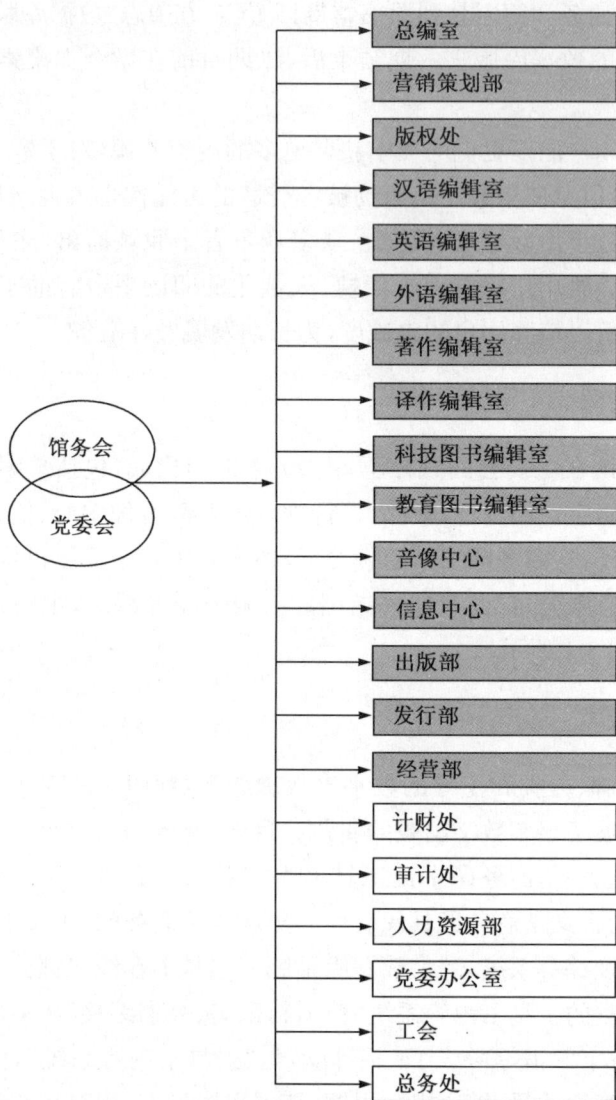

图 3-1 商务印书馆的组织架构图

（一）"商务百年出版资源数字化工程"项目

"商务百年出版资源数字化工程"基于先进的设计理念和技术创新，分类数字化商务印书馆全部出版资源，并通过对数据内容的详细标引，实现对图片、表格、数字、定义、新概念等知识元的搜索以及多语种在线翻译功能，满足用户对知识的多元需求，体现了商务印书馆对信息资源的深度开发、整合传播、增值利

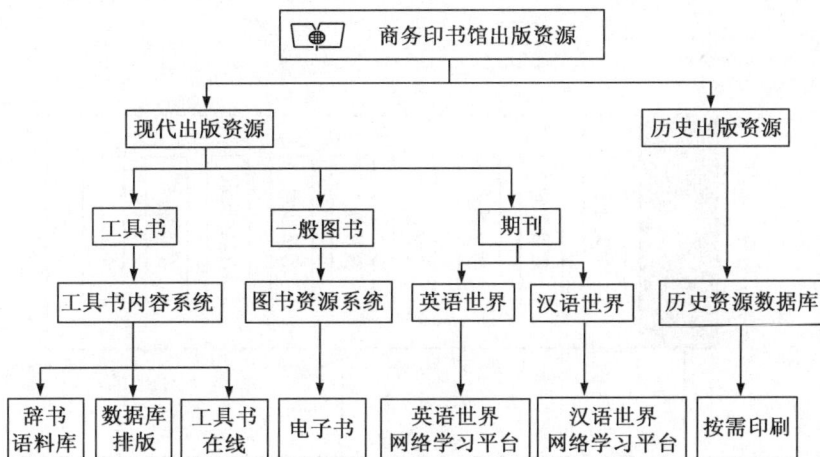

图 3-2　商务印书馆数字出版项目图

用和知识服务的理念。

　　"商务百年出版资源数字化工程"以商务印书馆丰富的出版资源为依托,不仅要实现商务印书馆历史出版资源与现代出版资源的整合,还将实现不同数字出版平台、不同数据库之间的整合与"工具书在线"、按需印刷网、《东方杂志》数据库、英语世界网络学习平台等已有的数字出版平台有机结合。"商务百年出版资源数字化工程"是集资源检索系统、知识挖掘系统及数字化学习与研究平台于一体的,最大的、最权威的、最专业的出版社数字资源出版平台,致力于为全球互联网用户和手机用户提供全方位、多角度的检索服务(如图 3-3 所示)。

(二)工具书在线

　　"工具书在线"是以互联网为载体,以权威、专业、高质量的工具书为基础,打造的集文字、图像、声音、动画、视频为一体的全方位、立体化的多媒体数字出版平台,可以向全球互联网用户提供各种汉语工具书的检索服务,具有内容准确、功能强大、检索快捷、使用方便等特点。

　　"工具书在线"设有英语、专业、常用、图书、资讯、书目 6 个频道,目前已发布《辞源》、《中华人民共和国地名大词典》、《商务馆学汉语词典》、《新华成语词典》、《新华写字字典》等中文工具书的网络版以及《新时代英汉大词典》、《新时代汉英大词典》、《英语姓名译名手册》等英汉双语类工具书的网络版,并将陆续发布《四库全书总目提要》、《中国儒学年鉴》、《故训汇纂》、《中国人名大词典》等各类工具书的网络版。通过这些数量庞大的在线工具书,读者可以查找到自己

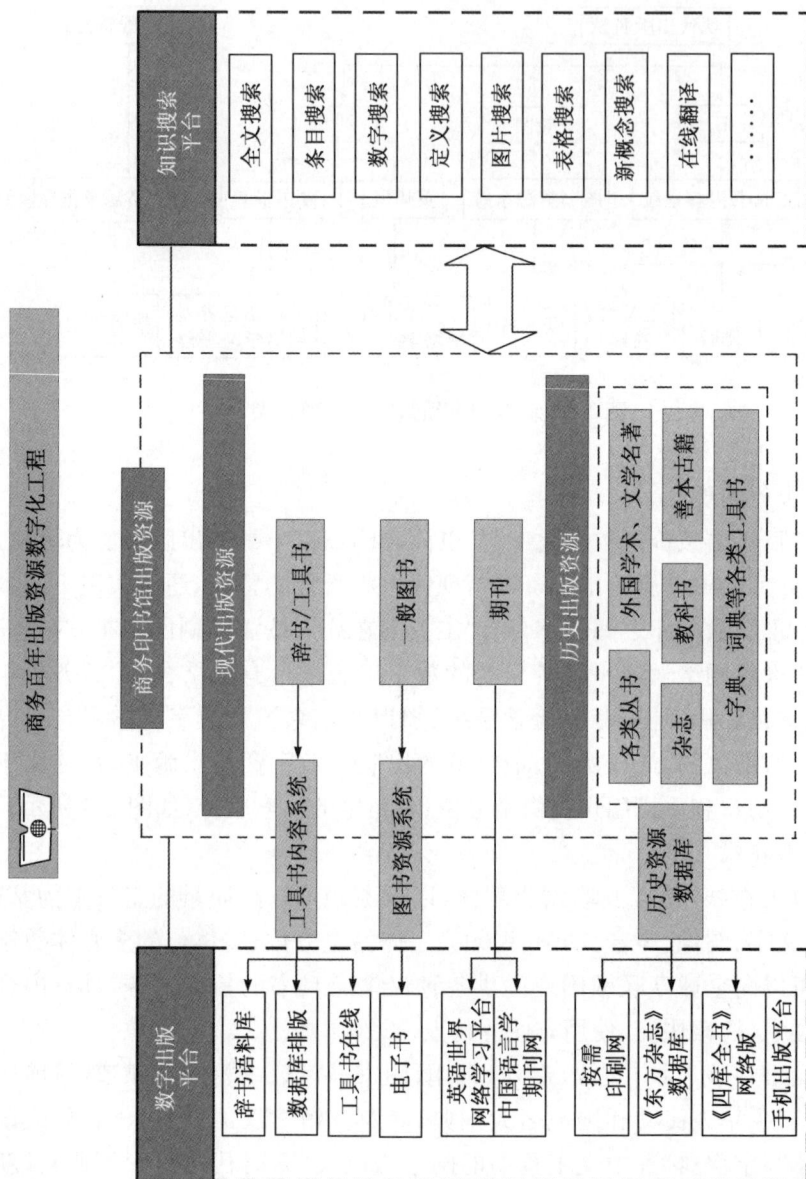

图 3-3　商务印书馆百年出版资源数字化工程

所需要的信息。"工具书在线"将商务的品牌优势延伸到数字出版领域（如图3-4 所示）。

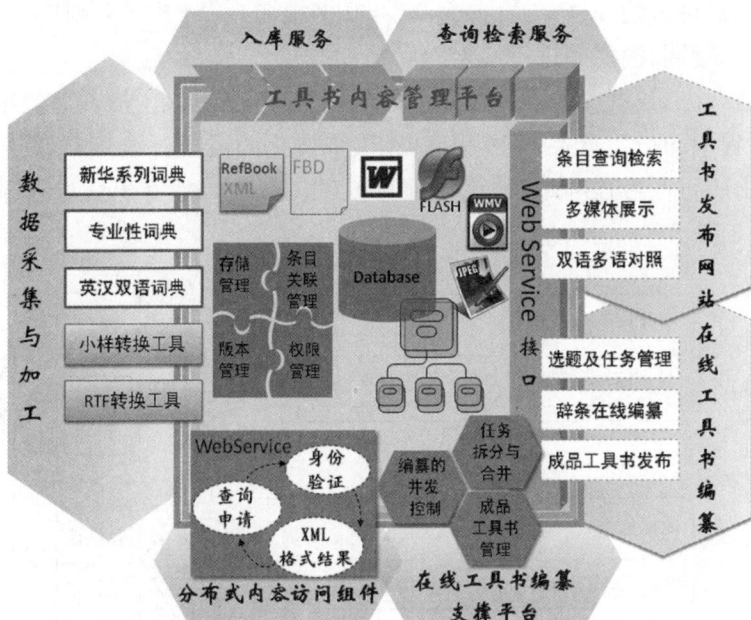

图3-4 "工具书在线"总体架构图

在与上游出版社的资源合作方面,商务印书馆也努力与多家出版社洽谈合作,吸纳出版界的优秀工具书,将其纳入"工具书在线"系统平台中。目前,已与中国建筑工业出版社、辽宁人民出版社等达成合作意向。同时也积极与雅虎、谷歌、金山软件、中国移动、首信、北大方正积极开展全方位合作,加强出版资源的综合开发利用,探索手机出版等新领域,精心打造工具书专业搜索引擎的航空母舰,更好地满足广大用户的需求,积极为消费者服务。

"工具书在线"开创了一个互联网与读者交换的新模式,也是数据库在线出版的模式,获得新闻出版总署 2007 年第一届政府出版奖"音像电子网络奖",是三个网络奖中惟一来自出版社的数字出版产品,并且在 2008 年全国出版业网站评选中荣获了"最具创新网站奖"。

(三)《东方杂志》数据库

《东方杂志》创刊于 1904 年(清光绪三十年)3 月 11 日,至 1948 年 12 月终刊,刊龄长达 45 年,先后在上海、长沙、香港、重庆等地出版,是近现代期刊史上影响最大、刊龄最长的综合性杂志,被称为"中国近现代史的资料库""杂志界的重镇"、"杂志的杂志"。

《东方杂志》数据库将 44 卷 819 期/号全部数字化,形成文章库、图画库、广告库等,用户可对约 30 000 篇文章、12 000 多幅图画、14 000 多则广告,按照标题、作者、关键词、摘要等进行检索。

《东方杂志》数据库还可以提供按需印刷服务,这是《东方杂志》数字出版项目开发过程中的衍生产品,能为用户提供个性化的需求。该项目获得了 2009 年"数字出版行业百强网站"的优秀项目。《东方杂志》数字出版项目系统结构图如图 3-5 所示。

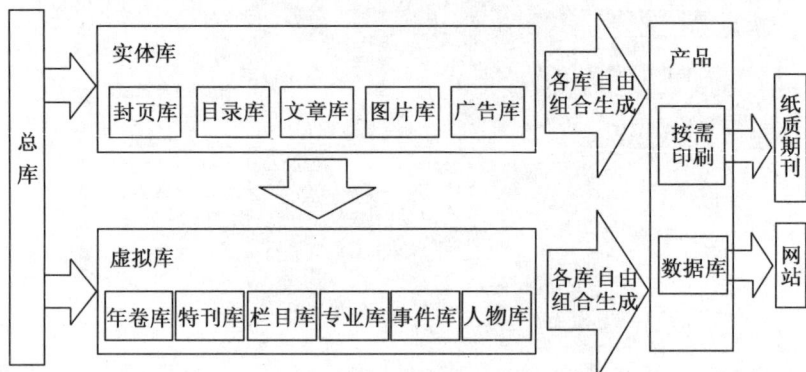

图 3-5 《东方杂志》数字出版项目系统结构图

(四)按需印刷

商务印书馆自创立至今已经有 110 年历史,正式出版的出版物约 5 万种,其中新中国成立前的出版物 15 000 余种,包括《东方杂志》、《国学丛书》、《中山文库》、《哲学丛书》、《四部丛刊》、《马氏文通》、《佛教丛书》、《小说月报》等。这些出版物可以说对中华民族的文化产生了重大的影响,记录了历史风云和变迁。

商务印书馆与知识产权出版社合作,将这些资源的版式及部分内容等数字化并存入数据库,开通了"按需印刷网",向图书馆等机构和个人开展全面的按需印刷服务,开展历史出版资源、断版书与短版书的寻找、印刷和销售服务。这在中国出版史上具有重要的历史意义和现实意义。

按需印刷将出版信息全部存储在计算机系统中,需要时可直接印刷成书,省去制版等中间环节,一册起印,即需即印,为用户提供了极大的便利。按需印刷以电子化库存替代图书的实物库存,避免了大量材料浪费和生产过程中的资源消耗。按需印刷在有了确实的需求之后再组织生产图书,有效地避免了出版物生产的盲目性。它使各类出版、发行机构的职能发生了根本性变化,传统的分工模式被打破,出版商可直接面向读者,书店也可即卖即印图书,使出版链条上各个环节有机结合。

(五)英语世界网络学习平台

英语世界网络学习平台(http://we.cp.com.cn)以《英语世界》杂志为基础,探索在多媒体网络环境下的公共英语立体化学习模式,创造一个集 MP3、电影、课件等多种形式于一体的网络学习平台。2006 年 11 月 23 日,"英语世界网络学习平台"正式版发布。目前,该平台已经推出《英语世界》杂志中的精选文章、《新课标英语阅读》、电影等近 100 个插件供用户下载。

该平台目前主要包括"听 MP3 学英语"和"看电影学英语"两部分,运行时配合相关音频、视频插件一起使用。"听 MP3 学英语"版块学习素材为《英语世界》杂志中的精选文章,并由真人录音,发音标准,音质清晰流畅。看电影学英语一直被认为是一种理想的英语学习方式。它将电影信息制作成插件,在英语世界网络学习平台中使用,并配合词汇学习、听力训练、跟读训练、翻译训练、听力测验等多种功能,满足您学习中全方位的需要,帮您迅速提高英语口语、听力水平。

(六)中国语言学数字期刊网

中国语言学数字期刊网是基于商务印书馆《中国语文》、《方言》、《汉语学报》、《汉语世界》等一系列优秀的语言学期刊搭建的一个期刊社与读者、作者之间的互动交流平台。平台克服了传统出版周期慢,和作者沟通不方便,编辑、学者信息交流延迟等弊端,充分展现了期刊时效性较强的出版物特点。

区别于"龙源期刊"、"同方知网"等大型综合类期刊网的网络平台,中国语言学数字期刊网为某一专业门类的期刊资源数字化建设与开发探索新路,是以商务印书馆多年来积累的优秀的语言学期刊资源为中心,整合其他知名期刊社的优秀语言学期刊资源,形成专业、丰富、权威的语言学期刊资源数据库。它并不是一个简单的网站,而是一个完整的、复杂的、融期刊资源加工管理、期刊资源的订阅使用、账务管理、在线支付、在线交流、在线服务等功能于一体的信息系统和网站系统的复合性平台。

(七)数字地图

商务印书馆作为以学术著作和工具书为主的出版社,出版内容比较适合数字化出版。如何积极、稳妥、有效地推进出版内容的数字化,是商务印书馆在新的历史时期坚持传统、守正出新的重要任务。而基于国内外主要城市的旅游交通图这一系列产品,与英国精制绘图公司展开面向国内外用户的数字出版战略合作,是商务印书馆在新时期开拓新的出版领域的重要举措。

此次商务印书馆选择地图主要是基于其可读性,可以在很大程度上超越文字、语言障碍,面向国内外用户。选择地铁线路图,不仅因为地铁是最方便快捷的市内交通工具,更因为地铁是外来游客尤其是自助旅游者的首选交通工具。选择 APP Store 作为产品的销售平台,不仅基于其可以面向国内外用户,而且基于合作方——英国精制绘图公司——已在这个平台上取得很好的销售业绩。选择苹果系列产品作为阅读载体,主要是相对而言,该系列产品对知识产权具有较好的保护机制。用户可通过 iPhone、iPad 等苹果系列产品由 APP Store 付费下载,以后还可通过 Nokia 手机及其他类型手机和相关产品付费下载。

八、创新过程与创新特征分析

商务印书馆主要创新点在理念、产品、技术、组织上有所体现。

(一)探索新的出版商业模式和出版理念

商务积极应对新技术带来的挑战,由被动接受转向主动求变,不断探索数字出版商业模式。在传统出版业向数字化出版转变的浪潮中,商务不仅要做内容提供商,而且正在逐步向数字出版商、信息内容服务提供商转型。

现行的出版社管理体制和激励机制已经不适合新兴的数字出版,出版社必须积极应对新技术带来的挑战,由被动接受转向主动求变,并探索新的数字出版商业模式。商务印书馆不仅积极与多方合作实现资源共享,而且提高资源深度加工和集约整合能力。在合作方面,商务印书馆的英语世界网络学习平台以《英语世界》杂志为基础,探索在多媒体网络环境下的公共英语立体化学习模式;商务印书馆与北大方正、新加坡 E-book Systems 公司等积极开展合作,在电子书领域进行了有益的探索;商务印书馆与上游出版社洽谈合作,力争吸纳出版界的优秀工具书,将其纳入"工具书在线"系统平台中,这项服务正在与雅虎、谷歌、百度、微软等知名 IT 公司积极探索内容收费和广告收费相结合的新的商业模式。

商务印书馆数字出版理念可以用六个字来概括:品牌、分类、主导。品牌是企业的核心竞争力,只有在数字出版领域树立了优秀的品牌,才能掌握数字出版的主动权。商务印书馆努力将多年来在传统出版领域建立起来的企业品牌和产品品牌,延伸到数字出版领域,力争在数字出版领域打造强势品牌。为顺利开展数字出版,商务印书馆按照出版物类别、产品特色和出版资源的历史时期,将出版资源分为现代出版资源和历史出版资源,并分别选择了相应的数字出版形态:工具书有工具书在线,一般图书有电子书(Ebook),期刊有网络学习平台和数字期刊方阵,历史出版则建设了按需印刷网。在由著作权人、内容提供商、数字出版商、技术提供商、终端设备提供商、网络运营商、电信运营商、金融服务提供商、网络传播者及读者构成的新的数字出版产业链中,商务印书馆不仅要做内容提供商,而且要做数字出版商,争取并且掌握数字出版的主导权。根据商务印书馆数字出版的理念和规划,商务印书馆开展了辞书语料库及编纂系统、数据库排版系统、工具书在线、英语世界网络学习平台、电子书、按需印刷、中国语言学数字期刊方阵等数字出版实践。

(二)产品创新

1. 拳头产品——工具书在线

作为拥有百年历史的出版社,品牌是商务印书馆的核心竞争力。商务版工具书的权威性和专业性都是不容置疑的,"工具书在线"将这一优势延伸到数字出版领域,从而为读者提供规范的权威的信息检索。同时,在资源加工上,商务印书馆有着技术厂商无法比拟的优势。以《辞源》在线版为例,当读者检索到所需词条时,不仅会有该词条的简体横排的相关解释,而且还会出现纸版《辞源》中含该词条的书页,并以红色线条标出该词条及其解释所在位置,令人一目了然之余便于对照比校。这项工作看似简单,却需要投注大量人力物力,一般技术厂商并不愿耗时其中。在将商务自有工具书逐步上线的同时,"工具书在线"还将和其他出版社合作,将其纳入"工具书在线"系统平台中,从而建构国内规模最大、最权威的工具书在线平台。现在,已与中国建筑工业出版社、中国农业大学出版社等达成合作意向,真正实现由提供内容到提供服务的转型。

2. 一个项目衍生两个数字产品——《东方杂志》

在顺应数字化出版的潮流中,商务印书馆首先选择了创办于 1904 年的《东方杂志》,并建立起原版数据库,供读者检索、浏览和打印。这一案例无疑是成功的,并帮助商务印书馆在数字出版中捞到了第一桶金。最重要的是,将《东方杂志》数字化这一项目创造性地衍生出两个数字产品——《东方杂志》数据库以及按需印刷。

按需印刷是比较有针对性的,它针对的内容往往是孤本、断版等比较难找到的资源。而且,现在按需印刷的数据库有足够强大的功能来满足顾客比较个性化的需求。比如,有人想对民国期间的广告做一个研究,想了解它的发展历程是怎样的,它针对的层面都是什么,就可以参考《东方杂志》进行。如果读者只想得到《东方杂志》中的部分资料而不是整套的,那么商务印书馆可以利用现在数据库里有按需打印的结构化的东西,按照读者的需求打印出来,并注明卷、期、年份、页码等信息,甚至是一些注解,这都是可以做到的。

(三)技术创新

1. 辞书语料库及编纂系统

商务是较早地主动开展信息化管理和资源建设的出版单位之一,也是较早地应用数字出版技术迎接数字出版的单位之一。"工具书在线"中开发的"辞书语料库及编纂系统"是重要的技术创新,作为新闻出版总署和中国出版集团批准的重点科技项目,是目前中国出版业最大的信息化项目之一,对发展我国的辞书出版具有积极意义。

商务印书馆利用中文语言信息处理及计算机等相关技术,建立了从语料采集、辞书编纂到媒体输出的辞书编纂现代化的一体化系统,开创了一种新型的辞书编纂模式,对于发展我国的辞书事业、促进文化建设具有积极意义。软硬件平台采用 Sun 小型机、EMC 全光纤磁盘阵列及 Oracle 数据库等企业级产品搭建。

整个系统分为语料库子系统和编纂子系统,其中前者提供辞目、原始文献、标注语料、例证语料和已有辞书等多种类语料的采集功能,后者分为编纂和编辑两个功能模块。数据的存储、传递、数据接口遵循 XML 标准,具有较强的开放性,便于系统的扩展和应用升级;系统全面支持超大字符集,保证语料的完整性和准确性;实现了全文检索和数据库查询的有机结合;应用了可扩展数据模式,提高了系统维护的灵活性。

该系统针对工具书数据量大、版式风格统一、内容重复利用率高等特点,采用内容与样式分离的技术,将此书内容数据录入与辞书版式设定分布进行,它一方面保证了语料的完整性和准确性,实现了全文检索和数据库查询的有机结合;另一方面应用了可扩展数据模式,提高了系统维护的灵活性(如图 3-6 所示)。

2. 按需印刷技术

一本起印实现了图书印刷行业多年的梦想。采用传统印刷方式,要先印刷后销售。如果印刷数量太多,会造成库存积压,成本浪费;如果印刷数量过少,则会由于先期的制版过程复杂和成本投入较大,导致平均印刷成本的提高,造成图书定价过高,影响图书销售,甚至带来亏本。

按需印刷摒弃了传统印刷 3000 本起印的规则,是一项可以使出版商能够

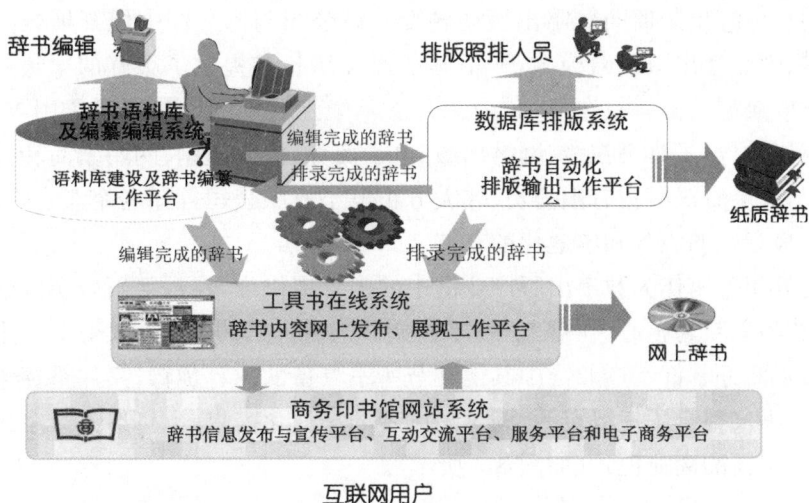

图 3-6 辞书语料库及编纂系统

以市场接受的成本每次只印刷一本书的技术。采用该技术,出版社可以按照不同时间、地点、数量、内容的需求,通过数码及超高速印刷技术实现小批量印刷,甚至一本起印。对于发行量小的图书来说,按需印刷是一种最佳的出版方式。商务印书馆就是用这项技术,针对新中国成立前出版的图书、断版书和绝版书,进行面向读者的在线订购,提供指定篇目的按需印刷。

按需印刷改变了传统的先印刷后销售的出版模式,实现了先销售后印刷,因而也突破了服务商对所有读者都只提供标准化服务的局限,可以在印刷时根据客户的需要对内容进行重新组合,提供真正的个性化服务。在提供按需服务的网站上,读者可以实时编辑,进行个性化的内容剪辑、排版,完成个性化目录的实时动态生成。

按需印刷还能有效缓和图书市场的商品供求矛盾,他不仅能丰富图书市场的可供商品种类,而且能激发读者的个性化需求,刺激图书市场消费需求的普遍增长。按需印刷也可以方便快捷地制作与成品没有差别的样书。

(四)组织创新

在数字出版的进程中,给商务印书馆带来重大变化和影响的莫过于成立北京商易华信息技术有限公司。该公司是典型的高科技企业,这是商务在组织方面的重大创新,此举不仅早于其他传统出版单位,更是很多传统出版还没有尝试的一步。

北京商易华信息技术有限公司成立于 2005 年,它的成立标志着商务印书馆开始从传统出版商向数字出版商转变。该公司为商务印书馆开展数字出版业务,探索数字出版经营模式,开辟新的经济增长点提供了很好的渠道。该公司是比较典型的高科技企业,致力于开展基于互联网的信息技术应用与服务、网络英语教育、工具书在线、网络出版、电子商务、按需印刷、网站繁简转换等业务,并与香港看汉科技有限公司、北大方正电子有限公司等知名企业合作,为用户提供最专业的服务和本地化的支持。

商务印书馆作为数字出版产业链中的内容提供商,在数字出版实践的探索中,以产品创新为核心,在理念、技术及组织方面也不断创新,取得了一定的成绩。由于商务掌握了产业链中其他环节所不具备的内容优势,又注重探索和技术应用,不仅整合了优势资源,满足了读者的个性化需求,也打造了数字出版品牌,探索了新的商业模式(如图 3-7 所示)。

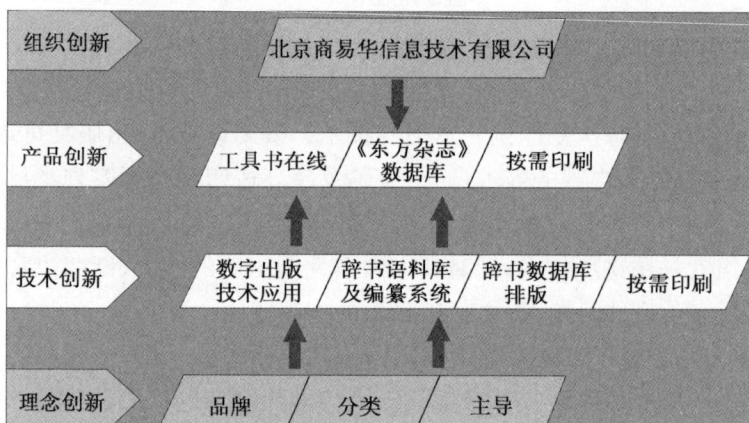

图 3-7　商务印书馆的创新特征

九、企业发展及创新的主要困难和问题

虽然商务在数字出版中的探索中取得了一定的成功,但在今后的发展中,仍存在一些困难和问题。

1. 在体制方面　传统出版社搞数字出版一定要有一个新机制,在老机制下进行数字出版肯定成功不了。目前,传统出版单位的现行体制、管理机制、激励机制等方面很难适应新的数字出版要求。要发展数字出版,就必须建立一个与传统出版不同的,有利于创新、创造、创业的体制机制。网络经济、数字出版不同于传统出版,有其特殊规律。商务印书馆可以和外面的风险投资、跨国公司合作,利用它们的资金、技术和商务印书馆的资源、想法,共同做大。

2. 在版权方面 版权问题是数字出版发展过程中的障碍和瓶颈,商务印书馆从 2005 年开始做数字出版的时候就考虑到了这个问题。商务印书馆在 2007 年成立了对外版权部,负责与作者、译者做版权交易。随着信息行业更多条例的发布,网络传播权也是非常敏感的一个话题,为了保障著译者的利益,在与作者、译者签订纸本合同的基础上,建议版权部门和著译者签署信息网络传播权的授权协议。但是,如何实现版权保护,更好地保证作者、译者、出版商的权益,依旧是商务印书馆需要继续探讨和摸索的重要难题。

3. 在再创新方面 商务印书馆开发的"工具书在线"一期曾获"最具创新网站奖",阶段性地获得了国家的认可;二期则注重基础性的、数字化的加工处理,包括平台的打造,这是一个不断研发的过程。几年前,"工具书在线"和《东方杂志》的创新之举是引人注目的,但是这两年创新脚步慢了些,创新的理念和纬度都谈不上是最前沿的。商务印书馆还需要有更大的发展力度、更远的战略思考角度以及更优的经营策略才能再次谈到创新。

4. 在资金方面 数字出版作为一种新型的出版形态,是一个高投入、高风险、高回报的行业,因此出版单位普遍不敢进行大规模投入。商务印书馆一直在国家科技项目资金的框架下开展信息化建设和数字出版探索,馆里及其他渠道的投资很少。

5. 在资源问题 商务印书馆把它的出版资源分为现代出版资源和历史出版资源两大部分,在对历史资源进行数字化过程中就会遇到问题。以《东方杂志》为例,它共有 800 多期,将这些内容进行聚合分类就经历了一年多,包括前期把它呈现成什么形式、开发的难点、结构化的种类和数据项等要素都要有所考虑。这个过程还是非常有挑战性的。

6. 在赢利模式方面 商务印书馆在赢利模式上依旧不够清晰。拥有数字内容版权是赢利的关键,但在目前中国互联网依旧处于免费时代的格局下,尽管有些业务,如《东方杂志》数据库等业务已经带来了收入,但是 8 万元的定价究竟有多少用户能接受,其他数字出版业务究竟能带来多少商业价值还很难得知。对于市场中每个出版社而言,都有自己主要的受众群体。在数字出版大行其道的时代,信息的传播、接受方式的改变要求出版社的经营模式也相应发生变化,对内容资源的占有优势也逐渐变弱,服务模式的重要性日益突出。而在服务方面,商务印书馆显然跟在市场上摸爬滚打了十多年的公司难以抗衡。

十、企业未来的发展方向

数字出版是未来中国出版业发展的大趋势,但是这一领域究竟会发展到什么程度,传统纸媒和数字出版各会占多少比例,目前看来都很难做出预测。商务印书馆在转企之后,对于经济效益有一定要求,所以今后做不做纸媒、纸媒出版和数字出版各占多少份额、是否有偏离或调整等这些战略层次上的问题还需要更高决策者根据业界考评等方面从一个大的层面来做考察、决断。

传统出版社拥有丰富的内容资源、较为知名的品牌等条件,在发展数字出版上具有其他行业无法比拟的优势。商务印书馆在充分利用自己已有的内容资源的基础上,在数字出版领域进行了有益的探索,所以在未来的发展中,将继续发挥优势推进数字出版的发展。根据阶段性规划,商务印书馆正搭建整体统一的数字内容出版、管理和营销平台,开展电子书、在线数据库、数字期刊、按需印刷、在线教育、网络出版、手机搜索等各类数字出版、多媒体出版、移动出版和数字内容分销业务。同时,商务印书馆也要积极探索成功数字出版商业模式。

1. 主动加强与搜索引擎公司的合作或独自建立专业、精确、垂直、应用性的搜索引擎。互联网用户已经形成的免费使用习惯对基于内容销售的传统出版业形成了一定冲击,尤其是搜索引擎巨头谷歌的"图书搜索"计划等更是对提供内容的传统出版社造成了较大的挑战。一方面,商务印书馆可以主动加强与搜索引擎公司的合作,如谷歌、百度、雅虎等,在国家政策允许的范围内最大限度地宣传自身的产品。另一方面,利用信息检索技术、数据库技术、数据挖掘技术、动态集群网络技术等先进技术,向互联网用户提供完全不同于谷歌、百度等海量信息搜索的新体验,把商务印书馆内容资源以搜索引擎的形式展示出来,利用互联网技术提升核心竞争力,在打造互联网品牌的同时,取得良好的社会效益和经济效益。

2. 密切关注无线技术及市场的发展,把内容资源建立在多种平台之上。手机无线阅读领域是个无限的市场,在未来很有可能是数字出版的主要战场,手机的各种服务体系已经占据数字出版业的主要位置。因此,商务印书馆也可以对此给予密切关注,并在适当的时机切入,建立手机网站,把传统的内容资源销售建立在 WEB＋WAP 的平台之上。例如,工具书与手机的合作可以采用软件下载、飞信、手机嵌入等模式;而中国语言学数字期刊则可提供 WEB 方式订阅、在线手机订阅、离线电子订阅等多种订阅方式。同时可以开发更多的产品或者衍生品,扩大市场覆盖率。假如商务印书馆可以提供总计 1000 种工具书,手机用户实现在线查找收取费用,以一年收取 50 元计算,中国的数亿手机用户中即使只有 1％的用户购买,一年收益也可达到 5000 万元。

3. 积极探索内容收费模式和广告模式的结合。对于广告、窄告、竞价排名等已经被证明行之有效的商业模式,出版社数字出版应积极采用,并探索内容收费模式和广告模式的结合,把出版社的内容资源与互联网上的广告资源相整合,甚至探索除此之外的新的模式。在这一点来讲,传统出版单位相当困难,包括商务印书馆。就现状而言,很多出版社就是在卖内容,不知道这些内容是可以做广告的,可以有收益的。搜索引擎拿了内容去做广告,出版社得到的仅仅是一个版权内容的收益。

4. 加强资源深度加工和集约整合能力。从内容和形式的辩证关系来看,数字化产品的形式永远是处于变化当中的,现在数字出版已经出现电子书(Ebook)、按需印刷、网络学习平台、工具书在线、手持阅读器、手机阅读等多种形态,将来还会出现更多的载体形态,但是万变不离其宗,其根本仍然是数字化的内容资源。出版资源综合开发利用要从深度和广度两个维度来考虑。资源深度加工的数字出版形态是未来数字出版的主流方向和趋势。出版资源只有经过深度加工,才能够充分发挥出现代计算机和网络技术的优势,满足网民灵活、便捷获取信息的迫切要求。这种形态才是最有活力的数字出版形态之一,为出版社从事按需出版、组合出版奠定良好的基础,是未来数字出版的主流方向和趋势之一。强大的资源集约整合能力才能形成品牌和平台效应。在"内容为王"的时代,谁对内容资源拥有更强的集约整合能力,谁就掌握了数字出版的主导权和市场控制权。

5. 重视数字产品的管理。百年商务自创立之日起就把使命感和责任感放在了首位,随着出版技术的日益革新,商务印书馆在履行学术出版的文化担当中开始积极迎战数字出版的机遇与挑战。而在数字出版时代,作者可以直接越过编辑,直接交给技术商层面和网络商层面去做,缺乏编辑对文化的把关。所有的知识之所以科学,是因为有出版业去规范它,所以在数字出版时代更不应该忽略这点。商务印书馆要将所有的数字出版产品都纳入到传统的编辑三审制中去,选题要三审制,审稿也要三审制。否则,由于管理疏漏和意识淡薄所造成的一系列质量问题不仅毁了这个产品,还会毁了百年企业的品牌形象。数字产品三审是所有企业都应该要纳入到正规的流程管理当中的。

6. 依靠品牌优势,持续发力数字出版。品牌优势的发挥是提升出版附加值和出版企业竞争力的原动力,也是提升数字出版核心竞争力的有效途径。在数字出版市场规模不断扩大,同质竞争日趋普遍的情况下,品牌对读者的消费起到很大作用。不可否认,商务印书馆在工具书市场是独一无二的,从学术占有率上也是居于垄断位置的,这一块是不可替代的。而《东方杂志》是中国近现代史上刊龄最长的、影响最大的杂志,这个也是独一无二的,商务印书馆把它做成数据库,已经构成了珍贵的史料,是无人可以替代的产品。这么多优势与无可替代使商务印书馆将品牌从传统领域引向了数字出版领域。商务印书馆所出版的包括以汉译世界学术名著为中心的学术著作、中华现代名录丛书、以中国原创文学著作为核心的学术出版,这些产品在数字出版领域都可以打造适合它的数字产品。

十一、比较分析

(一)国内企业竞争趋势

数字出版是传统出版和高新技术相互结合的新兴出版业态。近几年来,网络阅读、手机阅读等数字化阅读方式已被越来越多的民众接受。数字出版受众群和数字出版产业规模的不断扩大,为我国新时期传统出版业的发展拓展了前所未有的新空间,数字出版成为传统出版产业新的经济增长点。从发展趋势来看,出版社面临着向信息内容服务提供商的转型。传统出版社为了在数字出版产业链中找到更具控制力的位置,必须更加积极地、全面地介入数字出版领域。

然而,在互联网、无线、电子阅读器这样传统出版社无力触及的新兴领域,涌现了一大批发挥着内容制作、运营、发行等类出版社功能的互联网公司,而这一变化已经触及到传统出版社的发展。在数字出版领域,传统出版社明显处于弱势地位,因为出版社并不是真正的资源提供方,著作权在作者手里,出版社只是拿到5年、10年的授权,而且现在越来越多的作者会保留信息传播权,交由他人运营。很多聪明的作者已经不再跟出版社签全版权的合约了,而是将信息传播权交给中文在线这样的数字版权商运营。

在"作者—出版社—印刷厂—发行商—读者"这一传统出版产业链条中,出版社是毫无疑问的主导者,但是面对野心勃勃的数字平台厂商,其最担心的都是在新的产业链里丧失主导地位,变成弱势的内容提供商,重蹈数字音乐的覆辙。也正是因此,相比新兴数字厂商的狂热,中国的传统出版业在数字化浪潮面前则要淡漠得多。只有商务印书馆等为数不多的几家出版社成立了专门的数字出版公司,大多数出版社只是成立一个两三人的数字出版部门,有的甚至都没有专人来负责。

不过,仍然有一些传统出版企业十分重视数字化浪潮给传统出版所带来的机遇与挑战,把传统出版的品牌优势作为数字出版的突破口和主攻阵地,采取规划整合、延伸品牌、增值服务等方法有效地开展数字出版业务。对于传统出版社来说,要想在数字出版领域占住一席之地,不能仅仅局限在内容提供商,把资源给人家去运营,然后挣点分成钱,也要做一个数字出版商、内容运营商。

有不少的出版社以长期积累的经验和铸就的企业或产品品牌为支点,开发具有特色及成长性的核心数字产品,实施内容资源、人力资源和品牌资源的集成化服务和运营,积极探索适合自身发展的数字出版赢利模式,致力抢占传统出版企业在多元数字化传播格局中的有利地位。尤其是专业出版社,因为相比大众出版物,专业出版物因为内容离散、随时更新、需要检索等特性,更适合数字载体,而且面向的是对价格并不敏感的机构用户,具有可行的商业模式,因此是最早进行数字化的出版领域。

(二)对比案例:与培生教育集团对比分析

培生教育集团是培生集团旗下的子公司,是世界上最大的教育出版集团,在英语教育、高等教育、中小学教育、专业出版、网络出版方面处于世界领先地位。目前,培生已在亚洲、澳大利亚、加拿大、欧洲及拉丁美洲等全球多个区域建立了培生教育出版门户网站,其中亚洲区域就包括中国大陆、香港、台湾和日本、韩国、马来西亚、新加坡等国家和地区。数字出版的内容主要分为高等教育(High eduction)、专业教育(Professional ＆ trade)、基础教育(Schools)和英语教育(English language teaching)。其中,高等教育、专业教育和基础教育提供了按主题、出版社、作者、SHOP、职业浏览和网络订购功能,电子书包含在线阅读和下载两个版本,由 http://www.coursesmart.com 负责销售;而英语教育则提供了在线学习功能。

商务印书馆与培生在业务发展思路及特征方面有许多共同之处。首先,都以辞书为主要业务。培生旗下的朗文集团已有 280 年的英语教育出版历史,不仅出版了世界上首部英语辞典,在辞典、英语教程教材、英语语法和读物等领域占据全球权威地位。其次,两者都在数字出版领域引人注目。培生有一个非常庞大的网站,可以清晰地找到各种信息,同时还可以提供交互式服务以解决学习问题。再次,都注重资源整合,积极合作。在"内容为王"的时代,谁对内容资源拥有更强的集约整合能力,谁就掌握了数字出版的主导权和市场控制权。培生不仅在本土拥有广泛的合作伙伴,与中国一流的出版社也保持合作关系,如高等教育出版社、清华大学出版社、北京大学出版社、人民大学出版社等。最后,都提供个性化服务。培生的数字出版为教师和学生提供了很好的个性化学习的平台,并且非常个性化地关注每个学生的学习进度和效果。

但商务印书馆同培生相比也存在一定差异。第一,在网站功能方面。培生的网站以交互服务的方式解决学习问题,实现了师生之间的交流互动和资源共享。而商务的网站不仅功能性没有培生强大,且互动性较弱。第二,在内容优化与增值服务方面。培生从其数字产品和服务中可获得 11 亿美元的收入,内容优化和附加元素是培生数字出版的重点。培生不仅卖内容,还卖学习氛围、学习激情和解决方案。培生估计未来大部分收入将来自于数字产品,达75%~80%。而商务的数字化进程还处于起步阶段,无论是增值服务还是内容的优化整合都需要向发达国家更好地学习。

第二节　数字内容集成商为主体的创新案例分析——清华同方知网

一、相关行业现状及背景

随着信息技术的不断发展,人类已经进入信息时代,出版形态也越来越多样化。依托于数字技术和网络技术的数字出版,无论在内容上还是形式上都延伸和扩展了传统出版业,不仅大大丰富了出版物的内容和形式,而且也改变了传统出版物的生产方式和消费理念。新闻出版总署副署长孙寿山在 2008 年数字出版年会上就曾指出:随着数字出版技术和互联网应用水平的持续提高,国民阅读习惯和阅读环境的逐步变化,我国的数字出版产业开始进入一个高速发展期。

从传统出版业方面来看,数字技术在给传统出版业带来无限发展空间的同时,也带来严峻的挑战。产业融合、复合多媒体出版已成为目前中国出版业发展的大趋势,传统出版社面临着由信息提供商向信息服务商的角色转型,如何找到一个好的突破口去拥抱数字出版是当下所有出版社面临的首要问题。据统计,2006—2010 年,中国数字出版年产值以平均每年近 50%的速度快速增长。尽管我国数字出版产业发展势头强劲,但其中以广告和网游等娱乐内容居多,书报刊出版共计不足 30%,整体上还不足以对传统出版产业构成颠覆性的冲击。目前,仍然存在以传统出版单位为主开展的数字出版业务赢利模式尚不清晰、传统的思维方式制约着数字出版的发展等问题,当前的内容加工水平也难以符合多样化数字阅读的需求,既熟悉出版流程又了解技术开发与经营的复合型人才也十分匮乏。此外,数字出版整体上缺乏统一标准,传统的版权保护无法适应网络环境下数字出版的发展,对新媒体尚未形成有效的监管机制等,都成为限制我国出版业数字进程的障碍。

我国数据库建设始于 20 世纪 70 年代,经历了三个发展阶段:第一阶段为 1974—1979 年,主要是引进、学习、借鉴外国数据库理论和成果,特别是引进和解决汉化处理技术问题;第二阶段为 1980—1993 年,是我国中小型数据库建设快速起步时期;第三阶段为 1993 年以后,这一阶段,我国第一家数据库专业公司——万方数据库公司成立,标志着我国数据库产业开始以经济法人的姿势走向市场。自此,我国数据库产业建设开始一种新的管理运行模式,由政府控制向市场化、产品化、商品化迈进。这一时期,也涌现了大量的专业数据库服务商(Database Service Provider,DSP),市场上先后出现了清华同方公司的《中国知识资源总库》、重庆维普公司的《中文科技期刊数据库》、北京万方公司的《万方数据库》等文献全文数据库以及国家图书馆的《中国数字图书馆有限公司数字图书馆》、北京书生公司的《书生之家数字图书馆》、北京超星公司的《超星数字图书馆》、北大方正公司的《数字资源平台》等电子图书全文数据库。

国际金融危机的出现加速了传统出版业向数字出版转型的进程。而在数字资源已经成为图书馆等信息服务机构的最重要资产的背景下,图书馆也在加速向数字图书馆转型,面对来自国家、行业用户等多方面的需求和激烈的市场竞争,同方知网积极着力于提高自身的数字出版水平,稳定核心出版资源,与全国 98% 的学术期刊、将近 600 个单位的博士论文、85% 的国内工具书产品以及 96% 的年鉴产品签署了出版授权(其中很大一部分是独家授权),全面实现了出版资源的可控性,保证了可持续发展。同时,同方知网以个性化服务为导向,以构建数字出版超市为目标,积极推进以增值服务带动数字出版的商业模式。

二、企业基本情况

(一)企业概况

清华同方知网技术产业集团由清华同方知网(北京)技术有限公司、中国学术期刊(光盘版)电子杂志社、清华同方光盘股份有限公司组成,是"CNKI122 工程"的建设承担者。同方知网注册资本 100 万美元,作为同方股份下属的三级子公司,同方股份间接持有同方知网 100% 的股份。

清华同方知网技术产业集团采用自主开发的技术,建成了世界上全文知识信息量规模最大的《中国知识资源总库》,并通过"中国知网"(www.cnki.net)为网络出版门户、为全社会的知识信息资源共享提供知识服务平台和数字化学习平台。同方知网(北京)技术有限公司是产业集团的核心企业,专注于自主研发和利用知识信息整合传播技术,依托"中国知网"数字出版平台用一站式的方式向读者提供全方位知识服务;中国学术期刊(光盘版)电子杂志社主要负责知识资源的组织与采集、资源产品策划与设计、内容编辑与产品出版,拥有 CNKI 数据库的总体和内容编辑版权;清华同方光盘股份有限公司负责资源的信息加工与制作。上述几个企业间的关系如图 3-8 所示。

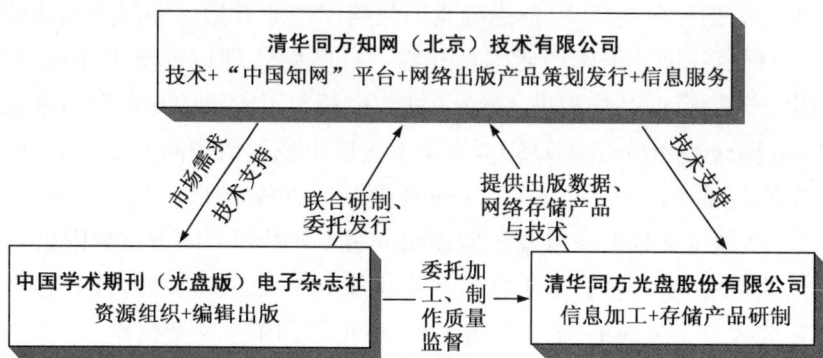

图 3-8　清华同方知网技术产业集团各企业间的关系图

(二)成长历程

清华同方知网的发展历经三个阶段:光盘出版、网络出版和知识服务平台。

1. 光盘出版阶段(1996 年 12 月至 1999 年 5 月)。1996 年,《中国学术期刊(光盘版)》创办。这一时期可以看做是 CNKI 的萌芽时期。一方面,在资源上通过期刊标准化和规范化的策略来解决数据的规范化与检索语言标准化的难题,为数据库的生产进行前期清基扫障;另一方面,在成功地占领高校图书情报市场后,又根据市场和客户的需求,通过对其产品的细分来满足中小客户的需求和购买能力,成功地占领了中小图书情报市场,为 CNKI 的形成和发展奠定了坚实的基础。

2. 网络出版阶段(1999 年 6 月至 2001 年 8 月)。1999 年,《中国学术期刊(光盘版)》的内容整体上网服务——中国期刊网上线,同年提出了建设"中国知识基础设施工程"(CNKI)的目标。这一时期是 CNKI 的形成和发展时期,一举实现了从光盘版向网络版跨越式的发展,开创了我国学术期刊从传统出版走向互联网出版的先河。

3. 知识服务平台阶段(2001 年 9 月至今)。2001 年 9 月正式启动建设《中国知识资源总库》及"中国知网"数字出版平台,通过产业化运作,为全社会知识资源高效共享提供最丰富的知识信息资源和最有效的知识传播与数字化学习平台。2003 年,中国期刊网的资源类型从期刊逐步扩展到博士论文、硕士论文、会议论文、报纸、年鉴、工具书、专利等——《中国知识资源总库》资源体系形成。中国期刊网后更名为中国知网。2004 年,清华同方知网通过独创的"知网节"技术,实现《中国知识资源总库》的统一检索以及内容的关联链接和增值,用户规模取得重大突破。2006 年,清华同方知网承担的国家"十一五"重大网络出版工程《中国学术文献网络出版总库》的子项目《中国学术期刊网络出版总库》通过新闻出版总署组织的专家鉴定。2008 年,清华同方知网发布了全新的数字出版平台,推出了个性化的定制服务,使得任何人、任何机构都可以利用"中国知网"的海量文献资源和个性化增值服务平台。

前两个时期 CNKI 的文献产品比较单一,只有期刊全文数据库一种,是典型的提供文献型数据库。而现在的 CNKI 已拥有期刊论文、学位论文、会议论文、报纸、年鉴、图书等多种文献类型,并已将所有数据库资源统一置于"中国知网"网络服务平台上,开始实现从信息服务到知识服务的转变。

(三)企业规模与地位

截至 2010 年底,清华同方知网在内容资源整合方面已经囊括了 80% 以上的中文学术资源,其中独家惟一授权的资源包括 2130 种学术期刊、342 家高校的博士学位论文、348 家高校的硕士学位论文、3420 种工具书、126 种年鉴以及国学数据库和中国科技成果数据库。目前,已经实现了数字出版学术期刊、学位论文、会议论文等系列学术文献上万种,文献总量达 8000 万篇,出版文献时间跨百年,最早回溯至 1912 年,并覆盖 90% 以上的显性中文学术文献资源,每日更新万篇学术文献。

同方知网还加强了与国外出版机构的合作,代理了 Multi-science 出版公司的期刊库、德国施普林格出版集团的期刊库和图书库、Taylor & Francis 出版公司的期刊库、Earthscan 期刊数据库等众多外文学术文献数据库。强大的出版资源为公司的业务开展提供了有力的保障,已经实现机构用户 7300 多家、最终用户约 4000 万人,全年文献下载量 18 亿篇。

同方知网不断探索数字出版和增值服务的商业模式,持续专注于学术期刊、报刊、学术论文、年鉴、图书等涉及知识传播的互联网出版和信息服务业务领域,不断开发新型的知识网络数据库,为客户提供互联网服务,市场地位始终保持行业第一。在第二届中国出版政府奖中,公司开发出版的《中国工具书网络出版总库》和《CNKI"三农"网络书屋(科技版)》还获得网络出版物正式奖,公司副总裁、同方知网总经理王明亮获优秀出版人物奖。

三、企业主要技术及生产工艺

知网已经开发了知识挖掘技术、知识管理技术、知识检索技术,而且已经建立了一部分知识源数据库,包括概念、原理、方法知识源数据库,图形、图片知识源数据库,科学数据的知识源数据库,以及社会发展事件数据库等,还有涵盖各学科领域的 300 多万词条的概念模型数据库。

1. 知识网络服务系统。KNS 是 CNKI 知识网络服务平台的简称,又称知识网络服务系统,由检索服务系统、数据库管理系统、网站管理系统三大部分组成。KNS5.0 是目前国内外惟一的一个能够全方位组织、处理、发布多种载体文献资源的整合平台,既能够对单一数据库进行检索使用、用户访问控制及访问日志管理,又可以通过配置进行多个数据库统一发布、跨库检索,实现多种知识扩展功能(如图 3-9 所示)。通过知识网络服务系统,知网实现了源数据库产品的跨库检索、概念关系检索、知识元链接、引文链接、相似文献链接等功能。

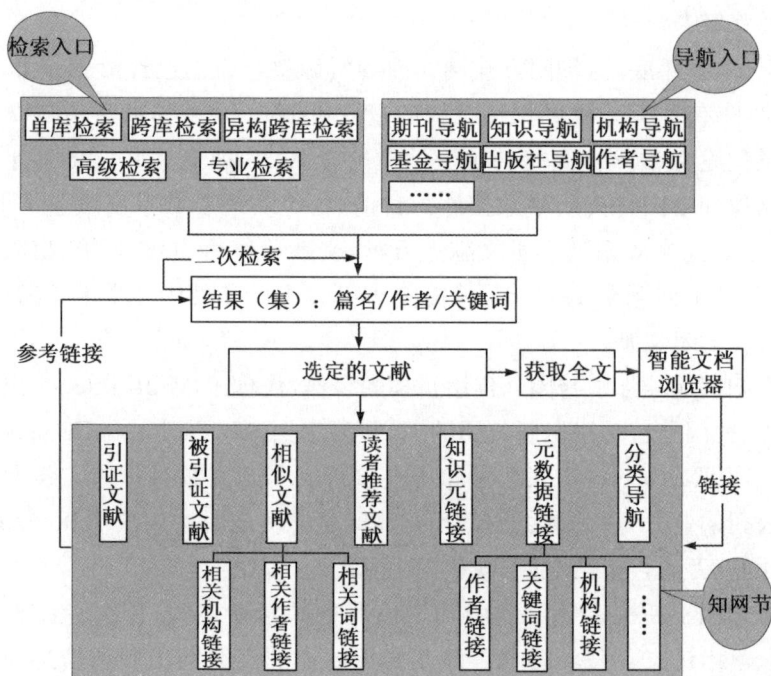

图 3-9　KNS5.0 界面关系图

2. 知识搜索平台。CNKI 知识搜索平台是我国由自主知识产权的文献检索系统、知识挖掘系统、文献评价研究系统及数字化学习与研究平台,已经达到国际先进水平。CNKI 知识搜索平台基于先进的设计理念,实现了对文献内容的详细标引,实现了文献搜索、数字搜索、学术定义搜索、数值知识元搜索、新概念搜索、图形、表格搜索以及翻译搜索等功能。满足用户对文献内容准确检索的需求,解决了现有搜索引擎及资源检索平台存在的不足,体现了信息资源整合传播、增值利用和知识服务的理念。同时也实现了知识元搜索,只要通过CNKI 平台,就可以把放在任何网站内的数据库或任何网站上的网页之间的关系建立起来,使整个 CNKI 网格资源中所有的网页或数据库成为一个通过知识网络整合的整体,供一站式检索使用。

3. 知网节系统。CNKI 知识网络根据知识的体系结构和文献的内容关联组织文献,主要表现形式为每一篇文献的"知网节"。知网节是知识网络节点的简称。知网节技术是知网独特的一项技术。利用知网节达到知识扩展的目的,有助于新知识的学习和发现,帮助实现知识获取、知识发现。目前支持的扩展信息包括文献题录摘要、概念耦合词典、知识元、参考文献、引文文献、相似文献、读者推荐文献、作者与机构的链接以及分类导航等。

四、企业销售渠道及客户情况

(一)企业销售渠道

同方知网的业务范围包括数据库出版发行、电子期刊出版发行、代理发行国内外网络出版物、网络信息服务、网络广告推广、文献资料数字化加工等多种服务。目前,清华同方知网数字出版平台有十多个通道通向用户,包括:各刊自己的互联网、手机出版平台;期刊总库、学术文献总库的网络版与光盘版;针对各行各业的知识仓库;利用国内外各种搜索引擎发布内容的学术搜索;机构用户可任意在网上组织内容的"机构数字图书馆";根据个人需要定制、推送所需内容的个人数字图书馆等。

知网的数据库产品则以三种版本连续出版:"中心网站版"每日更新,累积发布于"中国知网"(www. cnki. net);"镜像数据库版"发布在用户内部网,按月用 DVD-R 光盘或每日通过互联网向机构用户提供更新数据;按月提供更新数据的"光盘版"在用户小型局域网上发布使用。

知网的机构用户集中购买相关的数据库资源,则直接可以免费调用相关全文数据,可以通过包流量、包库、镜像等方式取得各种常用数据库的使用权。中心网站在对用户进行身份认证,并从用户流量计费账号中扣费后(包库用户只做 IP 认证,不限下载次数),系统自动通知资源网格中相关数据库网站将全文数据直接传送给用户。

个人用户通过"中国知网"的电子商务平台可以实现按实际使用流量在线购买需要的全文文献。用户购买 CNKI 流量计费实物卡或虚拟卡,采用预付费的方式交费;也可通过网上银行、手机、电信宽带等多种网上支付手段在线交费,交费后在线购买、结算并实时下载需要的全文文献。

(二)客户情况

清华同方知网已经走过了近 20 年的历程,目前其用户不仅有国内读者,也有国外读者;不仅有高端读者群,如各个国家的国家级、地方政府的智囊团、政策研究班子,也有低端读者群,如一般技术人员、公务员、中小学师生。如今连农民等都已成为知网的读者,"中国知网"的"三农网络书屋"主办的"全国农民科技知识网络大赛",全国参加比赛的农民达到 136 万人。知网正在准备利用卫星电视、地面数字电视、有线电视等各种方式为更多读者服务。

截至 2010 年底,知网的机构用户有 7300 多家(含海外用户 800 多家),北京高校网络图书馆成员馆单位都是 CNKI 用户,可以在 CNKI 中心网站不限次使用。中国知网用户在国内基本覆盖了主要的机构用户群,比如科研、高校、党政机关、党校、公共图书馆、大中型医院、部队、机关、大中型企业等,并已拓展到包括中小企业、农村、中小学在内的中小机构市场,总的付费读者约 4000 万人。在中国港、澳、台地区,机构用户主要分布在香港大学、台湾建国科技大学、香港中央图书馆、台湾智慧局等。在国外,CNKI 系列数据库已经被 800 多个高校、科研、医院、企业、政府、中小学等各类机构所采用,主要用户有像哈佛、剑桥等 400 多所国际重点研究型大学,也有如白宫、欧盟等国家级政府机关,美国国会图书馆、德国柏林图书馆等国家级公共图书馆,兰德公司等著名企业,并开始向中小国家的中小机构和个人扩展。

中国知网专业读者集中,核心用户群为高校本科生、研究生、教育工作者、科研人员、企业中高层管理、决策人员、专业技术人员、医疗工作者、政军各类机关人员等,以大学生、教师、医生、研究人员、文化界人士等脑力劳动者为主,这个在社会上具有影响力和话语权的群体主要是 20～55 岁本科以上的高级知识分子,主要用户群特征如下。

(1)高学历。主要是高校本科生/研究生、教育工作者、科研人员、党政军各类机关工作人员、医疗工作者,及各类企业的专业技术和管理人员。

(2)年富力强。年龄主要分布在 22～48 岁,主要是正在学习深造的年轻学子和正处于单位骨干力量的中青年科技工作者和管理决策者,对专业知识、行业信息和技能培训需求旺盛。

（3）高收入、高社会需求和高购买力。读者群的高学历和高智决定了高收入，年轻决定了他们有较高的社会需求，也就具备了较高的社会购买力。

五、企业市场及赢利情况

（一）市场竞争对手及市场份额

在数据库和服务平台市场上，知网面临着强大的竞争对手，如维普、万方、方正、书生、超星等企业都在抢占市场份额。北大方正电子、超星、书生、中文在线等以电子图书为主要产品的企业并不是同方知网的主要竞争者，主要竞争对手来自于数字期刊阵营：万方数据、维普资讯以及后起之秀龙源期刊。其中，北京万方和重庆维普类似，都主打中文科技期刊数据库。

维普资讯作为中文期刊数据库建设事业的奠基人，主要致力于对海量的报刊数据进行科学严谨的研究、分析、采集、加工等深层次开发和推广应用。业务范围已涉及数据库出版发行、知识网络传播、期刊分销、电子期刊制作发行、网络广告、文献资料数字化工程以及基于电子信息资源的多种个性化服务。1995年前，曾一度在学术数字出版市场上占据领导地位，但在市场需求从题录摘要向全文数据库转变的进程中，维普公司把握市场机会的速度落后于竞争对手，被 CNKI 一举超越，因此在网络学术出版市场中不处于较强的竞争优势地位，属于市场的追随者。

万方提倡建立以用户需求为驱动的资源、知识、评价、工具的服务，从资源总量、资源深度的扩张以及出版和合作模式的变革方面来建设知识级的信息服务门户，开发开放的中文知识链接系统，完善数字图书馆。在网络学术出版领域，万方数据是知网的直接竞争对手，属于市场挑战者。

龙源期刊与清华同方、万方数据和维普资讯不同，其主要资源内容以人文社科类期刊为主。龙源期刊的营销定位很明显是市场补缺者。当电子期刊中需求最大、利润最高的科技类资源市场被同方、万方和维普占据时，龙源聪明地选择了人文社科类期刊资源，面向个人和小型机构用户开展销售。眼下，龙源已站稳脚跟，在这一细分市场领域迅速发展，同时开始向大中型机构用户发力。

同方知网一直倡导知识增值服务理念，努力形成对国内外知识信息的深度增值开发和利用，近几年来在国内的学术市场上抢占了不少市场份额。同方知网 2010 年的销售收入为 4.35 亿元，其中毛利率比重为 63.67%，利润规模近 2 亿元，是国内排名第一的知识数据服务供应商。相比 2009 年的 4.21 亿元和

2008 年的 3.71 亿元都有所增长。更有预计,同方知网 2011—2013 年收入分别达到 4.49 亿元、5.30 亿元和 6.25 亿元,归属于同方的净利润分别为 1.03 亿元、1.27 亿元和 1.50 亿元,未来 4 年知网的收入规模将超 10 亿元。

(二)主要赢利模式

作为知识传播平台,中国知网集成了我国大量的学术期刊、学位论文等知识内容,向知识内容供应商支付费用,向用户收取数据产品服务费用。简单来说,知网的赢利模式无外乎两种:B2B 与 B2C,即面向机构与面向个人。目前中国知网主要是以机构用户为主,几乎涵盖了国内所有的高校和科研机构。

(1)利用网络数据库技术整合各种学术资源,构建"知识仓库"向广大机构组织或个人提供数字化的知识资源服务,大专院校、科研组织、企业事业单位以及个人学者可以付费获取相关资料的阅读、下载服务。

(2)基于分销模式和细分客户的不同,进行网络知识资源下载界面的拆析。这有助于通过寻求不同客户的需求,从客户的角度开发方便于客户的销售模式,从而有助于最终实现收益的增加。

(3)提供免费的增值服务,吸引更多的用户访问,提高了用户的访问量,从而不断地开发潜在用户,同时还可以吸引广告合作,增加企业的收入来源。

六、组织架构

知网出版部门包括学术出版分社、工具书出版分社、政府出版分社、农业出版分社、文艺文化出版分社、基础教育出版分社、医院出版分社、企业出版分社、法律出版分社。销售部门包括传统图书情报部门、行业公司、数字超市部门、国际分公司、技术部门、知识服务公司。

七、主要数字出版产品与业务

中国知网在全球范围内的注册用户数超过 4000 万,中心网站及设在全球的镜像站点年文献下载量突破 30 亿次,是全国最大的专业期刊和图书数字出版平台之一。该平台收录文献量约 1100 万篇,每年更新文献量约 140 万篇。

(一)中国知网数据库

中国知网数据库提供源数据库、外文类、工业类、农业类、医药卫生类、经济类和教育类多种数据库。其中综合性数据库为中国期刊全文数据库、中国博士学位论文数据库、中国优秀硕士学位论文全文数据库、中国重要报纸全文数据库和中国重要会议论文全文数据库。

中国学术期刊网络出版总库是世界上最大的连续动态更新的中国学术期刊全文数据库，是以学术、技术、政策指导、高等科普及教育类期刊为主，内容覆盖自然科学、工程技术、农业、哲学、医学、人文社会科学等各个领域。截至2011年6月，收录国内学术期刊7700多种，包括创刊至今出版的学术期刊4600余种，全文文献总量3200多万篇。其中，核心期刊收录率96％；特色期刊（如农业、中医药等）收录率100％；独家或惟一授权期刊共2000余种，约占我国学术期刊总量的30％。

（二）创新与创新管理型数字图书馆

在大规模数字化整合出版、深层次开发国际国内创新性信息资源的基础上，清华同方知网推出了"CNKI机构/个人数字图书馆管理系统"，是提供知识管理与服务的数字资源的基础，是各单位建设"创新与创新管理服务型数字图书馆"的支撑平台，为其创新管理提供了全面、系统的个性化解决方案，是CNKI率先提出的一个全新的信息服务理念和独特的服务模式（如图3-10所示）。

（三）学术期刊优先数字出版平台

学术期刊数字出版平台是快速实现各学术期刊论文按篇即时在线出版的平台，是编辑部自主出版平台，可以自行独立操作，随时随地进行出版，统一在中国知网发布。这一系统还提供了采编平台，包括征稿、约稿、内审、外审、组稿、WORD排版版式等子系统。

优先数字出版平台能切实提高学术期刊文献出版的时效性和影响力，包括数字出版编辑管理系统和学术期刊优先数字出版平台两大部分，主要出版方式为互联网出版、电子出版和手机出版（如图3-11所示）。

优先数字出版以单篇出版为主，整期出版为辅。单篇出版的排版不同于过去的整期排版，需要及时的三审三校，印刷厂排版中心难以适应。优先数字出版系统为各刊提供了采编发平台，其中包括作者库、审稿专家库、学术不端检测系统、编辑办公系统等，也包括基于WORD的期刊版式定义系统、检索元数据标注系统和文献的互联网与手机发布系统，各刊可以自行完成排版、发布等工作，但是排版仍然需要专业排版人员操作。为了更好地实施优先数字出版，知网还成立集约化排版与标引中心，在提供单篇、整期排版服务的同时完成检索与评价数据的标引。此外，还在山西太原建立了为北京、太原、石家庄地区的期刊提供集约化印刷服务的生产基地，特别是对发行量小的学术期刊，可以在保证高质量的前提下大幅度节约印刷成本。通过这种密切合作，两种出版实现了业务上的融合。

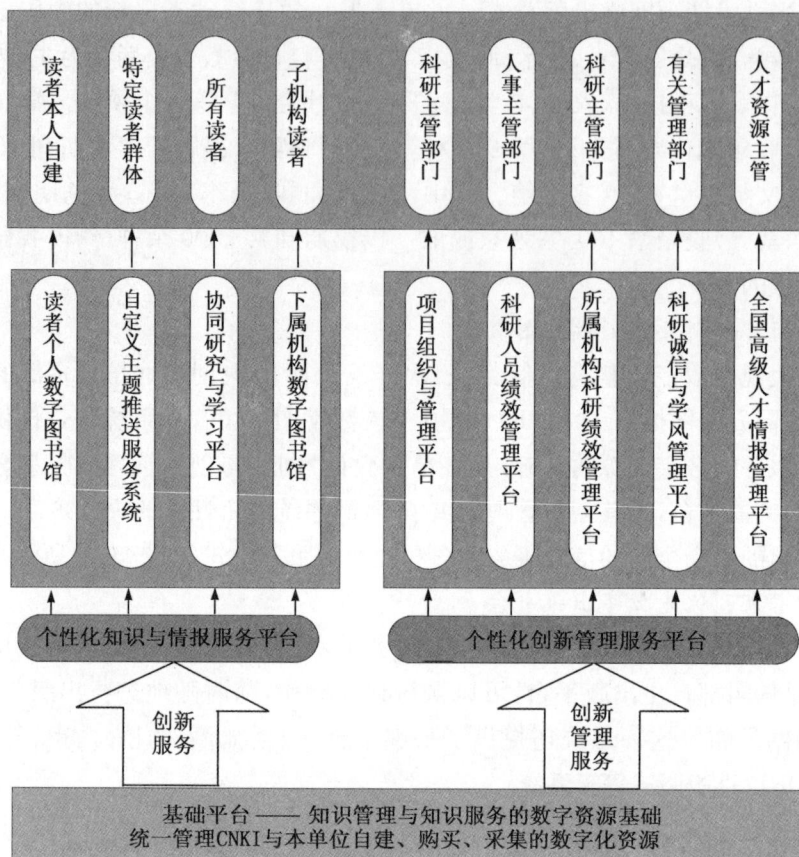

图 3-10　知网创新与创新管理服务型数字图书馆主体功能架构

（四）学术不端检测系统

学术不端行为是指在学术研究过程中出现的违背科学共同体行为规范、弄虚作假、抄袭剽窃或其他违背公共行为准则的行为。学术不端检测系统包括科技期刊学术不端文献检测系统、社科期刊学术不端文献检测系统、学位论文学术不端行为检测系统、学术不端文献（期刊）检测系统、大学生论文抄袭检测系统，为不同用户提供个性化服务（如图 3-12 所示）。

（五）吾喜杂志网

吾喜杂志网是利用清华同方知网多年积累的国际领先的数字出版技术，全新推出的供广大读者在线阅读、模拟仿真书页样式的电子杂志，是清华同方知网开拓大众阅读领域市场的尝试。首批收录期刊近 3000 种，内容是纯数字化排版，收费便宜，支付方便，手机版目前正在研发当中（如图 3-13 所示）。

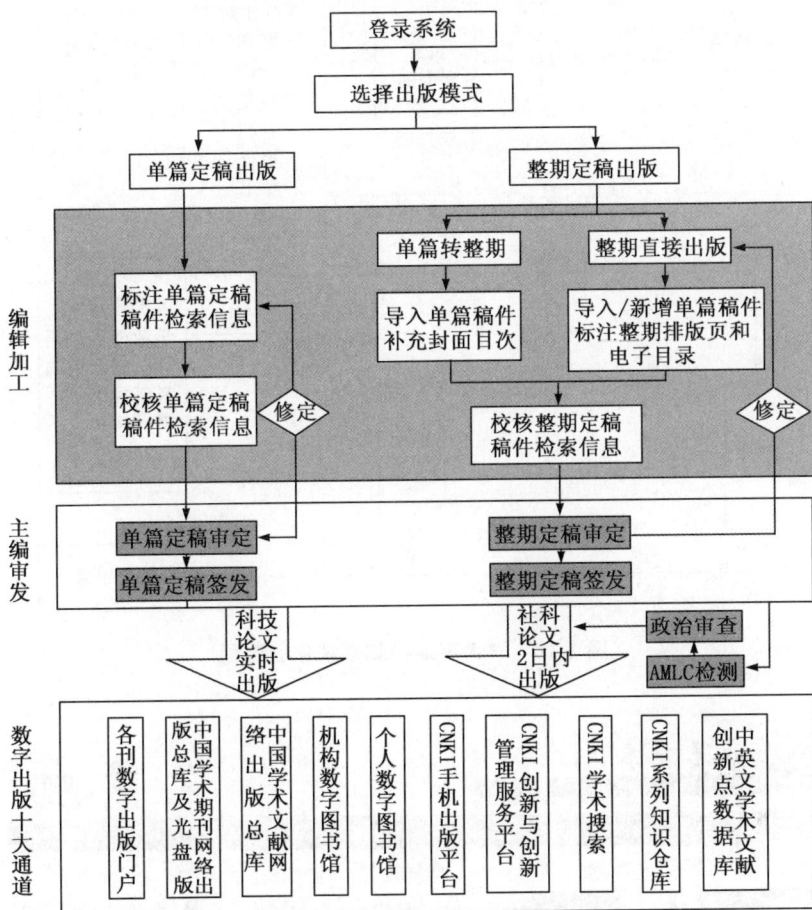

图 3-11　互联网出版流程图

八、创新过程与创新特征分析

（一）创新基础

中国知识资源总库是中国知网的核心资源和基本支撑,涵盖了 CNKI 系列数据库和来自国内外的加盟数据库,是目前全球最大的知识资源全文数据库集群。它是知网基本源数据库,其他各种专业知识数据库都是由其衍生出来的。

中国知识资源总库是以"三层知识网络"模式建构其信息内容,通过知识元库和知网节等各种知识链接方法,使三个层次的数据库融为一个具有知识网络

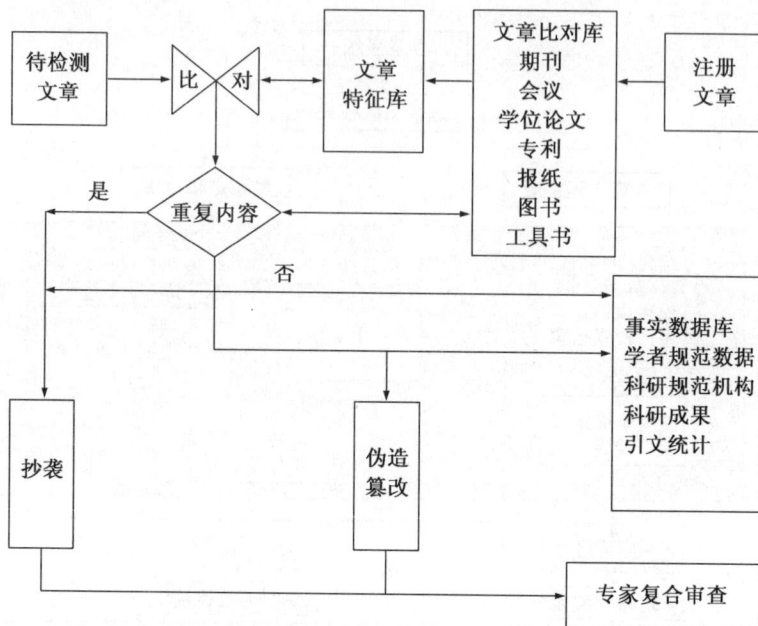

图 3-12　学术不端检测系统核心流程

图 3-13　吾喜杂志网站界面

结构的整体来使用。中国知识资源总库能一次检索中文期刊、学位论文、专利等16种学术资源。

第一层为源数据库,我们可以看成是从资源类型上进行整合的数据库形式,包括中国期刊全文数据库、中国学术期刊网络出版总库、中国工具书集锦在线、中国博士学位论文全文数据库、中国优秀硕士学位论文全文数据库、中国重要报纸全文数据库、中国重要会议论文全文数据库、中国图书全文数据库、中国年鉴全文数据库等。

第二层为知识仓库,根据专业用途界定知识仓库的知识范畴和层次,通过学科知识体系确定知识模块、知识点及其内容,信息从源数据库中选取,如中国企业知识仓库、中国医院知识仓库、中国农业知识仓库、中国金融保险知识仓库等。

第三层是知识元库,由具有独立意义的知识元素构成。它包括理论与方法、事实、数值型三类基本知识元,既可独立使用,也可与基本信息库、知识仓库相关联使用。知识元可以对作者、机构、刊名、关键词以及相关作者、相关机构、相关关键词等设置链接,通过这些链接可检索知识网络中心配制的数据库的相应字段,获取检索结果。

中国知识资源总库数字化资源是依据严格的标准加工整合而成,这种"三层知识网络"形成了知识层次上的整合,实现了智能重组和知识增值,为中国知网知识服务平台提供了雄厚的资源保障。由此可见,知网的最大特征是将所有数据库资源统一置于中国知网网络服务平台上,实现了从信息服务到知识服务的转变。

(二)理念创新

1. 从学术研究到大众阅读领域:吾喜杂志网

中国知网是集期刊、博士论文、硕士论文、会议论文、报纸、工具书、年鉴、专利、标准、国学、海外文献资源为一体的,具有国际领先水平的数字出版平台,以实现全社会知识资源传播共享与增值利用为目标的信息化工程。

一直以来,知网的大多数用户是所有需要学习和资讯的人,如科研、教育、医疗人员,学生、公务员、新闻出版工作者以及企业界人士等。因此,不管是从知网的源数据库的分类特点来看,还是从知网的其他产品如 CNKI 百科全书在线、知网空间、CNKI 翻译助手等来看,知网的用户最大的使用与满足应该是学习和学术研究。这个角度来对比的话,吾喜杂志网可谓是中国知网的一个创新产品。尽管杂志在线阅读网站在数字出版领域已经很普遍,不能说是一种创新产品,但是不管是从业务上,还是从理念上来看,吾喜杂志是知网从学术领域到大众娱乐领域的一个跨越。

吾喜杂志网是中国知网利用多年积累的国际领先的数字出版技术全新推

出的供广大读者在线阅读、模拟仿真书页样式的电子杂志,内容覆盖了居家生活、流行时尚、精品文艺、经济管理、党建生活、军事法制、中小学教育、少儿读物等诸多内容。可以说,吾喜杂志网是知网数据库向大众领域过渡的创新产品。

2. 从内容集成到学术监测:学术不端检测系统

中国知网的核心资源是其数据库资源,其强大的数据库支撑使中国知网有了无与伦比的地位,不管是国内的维普和万方,还是国外的施普林格,都无法比拟。如果说知网的最大目标就是在内容集成的基础上实现知识的增值,无可否认,知网做到了一点。知网不仅仅在乎数字内容资源的集成整合,更在乎知识的开发利用与增值,知网致力于优秀知识文化的传播。而针对现在国内外一些学术不端现象,中国知网自主创新研制出了一种学术不端文献检测系统。

学术不端文献检测系统以中国学术文献网络出版总库为全文比对数据库,实现了对抄袭与剽窃、伪造、篡改等学术不端行为的快速检测,可供用户检测论文,并支持用户自建比对库。

学术不端文献检测系统将提交的文件与涵盖 6000 万条数据的中国知识总库、上百亿网页资源、数百万英文文献资源比对,并创建一个完整的文献复制报告。在报告中,不仅包括检测文献总的文字复制比例,还详细列出检测文献中每一段雷同文字的详细出处,并准确定位每一段文字的具体位置。

学术不端文献检测系统的功能在于如下几点。

第一,文献抄袭检测,可快速、准确、高效地检测文献中的文字复制情况,为发现抄袭与剽窃、伪造、篡改、不当署名、一稿多投等学术不端行为提供科学、准确的线索和依据。

第二,文献保护,可准确发现个人的重要文献是否被他人非法使用,或者保护个人或单位的重要文件资料不被他人不恰当地描述,还可以预防个人或单位的保密信息和资源在其他文献中被不恰当地公开。

第三,文献比对,可实现一个文献与其他一个或多个文献的比对,例如出版社可能希望避免潜在的版权侵犯行为,律师在知识产权案件中可使用学术不端文献检测系统来快速确定两篇或多篇文献中的文字复制情况。

(三)产品创新——知网手机版

随着信息技术的飞速发展,手机已经成为现代人生活中的必备产品。手机功能越来越强大,而手机的小巧、携带方便等特点以及交流方式的多样性更是电脑所无法比拟的。中国有 5 亿手机用户,而知网正瞄准了这一大块市场主体,再度创新。

中国知网(CNKI)手机版 V1.0,以中国知网出版的期刊、博士论文、硕士论文、会议论文、工具书五大数据库资源为主,目前可提供期刊和会议论文的手机PDF 版全文阅读与下载服务,以及汉语词典、双语词典、专科词典、百科全书等各类工具书的查询服务(如图 3-14 所示)。

图 3-14 知网手机版

(1)中国学术期刊网络出版总库:全球最大的连续动态更新的中文学术期刊全文数据库。收录了国内自 1915 年至今的 7000 多种重要学术类期刊,其中核心期刊、重要评价性数据库来源期刊近 2700 种,学术文献总量近 3000 万篇。内容覆盖基础科学、工程技术、农业、哲学、医学、人文社会科学、信息技术、经济与管理科学等各个领域。

(2)中国重要会议论文全文数据库:收录了我国自 1999 年以来,国家二级以上学会、协会、高等院校、科研院所、学术机构等共计 1500 多个单位举办的上万个国内外学术会议论文,累积会议论文全文文献量达 120 多万篇。

(3)中国工具书网络出版总库:完整收录了 200 多家知名出版社的 3600 余部工具书,约 1500 万词条,80 万张图片。类型包括汉语词典、双语词典、专科辞典、百科全书、图谱年表、手册、名录、语录、传记等。内容涵盖哲学、社会科学、文学艺术、文化教育、自然科学、工程技术等各个领域。

可以说,知网最新推出的知网手机版产品是知网的一种最新尝试。将数据库搬上手机平台,用户就可以随时随地满足阅读需求,可以说朝知网的目标"在任何时候任何地点让任何人都可以找到他所需要的任何知识"又迈进了一步。

(四)技术创新

CNKI 拥有强大的技术研发队伍,目前已经拥有了具有国际或国内领先水准的全面的数字出版的相关技术,包括资源采集技术、文本数据库加工技术、文本数据库技术、数字资源版权保护技术、知识挖掘技术、自然语言处理技术、快速比对技术等。依靠这些技术,知网更方便地实现如下服务。

1. 一站式跨库检索

同方致力于在其数字出版平台上开发 CNKI 知识搜索服务,提供概念定义搜索、数值搜索、图片图形搜索、表格搜索、学术翻译助手等服务,已经建立起容纳 40 万概念知识元、1000 万数值知识元的庞大知识元数据库。CNKI 知识搜索平台可以把放在任何网站内的数据库或任何网站上的网页之间的关系建立起来,使整个 CNKI 网格资源中所有的网页或数据库成为一个通过知识网络整合的整体,供一站式检索使用。

如果将知网看成是一个巨大的数据库,分布在全球的不同地方、不同行业、不同媒体性质、不同数据格式、不同检索方法、不同应用环境下,由采用当前最先进计算机网格技术和知识挖掘技术的"CNKI 平台"集成整合为一个整体统一管理,做到了跨库、跨平台、跨语言的无缝链接,实现了计算资源、存储资源、通信资源、软件资源、信息资源和知识资源的社会化全面共享,便于用户在同一界面、用同一导航系统、用同样的检索操作方法进行跨库跨平台的一站式检索应用。

用户可以选择单库检索,也可以实现跨库检索,这样用户就能够在一个界面下完成以上所有数据库的检索,省却了多个库逐一登录、逐一检索的麻烦,检索过程简单、快捷,检索界面格式统一,减轻了用户的学习负担(如图 3-15 所示)。

2. 知网节链接

知网节是知识网络节点的简称。知网节以一篇文献作为其节点文献,知识网络的内容包括节点文献的题录摘要和相关文献链接。题录摘要在显示节点文献题录信息的同时,也提供到相关内容的链接。相关文献是与节点文献具有一定关系(如引证关系)的文献,知识节显示这些文献的篇名、出处,并提供到这些文献知网节的链接。

知网节中的各项信息(包括题录摘要信息和相关文献信息)具有相应的链接意义或与节点文献的关系、研究功能和文献互动传播功能。链接意义说明了链接所指向的内容,研究功能说明了各项信息如何增强期刊的研究学习功能,文献互动传播功能描述了作者之间、期刊文献之间、读者之间的互动传播作用。

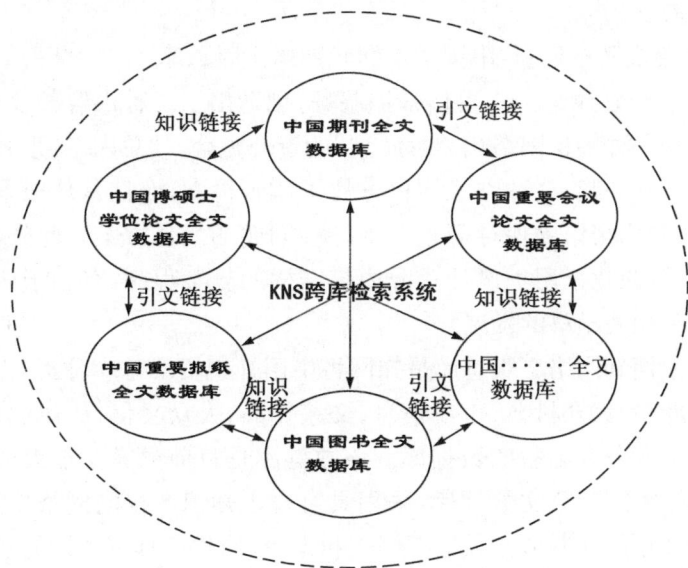

图 3-15 KNS 跨库检索系统

通过知网节可以实现：①各种知识链接：知网节目前支持的扩展信息包括知识元链接、参考文献、引证文献、相似文献、读者推荐文献、作者与机构的链接以及分类导航等，这些扩展信息均为动态增长，将随着 CNKI 资源的增加而增长变化；②多维链接，不限于同一个库中的相关链接，还能实现多个数据库的深度整合，跨库多维链接。

知网节的检索优势在于：①方便查找文献，对非专业人员查询非常有用，参考文献、共引文献、同被引文献、二级参考文献、二级引证文献、读者推荐文章、相似文献、相关文献作者等同时在一个页面上出现，通过链接点击就能立即打开，利于对相关内容的全面了解和研究学习；②文献互动传播，利于发挥作者之间、期刊文献之间、读者之间的互动传播作用；③在检索结果页面点击某一文献题名，除获得相应的基本信息、文献信息外，还可获得评价信息，利于了解文献水平；④提供重要会议论文、重要报纸全文、年鉴全文；⑤相关研究机构，提供研究单位情况和发展动态；⑥引证文献显示了科技论文对其他科研人员的参考价值。

通过知网节链接所有重要的相关文献，可以使读者沿着知识网络脉络，从引证文献网络、作者网络、作者机构网络等各个途径和角度更为准确、全面地进行文献检索，有助于新知识的学习和发现，帮助实现知识获取、知识发现。

（五）服务创新

1. 内容集成服务创新：中国学术期刊网络出版总库

知网为了更好地给用户提供知识服务，创造出了一种内容整合模式，知网的内容集成是一种知识网络化、"总库型"的资源整合。"总库"的形式将更多类型的文献整合到一起，这种方式不仅方便了读者检索，而且是从根本上解决资源管理、增值利用与馆藏保存等重要战略性问题的最佳方案。此外，按学科专业出版"总库"，简化了用户设计资源内容结构的复杂程度，有利于研究者全面掌握本学科和相关学科的发展。

中国学术期刊网络出版总库是知网将中国知识资源总库分拆，把"学术类"文献和教学经验、大众科普、市场信息、文艺作品、大众文化、法律法规（政报公报）、时政信息等分开出版的数据库。该数据库是目前世界上最大的连续动态更新的中国学术期刊全文数据库，采用具有自主知识产权的网络出版技术，通过中国知网独创的知网节文献汇编模式和出版，构建了具有国际先进水平的权威性文献检索工具、数字化学习与研究平台。

作为一种资源体系，这里的"学术类"文献，其内容既包含各学科领域的基础研究、应用基础研究、高级科普内容，也包括各行各业的实用技术、标准规范、政策理论研究、行业工作指导、职业指导等应用性研究成果，为的是支持跨行业、跨学科、理论联系实际的创新模式和成果应用模式。

中国学术期刊网络出版总库编辑了 10 个专辑、168 个学科专题和 3500 多个子专题的知识网络型数据库。其涉及的文献类型既覆盖各种形式的论文，如期刊、博硕士学位论文、会议论文、报纸论文，也包括技术资料，如专利、标准、科技成果登记和验收资料，同时还囊括作为研究对象的基本事实类资料，如报纸新闻、年鉴、年表等。为了支持专业人员跨学科学习和实践应用，学术文献总库还配置了百科全书、专业词典、辞书、图谱等各种工具书（如表 3-1 所示）。

表 3-1　中国学术期刊网络出版总库分类

专辑	所含专题
基础科学	自然科学理论与方法，数学，非线性科学与系统科学，力学，物理学，生物学，天文学，自然地理学和测绘学，气象学，海洋学，地质学，地球物理学，资源科学。
工程科技Ⅰ	化学，无机化工，有机化工，燃料化工，一般化学工业，石油天然气工业，材料科学，矿业工程，金属学及金属工艺，冶金工业，轻工业手工业，一般服务业，安全科学与灾害防治，环境科学与资源利用。

专辑	所含专题
工程科技Ⅱ	工业通用技术及设备,机械工业,仪器仪表工业,航空航天科学与工程,武器工业与军事技术,铁路运输,公路与水路运输,汽车工业,船舶工业,水利水电工程,建筑科学与工程,动力工程,核科学技术,新能源,电力工业。
农业科技	农业基础科学,农业工程,农艺学,植物保护,农作物,园艺,林业,畜牧与动物医学,蚕蜂与野生动物保护,水产和渔业。
医药卫生科技	医药卫生方针政策与法律法规研究,医学教育与医学边缘学科,预防医学与卫生学,中医学,中药学,中西医结合,基础医学,临床医学,感染性疾病及传染病,心血管系统疾病,呼吸系统疾病,消化系统疾病,内分泌腺及全身性疾病,外科学,泌尿科学,妇产科学,儿科学,神经病学,精神病学,肿瘤学,眼科与耳鼻咽喉科,口腔科学,皮肤病与性病,特种医学,急救医学,军事医学与卫生,药学,生物医学工程。
哲学与人文科学	文艺理论,世界文学,中国文学,中国语言文字,外国语言文字,音乐舞蹈,戏剧电影与电视艺术,美术书法雕塑与摄影,地理,文化,史学理论,世界历史,中国通史,中国民族与地方史志,中国古代史,中国近现代史,考古,人物传记,哲学,逻辑学,伦理学,心理学,美学,宗教。
社会科学Ⅰ	马克思主义,中国共产党,政治学,中国政治与国际政治,思想政治教育,行政学及国家行政管理,政党及群众组织,军事,公安,法理、法史,宪法,行政法及地方法制,民商法,刑法,经济法,诉讼法与司法制度,国际法。
社会科学Ⅱ	社会科学理论与方法,社会学及统计学,民族学,人口学与计划生育,人才学与劳动科学,教育理论与教育管理,学前教育,初等教育,中等教育,高等教育,职业教育,成人教育与特殊教育,体育。
信息科技	无线电电子学,电信技术,计算机硬件技术,计算机软件及计算机应用,互联网技术,自动化技术,新闻与传媒,出版,图书情报与数字图书馆,档案及博物馆。
经济与管理科学	宏观经济管理与可持续发展,经济理论及经济思想史,经济体制改革,经济统计,农业经济,工业经济,交通运输经济,企业经济,旅游,文化经济,信息经济与邮政经济,服务业经济,贸易经济,财政与税收,金融,证券,保险,投资,会计,审计,市场研究与信息,管理学,领导学与决策学,科学研究管理。

中国学术期刊网络出版总库于2008年荣获首届国家出版政府奖——网络出版物奖,成为大型学术文献数据库中惟一获奖的一个产品,是学术文献的权威性检索工具、集成化增值性整合传播媒体。

2. 知识增值服务创新

知网一直倡导知识增值服务理念,在完整收录期刊、博硕士学位论文、学术会议论文、年鉴、工具书、专利、标准、科技成果等各类资源的基础上,建设资源总库,整合了数字出版技术、跨平台资源整合管理技术、知识挖掘技术和多媒体技术,将信息弥散而内容相关的资源整合为信息关联的"知识网络",并逐步建设完善数字化学习与研究平台、学术文献评价平台、知识元搜索平台、个人数字图书馆等,努力形成对国内外知识信息的深度增值开发和利用。

虽然网络传播的优势在于资源的高度集成,但实际上数字信息的非直观传播性、被动性和集成资源的信息无序反过来又制约了集成化资源的传播价值。只有以深度开发、增值整合实现知识信息的主动传播,才能使大型数据库的网络出版成为真正具有媒体意义的传播手段。为此,知网数据库将充分利用超文本链接、知识挖掘等技术,将信息弥散而内容相关的资源整合为信息关联的"知识网络",并引入智能排重、排序等技术,使无序的集成化信息资源成为有序的信息整合传播媒体。

通过对现有的期刊知识资源进行深加工,知网能够在线满足用户的个性化需求。目前,中国知网提供在线全文搜索、数字搜索、翻译助手、图形搜索、学术定义、学术趋势、新概念等免费的在线查询服务,以及维普资讯的知识超市,科研机构评价等。这些免费的增值服务无形中可以给企业吸引更多的用户访问,提高了用户的访问量,就可以不断地开发潜在的用户,同时还可以吸引广告合作,增加企业的收入来源。

知网实现知识增值的过程如下:

(1)资源的整合、知识集成

从宏观上,知网的整合是一种基于资源类型的整合。以学术期刊为例,学术期刊是最具学术价值的一种承载方式,因为学术期刊的时效性强、更新快、内容新,所以相比图书,学术期刊是很有学术研究价值的。但与此同时,学术期刊的保存率远远低于图书,为了更好地使这些资源得到开发和利用,这种数据库的整合就很有必要了。将原本可能会随着时间消逝的价值得到更好地保存、传播和利用,可以说已经是一种知识增值的方式了。

此外,知网的技术实现了资源的统一导航与统一检索。首先,知网将原先分类系统各不相同的各类文献数据库资源统一到"中国图书馆分类法"系统下，各类资源统一整合成 10 个专辑 168 个专题 3000 余个学科专业；其次，知网实现了统一检索。检索特征整合，各类文献特征统一对应，统一跨库检索；检索条件整合，按索引方式整合，引导检索，可以多条件组合检索，以便更加精确。

从微观上看，知网的整合是基于文献内容的整合，这是知网做大做强的基础之一。通过跨库知网节可以追踪来源，通过跨库知识元，可以链接到其他更多相关的知识，实现内容的增值服务。这种基于文献内容的整合比国外施普林格的给予资源类型的整合更有优势。

（2）数据的深度挖掘

首先，知网的"知网节"可以完成对检索结果的智能处理：①对用户所需文献进行分组，根据各类文献的内容特征和外部特征，将具有同一特征值的文献聚集为一组，帮助用户筛选文献；②对检索出来的文献进行排序，为不同的文献赋予不同的特征权值，并根据这些权值分别排序，便于用户精确地选择文献。

其次，"知网节"打破了数据库的界限，消除了信息孤岛；深入挖掘知识资源的内在关联，通过多种途径向读者提供真正关心的文献；将被动的检索服务转变为主动的知识推送；将读者孤立的学习转变为实时比较的学习；有效激活了资源，实现了馆藏各种资源的增值利用。

（3）知识增值的实现

首先，文献资源的分类集成整合与动态评价引导了学术文献的编辑出版，增强了出版者的选题策划能力，提高了出版物的内容质量与传播效果。

其次，以满足各类机构用户对特殊文献与知识信息的总体需求为目标，将各类文献汇编起来构成专业文献数据库，大大扩散了原有各类文献的传播范围，将各种研究成果广泛地应用于各行各业。

再次，将文献中的概念、原理、定理、方法、图片、图表、数值等知识单元挖掘出来，使人们可以直接从海量文献中提出知识本身，引发了从文献传播向直接的知识传播的重大转变，因此也产生了通过知识获取而传播文献的全新的传播机制。

3. 个性化服务模式创新：机构/个人数字图书馆

机构/个人数字图书馆是一种"创新与创新管理服务型数字图书馆"的支撑平台，比其互联网版具有更为强大的信息管理与知识服务功能，不管是机构用户还是个人用户都可以利用这一平台，按各部门或者最终用户的个性化需求，将自建资源、引进资源和互联网上的其他资源系统地整合到规范的知识管理模式之下，更为全面、系统、准确地为机构或者个人创新和创新管理提供个性化增值服务。

（1）机构数字图书馆

机构数字图书馆是以海量文献资源为基础，采用信息推送技术、智能搜索引擎技术、智能代理技术、信息挖掘技术、门户技术等关键技术所构建的一个支持信息检索、知识定制、知识推送、知识评价、知识发现、知识管理的满足个性化知识服务需求的数字图书馆系统。

机构数字图书馆的主要特征：①导航库技术，指引用户到特定的地址获取所需信息；②推送技术，在指定的时间内把用户选定的数据自动推送给用户；③知识挖掘技术，学习、自动组织与显示信息；④智能代理技术，代替用户进行各种复杂的工作。

机构数字图书馆的主要功能如表 3-2 所示。

表 3-2　机构数字图书馆系统的主要功能

栏目分类	主要功能
检索	根据本单位定制资源，精确检索专业资源，提高工作效率。
评价	对本单位的业务水平、创新水平进行分析对比，激发组织的创新潜能。
管理	对本单位资源进行合理分配、有效管理。

（2）个人数字图书馆

个人数字图书馆是指个人为了读书治学的目的，在计算机上采用免费或基本免费的全文数据库软件，将有关的网上信息和自创的数字化信息资源进行采集、存储，使之成为有组织的信息集合，以供个人有效利用的数字图书馆。它是最贴近用户个性化需求的数字图书馆。

个人数字图书馆构建有助于"在个性化、异质和创新型环境中，增强个人创造、管理和保存信息的能力"。

个人数字图书馆的主要功能如表 3-3 所示。

个人数字图书馆系统的主要特征如表 3-4 所示。

表 3-3　个人数字图书馆的主要功能

个性化特征	主要功能
栏目命名个性化	个性化定制栏目、栏目名称可修改、栏目位置可调整、主题色调可选择。
栏目发布个性化	设定账号密码，自己设定栏目是否完全公开。
栏目内容个性化	个性化定制资源，完全满足用户个人学习、研究和娱乐的需求。

表 3-4　个人数字图书馆系统的主要特征

中国知网个人数字图书馆系统	个人数字图书馆特征
数据库类型选择；专辑、专题选择；整刊资源定制；自定义栏目。	提供与用户需求相关的期刊和数据库，减少信息过载。
定制：个性化定制，我收藏的检索式，自动更新，自动推送。 智能化分析：我发表的文献；我承担的科研课题。	集散用户的需求信息，智能化的分析，处理和更新用户定制资源的需求并实现定制。
加入我的机构馆；学术交流区。	作为便携式网页嵌入到其他网页中，实现潜在过滤及合作过滤。
CNKI创新——个人竞争情报平台： 我关注的专家；我关注的机构；我关注的科研课题。	作为一个组件与图书馆其他服务结合嵌入到用户其他页面中。

个人数字图书馆的个性化服务就是通过这些服务来实现的。首先，知网会根据用户需求特征主动推送服务，如每日快讯、学科快报、主题资源库等；其次，提供个人知识管理功能，如加入我收藏的文献、我发表的文献、我的专业库等；再次，提供个人竞争情报，如我关注的学者、机构、科研项目等。这种个性化的服务有助于提高个人资源获取效率，节约个人时间成本，节省个人订购费用。

（3）个性化信息服务模式

知网可以提供给用户的个性化信息服务模式有以下几方面。

1）个性化定制服务：用户可以根据自己的需要选择定制知网所提供的各种产品服务，也可以实现用户权限的基本功能、用户界面、信息资源等方面的个性化的信息服务，实现不同用户登陆后具有不同的权限和不同的用户风格界面，能够访问不同的电子资源，查询到不同的多媒体文件等。此种个性化服务比较简单，也是目前知网已经提供的功能。它常常受到产品功能、价格等多种条件的限制，只有当所选择的项目中有与自己的要求相符合的，才会有所收获。

2）数据推送服务：根据用户定义的准则，自动搜集用户最感兴趣的文献信息，并将摘要适时推送给用户。它使用户不必每次访问固定的网站就可以获得由网站发布的最新信息，提高了用户获取信息的效率。知网可以提供的推送模式有两种：一种是整刊订阅推送，用户可以像订阅传统报刊一样，订阅的刊物（甚至可以再细到栏目）中一旦有最新的文献上网，就可以通过这种订阅服务直接把文献信息推送给用户;另一种是定题推送服务,用户可以制订好检索策略,一旦知网的文献数据库中有最新的符合该检索条件的文献,也会在第一时间把内容信息推送给用户。推送服务打破了传统的信息获取方式,减少了用户上网搜索的工作量,提高了其获取信息的效率。

3)数据跟踪服务:用户在网络上的搜索行动与其当前的目的均直接反映用户的需求。根据用户在一段时间所访问的资源、检索词及下载的文献,可以获取某用户在某一时段的需求。系统根据用户的检索痕迹,搜索与用户需求相关的文献资源,并定时将检索结果发送给用户。这种跟踪服务省去了用户自定义检索策略的麻烦与不合理性,但这种个性化服务要求用户在前期检索时一定要有明确的目的,同时对于系统的智能性要求较高。

4)个性化网络广告服务:根据系统分析出的用户需求,可以有针对性地推送与其需求相关联的其他企业发布的产品或服务广告。由于与用户的需求一致,所以这种广告不会招致用户反感,更容易引起他的兴趣。伴随着智能化技术及用户需求的不断变化,个性化服务还有待于更深入的研究。

(六)知识管理创新——知识元

知识元数据库是由独立的知识元素构成的数据库。其特点是在一定的时空限定条件下,每个知识元都具有惟一性、独立性和完整性。每条知识元都表示了一条独立而完整的信息,各知识元之间通过知识网络链接在一起,不同的链接方式构成了不同的知识表达。

1. 面向知识管理

因为知识元数据库是面向知识构建的,这一特点为知识的检索提供了精确性和完整性的保证。在知网知识传播共享与知识管理平台下,通过对知识元数据库的操作可以实现如下几点。

(1)知识获取,如知识相关检索,概念相关检索等。

(2)知识发现。通过概念相关、事实相关等方法揭示知识之间的关联关系,有助于新的知识学习和发现。

(3)知识评价。由于知识元数据库是面向知识建造的,知网知识传播共享与知识管理平台为知识元数据库提供了面向知识的查询方法,克服了传统的基于词频的统计方法的缺点,使查询结果具有较高的准确性和完整性。

(4)知识网络。知识元数据库的数据结构决定了各个独立存在的知识元之间的联系,这种联系构成了知识元网络链接。如注释型链接,在文献中知识元名称处提供该知识元内容;关联型链接,通过统计计算,对高频次共用同一知识元的文献进行链接。

2. 改变传统的分类方法

中国知识资源总库具有完备的知识体系和规范的知识管理功能，一个突出特点就是可以通过知网知识传播共享与知识管理平台实现对知识单元的管理，而知识元数据库的构造为实现这一目标提供了前提基础。

知识元数据库是面向知识建造的。通过对中国知识资源总库资源的加工，提取出具有独立性和完整性的知识单元，构建成知识元数据库。由于知识元的提取是直接面向知识的，而不是简单地对图书资料进行分类。因此，传统的图书资料分类方法已经不能满足数据库条件下对知识分类的需要，应当建立符合各学科知识结构和人的认知规律的知识分类体系。

3. 知识元数据库的数值挖掘

知识元可以分成理论与方法型知识元库、事实型知识元库和数值型知识元库。①理论与方法型知识元包括思想、方法论、公理、原理、定律以及正在探索中的观念、观点、方法与技巧；②事实型知识元包括自然、社会存在和演变的事实信息；③数值型知识元包括各种数据类知识和科学数据，具有数值分析和知识推理功能。

综上所述，清华同方知网作为数字内容集成商，在充分利用数字出版技术的基础上，注重内容资源的整合和集约能力，充分满足了消费者的全方位和个性化需求，探索了以内容集成为核心的创新模式，其创新特征如图 3-16 所示。

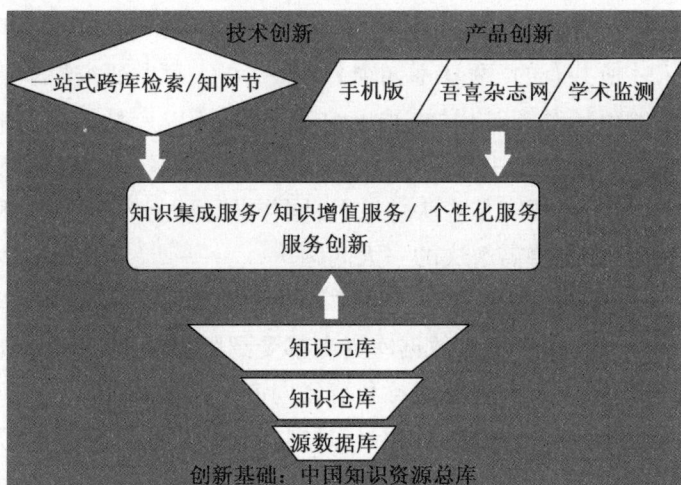

图 3-16　清华同方知网创新特征

九、企业发展及创新的主要困难和问题

清华同方知网具有海量的数据资源、领先的数据库技术、专业的产品研发团队,通过 15 年的不断发展创新,清华同方知网已经发展成为全球资源规模最大的数字内容出版商、最前沿的知识管理与增值服务平台提供商,无论在数据库技术还是总容量上都已经居于世界领先地位。知网有着雄厚的技术、产品的实力背景,同时也有十分广阔的发展空间。从其已取得的成绩和知网人辛勤工作、不断创新的精神来看,知网不仅能够在中国的出版业大放异彩,也必将在国际出版界占有一席之地。不过,在清华同方知网的发展过程中,仍然存在一些困难。

1. 在人才方面。人才缺乏是知网的发展和创新过程中所面临的一大问题。企业核心竞争力越来越表现为对作为第一资本的人才的培育、拥有和运用能力。人才的重要性是不言而喻的。人才是推动企业健康发展的力量源泉,无论从宏观角度还是从微观角度来看,人才是企业发展的决定性因素。清华同方知网的技术人才资源十分丰富,但是产品策划、项目管理方面的人才十分缺乏,这就使得产品的策划、研发、管理、推广无法一气呵成,通过多方努力达到良好效果。

2. 在组织架构方面。知网的组织体系中缺乏十分重要的一环——市场部。清华同方知网已有十分具有创新价值的产品,但是作为一个大型企业,却没有市场部,市场推广的缺失成为知网进一步发展的最大障碍。中国知网的企业员工有着技术人才所共有的“两耳不闻窗外事,一心一意做研究”的特质,然而在这个讲究营销的市场经济时代,酒香也怕巷子深,所以产品的推广和自身品牌的宣传十分重要。所以尽快建立市场部,完善组织体系,形成“产、研、发”一条龙,使得科研开发与市场宣传齐头并进、协同作业,这是清华同方知网创新之路面临的一大挑战,也是急需解决的一大问题。

3. 在版权方面。版权问题一直是数字出版发展的一块绊脚石,对于清华同方知网也不例外。总库中所有数据库资源都受到版权保护,然而在现有的版权分配模式下,知识版权所有者的利益和清华同方知网的收益分配方面并没有很好的协调。关键是目前清华同方知网只是向期刊杂志社支付版权,并没有给原创作者版权费用,对于个人学者的知识版权保护还不是很健全,长期发展会损害到个人创造者的利益,这样会对在线数据库服务商和国内期刊出版机构收益产生影响。为了保证持续的赢利能力,清华同方知网应该注意个人版权的保护,提高原始创造者的收益,甚至可以绕过期刊杂志社直接提供个人投稿的渠道。因此,如何协调与出版社、原始作者的版权利益关系,是清华同方知网创新之路需要解决的一个重大问题。

4. 在利润点、利润源方面。知网的利润点和利润源其实相当单一,即仅仅满足了组织用户对数字化知识资源的量的需求。20世纪末兴起图书馆馆藏数字化的风潮,一时间,考核高校图书馆、公共图书馆业绩的标准增加了重要的一条,即数字资源的数量。同方知网抓住时机进入市场,又凭借自身的技术优势一举拔得行业头筹。然而,高校和公图这一细分市场的需求现今也悄悄发生了变化,从对量的要求转变为对质的要求、对价格的要求以及更深一步对深层次知识解决方案的需求。这么一来,知网的利润点就显得太过单一,必需根据新的利润源开发新的利润点,同时对现有利润源进行深度需求挖掘,对当前的赢利模式进行变革。

5. 在分销渠道方面。首先,分销渠道结构的覆盖面窄。在市场潜力很大的区域里,无法找到代理商;在有的区域里找到代理商,销量却上不去,有的代理商甚至半年不签单。其次,代理商的质量得不到保证,不仅表现为代理商的数量及渠道网络很难保证对市场的覆盖面,而且有的代理商也缺乏专业经验与技能。代理商的质量得不到保证,分销效率低下。再次,分销渠道管理缺乏精耕细作。知网通常采用的是"寻找代理商—进货、确定代理关系—半年或年度任务考核—终止或续签代理关系"的管理模式。这样,往往是招商之后就对代理商放手,对其工作过程过问不多。代理商如果未完成销售任务,则取消代理商下一年度的代理权,然后再按照同样的方法寻找新的代理商,对新代理商重复着同样方式的管理。最后,分销渠道销售力度不够,冲突时有发生。销售代理商是一个独立的公司,它关心的是本公司利润的最大化。基于这个前提,代理商在进行销售时只考虑单位价值高的重点客户,不考虑市场的整体覆盖率。另外,由于对渠道控制不够,窜货、价格混乱甚至盗版的现象时有发生。

6. 在营销宣传力度上。知网公司的营销宣传基本处于无序、无规划状态,没有系统的品牌传播策略做指引,更缺乏针对各细分市场的差异化宣传及促销方法。在实际操作中随意性较大,传播没有有效配合市场开发进行资源投入,总公司与负责目标市场的分公司传播工作协同性差,资源没有做到合理分配、有效使用,难以实现投入-产出最大化。具体表现在:缺乏年度品牌传播计划,广告/促销活动的开展,包括媒体选择、投放时间、费用和区域等,往往由领导确定,决策过于草率,缺乏整体性和科学性;宣传方案与公司整体品牌发展战略存在一定偏差；在各行业市场活动中，难以推出新颖、有创意的推广方案，推广活动质量不高；缺乏完善的控制程序和方法来保证促销方案在实施销售中得到有效落实。

十、企业未来的发展方向

知网在未来的发展过程中需要找准市场定位，定位明确了，才能树立自身特色，塑造品牌形象，争取目标顾客的认可。它需要向市场说明本企业与现有的及潜在的竞争者有什么区别，勾画企业形象和提供的价值，以使目标顾客理解和正确认识本公司有别于其他竞争者的产品。可以说，知网在未来几年的工作可以朝以下方向努力。

1. 提高知识服务水平，寻求更多海外市场

在线数据库的用户访问量是其商务模式可持续发展的重要因素。面对网络知识资源行业激烈的竞争，如何保证原有的用户群，并不断开发新的用户，是清华同方知网目前面临的一大课题。目前清华同方知网主要以机构用户为主，几乎涵盖了国内所有高校和科研机构。而国外市场是块巨大的蛋糕，并且国外的数据库服务商中个人用户占很高的比例。所以，知网可以在提高自身服务水平的基础上，寻求更多世界范围内的机构用户。要实现这些，清华同方知网需要提高知识资源的质量，满足更多人的需要，提高知识资源的管理水平，提高访问者获取资源的效率，注重知识资源的深加工，提高知识资源的附加价值等。

2. 个性化产品与服务的研发

一般来说影响公司赢利水平的重要产品因素有三个：产品质量、新产品开发和个性化产品。其中，产品质量是同方知网的优势所在，在对用户的调查中，一直处于竞争领先地位，新产品研发和个性化产品是知网在今后发展中需要强化的部分，主要集中在考虑如何开发出符合顾客个性化需求的新产品上。

3. 扩展业务范围

按需印刷值得一试，读者通过网络全文数据库检索到所需的文章或图书后，可以直接浏览或从网页上将文件下载到个人电脑或阅览器上，也可以通过网络定制自己需要的图书和资料，进行按需印刷。结合 CNKI 用户的潜在需求，按需印刷可以在以下几方面的知网业务中得到应用：①用户个性化文集定制，这就如同传统图书馆中广受欢迎的剪报服务；②将原创型学术文献和文摘型优秀论文按照读者的个性化需求印刷出版；③提供年代久远等原因难以购买但具有收藏价值的文献恢复及印刷。

十一、比较分析

(一)国内主要数据库企业竞争趋势

我国期刊数字化传播已逐步形成规模,在数字出版技术、传播手段、读者覆盖面等方面具备了加速向数字出版转型的过渡条件。网络学术期刊已成为网络出版的一个热点,99%的学术期刊已经实现了网上出版。

国内的数据库出版高度集中于三家科技公司手中:清华同方知网(北京)技术有限公司的中国知网、重庆维普资讯有限公司的中文科技期刊全文数据库、北京万方数据股份有限公司的万方数据库。除了上述三家以学术期刊和专业论文为特色的数据库,比较大型的数据库还有超星公司的读秀知识库,新华社的多媒体数据库、以人民日报和人民网的信息资源为依托的人民数据库、国家信息中心的中经网数据库等。这些数据库已经形成较好的赢利模式,即网上付费查询下载,购买者大多为图书馆和大学等。

知网、维普等从事的知识数据服务业务具有一定的自然垄断性,随着互联网、无线等技术的发展,知识数据服务行业的增长将更具稳定性,更具发展空间。从国内数字出版的整体发展来看,数字出版行业竞争异常激烈,不再单单是资源多少的竞争,而是更多集中在数字出版平台功能上的竞争。几家大的数字出版企业均认识到了这一点,争先恐后地致力于资源整合,构建功能强大的数字出版平台,开展个性化服务,也都小有成绩。因为光从资源覆盖上来看,几家大的数据库企业存在重复建设的问题,所以在整合资源的同时,其竞争点也就放在了个性化服务上,以期留住忠实用户以及吸引更多新用户。因为在数字出版时代,读者需求更趋于个性化,根据读者的需求对资源深度加工和集约整合,为读者提供个性化服务尤为重要。

(二)对比案例:重庆维普

重庆维普资讯有限公司前身为中国科技情报所重庆分所数据库研究中心。作为中国数据库产业的开拓者,自1993年成立以来,其一直致力于电子信息资源的研究、开发和应用。公司的业务范围包括数据库出版发行、电子期刊出版发行、网络信息服务、网络广告推广、文献资料数字化加工等多种个性化服务(如图3-17所示)。

清华同方知网与重庆维普在文献收录、检索功能、用户及个性化服务等方面都存在不同。

(1)从文献收录情况来看,不管是从数据库产品数量还是从文献收录总量

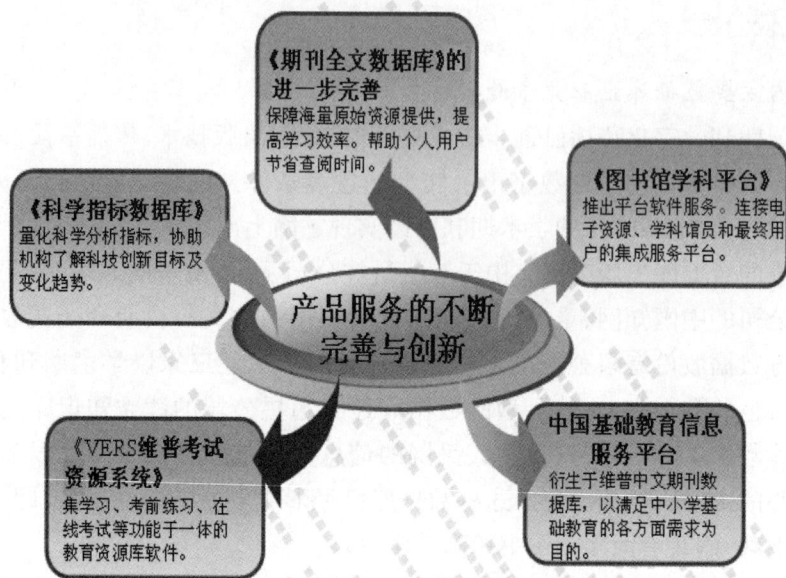

图 3-17　维普产品服务创新

上来看,知网的收录量都要高于维普资讯。截至 2011 年 6 月,知网收录国内学术期刊 7700 多种,包括创刊至今出版的学术期刊 4600 余种,全文文献总量 3200 多万篇,核心期刊收录率 96%,特色期刊(如农业、中医药等)收录率 100%,独家或惟一授权期刊共 2000 余种,约占我国学术期刊总量的 30%,产品分为 10 个专辑 168 个专题。知网数据库文献收录情况如表 3-5 所示。维普资讯的成立年份较知网早,所以收录的年份也可能较知网早,但由于近几年知网的发展速度极其迅速,所以文献更新不如知网及时。维普搜尽 12 000 余种中文期刊,收录 3000 余万篇科学文献,按社会科学、自然科学、工程技术、农业科学、医药卫生、经济管理、教育科学和图书情报 8 个专辑 28 个专题分类(如表 3-6 所示)。

表 3-5　知网数据库文献收录情况

各类文献数据库名称	文献出版来源	文献量(篇)
中国学术期刊网络出版总库	正式出版的 7684 种学术期刊	32 921 174
中国年鉴网络出版总库	正式出版的 2279 种 14 964 本年鉴	13 960 734
中国统计年鉴数据库(挖掘版)	正式出版的 633 种 3646 本统计年鉴	1430 429

续表

各类文献数据库名称	文献出版来源	文献量(篇)
中国工具书网络出版总库	4000 多种百科词典、图谱、手册等工具书,1500 万词条	13 656 890
中国大百科全书全文数据库	中国大百科出版社	80 000
中国博士学位论文全文数据库	398 家博士培养单位	158 632
中国优秀硕士学位论文全文数据库	590 家硕士培养单位	1203 792
中国重要会议论文全文数据库	14 513 个国际、国内学术会议	1547 949
中国重要报纸全文数据库	566 种市级以上报纸	9509 656

表 3-6 维普数据库文献收录情况

各类文献数据库名称	期刊总数	文献量(篇)
中文科技期刊数据库	12 000 余种	300 余万篇
中文科技期刊数据库(引文版)	12 000 余种	源文献 482 万余篇,参考文献 1830 余万篇
中国科学指标数据库	4000 余种	
外文科技期刊数据库	11 300 余种	800 余万条
中国科技经济新闻数据库	420 余种中国重要报纸和 9000 余种科技期刊	305 万余条

(2)从检索功能来看,各个数据库都将一些重要的检索途径纳入了自身的检索系统中,他们之间的区别在于检索途径的数量。但知网检索功能比维普更细致,几乎从各个方面对文献建立检索入口,更利于用户准确的找到他所要的资源。并且知网的好处在于,可以在一个整体的平台里找寻自己想要的资源,实现一站式搜索。维普提供的检索途径也比较丰富,能够满足各种检索需求,但是维普定位于咨询数据库,因此其数据资源数量很多,结果展示也相对比较简单。检索功能对比如表 3-7 所示。

(3)从产品功能来看,知网和维普都提供数据库资源的检索和下载功能。但是知网不仅能提供文献检索,还可以进行各个数据库的无缝链接,提供跨库检索,同时对文献之间进行知识关联,提供完整的 CNKI"知网节"链接,机构/个

127

表 3-7　知网与维普的检索功能对比

对比项	知网	维普
检索方式	1. 简单检索 2. 标准检索 3. 高级检索 4. 专业检索 5. 学者检索 6. 科研基金检索 7. 句子检索 8. 引文检索	1. 一般检索 2. 传统检索 3. 高级检索 4. 分类检索 5. 期刊导航
检索功能	1. 单库检索 2. 跨库检索 3. 二次检索	1. 同义词检索 2. 复合检索

人数字图书馆服务以及手机版的知网数据库更能随时随地满足用户个性化需求。跟知网的功能比较,维普仅仅提供文献检索以及"我的数据库"似乎并没有竞争力。

(4)从提供个性化服务平台来看,他们都看到了个性化服务在数字出版领域的重要性。对满足用户的个性化需求,二者都尝试推出不少新产品。而知网的新产品多于维普,更迎合用户。二者个性化服务平台对比如表 3-8 所示。

表 3-8　知网与维普的个性化服务平台对比

知网	维普
机构、个人数字图书馆	中国基础教育信息服务平台
知识网络服务平台	维普-google 学术搜索
数字化学习平台	维普考试资源系统
学术期刊优先数字出版平台	图书馆学科服务平台
学术不端检测系统	文献共享服务平台
学术趋势搜索	科学指标分析
期刊协同采编系统	
知识元搜索	

(5)从用户情况来看,都很广泛,机构用户都以高校和科研机构为主。由于维普是中国最早的数据库平台,所以相比后起之秀可能会有很大一部分的忠实

用户,但是知网在发展上快于维普,抢夺了不少用户,尤其是机构用户。并且,知网的海外机构用户还有更广阔的前景。所以从市场占有率来看,维普不及知网。用户对比如表 3-9 所示。

表 3-9　知网与维普的用户对比

知网	维普
全球机构用户有 7000 多家	拥有遍布全国的 2000 余家机构用户
北京高校网络图书馆成员馆单位都是 CNKI 用户	全国高校排名前 100 位有 97％是维普数据库的用户
中国港、澳、台地区机构用户主要分布在香港大学、台湾建国科技大学、香港中央图书馆、台湾智慧局等	全国科技情报系统 100％采用维普产品 全国中科院系统 100％使用维普产品
海外用户 800 余家,主要分布在美国国会图书馆、代顿 ITS 公司、法国国防部、日本国会图书馆、新加坡国家图书馆等机构	全面覆盖石油、化工、水利、电力、医药、农业等科技研究系统 被港澳台等地区用户广泛使用

维普是较早进入网络期刊数据库市场的企业之一,1995 年前,曾一度在学术数字出版市场上占据领导地位,但在市场需求转变进程中,被 CNKI 一举超越。虽然后期也推出了相应的全文服务,产品线也几度扩张,但由于其在资源收录、网络版权以及检索技术革新等方面没有形成突破,属于市场的追随者。由此可以看出,一个企业的创新能力对企业的发展有重要的推动作用。

第三节　产品版权运营商为主体的创新案例分析——中文在线

一、相关行业现状及背景

国家新闻出版总署最新公布的《2010—2011 年中国数字出版产业年度报告》中显示,2010 年国内数字出版产业总体收入规模达到 1051.79 亿元,比 2009 年增长了 31.97％。其中,手机出版为 349.8 亿元,网络游戏为 323.7 亿元,互联网广告为 321.2 亿元,电子书为 24.8 亿元,博客为 10 亿元,互联网期刊为 7.49 亿元,数字报纸(网络版)为 6 亿元,网络动漫为 6 亿元,在线音乐为 2.8 亿元。手机出版、网络游戏和互联网广告在数字出版年度总收入中所占比例分别为 33.26％、30.78％和 30.54％。手机出版一直占据着数字出版主力军的位置。未来数字出版的主要方向应该是以手机等为阅读终端的移动出版。

如今传统意义上的纯纸质出版已经不复存在,数字出版早已和传统出版产生了互补与交融,并成为未来出版业的主攻方向。从传统的纸质图书到互联网、手机、手持阅读器等多种终端阅读设备,数字出版丰富了读者的阅读体验、拓宽了读者的阅读渠道。因为读者的年龄、职业、教育背景等诸多因素的差异性以及人们生活节奏的加速化趋势,单一形式的传统图书早已经满足不了读者的阅读习惯。连续性阅读变为碎片化阅读,读者购书行为也发生了转变,读者需求不断呈现出具体化和个性化的趋势,从而读者市场被进一步细分。正是因为图书市场的需求的多样化使传统出版与数字出版相互补充,从而不断推动整个出版产业的发展与壮大,出版业已进入全媒体共赢时代。

中文在线在国内率先提出全媒体出版的概念,满足任何人在任何时间、任何地点、以任何方式获得任何内容的需求,实现"一种内容、多种渠道、同步出版"。2008 年年底,中文在线和长江文艺出版社联合推出的《非诚勿扰》,作为全国第一部全媒体出版的图书引起了广泛的关注;2009 年 3 月,中文在线又和作家出版社联合推出了《贫民窟的百万富翁》全媒体出版图书,我国第一次实现引进版图书多渠道全媒体同步出版。自此,全媒体出版开始频繁出现在书业的关注点中。除此之外,中文在线也先后出版了《见证奇迹的人生》、《我的兄弟叫顺溜》、《也该穷人发财了》、《爱·盛开》、《越狱》、《曾有一个人,爱我如生命》、《十月围城》、《孔子》、《精武风云》、《美元是张纸》、《李春天的春天》、《师傅》、《橙红年代》、《战火中青春》、《关云长》、《建党伟业》等多部作品。

随着数字出版产业的发展,作为数字出版中的一员,中文在线面临着复杂的局势:一方面,耕耘了十余年的数字出版行业正在长大,企业也取得了较大的发展;另一方面,未来的竞争才刚刚开始,随着苹果 App Store、谷歌 eBook-store、百度文库等重量级选手的加入,数字出版行业竞争加剧。不过,童之磊一手创立的中文在线已经探索出"数字版权运营者"的角色定位,以及通过实现版权人价值最大化来实现公司价值的核心商业模式。

尽管全媒体出版依然存在着很多问题与不足,但在全媒体时代,除了传统的业态形式,平面媒体也必须搭建所有的新媒体平台,做好一切有利于未来的转型准备,把握每一个发展的新机遇。

二、企业基本情况

1. 企业概况

中文在线 2000 年成立于清华大学,是中国数字出版的开创者之一。中文在线以"数字传承文明"为企业使命,定位为中文数字出版的服务平台以及数字版权运营者的角色,以出版社、知名作家、网络原创作者为正版数字内容来源,进行内容的聚合和管理,以互联网、手机、手持阅读器、数字图书馆等终端数字设备进行全媒体出版,构筑数字出版的新业态,全力助力全民阅读和国民素质的提升。

到 2010 年,中文在线已与国内 400 余家出版机构、2000 余位知名作家、5万余名网络作者的正式签约授权,每年可提供 7 万～10 万种电子图书,占每年出版图书(纸制)市场的 30%～50%,大众图书(纸制)市场的 70%。中文在线已成为中文电子图书最大的正版内容提供商。

中文在线的产品与服务涉及教育机构、政府机关、大众消费领域,在多个市场都处于领先地位,为上亿的读者提供数字阅读服务。到 2010 年,中文在线有500 万手机用户,1000 万中小学学生用户以及 2000 万网民用户,并且这个数量正在以每年 200% 的速度快速增长。

2. 成长历程

中文在线最早起源于一个名为"易德方舟"的网站论坛里的读书频道,是童之磊于 1999 年与清华大学其他校友共同组建共同创办的一个大学生网站。当时的这个读书平台为很多学生提供电子版本的图书阅读。那一年"六作家状告世纪互联"一案使童之磊突然意识到了网站作品版权的重要性,由此展开了版权管理和维护的道路,"先授权,后传播"的理念从那时起便初具雏形。经与出版社和作家沟通,这个理念得到了巴金、余秋雨等文化名人的支持。

2000 年,中文在线正式发布,成为了中国第一个以版权保护为基础的中文网络出版网站,并得到国内多家出版单位与著名作者的授权。

然而,创业三年,资本市场变化风云莫测。童之磊和他的团队甚至经历过资金链断裂之痛。最困难的时期,靠童之磊打工赚钱,借钱维持运营,可惜道路仍然是举步艰难。2001 年 10 月,中文在线被香港泰德时代集团收购。

2002 年,中文在线承担"十一五"规划教育部重点课题项目,在国内率先推出"中小学数字图书馆"。童之磊认为"用户要为好的内容付费",而中文在线成功落地的商业模式便是中小学数字图书馆。由于国内大多数中小学师生对数字图书馆完全不了解,而中文在线成为这个领域的启蒙者和布道者,过程仍然很艰难。

2004 年,对数字出版狂热的童之磊以股票加现金的方式回购了中文在线,开始二次创业。三年的困顿和艰辛并非颗粒无收,中文在线终于"攒"出了市场的份额。数字图书馆作为一种稳健、持续的模式,逐步在全国 6000 余所中小学中获得了应用,建立示范校 200 余所,实验区 5 个,市场占有率超过了 60%。

在数字图书馆之后,童之磊将目光锁定在手机出版上。2005 年,中文在线开始发展手机阅读业务。2005 年底中文在线成立无线事业部,开始了在手机阅读市场的尝试。2006 年,中文在线和中国移动梦网合作运营推出移动书屋频道。2009 年,中文在线成为中国移动手机阅读基地最大的内容合作方和运营合作伙伴,手机阅读用户的数量也开始猛增。

2008 年 12 月,中文在线联合长江文艺出版社以传统图书、互联网、手持阅读器、手机、贺岁电影推出《非诚勿扰》,形成五路传播格局,开创全媒体出版先河。对全媒体图书,中文在线不仅注重与上游内容提供商进行深度合作,还注重在都市媒体、大型门户网站和文化类媒体上进行宣传。

2010 年,中文在线在业界首推数字出版运营解决方案,全面引领数字出版进入"运营为王"第三季,探索出中文在线数字版权运营者的角色定位。该方案体现了"共享"的核心设计理念,以内容资源共享、用户资源共享为出发点,将数字出版产业链的两端进行平台化管理。

2011 年,中文在线提出"全媒体电子书包解决方案",并与教育部门深入合作,开展"电子书包"纵深应用,标志着中国"电子书包"产业正式进入教育实践和全产业链合作阶段。同时,为了适应用户阅读更新的需要,中文在线推出了中文电子书门户网站"爱看书网",深化和固化与手持阅读器、平板电脑硬件厂商的合作。

在这十余年的发展历程中,中文在线不断创新,围绕数字出版开拓新的业务领域,打造核心竞争优势,通过手机阅读、中小学数字图书馆、互联网等多种渠道,为逾千万的读者提供多种数字阅读服务,巩固并扩大了中文在线的市场领先地位。

3. 企业规模与地位

中文在线在以电子书的经营(包括互联网阅读服务、手机阅读服务、手持阅读服务以及数字图书馆服务等)为核心业务的基础上,向产业上下游延伸,开展版权经纪、数字内容出版以及数字出版产业基础平台的技术研发和服务。通过与国内 400 余家出版机构、2000 余位知名作家、5 万余名网络作者的正式签约授权,中文在线每年可提供 7 万～10 万种电子图书,占每年出版图书(纸制)市场的 30%～50%,大众图书(纸制)市场的 70%。中文在线已成为中文电子图书最大的正版内容提供商。

目前,中文在线在电子图书内容领域占有明显优势,已成为中文电子图书最大的正版内容拥有者,惟一一家获得国家级版权管理机构认证的数字图书馆厂商。其产品与服务涉及教育机构、政府机关、大众消费领域,在多个市场都处于领先地位,为逾千万的读者提供数字阅读服务。

4. 员工基本情况

中文在线经过十余年的发展,至 2010 年底,总员工达到 200 人,其中有 50 人的队伍为争取版权而努力,无线事业部(即手机阅读产品部)有员工近 40 人,数字图书馆产品部 30 人,研发部 30 人,还有行政管理、网站维护人员等,这些部门同时支持中文在线的产品设计、销售、技术服务以及将来计划开展的其他产品线。

5. 创业者特征

中文在线董事长童之磊在 1993 年考进清华大学汽车系之时,怀揣着做一名"红色"汽车工程师的理想。在学有余力之时,出于新奇和好学的目的,童之磊把目光投向了汽车工程以外的领域,开始辅修经济管理和法学,他的目的仍然是为了学习企业管理,以致力于振兴民族汽车工业。回首过去,他自己可能也没有料到今后会把自己全部的精力和热情投注在数字出版事业当中。

新兴事物的兴起是那么的具有吸引力,童之磊和汽车系的几个同学对互联网产生了浓厚的兴趣,自己动手搭建起了清华园里最早的宿舍局域网。就是在这个局域网上,诞生了作为童之磊等人后来创业项目网站雏形的个人网站"化云坊",后发展为易得方舟网站,开始了童之磊的创业之路。

2000 年 5 月,童之磊基于 FANSO 的读书频道创立了中文在线——这是中国第一个以版权保护为基础的中文网络出版网站。早在 1999 年,他就认定数字化阅读是一种必然的发展方向,便看准了电子图书的出版市场。在几年前的中国,数字出版还是一个几乎空白的领域,但童之磊坚信自己的判断,开始在数字出版领域趟出一条路来。"这是改变所有人阅读方式的一次革命",童之磊如此评价中文在线创办的意义。

然而,童之磊的创业之路并不是那么一帆风顺,甚至可以说是异常艰苦。但是,童之磊一直没有放弃自己的梦想,并且成功地克服了艰难困苦,将自己远大的梦想一点一滴地实现,成就了今天的傲人成绩。中文在线成立初期,在互联网行业当时的非理性环境下,创业者们对赢利的概念并不清楚,同时在管理和经营方面的实战经验几乎为零。再加上随后纳斯达克的崩盘,风险投资商们仿佛在一夜之间全体消失了，网络泡沫迅速破灭，使得那一大批学生创业的 IT 公司普遍进入低潮，中文在线也没能逃过这一劫。

中文在线做到 2001 年的时候，可以说是弹尽粮绝了。为了维持公司，他一面向朋友借钱，一面开始四处接业务，不管跟核心业务相关与否。中文在线最困难的时期只剩下 3 名员工，可以说完全被打回了原形。为了公司的生存，童之磊出去为别人做咨询项目，一个月挣来的几万块钱就用来养活企业。而当时中文在线一年的销售收入还不到 20 万元。

到 2001 年下半年，中文在线终于有了转机，童之磊遇到了香港泰德时代集团的董事长陈平。陈平对他十分赏识，提出请他到泰德去当总裁。由于童之磊对中文在线的不舍，陈平就收购了中文在线，于是他"连人带公司一起去了泰德"。到 2004 年，童之磊仍然念念不忘他的数字出版，他自己筹资，以管理者回购的方式把中文在线买了回来，继续做起了"自己的事业"。

此时的中文在线就像浴火重生一般。因为经历了互联网的低潮和泰德的商务经营之后，童之磊对公司运营有了更清晰的思路。并且，在数字出版行业耕耘几年之后，中文在线在出版界积累起良好的口碑和资源，当仁不让地成为这一领域的领跑者。

在一段时期的迷茫与曲折之后，童之磊在 2003 年将公司的业务方向清晰定位于"中小学数字图书馆"的研究、开发与推广。与此同时，坚信数字阅读是未来阅读发展方向的童之磊也在一直密切关注市场变化。2005 年，他注意到手机阅读渐渐成为年轻人一种新的阅读时尚，手机作为一种普及而广泛使用的工具，是未来最重要的媒体终端之一。于是，2005 年底中文在线成立无线事业部，开始了在手机阅读市场的尝试。2006 年以来，手机阅读成为中文在线增长最快的一条新业务线。自无线事业部成立以来，每个月业务增长量都超过 20%，这不仅很好地证明了童之磊最初对数字阅读方向的判断正确，也让他认识到新的业务机会的来临。

尽管中文在线的全媒体出版模式已经相对成熟，但童之磊并没有原地踏步。在 2010 年 7 月的第三届数字出版年会上，他又提出了"运营至上"的理念，首推数字出版运营解决方案，全面引领数字出版进入"运营至上"的时代。

童之磊任董事长兼总裁至今，曾当选全国青联委员、中国版权协会反盗版委员会秘书长，获得过"十大中华管理英才"、"2008 中国十大新媒体人物"、"中关村 20 周年突出贡献个人"、"2010 年度最佳数字出版人"等荣誉称号。

童之磊在数字出版的道路上深深浅浅地探索出一条属于自己的路，艰难困苦并没有磨去他的锐气和执著。那是因为,童之磊创办中文在线不只是为了满足青年人创业的愿望,更是为了一个崇高的理想——用现代数字技术传承古老的中华文明。对于未来,童之磊的目标十分明确,把中文在线做成中国数字出版的领导者、全球最大的中文数字出版平台。在童之磊看来,"当一代人走出历史舞台的时候,现在的人会成为数字阅读的主流"。

三、企业主要技术及生产工艺

全媒体时代,数字出版的发展存在一系列的难题,这些难题同时也是数字出版会一直存在的特征,而数字版权权利复杂、授权时间多样、渠道多样和内容格式需求多变、原始数据量大、分析成本高这四项既是数字出版的特征,也是中文在线出版数字化的重要技术性难题。为了解决这些难题,中文在线在全媒体数字出版运营方面做了大量的探索,由此数字资产运营平台应运而生。

该运营平台体现了共享的核心设计理念,以内容资源共享、用户资源共享为出发点,将数字出版产业链的两端进行平台化管理。通过数字资产运营平台,中文在线可实现版权管理、内容加工、产品管理、用户管理、版税结算、数据分析等工作。

1. 内容及版权管理

中文在线通过数字资产运营平台,可实现对版权及内容的管理(如图 3-18 所示),并做好内容的风险控制。

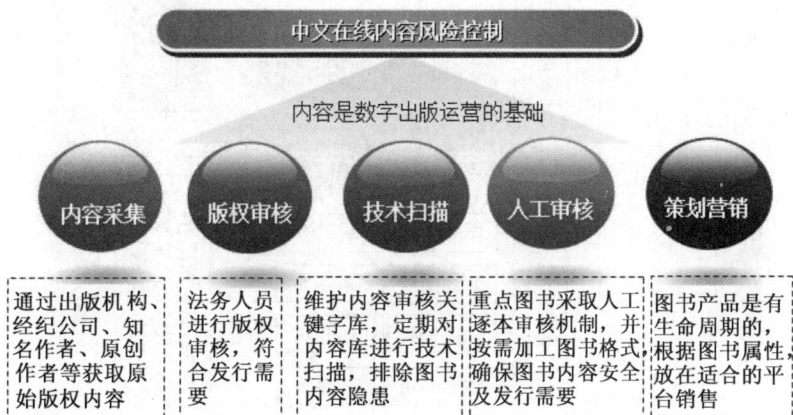

图 3-18 中文在线内容及版权管理示意图

2. 用户分析数据挖掘

通过数字资产平台数据管理/用户管理的实现(如图 3-19 所示),对数据的

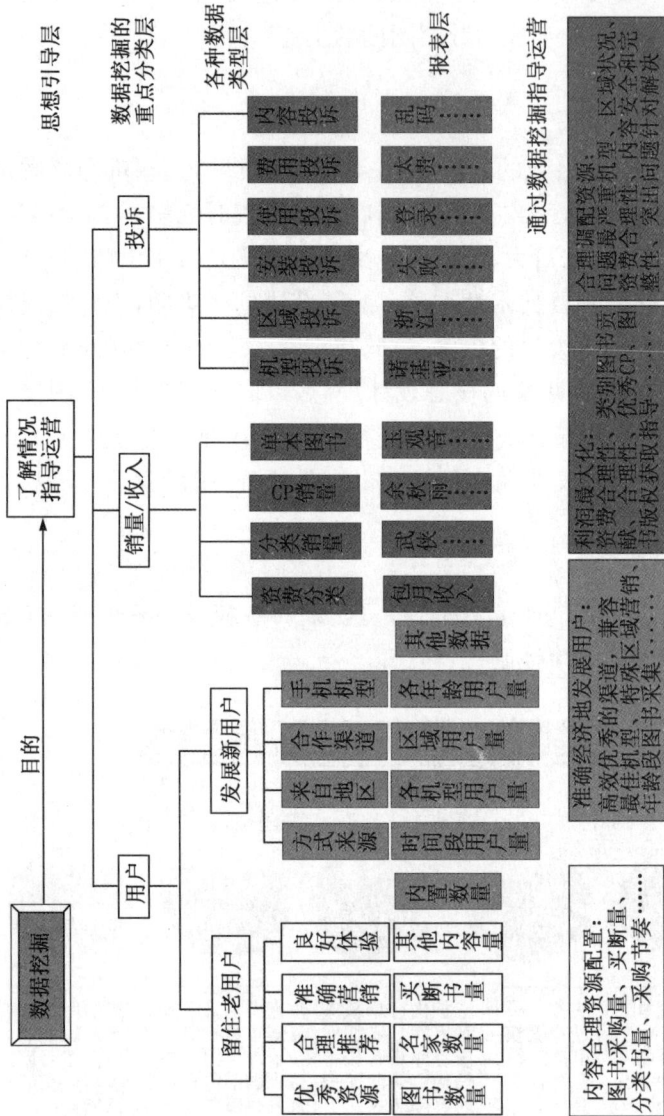

图 3-19 中文在线数字资产平台功能示意图

挖掘以及用户的分析可用于整个中文在线的运营指导,从而实现合理配置资源、挖掘培养用户以及实现利润等目的。

3. 内容智能推荐

中文在线业务线用户信息收集及用户管理实现,可以为读者、图书建立各类行为与内容属性,通过对用户阅读行为数据进行分析(如图 3-20 所示),实现图书的精确营销。

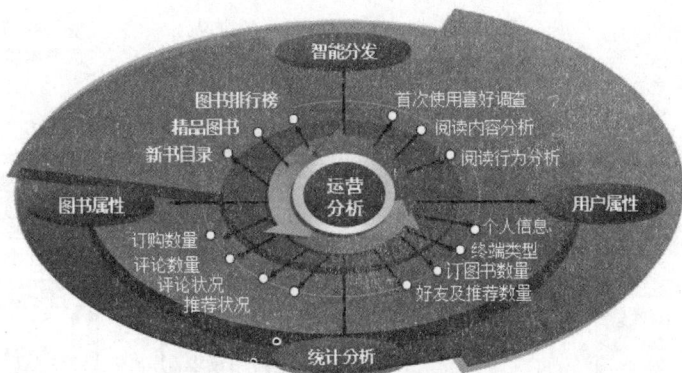

图 3-20 中文在线内容智能推荐示意图

4. 用户互动机制

通过业务线及资产平台渠道管理/用户管理实现,用户互动机制(如图 3-21所示)会以用户为中心,通过用户之间的交流促进网站的发展。

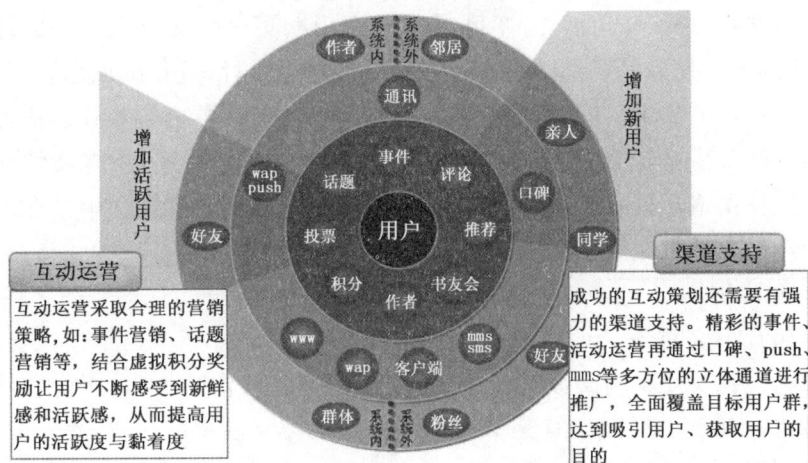

图 3-21 中文在线用户互动机制示意图

四、企业销售渠道及客户情况

（一）企业销售渠道

中文在线定位于中文数字出版服务平台（如图 3-22 所示），上游是作者和出版社，他们提供内容；中文在线将其加工成电子图书后通过各种渠道销售出去；渠道是其下游。简而言之，就是卖电子书。

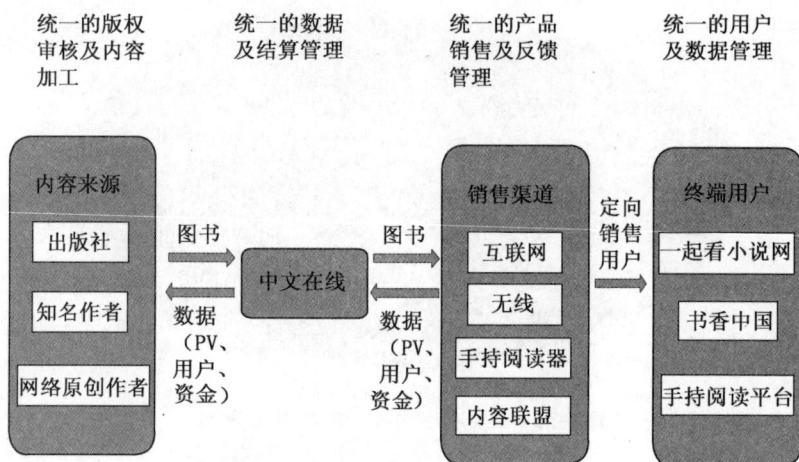

图 3-22　中文在线数字出版运营图

中文在线现有的下游渠道最主要的是手机和互联网。中文在线一本新书的网上价格在 3 元、5 元不等，还可以通过 E 币购买。中文在线也辅助传统渠道，即将网上首发后的畅销图书作为书源提供给出版社，进行纸面印刷出版，以满足更多用户的需求。同时，中文在线推出的手持阅读器内容整体解决方案无疑为整个产业带来惊喜：创造内容差异，改变销售服务模式，获得新的赢利空间。这四种渠道正处在不同阶段，有的赢利、有的处在培育期。中文在线希望做到全球最大的中文数字出版服务平台。

1. 互联网推广

一起看小说网（www.17k.com）由中文在线于 2006 年 5 月推出，定位为数字出版主平台及互联网阅读写作平台，集创作、阅读、作品加工、版权贸易为一体。目前一起看小说网已有藏书 30 万册，日均访问量超过 2000 万人次，已成为国内领先的在线阅读网站之一。

2. 手机推广

中文在线拥有强大的无线阅读业务运营能力和渠道销售能力。中文在线一直保持着与中国移动的深度合作。作为无线付费正版阅读的开创者,中文在线的无线阅读网站——wap.17k.com,日均访问量超过 2000 万,是国内最大的无线阅读网站之一。

3. 手持阅读推广

中文在线联合战略合作伙伴,将全媒体出版图书同步内置于手持阅读器内进行图书推广。面向阅读器厂商,可提供阅读器应用软件模块、内容预装、在线服务平台(统一支付、数据传输)等全方位服务。面向最终用户,可提供 PC 端管理软件、互联网交互平台和无线交互平台,方便用户阅读,从而打造一个满足不同客户需求的最全面的手持阅读内容及服务整体解决方案。中文在线在电子图书市场发力始于教育市场,开始在学校推广数字图书馆,为此,中文在线跟国内众多出版社达成了合作关系,为进军电子阅读器预装市场埋下伏笔。

4. 实体书业务推广

中文在线通过网上网下各种渠道寻找、发现有价值的优秀作品,经过编辑的筛选、审核,推荐给相关出版机构,与出版机构签约完成版权交易,并与国内知名出版机构如人民文学出版社、作家出版社、长江文艺出版社、磨铁图书、博集天卷、凤凰联动、华文天下等建立战略合作关系。到 2010 年,中文在线已出版繁简体图书 300 余种,类别囊括虚构类作品的所有类型,其中畅销图书有《曾有一个人,爱我如生命》、《隋乱》、《诡异档案》、《狼群》、《盗墓之王》、《斩龙》等,是国内最优秀的原创文学内容提供商之一。

(二)客户情况

到 2010 年,中文在线有 500 万手机用户、1000 万中小学学生用户以及 2000 万网民用户,并且用户数量正在以每年 200％的速度快速增长。

中文在线通过数字图书馆向机构用户销售(B2B 模式),比如中小学学校图书馆。数字图书馆检索、存储都很方便,正成为全球图书馆发展趋势。迄今为止,中文在线也是惟一一家得到国家权威版权机构认证的数字图书馆厂商。而且,中文在线的"中小学数字图书馆"项目已经被数千家中小学校使用。在数字图书馆方面,机构用户更容易接受数字出版,一方面是因为数字图书馆在做文献检索时很有优势;另一方面是机构用户对知识产权的尊重与认知度。

一起看小说网定位为数字出版主平台及互联网阅读写作平台,用户主要集中在 14～35 岁,以大学生以及办公室工作人群为主,运营模式为 C2C 模式。

书香中国的用户群年龄集中在 8～18 岁以及 40 岁以上,以中小学生和机构用户为主,运营模式为 B2B2C 模式。书香中国网站瞄准的是政府、企业和学校等机构客户,为机构和读者用户提供个性化、智能化的网络图书馆、读书频道。企业和学校可以基于书香中国创建个性化的数字图书馆。企业员工和学校学生可以免费阅读,由机构向中文在线付费。

手持阅读平台面向最终用户提供 PC 端管理软件、互联网交互平台和无线交互平台,方便用户阅读。用户年龄主要集中在30～45 岁,以高级白领及机关用户为主,运营模式为"内嵌植入＋增值下载"。

同时,中文在线凭借其丰富资源,帮助合作伙伴一起开发行业客户市场。比如在教育市场上,中国有超过 45 万所中小学校,有 2 亿名学生,中文在线覆盖的学校已超过 1 万所,和硬件厂商一起合作将手持阅读的服务向教育市场进行推广。

五、企业市场及赢利情况

(一)市场竞争对手及市场份额

数字出版行业发展至今,已经涌现出方正、万方、书生这样一批具有一定规模、拥有各自竞争优势的专业数字出版企业。中文在线具有异于他人的企业特色,全媒体出版使其成为数字出版界受到关注的对象。在这一行业,有业务范围重叠的竞争者,也不乏彼此需要的合作伙伴。

数字出版产业链从源头到终端有着许多环节,中文在线将自己定位于中文数字出版服务平台,以这个角色切入数字出版行业不仅需要有技术上的保障,还要能够把握大量的电子阅读内容资源。在资源的争夺中,方正番薯网、汉王书城以及盛大文学都是势力雄厚的竞争对手。在数字图书馆上,做排版起家的北大方正对他们威胁比较大,因为方正毕竟跟出版社有较深渊源。在互联网阅读上,盛大旗下的起点中文网人气比他们高。在手机阅读上,也有很多新兴公司来抢夺市场。

到 2010 年,中文在线通过与 400 余家专业出版单位和几千名作者的正式签约授权,在每年出版的大众领域适读图书中提供 70％以上的正版数字图书,每年能提供新增正版数字图书 2 万～4 万种。中文在线和全国排名前 100 名的出版社中 80％以上都建立了合作;国内最畅销的作家 50％都和中文在线签署了独家协议。老一辈的作家如巴金、冰心,中年作家如余秋雨、海岩,年轻作家如郭敬明,都是中文在线的独家签约作家。

从内容上讲,中文在线已经是国内最大的正版数字图书提供商。当然,覆盖的用户群也是最多的。不同于盛大、汉王等平台,中文在线进行了差异化定位,避开了与其正面交锋。中文在线以多家出版机构为内容来源,在出版物数字化的过程中也主要选择经典读物、文学作品,而将这一部分内容的受众群体定位为高端的知识分子以及高学历人群。

然而,与全球化的专业数字出版企业相比,国内厂商无论是从销售额还是市场份额来看,都显然无法抗衡。面对我国数字出版这块大蛋糕,国外同行显然不会熟视无睹,网络为跨国竞争提供了最便捷的条件,数字出版竞争国际化是必然。可以预见数字出版的未来几年,国外同行必将携其资金、技术、服务、理念等优势,大举进入。

(二)主要赢利模式

中文在线作为中国网络出版的开创者之一,在电子图书内容领域占有明显优势,已成为中文电子图书最大的正版内容拥有者,惟一一家获得国家级版权管理机构认证的数字图书馆厂商。通过得到国内 400 余家出版机构、几千位作者的合法授权,中文在线每年可为市场提供 7 万~10 万种电子图书,占每年出版的图书(纸制)市场的 30%~50%,大众图书(纸制)市场的 70%。到 2010 年,已经有 500 万手机用户在手机上阅读中文在线的图书,有 1000 万名中小学学生通过中文在线学习科学文化知识,有 2000 万网民通过中文在线获得在线阅读的乐趣。中文在线正在以每年 200% 的速度快速增长。2009 年中文在线的营业额就将近 1 亿元,而传统出版单位发展 30 年、50 年却还只停留在几千万的水平上。

中文在线以传统出版为内容来源的电子书、无线阅读、互联网、中小学生数字图书馆业务都是以为读者提供阅读内容来获取收入,收入或来自直接的读者付费,或来自网络广告、增值服务,但本质来讲都离不开内容这个核心资源,也就是数字出版的产品。在中文在线的业务模式中,最具有代表性的有三个方面:一是手机阅读业务;二是手持阅读业务;三是为机构用户提供的数字图书馆业务。中文在线数字出版业务收入来源并非只有一种,而是呈现多来源混合型的赢利模式,但是不同类型业务会在收入上偏重某一模式。

1. 直接进行产品交易获得收入

以产品交易为基础获取收入是目前中国数字出版业务最主要的赢利模式,中文在线也不例外。直接进行产品交易,即把数字内容销售给用户,是数字出版获取收入的重要来源,特别是对于中文在线这样以数字图书馆和电子书这类以信息集成数据库形式出现的企业,用户付费阅读、下载是其主要的收入和赢利渠道。其销售渠道为：销售阅读卡，通过网上银行、手机充值卡在线支付。

中文在线主要提供纸质图书的数字版本，根据图书出版时间、内容的不同，设有免费阅读和收费阅读的书库。其专业图书、教育类图书和热门文学类图书都在收费之列，依内容不同而定，一般不会超过纸本书定价的 1/2，并且提供下载到本地计算机的 CEB 格式和下载到手持阅读器的 XEB 格式。

2. 基于服务的赢利模式

和产品交易型模式不同，这种赢利模式不是建立在产品的生产与提供上的，而是提供某种服务以满足消费者特定的需求，通过收取服务费用，企业实现赢利。

中文在线的主要业务——中小学生数字图书馆属于机构服务范畴，机构服务是为普通组织机构提供数据库资源平台。网站以数字优势可与机构网络系统无缝对接，对有较高需求的客户，还提供更专业的服务，比如设置个人浏览界面，可以和好友进行交流沟通，互相推荐读书心得，将优秀的图书作品推荐给好友。这样增强了中文在线平台的互动性，同时还满足了读者交流上的需求，是更深入的服务形态。这样的好处是不仅在电子书推广上得到了便利，还使得终端顾客享受到更满意的服务，从而增加其忠实度，达到营销效果。

3. 免费内容下的"第三方"赢利模式

不同于直接出售内容、由读者付费的产品交易赢利模式，"第三方"赢利模式依靠免费的数字出版内容以吸引受众，最终通过网络广告和增值服务获取收入。中文在线的三大主要业务类型中，此种赢利模式相对以上两种所占比例很小，因为其现在主要的终端顾客为中小学校的学生和教师，该模式对于目前的主要客户群体并不适用。但随着数字出版行业的发展，客户群体必会随之壮大，不会单单只针对于学校，网络广告和增值服务必将在数字出版赢利模式上占有重要地位。

六、企业组织架构

中文在线公司设立手持事业部、政府公共关系事业部、版权中心、财务部、研发中心等部门，各部门各司其职，共同推动着中文在线蓬勃发展。

在公司架构设置上，中文在线保留了一定的人力资源配置弹性，当有新的产品线产生时，成立新的事业部来负责新业务的产品设计、销售以及技术服务等，而技术研发力量、行政管理经验继续共享。

七、主要数字出版产品与业务

中文在线的产品与服务涉及教育机构、政府机关、大众消费领域，在多个市场都处于领先的地位,为逾千万的读者提供数字阅读服务。

1. 全媒体出版业务

全媒体出版是中文在线率先提出的商务模式,即指图书一方面以传统方式进行纸质出版;另一方面以数字图书的形式通过手机、手持阅读器、互联网、数字图书馆等终端数字设备进行同步出版。这种出版模式将资源有效整合,实现"一种内容,多种媒体,同步出版"。

2008 年 12 月,中文在线联合长江文艺出版社以传统图书、互联网、手持阅读器、手机、贺岁电影推出《非诚勿扰》,形成五路传播格局,开创全媒体出版先河。该活动被评为"2008 中国出版业十大事件"之一,并在第三届中国数字出版博览会获创新作品奖。随后,中文在线陆续推出了《贫民窟的百万富翁》、《见证奇迹的人生》、《我的兄弟叫顺溜》、《也该穷人发财了》、《爱·盛开》、《越狱》、《曾有一个人,爱我如生命》、《一个文人的地产江湖》、《十月围城》、《孔子》等全媒体出版图书。

2. 手机阅读服务

中文在线是中国最大的无线阅读内容提供商及内容运营商,拥有强大的无线阅读业务运营能力和渠道销售能力,能够最大限度地实现文学内容的经济价值。

中文在线一直保持着与中国移动的深度合作,是中国移动无线阅读业务的战略合作伙伴,同时自 2006 年起成为移动梦网的数字图书版权审核机构,并为移动梦网书城频道提供超过 40% 的手机读物。

此外,作为收费正版阅读的开创者,中文在线的无线阅读网站wap. 17k. com,日均浏览量超过 2000 万,是国内最大的无线阅读网站之一。

3. 手持阅读业务

中文在线手持阅读业务(如图 3-23 所示)提供全球最领先的中文手持阅读内容及服务整体解决方案。在整合手持阅读器产业链上下游企业资源的前提

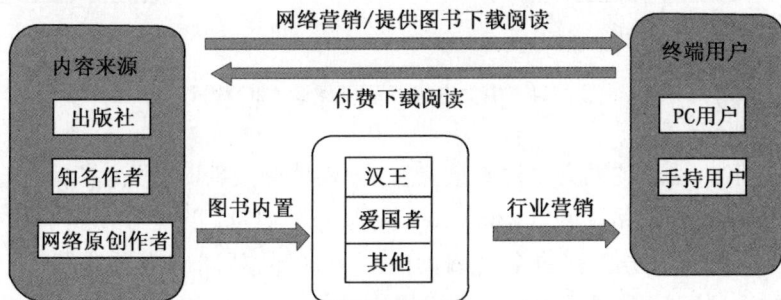

图 3-23　中文在线手持阅读业务模式

下,中文在线打造全媒体手持阅读器阅读平台,为手持阅读器厂商及最终用户提供内容资源、下载平台、行业销售、运营商合作等整体解决方案。产品与服务包括:独家畅销书内置合作;海量资源下载服务(内容服务平台www. chineseall. net);行业客户合作;运营商合作;电子商务(手持阅读器在线销售平台 http://shop. 17k. com);整机解决方案(包括 ODM、内容服务、书城等)。

面向阅读器厂商,中文在线可提供阅读器应用软件模块、内容预装、在线服务平台(统一支付、数据传输)等全方位服务。面向最终用户,中文在线可提供PC端管理软件,互联网交互平台和无线交互平台,方便用户阅读,从而打造一个满足不同客户需求的最全面的手持阅读内容及服务整体解决方案。

4. 互联网阅读服务

一起看小说网(www. 17k. com)是国内知名的中文综合小说门户网站,集创作、阅读、作品加工、版权贸易为一体,于 2006 年 5 月创建。自从创办以来,一起看小说网始终秉承"打造全媒体数字平台"的理念,不断追求进步,同时与新华网、人民网等近千家门户网站协同打造互联网阅读平台。目前藏书 30 万册,网站在销作品 30 万册以上,拥有签约知名作家 2000 余名,网络签约作者 4万余名,合作出版机构 400 余家,日均访问量超过 2000 万,已成为国内最领先的在线阅读网站之一(如图 3-24 所示)。

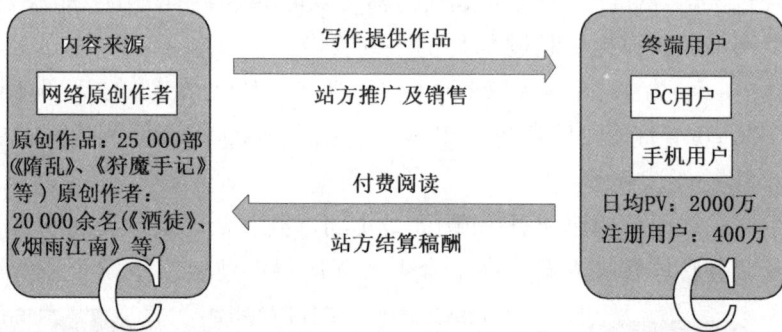

图 3-24　中文在线互联网阅读 C2C 模式

2009 年 4 月,以"助力全民阅读,迎接全媒体阅读新时代"为主旨,由中文在线建设的"在线全民阅读网"(www. chineseall. org)启动,正式对外提供数字阅读服务与图书推荐服务。在线全民阅读网对中宣部、新闻出版总署等 11 部委共同倡导的全民阅读系列活动展开全程报道,同时为政府机关、企事业单位、社区等提供方便、快捷、低成本的数字阅读服务。

5. 政府与公共服务

中文在线面向政府、出版单位、公共服务体系和其他服务机构提供完整的数字出版和发行解决方案与"全民阅读"服务新模式,并将数字出版发展的最新成果广泛应用于学校图书馆、公共图书馆、企业书屋、社区书屋、农家书屋、网上书店的建设与发展。

中文在线在数字出版领域历经十年耕耘,承担了多个大型政府项目、公共阅读服务、出版集团数字出版项目的建设,对整个出版行业、数字出版产业链以及机构与个人阅读市场具有深入的了解和丰富的实践经验,在互联网、无线、手持阅读器、数字图书馆等多个业务领域均具有领先性。中文在线推出的集数字出版、运营、结算与发行服务于一体的全新 B2B2C 数字出版商业模式和全媒体出版发行的系统解决方案(如图 3-25 所示)专为出版机构量身定制,可以有效推动出版机构向数字出版的成功转型。

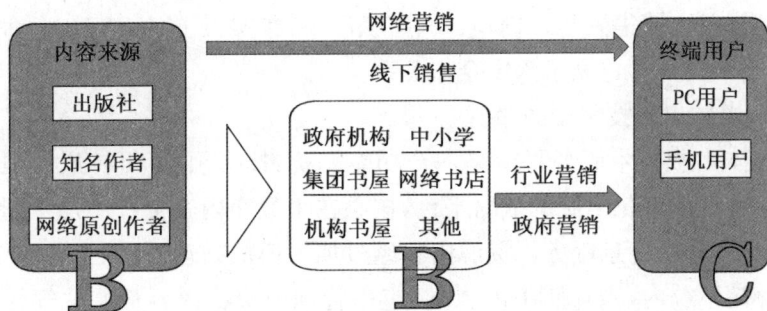

图 3-25 中文在线服务平台 B2B2C 模式

"书香中国"一站式读书活动服务平台(www. chineseall. cn)是被社会各界广泛应用的数字出版成果之一。"书香中国"为所有机构和读者用户提供个性化、智能化的网络图书馆、读书频道,具有独一无二的交互性、激励性、自助性。"书香中国"能帮助学校、企事业单位、组织团体轻松建立无墙化、低成本、健康合法、实时更新的知识中心和读书活动中心,有效拓展主流图书内容传播的广度和速度,提升信息化建设的有效应用性,是传播主流文化的重要支撑。这一平台的推出,得到了新闻出版总署的充分肯定,已经覆盖全国近万所学校和数百家企事业单位、网上书店,并广泛进入海内外公共图书馆和高校领域,使中华优秀文化传播至世界各地。目前,"书香中国"已经成为"全民阅读"工程中的有机组成部分,并成为中国教育行业数字图书馆建设的第一品牌,基于该平台的"书香江苏"、"书香上海"的建设已全面展开。

6. 实体作品出版业务

中文在线图书出版部通过线上线下各种渠道寻找、发现有价值的优秀作品，经过编辑的筛选、审核，推荐给相关出版机构，与出版机构签约完成版权交易。

中文在线图书出版部自 2006 年末成立至 2010 年，已出版中文繁简体图书 300 多个品种。其中，《曾有一个人，爱我如生命》荣登当当网 2009 年年度畅销榜小说类第 19 名，该书还进入 2009 年开卷 4、5、6 月新书榜前 20 名，中国图书商报 2009 年东方数据榜前 20 名；《隋乱》入选台湾诚品畅销榜第 9 名，同时也入选"2008 年原创网络文学十大优秀作品奖"，在中国作家协会指导的"网络文学十年盘点"中入围十大优秀作品奖；《藏地传奇》自 2009 年 2 月上市以来，进入中国图书商报 3 月东方数据榜前 20 名；《盗墓之王》进入 2007 年开卷 5、6 月新书榜前 20 名。目前图书出版部已与国内知名出版机构长江文艺出版社、中国作家出版社、辽宁出版集团、中信出版社、江苏文艺出版社、国际文化出版公司、新星出版社、博集天卷、凤凰联动、磨铁图书、华文天下、悦读记、上海聚星天华、万榕出版公司等建立了深度合作关系。

7. 全媒体出版技术服务平台

全媒体出版技术服务平台是一个功能完备、技术领先、可扩展性强的传统出版行业实现数字化出版的战略平台，核心在于数字内容资产的加工、整合、管理、跨平台发布及信息服务。资源内容经过加工模块处理后，保存在一个灵活、安全的存储系统内，当有使用需求时，应用管理模块将内容资源从存储系统中提取出来，由内容发布模块进行多方位的发布，同时构建内容资源、读者、作者、出版社的信息互动平台。

八、创新过程与创新特征分析

(一)概念创新——全媒体出版

1. 全媒体出版概念解析

"全媒体"的概念最早(约在 2008 年)由中文在线的版权总监袁晖先生提出，目前在学界、出版界尚有争议，还需进一步形成一个统一、完整并公认的定义。

全媒体，顾名思义就是全部的媒体，亦即所有媒介载体形式的总和。它是指综合运用各种表现形式，如文、图、声、光、电，来全方位、立体化展示传播内容，同时通过文字、声像、互联网络、无线通信等传播手段来传输的一种新的传播形态。全媒体应该是传统媒体和新媒体的聚合体，是利用网络和其他传播渠道进行资源整合和媒体再造的产物。全媒体具备以下特点：一是发布内容

"全"，能够及时有效整合、发布、表现每天发生的新闻事件；二是发布手段"全"，全媒体应该是一个新闻发布手段的集大成者，不仅可以通过报纸、广播、电视等手段发布新闻，还可以利用网站、网络电视台、手机报、手机电视、手机广播甚至是户外媒体等手段发布新闻；三是表现方式"全"，文字、图片、音频、视频、动漫等各种表现形式都将为全媒体使用；四是受众覆盖"全"，能比现在任何一种媒体更多地覆盖受众。

全媒体出版指一方面以传统方式进行纸质图书出版；另一方面以数字图书的形式通过互联网平台、手机平台、手持阅读器等终端数字设备进行同步出版。全媒体出版强调多渠道同步出版。这种出版模式将资源有效整合，满足任何人在任何时间、任何地点，以任何方式获得任何内容的需求，实现了"一种内容，多种媒体，同步出版"。

2. 全媒体与跨媒体、富媒体、多媒体的区别

跨媒体、富媒体、全媒体概念接近，只是程度不同。跨媒体至少包含两层含义：一是指相同信息在不同媒体之间的交叉传播与整合；二是指媒体之间的合作、共生、互动与协调。通俗来讲，跨媒体就是指出版物跨越了单一媒体形态，使同一出版内容可以在不同媒体上显示。富媒体强调的是媒体形态的丰富性，即同一出版内容跨越了多种媒体形态。全媒体则指的是同一出版内容跨越了所有媒体形态。但严格上说，全媒体并非真正能覆盖全部媒体形态，而更多强调的是媒体形态的多样性。同一内容同时以电影、光盘、纸书、手机、网络、电子阅读器出版，这并不是绝对意义上的全媒体出版，因为它还不能完全覆盖到广播、电视、数据库、U盘等所有媒体形态。所以，随着新介质、新技术的发展，很多新兴的媒体形态都会出现，要真正做到"全"实际上是不可能的，所以全媒体出版实际上强调的是多种媒体形态的同时发布。

与跨媒体、富媒体、全媒体完全不同，多媒体强调的是同一出版介质（载体）里面融合了多种信息呈现形态，主要是融合了文字、图形、图像、音频、视频等多种形式。如我们经常把光盘叫做多媒体光盘或多媒体出版物，就是指在光盘这种单一的介质里包含了文字、图形、图像、声音、视频甚至数据库、软件程序等多种形态的内容，也就是说内容的形式是多媒体的。

3. 全媒体出版的特点

第一，出版时间的同步性。全媒体出版的一个最显著的特点就是出版时间具有同步性。全媒体出版实现了数字内容在时间上与纸书的同步发布，任何内容经由网络、手机、手持阅读器等媒体出版的同时，其纸质版也同时呈现给读

者。全媒体这种出版方式突破了时间和空间的局限,出版时间的同步性也让读者体会到了阅读零等待的快感。

第二,出版渠道的多样性。全媒体出版意味着除了依靠纸质出版,同时还可以利用网络以及手机、手持阅读器等各种移动终端,为广大受众提供最便利、最有效的服务。出版传播力除了跟思想内容有关,跟传播工具的科技水平也有极大关系,多种媒体介质出版整合了各种媒体的自身优势,给全媒体出版带来了可观的协同效应和传播力。

第三,读者覆盖的全方位性。在读者市场广泛细分和读者阅读习惯多元化的背景下,全媒体出版充分整合了各种媒体形式,针对不同读者的需求而采取不同的媒体接受形式,使读者总能够找到自己习惯使用的媒体阅读。手机、互联网、手持阅读器等新媒体形式几乎实现了所有读者的全方位覆盖,能够充分发掘潜在的读者群。

4. 全媒体出版的优势与作用

第一,全媒体出版拓宽了传统出版的传播渠道。

传统出版只是通过一种媒体渠道(即纸媒体)以单一的形态(即纸质图书)来展现。全媒体出版则是把相同的出版内容通过尽可能多的媒体渠道,用多种形态同时展现给读者。所以说,全媒体出版实际上是媒体融合的一种实践形式。媒体融合包括组织融合、资本融合、渠道融合、形态融合等,全媒体出版其实就是渠道融合和形态融合。所谓渠道融合,就是把手机、电视、互联网等融到一起,比如同一内容可以通过手机、电视、互联网等多种渠道来进行传播,避免了单一渠道传播带来的资源浪费。渠道融合必然带来形态融合,因为不同的渠道需要不同的形态来展现,同一内容可以用文字、图像、声音等形态来展现。

由单一渠道与单一形态向多元渠道与多元形态转换与转型,使内容的一次性利用到内容的多次性利用,这就是传统出版与全媒体出版的联系与区别,也是全媒体出版的意义之所在。

第二,推动多元阅读的发展趋势。

多元阅读是指读者阅读的内容、方式、特点等更加丰富、多样、立体乃至个性化。2009 年 4 月 22 日,中国出版科学研究所发布第六次全国国民阅读调查报告。报告显示,包括在线阅读、手机阅读、手持式阅读器阅读等数字媒介阅读方式在我国开始普及,成年人各类数字媒介阅读率为 24.5%。在各类数字阅读中,网络在线阅读名列第一(15.7%),其次是手机阅读(12.7%),另外约有4.2%的人通过 PDA、MP4、电子词典阅读,有 3.3%的人通过光盘阅读,还有

1‰的人通过其他手持式电子阅读器等数字方式阅读。全国约有2.8%的成年人只阅读各类数字媒介而不读纸质书。由此可见,多元阅读趋势已如火如荼。

全媒体出版正鼓励和推动多元阅读的发展,同时全媒体出版也有利于吸引、鼓励更多国民参与阅读,从而提高全民阅读水平。

第三,实现版权价值最大化。

全媒体出版满足了读者的差异化需求,覆盖了除目标读者以外的边缘读者和潜在读者。全媒体出版不仅不会影响纸质图书的市场份额,反而起到了帮助推广的作用。通过中文在线和出版社的紧密合作,出版社进行图书授权,中文在线进行数字化转换,使图书内容在各种媒介渠道上同时发布,提高了图书内容的宣传力度,从而扩大了纸质图书和电子图书的销售市场,实现了新媒体公司和出版社的互利共赢,实现了版权价值最大化和利益最大化。

《非诚勿扰》以纸质书和数字图书的形式与电影同步上市,在30万册纸质书出版发行的同时,小说也通过互联网、手持阅读器、手机阅读平台等媒体实现付费的在线阅读和下载阅读,实现了50%~60%的效益增长。全媒体整合营销的模式有效整合上游内容和下游渠道,助力《非诚勿扰》达到版权价值最大化。

(二)营销渠道创新——全媒体出版整合营销

过去几年,数字出版商做的只是与出版社洽谈,购买纸质图书的信息网络传播权,也就是电子版权,然后以数字媒体的方式出版。这属于跨媒体出版,出版物跨越了单一媒体形态,使同一出版内容在不同媒体上显示,但是其传播的时间不一定同步。而全媒体出版更多的是强调多媒体形态的同时发布。也就是说,在同一时间,读者既可以看到图书的纸质版又能在互联网、手机、手持阅读器等媒体上看到图书的网络版、电子版。

所以说,全媒体出版是对数字出版营销渠道的创新,这种创新模式是一种传统出版单位和数字出版服务提供商紧密合作的模式,共同打造数字出版平台,实现一体化出版、多元化发展。中文在线的数字出版发展目标,定位于涵盖各种出版渠道的"全媒体出版"模式。

整合营销传播是营销学中的一个营销传播计划的概念。整合营销传播主张把一切企业的营销和传播活动,如广告、促销、公关、新闻、直销、CI、包装、产品开发进行一元化的整合重组让消费者从不同的信息渠道获得对某一品牌的一致信息,使传播影响力最大化。

全媒体出版整合营销的理念就是建立在这样一个基础上。中文在线通过对图书产品信息的多渠道同时发布与推广,扩大了其内容产品的传播力度与影响力,尽可能多的覆盖到所有的读者,并使读者加深了对其品牌的认知度。正如中文在线总裁童之磊所说的那样"其实全媒体出版,就是一种互动营销,就是一个全媒体的影响,它会带动读者群,让更多的读者了解"。

由长江文艺出版社与中文在线携手打造的《非诚勿扰》正是全媒体出版整合营销的一个成功案例,下面将以《非诚勿扰》的全媒体出版为代表,具体介绍全媒体出版整合营销的全过程。

2008年12月19日,长江文艺出版社和中文在线将《非诚勿扰》以传统图书、互联网、手持阅读器、手机阅读四种形式同步出版,这是国内的首次全媒体出版。

1. 无线互联网推广

首先,中文在线通过与移动梦网的合作,在梦网书城进行图书首发和梦网书城访谈,在最好的首页位置重磅推荐,面对全国移动手机用户,以点播方式付费实现《非诚勿扰》同步无线阅读;其次,开展"冯氏"作品专题,提升协作各方(出版社、作者)的影响力和知名度;另外,移动梦网还设立有奖活动,读者可获得《非诚勿扰》的签名书。

同时,中文在线与全国各省的移动也进行了有效的合作。在湖北、江苏、山东、海南等省手机移动书城,通过彩信及短信推送,以包月或点播方式付费阅读。以《非诚勿扰》无线独家首发为主题,开展"看电影读原著"活动,争取推送资源来增加订阅量。

12580是中文在线的紧密合作伙伴,是中国移动基于语音、WAP、短信、彩信等业务构建的综合信息服务平台。在国内首次跨媒体新书发行之际,12580精选目标群体并群发500万条短信进行新书推荐,群发内容涉及新书上市通告、作者签售通知等,达到最精准营销。

中文在线的无线互联网推广不仅通过中文在线旗下运营独立WAP网站(wap.17k.com)进行,还在与中文在线合作的联合运营站的首页进行,包括网易、新华网、人民网、UCWEB等1000多家知名独立WAP站读书频道。

与此同时,中文在线还在手机客户端上进行同期推广。

2. 互联网推广

中文在线在其旗下的一起看文学网站制作了《非诚勿扰》的专题页面,并在首页上进行了flash图片推荐,同期推出《非诚勿扰》互联网阅读;其次,在合作站点,如千龙网、人民网、迅雷、21CN、联众、网易等读书频道,也同时进行了作品推荐。

3. 手持阅读器推广

　　为了加大对《非诚勿扰》的宣传,汉王结合其电纸书个性定制开机画面、皮套包装、机身外观等特点,在众多机器型号中定制了《非诚勿扰》的开机画面。

　　此外,汉王还选择许多重量级平面媒体进行宣传。除了通过传统的平面媒体宣传之外,还利用网络媒体、户外媒体等进行同步宣传。

　　4. 互联网、无线网络维权

　　从权利落实之日起,中文在线"反盗版联盟"就开始严密监测互联网、无线网络对《非诚勿扰》的侵权行为。监测范围包括一切互联网、无线站点。一旦发现任何对《非诚勿扰》的侵权、盗版行为,中文在线会立即通过遍布全国的律师网络发起多种形式的反盗版、维权活动,确保新书积极、健康的传播。现在已经定位监控的网站达到了近 1000 个,已取证 8 份,计划近期立案 3 起。

　　5. 媒体宣传效果

　　中文在线通过采用全媒体出版整合营销的全新模式,使《非诚勿扰》取得了最佳的宣传效果和收益,并入选"2008 年出版业大事记",成为各大媒体争相报道的热点话题。

　　《非诚勿扰》首印图书 30 万册,销售近 20 万册;互联网阅读进入收费状态,点击量超过百万;移动梦网上线 8 天,访问用户量就接近 5 万;汉王手持阅读器已有 5000 台电子本预装《非诚勿扰》。《非诚勿扰》图书预销量在全媒体推广后,直接效益增加了 50%～60%,再加上中文在线所付的购买图书版权费,长江文艺出版社得到了比原来预期多一倍的收益。

　　《非诚勿扰》的全媒体整合营销的成功,不仅满足了多种类型的读者的阅读需求,还实现了中文在线、出版社、作者的"三赢"。这说明全媒体出版不仅没有影响纸质图书市场的销售份额,反而起到了推广产品的作用,扩大了图书的营销宣传渠道,提升了产品信息的传播效率,实现最密集的信息发布和最有效的跨媒体交错营销,推动了传统出版和数字出版更进一步走向互利共赢时代。

　　(三)版权机制创新——版权管理体系

　　版权问题一直是数字出版最头疼又不得不积极面对的问题,打击盗版和侵权行为是每个出版人不可推卸的责任和使命。中文在线实现版权价值最大化的前提就是版权保护和打击盗版侵权行为。在业务运作过程中,中文在线一直按照《著作权法》的要求,秉持"先授权,后传播"的原则,严格遵照授权权限,合理合法使用数字版权。2005 年 7 月,在国家版权局和中国出版工作者协会指导下,由中文在线主导,联合国内十几家大型出版社、知名作家和律师事务所发起成立的中文"在线反盗版联盟",已经成为国家打击网络侵权盗版的重要组成部分。联盟还成为了中国移动数字图书业务的版权审核方。作为全国最有影响力的反盗版机构,中国版权协会反盗版委员会于 2006 年 10 月将其秘书处设在中文在线,与中文"在线反盗版联盟"携手全面拓宽反盗版的范畴。

在全媒体出版的整个工作流程中,中文在线的又一独特创新之处就是形成了一套成熟而完善的"版权管理体系"(如图 3-26、图 3-27 所示)。在对传统的内容"三审制"之前插入了版权审核这一环节,有效地保障了上线作品内容的合法性与正当性。

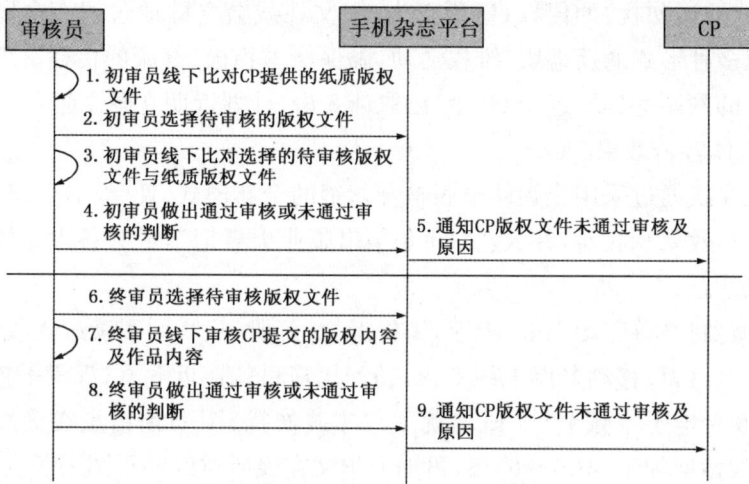

图 3-26　中文在线版权审核流程

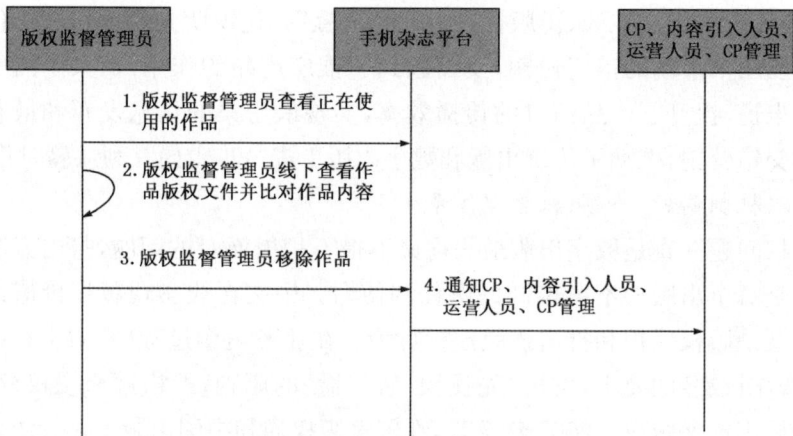

图 3-27　中文在线版权监督管理流程

中文在线的版权管理体系包括版权初审、版权终审和版权监督三个环节，并在这三个环节分别设置了版权初审员、版权终审员和版权监督管理员三个岗位。版权初审员负责对内容提供商提交的文件进行形式审查，包括对内容提供商提交文件的完整性以及签字盖章的清晰、完整、齐全等形式要件进行审核；版权终审员负责对初审版权文件的时效性、合法性、正当性等涉及版权文件内容的实质部分进行审核，版权监督管理员负责监督使用期间的作品是否被歪曲、篡改，对经过版权审核已经使用的作品进行监管，保证在运营过程中正当的使用作品，维护作品的完整性。版权审核员经过审核，把符合要求的版权文件信息反馈到媒介运营平台和内容提供商之后，版权文件便可以进入内容审核等其他工作流程，进行一些上线前的相关处理。

对已通过版权审核的版权文件信息，中文在线进行了有效的版权信息管理（如图 3-28 所示），建立版权信息库，汇集、整理已经通过审核的版权信息资料和内容社信息资料，形成完整的内容版权信息库和内容社资料信息库，便于更广泛地掌握版权信息资源。版权信息管理还包括版权及内容查重和版权到期预警及下架管理。版权及内容查重在法律层面对新上传的内容进行查重，确认中文在线是否已经拥有授权及授权情况，判断是否引入该部内容；版权到期预警是对版权即将到期的作品进行系统提醒，首先避免超期使用的侵权情形出现，对于授权到期的内容判断是否继续使用。

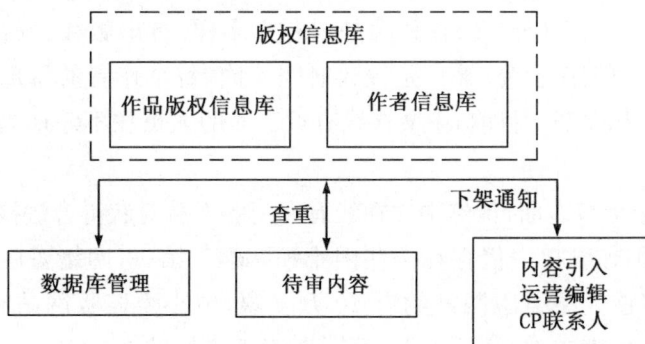

图 3-28　中文在线版权信息管理

数字图书的版权问题一直是数字出版发展中的瓶颈，中文在线的版权管理体系对突破数字版权瓶颈提供了行之有效的解决办法与途径，对数字版权保护工作提供了参考与借鉴。

九、企业发展及创新的主要困难和问题

中文在线作为首个全媒体出版的试水者，就已经取得了不小的成就，并引起业内人士的广泛关注，但是它仍处于起步阶段，仍然存在一些潜在的问题亟待解决。

1. 在产品方面，全媒体出版的好处是满足了读者的差异化需求，覆盖了除目标读者以外的边缘读者和潜在读者，遗憾的是全媒体出版虽有丰富的传播工具和技术，却没有催生出新的内容，特别是新的文体。目前的全媒体出版模式存在一大硬伤，即忽视了根据各种媒体的特点从深层次上开发适应各种媒体特性的新产品。但并不是所有图书都适合全媒体出版，大众娱乐类的畅销书非常适合进行全媒体推广，而高端、艰深的学术类图书就不适宜做全媒体出版，所以全媒体出版的图书只适合喜欢浅度阅读的读者，全媒体出版对习惯进行深度阅读的读者群还有很大的发展空间。目前，全媒体出版较多集中在文学类图书、娱乐性读物，将来是否能扩展、延伸到财经、时尚、健康、少儿类图书以及更广阔的领域，还有待进一步探索与实践。

2. 在版权方面，中文在线一直秉承的是"先授权，后传播"的理念，尽管如此，版权工作仍然是中文在线乃至任何一个数字出版企业必须面对的难题之一。首先是权利种类繁多，如互联网传播权、无线传播权、游戏改编权、音像、影视……多达17种以上的权利；其次是权利方多样，有出版社、发行商、经济公司、知名作家、原创作者等；最后是授权时间不同，每个作者的每部作品都有不同的授权时间和周期。目前，中文在线有近1/4的人员在不停地为争取版权而努力。

3. 在盗版维权方面，虽然中文在线有专门的人员对获得合法授权的作品采取维权行动，但在维权中仍存在一些困难和问题。第一，网络盗版产业化趋势日趋明显。目前大型盗版网站约有10万多家，中小型盗版网站有数百万家。每年盗版市场规模在40亿元上下，而同期正版市场的规模仅为2亿元。以一起看网站为例，网站上的作品几乎无一例外地被盗，而VIP作品更是遭遇严重的侵权盗版。第二，盗版网站更为隐蔽。由于国内的网站备案及监管制度的问题，很多盗版网站的所有者或经营者根本就无法查找，很多盗版网站根本找不到在什么地方，很多盗版网站没有相应的ICP，这给维权造成了很大困难。第三，维权成本高。版权所有方对专业的维权人员、取证、诉讼等方面的投入很多，但最后获得的赔偿金额入不敷出，根本不足以支撑整个维权成本。所以要

解决这个问题就一定要引进惩罚性赔偿制度,盗一罚十甚至罚百,不然盗版很难消失。

4. 在业务扩张方面,依托数字图书馆起家的中文在线既不愿放松老业务,也不肯丢掉日渐兴起的手机阅读和手持阅读这两块潜力巨大的新市场。对于中文在线而言,基于核心之上的业务扩张是必然之路,但有扩张的愿望是一回事,如何在资源有限的前提下有效地扩张又将是一个新课题。

5. 在用户体验方面,因受众不同会带来用户体验的差别,作为提供阅读服务的服务商,中文在线如何去管理不同的用户,满足他们各自不同的用户体验要求,这对于童之磊和他的创业伙伴们是极大的考验。而且中文在线产品的成长特点也不同。例如,数字图书馆成长较慢,但发展稳定,而且维护成本低,在用户体验性上不那么敏感多变;而手机阅读成长性快,但受运营商政策影响大,对渠道的依赖性大,而且因为受众追求新潮时尚的特点,要求服务商敏锐把握市场热点,随时关注用户体验的变化。

6. 在人员方面,无论是要落实好各个部门的发展方案,还是为新开拓的合作渠道提供更多内容,最终都需要技术开发部的实施,技术部门要同时提供产品开发及生产。尤其自中文在线的无线事业部成立以来,业务呈指数级增长,而人员的增长,无论是外部招聘还是内部培养,远远跟不上这种速度。招聘和培训都需要时间,人员的磨合、成熟也需要时间,尤其技术开发部的力量都要继续充实。

十、企业未来的发展方向

数字出版是一个新兴的产业,在经过了初现雏形时的"井喷"之后,将会回归到理性的发展状态。2011 年之后,传统出版将与数字出版共同发展,这样的环境与中文在线全媒体出版的理念相契合。行业的发展推动了中文在线的业绩增长,中文在线的每一次进步同时又将行业健康地向前推进。身处数字出版产业链中的一个环节,与整个产业实现协同发展,不仅是中文在线的展望,也是数字出版业的愿景。

中文在线提出全媒体出版这一理念,并将一如既往地致力于搭建基于全媒体出版的数字出版服务与运营平台。得益于数字化出版技术的出现,中文在线将传统出版资源进行数字化;得益于数字出版产业的蓬勃发展,中文在线将许多数字阅读内容转换至传统出版领域。不同途径的资源发布及载体之间的内容转换实现了内容价值的最大化,这样在其发挥阅读作用的阶段不仅规避了各种出版形式之间因为赢利可能产生的冲突,还使得资源的发布到达更多的受众,满足具有不同阅读方式偏好的不同人群。

在内容产品方面,不同的媒体受众对内容的长短、图文的配合、节奏的处理等有不同的要求,全媒体出版的发展还需要加入更多的设计,因为与国外成熟的全媒体发展相比,国内全媒体出版还只是简单地把同一内容放到不同媒体上是远远不够的。在全媒体出版方面,中文在线应该做的探索还很多。首先,要增强全媒体出版的主动性、积极性与计划性。其次,要从打造品牌形象的高度,对适应时代需求的内容进行多层次深度开发。第三,要结合各种媒体的特点来开发新的文体、新的形式,需要出版人把新的技术和新的内容统一起来。比如,为了适应广大读者对手机阅读的需求,可以探索创造有一定的视觉冲击力、碎片化、简短化的"手机体"阅读文本,这种文体应该有很强的趣味性,适合人们在空闲时间随时随处阅读。又比如,电子书包的开发也绝不是把教材搬到手持阅读器上,而是要根据手持阅读器的特点开发相应的电子课件等。

在业务扩张方面,按照当前的企业运作情况,在不断提升全媒体出版这一业务质量的同时,中文在线将对其规模的扩大做进一步的投入——全球顶尖的新闻数字出版平台将是中文在线努力的目标。

在盗版维权方面,中文在线下一步努力的方向是进一步扩大反盗版联盟的规模,与更多的出版社、作家和律师事务所达成合作,采取积极有效的行动打击盗版。同时,进一步拓展和加强多种反盗版及维权途径,通过司法保护、行政保护、社会保护、技术保护等多种形式开展维权活动。

十一、比较分析

(一)国内企业竞争趋势

新媒体时代,读者从以往的传统阅读方式逐渐转向电子屏幕的阅读,全媒体出版整合了两者的优势,减少了不同出版之间的时滞差,可以同时利用两种出版的不同优势,同时满足纸质与数字阅读习惯。在传统媒体、新媒体都开始抢夺市场份额的竞争状况下,全媒体出版无疑为出版业提供了一个新的发展方向。

2010 年,全媒体成为图书出版的一个突出趋势和显著特征。全媒体时代的到来,有着历史积淀、优秀品牌的出版集团面对无可回避的严峻挑战,纷纷转型升级,风风火火地实施全媒体战略。当然,这些出版集团实施全媒体战略并不是什么开创性的战略,而是大势所趋。除了传统媒体的新媒体扩张。同时也存在不少互联网新兴媒体的全媒体扩张。如腾讯从一个 IM 工具(即时通讯工具)到门户、图文、视频(QQlive)、社区、游戏;新浪从一个新闻网站到门户网站,从图文到视频、社区、博客、无线等,再到并购分众。事实上,他们已经在实施跨媒体,布局全媒体了。从门户、搜索引擎、垂直网站到跨媒体,世界媒体格局在短短的几年内就发生了巨大的变化。

虽然全媒体在中国似乎很新潮,但事实上在国外,全媒体早已不是一个什么新的概念了,如默多克新闻集团已拥有电视、报纸、杂志、出版社、互联网等各个不同的媒体形态,事实上早就是一个全媒体了。但是总体看来,相比国外的全媒体的发展趋势,国内全媒体发展的"条件"远未具备,无论是认识、投入、人才、装备还是运作上,都还存在一定的欠缺。

全媒体出版与传统出版相比,涉及多种媒介出版,是通过纸质媒介、移动平台、网络平台等把内容资源最大化地加以利用、更立体地交易传播的出版模式。传统图书出版主要依靠图书销售和发行获得收入,而全媒体出版则为传统出版带来更大的产品附加值,如数字出版收入、手机信息费分成、广告费分成、影视版权收入等新的赢利模式。如《杜拉拉升职记》、《山楂树之恋》、《蜗居》等一批畅销书的选题资源得到了全方位的开发,影视与出版联姻结出累累硕果。受此鼓舞,各出版集团纷纷主动"触电",中国出版集团公司的《决战南京》、江西出版集团的《孔雀东南飞》、山西出版集团的《公司的力量》等在热销图书卖场的同时,在电视屏幕上也获得了较高的收视率。一些出版企业更是成立了自己的影视工作室或影视公司,打造真正意义上的全媒体产业链。

不可否认的是,未来的一段时间内,全媒体出版存在很大的发展空间。可以预见,在不远的未来,出版产业的外延必将不断拓展,出版业与其他相关文化产业的界限将日趋模糊,并最终诞生全新的产业模式和产业链条。

从国内全媒体发展的竞争趋势来看,全媒体出版将与传统出版长期并存,共赢共生。全媒体出版方兴未艾,无疑给传统出版带来了巨大的冲击。全媒体出版通过最密集的信息发布覆盖全部读者,实现最有效的全媒体整合营销,能将更多潜在读者转换为现实读者,并促进销量的扩大从而增加出版者的收益,对传统出版有极大的促进作用;而传统出版自身也因纸质媒体无法取代的优点和传统出版长期积累的内容资源而不会在短期内消失,相反,将会与全媒体出版长期并存,共赢共生。

同时,手机出版成为新的增长点。手机已经不容置疑地成为第五媒体,手机网民规模呈现迅速增长的势头。手机具有便捷性、私密性、跨界性等特点,可以实现随时随地阅读。手机已从单纯的通讯工具向移动媒体终端发展,手机读物、手机视频等都增长迅速。手机作为非常重要的媒体,将是全媒体出版的最重要的构成,成为出版业新的增长点。

作为数字版权运营者,中文在线在全媒体出版方面的发展势头是让人高兴的,可谓天时地利人和,无论是业务发展,还是管理团队的成长,都让人充满信心,也得到了投资方的肯定。尽管中文在线有很多具体业务线,但其核心还是数字出版。以整合版权内容的数字资产为核心,进一步挖掘作者、读者、内容价值链,通过数字资源交互系统,让同一内容通过再加工,通过多种应用方式(渠道)发布。

(二)对比案例:盛大文学

1. 中文在线与盛大文学虽同属数字出版、网络文学的佼佼者,但二者定位不尽相同。

中文在线以"数字传承文明"为企业使命,定位为中文数字出版的服务平台以及全媒体运营平台,逐渐成长为中国领先的正版中文电子图书内容提供商,希望能够全力助力全民阅读和国民素质的提升,中文数字出版领跑者。中文在线在很大程度上扮演的是一个文明传播使者的角色。

盛大文学主张以其丰富的内容为核心,打造中国最大的全版权运营基地。盛大的定位更多的是商业意义上的,盛大文学的 CEO 侯小强认为盛大文学不是一个文学网站,而是版权运营商。盛大文学力图建立一个完善的、规模最大的小说库,出售小说影视版权、动画版权,开发文学的衍生产品。目前文学在中国的商品属性还没有真正释放出来,文学市场也需要商业化运营,最大限度的实现文学作品的艺术和商业价值。

2. 中文在线是从传统到数字,盛大是从数字到传统。

中文在线已成为中文电子图书最大的正版内容提供商。通过与国内 400 余家出版机构、2000 余位知名作家、5 万余名网络作者的正式签约授权,中文在线每年可提供 7 万~10 万种电子图书,占每年出版图书(纸制)市场的 30%~50%,大众图书(纸制)市场的 70%。从以上数据可以看出,中文在线虽然也有自己旗下的签约作者,也致力于原创网络文学,但是它的主要内容来源仍是与传统出版社合作获取正版内容,即将传统内容数字化。数字出版风生水起,传统出版与数字出版可谓竞争而共生。虽然现在有大量的人力物力投入到数字出版,但出版业"内容为王"是永恒不变的真理。内容生产正是出版社的优势所在。出版社经过多年的经验积累有既懂出版又懂专业且训练有素的编辑队伍,长期以来建立了庞大的作者群,这些都是出版社从事图书内容生产的基础,是其他任何单位都无法比拟的。在数字化时代,出版社的核心竞争力来自于图书知识内容的生产而非图书物质形态的制作,只要实施相应的数字化拓展,加之计算机技术的广泛应用以及互联网的发展壮大,本质上是为出版社提供一个更为广阔的新兴市场。虽然出版单位拥有图书内容生产的优势,但内容价值的最终实现需要技术支撑。与此同时,掌握着新媒体技术的公司虽然拥有技术和平台上的优势,却缺乏出版资源的支持。数字出版商通过与出版社的合作获取资源,出版社与数字出版商合作无疑可以达到双赢的效果。中文在线就是传统出版社与数字出版合作共赢的成功典范。

盛大文学的内容来源则主要是网络原创文学,来自于其网络签约作者。在这些网络作品中也不乏出色内容,为了使其得到更大范围的传播获取最大的经济效益,将优秀的网络作品出版成书也是传统出版与数字出版合作的一种形式。盛大文学的线下图书出版业务方面,截至 2010 年第二季度,盛大文学与"华文天下"、"中智博文"、"聚石文华"和"聚星天华"四家图书策划出版公司达成深度合作,加快线下图书出版业务发展,目前拥有的图书种类超过 4500 种。

3. 中文在线为正版图书提供数字出版平台,盛大文学为众多原创作者提供创作舞台。

中文在线数字出版平台作为一个面向出版机构的资产信息服务管理系统,是中文在线在为出版业信息化建设服务的厚积薄发。数字出版平台项目建设核心在于数字内容资产的整合、管理、跨平台发布及信息服务平台。出版企业所处理的主要对象是图书内容,这些内容形成了出版产业宝贵的数字资源。如何对这些数字资产进行有效的整合,使之能够被方便地再加工和重利用,使图书内容权利人(即作者)及图书内容终端用户(即读者)也能够加入数字出版产业链中,从而进一步挖掘作者、读者、内容价值链,这是传统印刷出版业在进行数字化出版战略转型中必须面对和考虑的问题。图书资源经过加工系统处理后,形成标准元数据,通过标准元数据进行资源的深度应用,在有使用需求时,由内容发布模块进行多方位的发布,同时构建内容资源、读者、作者、出版机构的信息互动平台。一体化出版,多元化发布,挖掘服务价值,是数字出版平台所追求的核心目标。

网络时代,倡导草根文化。写作不仅是专业作家的职业,众多的网民人人都可以成为作者。在盛大文学,用户既是读者也是作者,还是评论员。从写作上来讲,盛大为作者提供的不仅仅是一个平台,而是一个规模足够大、人数足够多的舞台,每天都会有 1000 万人在这里,可以做到作者与作者、作者与读者互动。通过盛大的书评就不难发现,现在的书评量也在呈倍数持续增加,写评论的人越来越多。而写评论的人数与作者的人数是成正比的,评论的人越多作者就越多。

4. 中文在线与盛大文学均强调商业运营,但运营模式各有不同。

中文在线倡导全媒体出版运营,盛大文学则主张全版权运营。中文在线总裁童之磊表示,在科技迅速发展的今天,当面临海量的内容、海量的用户、广泛的渠道时,我们只有一种选择,就是要通过有效运营将内容和渠道建立密切的关系,这就是中文在线提出的"运营至上"的理念。只有通过"运营至上"的理念,才能把最正确的内容,按最正确的方式,在最正确的时间以正确的价格和营销模式提供给最正确的读者,这就是未来的运营时代,这就是数字出版的未来方向。鉴于以上背景,中文在线全媒体数字出版运营解决方案应运而生。该方案体现"共享"的核心设计理念,以内容资源共享、用户资源共享为出发点,将数字出版行业产业链的两端进行平台化管理。

盛大文学则一直致力于全版权运营,以文学网站为依托,建立一个完善的、最大规模的小说库,然后进行版权运作,包括在线付费阅读、无线阅读、实体书出版以及影视、动漫、游戏改编等,实现一次生产、多次开发。盛大文学通过探索原创版权运营新模式,建立起全版权运营机制。对于全版权运营,侯小强如此解释,"就是一个立体运营,在线上、在无线、在线下、在影视公司的这种 B2B 的模式上,都要去做运营,通俗地说,我一旦有一个产品,我一定要想办法把它嫁出去"。也就是说,在未来,一部优秀作品可以通过网络收费阅读、手机收费阅读、出版实体书以及改编成影视、动漫、游戏实现版权收益。

无论是中文在线还是盛大文学,都致力于版权贸易的运作。中文在线将内容资源的选择、收集、整合以及在多种传播途径中同步发布,并在不同渠道中通过自有平台运营、与其他机构开展合作等形式实现各销售渠道中内容的并发,并保持时间上的一致。这也正是全媒体出版的内涵。至于盛大文学的全版权运营也正是将内容制作成不同载体形式,通过不同媒体、不同传播手段传播出版,实现作品版权多渠道的价值实现。

5. 中文在线做版权代理,盛大文学拥有版权。

中国的文学盗版问题由来已久,从街边几块钱的盗版书,到谷歌条款的影响。自从网络文学兴起后,盗版也紧跟潮流生产出了"砖头书",还颇为畅销,这些都严重侵犯了版权所有者的利益。虽然政府一直在严厉打击,但只要有百分之一百二十的利益驱使，就会有人为之卖命，所以很难杜绝。面对这样的生存环境，"靠版权赚钱"的公司似乎是无法存活的，更谈不上发展壮大。盛大文学明确提出，他们是一家真正的全版权运营公司，中文在线则采取"先授权，后传播"的方式，严格遵照授权权限，合理合法使用数字版权。盛大文学的优势在于手握众多作品版权，海量的内容储备。盛大文学现在拥有最有质量且数量最多的版权，而且这个数字还在不断增加。2008 年盛大的日产字数是 3000 万字，到2009 年时，已经涨到了 5000 多万字。截至 2010 年第二季度，盛大文学旗下的7 家文学网站拥有 660 亿字的原创文学版权，每天超过 7400 万字的新增量，日平均访问量超过 4.5 亿，日最高访问量近 6 亿，占有网络原创文学 90％以上的市场份额。注册用户超过 6600 万，分布在全球 200 多个国家和地区。中文在线的优势在于拥有众多正规出版物的授权，与众多出版社和作家合作。传统出版社的内容力量就是中文在线的内容基础，在拥有授权的前提下，中文在线便可以对作品进行再次开发和营销。

中文在线与盛大文学不仅瞄准网络阅读，手机阅读也是其网络文学的一大传播渠道。据有关机构判断，到 2014 年，中国的手机互联网用户将会首次超过传统互联网用户。为了适应这个变化，盛大文学提前在今年第二季度完成了3G 战略布局。开通 WAP 站点 qidian. cn，推出手机文学原创平台 MOGA。阅读终端研发与合作可为手机用户提供丰富的阅读体验。开发了手机客户端软件"盛大书童"，与多家电信运营商和手机制造商达成战略合作协议。无线渠道可以让手机用户便捷地分享盛大文学 400 亿字的网络文学内容。而中文在线更是中国最大的无线阅读服务提供商，与中国移动等运营商广泛合作，成为中国移动梦网的数字图书版权审核机构，并为其移动书屋提供 69％的手机读物。

中文在线的关注点不仅在网络文学，作为文明传播的使者，倡导满足任何人在任何时间、任何地点以任何方式获得任何内容的需求。中文在线的数字图书馆则是让读者共享资源的有益尝试。

第四节　数字出版终端设备提供商为主体的创新案例分析——汉王科技

一、相关行业现状及背景

随着信息技术的不断发展，人类已经进入信息时代，出版形态也越来越多样化。依托于数字技术和网络技术的数字出版,无论在内容上还是形式上都延伸和扩展了传统出版业,不仅大大丰富了出版物的内容和形式,而且也改变了传统出版物的生产方式和消费理念。随着数字出版技术和互联网应用水平的持续提高,国民阅读习惯和阅读环境的逐步变化,我国的数字出版产业开始进入一个高速发展期。

2009 年是中国数字出版产业元年。2009 年中国数字出版总产值达近 800 亿元,并首次超过传统出版的产值。中国数字阅读与出版的异军突起,不仅表现在新一代"类纸显示技术阅读器"——电纸书的广泛普及上,形成逐渐取代纸书的趋势,而且更深刻地表现在电纸书所带来的巨大而深远的产业变革上的跨越式发展。"电纸书元年"更是成为 2010 年的新词汇。

从 2009 年,汉王科技股份有限公司推出了"一号工程"——汉王电纸书,其在中国电子阅读器市场上的销售业绩由先前的温和型"上演"转成爆发式"井喷"。这不仅是汉王强大的技术支撑以及 3G 元年的开启在现实层面带来的直观收效,更是其强大的市场运作能力的集中呈现。由此,汉王电纸书在国内同行业林林总总的电纸书产品(文房、翰林、易博士、博朗、易迪欧等几十个品牌)中迅速脱颖而出,占领电纸书销售市场的制高点。

对于 2010 年我国手持阅读器等电子阅读的井喷状态,业界人士很看好电纸书的发展态势。因为省去了运输、配送、印刷等中间环节,并且电子图书的价格会远远低于纸质图书,而作家和出版社等内容提供商的利益得到了保护,鼓励他们继续写作和出版,能够形成共赢局面。

然而进入 2011 年,国内电子阅读器市场变化异常。第一季度电纸书阅读器的销量数据证明了之前的井喷状态只是昙花一现,尤其是受国内外平板电脑市场的冲击,之前业界人士看好的发展态势并没有发生,相反国内电纸书市场却陷入低迷。2011 年第一季度中国电子阅读器市场销量仅为 28.25 万台,相比 2010 年第四季度的 30.51 万台,降幅达 7.41%。2011 年第一季度中国平板电脑的销量达到了 103.67 万台,环比增长了 32.5% 之多。2011 年 3 月,苹果推出了 iPad2,并将 iPad1 的售价大幅下降。这样一来,iPad 产品的性价比大为提升,电子阅读器的价格优势也就没有此前那么明显了。并且这时,许多其他电脑生产商也纷纷发布平板电脑,这些产品的价格极具竞争力。

面对国内市场的不温不火以及强大的竞争对手,整个电纸书行业开始洗牌,包括汉王在内的国内各个电子书厂商纷纷开始降价,打起了降价牌,以期挽回市场份额,同时也开始寻找各自的途径来增强自己的竞争力。同时,此前蜂拥而入阅读器市场的企业纷纷退出，只剩几家同时具有阅读器终端和线上书城的品牌。虽然汉王仍占据半壁江山，但也是举步艰难。

几年前，电子书市场异常火爆，为了配合电子阅读器的销售，企业免费提供内容。而如今，电子书市场为了开拓市场，为了售卖内容，开始将电子阅读器看做附属品。

二、企业基本情况

1. 企业概况

汉王科技股份有限公司成立于 1998 年，是典型的技术创新主导型企业。汉王坚持"专注成就精彩、创新引领未来"的经营理念，长期专注于"以模式识别为核心的智能人机交互"技术应用领域，是全球文字识别技术与智能交互产品的引领者。

多年来，通过不断自主创新，汉王在联机手写识别、光学字符识别（OCR）、数位绘画板等领域拥有多项具有自主知识产权的核心技术，包括手写识别技术（识别手写文字的软件技术）、笔迹输入技术（输入手写信息的硬件技术）、光学字符识别（OCR）技术和嵌入式软硬件技术四大核心技术。作为中国 IT 业中为数不多的拥有核心技术的企业之一，汉王综合技术水平在国内外均处于领先地位，手写汉字识别获得国家科技进步一等奖，OCR 获得国家科技进步二等奖。

经过多年发展，汉王科技面向市场需求，已形成了以识别技术为核心的、针对不同细分市场的软硬件产品系列。既有通用产品，如电纸书、人脸通、汉王笔、文本王、名片通、绘图板等，也有针对教育、金融等行业应用的文表识别解决方案、交通管理的识别监控系统；既有手写手机、OCR 等多种技术授权方案，也有辅助方案实施的硬件产品，如证照识别等。

汉王产品链丰富，使识别技术得到广泛应用，在电子政务、智能交通、个人办公、移动通信、数字家电等方面实现普及化和规模化处理信息，推动中国社会的整体信息化进程，促进了国民经济的发展。目前，公司在全球手写市场占有率超过 70%，OCR 领域市场占有率超过 50%，处于绝对优势地位。

2008 年，汉王科技推出电纸书产品，经过一年多的市场耕耘，电纸书市场迅速崛起。经过一年的发展，汉王科技稳坐国内电纸书头把交椅，汉王电纸书也将汉王科技带入了一个大众市场。2010 年，汉王电纸书销量更是突破百万大关。2011 年，汉王加大内容平台（汉王书城）建设，由终端设备提供商向数字出版平台服务商转型。作为第一个上市的电子阅读器中国民族企业，汉王反映了电纸书行业备受 IT 行业青睐的发展动向。

2. 成长历程

北京汉王科技成立于 1993 年,最初脱胎于中科院。从成立之初的 30 余人发展到今天的 2000 多人,从设施简陋的办公场所到今天的汉王大厦,从一名通讯兵到人民大会堂受奖的 IT 界总裁。十余年的发展历程,在刘迎建的带领下,汉王科技成功地华丽转身。

创始人刘迎建从解放军通讯工程学院计算机系毕业后分配到部队,于 1985 年研发成功"联机手写汉字识别在线装置",并获国家发明专利。1987 年,他被中科院自动化研究所破格录取为在职博士研究生。在中科院"把科研成果转化为产品"的号召下,刘迎建挑头组建了"北京中自汉王科技公司"(北京汉王科技有限公司的前身)。

1998 年,明晰产权的汉王科技有限公司正式成立。这一年,刘迎建提出了笔段顺序识别方法,在国际上第一次解决了笔顺不限的识别问题,开创了国内文字识别全样本的先河。汉王科技在与摩托罗拉、蒙恬等公司手写识别技术几番斗争之后,成为诺基亚、三星、索尼爱立信、多普达、联想、TCL 等众多手机制造商的手写识别技术供应商。

根据市场需求的变化,汉王不断地进行技术创新和知识创新,在激烈的技术竞争和市场竞争中,一直保持着其识别技术在国际、国内的领先水平。

2005 年,汉王开始闭门造电子记事本,发现了电子墨水(E-ink)。通过对索尼、亚马逊产品的借鉴,汉王调整了产品思路。直到 2008 年 3～4 月,汉王逐步把战略调整为以书为主,推出了汉王电纸书,并且迅速占领国内市场,在电纸书终端领域取得了领军地位。在电纸书领域取得领军地位后,汉王科技 2010 年 3 月 3 日成功登陆深交所中小板。上市仅 7 个交易日之后,汉王科技的股价就轻易突破了百元,跻身中小板屈指可数的百元股行列,强劲的势头再度引发人们对电子阅读器市场的关注。

3. 企业规模与地位

汉王于 1998 年 12 月 28 日注册登记,注册资金 3000 万元。经京都天华审计(2010)第 0025 号审计报告,截至 2010 年 12 月 31 日,汉王科技的资产总额为 61 458.39 万元;负债总额 36 623.86 万元;营业收入 58 156.89 万元;净利润 8528.15 万元。

汉王科技是国际一流的技术和产品提供商,其中手写识别技术、OCR 技术水平在国际上处于领先地位,笔迹输入技术也已经达到国际先进水平。公司产品还获得 7 项国际大奖、6 项国家级奖项。其中"汉王联机手写识别软件 V11.0"被中国软件行业协会评为 2006 中国十大创新软件产品,汉王笔系列产品获得 2004 年第五届中国国际发明展览会金奖、2004 年国际(德国)新思维新发明新产品博览会金奖,2009 年汉王电纸书 N516 和汉王笔墨宝分别获得科技部"国家自主创新产品奖"。

汉王科技是国内最早推出电子阅读器产品的企业,也是全球最早推出支持手写识别技术的电子阅读器企业,同时还是目前国内最大的电子阅读器制造商,占据了全国 70%以上的市场份额,其销量位居全球第三位。

此前,汉王科技凭借其核心技术,主要生产和提供手写识别与笔迹输入、光学字符识别(ORC)技术等软硬件产品、技术授权和技术服务。在电纸书出现之前,汉王的年销售一直在 2 亿元左右徘徊。有了电纸书之后,汉王 2009 年销售额增至 5.8 亿元,其中电纸书占到汉王全年销售总量的 60%左右。2010 年中国电子阅读器市场销量达 24.91 万部,其中汉王电子阅读器销量约为 16.45 万部,占比高达 66.04%,销量优势绝对领先。

4. 员工基本情况(如表 3-10、表 3-11、表 3-12 所示)

截至 2010 年 12 月 31 日,汉王科技在册员工总数为 1570 人,其中 60%为科技研发人员,总部位于中关村科技园。员工学历以本科、研究生为主,人员以 20~40 岁年龄段居多。汉王科技的最大子公司汉王制造员工数量约为 2000 人,主要从事汉王旗下所有硬件设备的产品制造,流水线设置在河北燕郊。

表 3-10 员工专业结构

类别	人数	占员工总数比例
研发人员	608	38.72%
销售人员	309	19.68%
管理人员	532	33.89%
客服及售后支持人员	121	7.71%
合计	1570	100%

表 3-11 员工受教育程度

学历	人数	占员工总数比例
硕士及以上	483	30.77%
本科	798	50.83%

续表

学历	人数	占员工总数比例
专科	250	15.92%
专科以下	39	2.48%
合计	1570	100%

表 3-12　员工年龄分布

年龄分布	人数	占员工总数比例
30 岁以下	1093	69.62%
30～40 岁	420	26.75%
40～50 岁	44	2.80%
50 岁以上	13	0.83%
合计	1570	100%

5. 创业者特征

汉王科技股份有限公司董事长刘迎建出生在一个军人家庭,从小就有着丰富多彩的梦想与抱负,想攻克癌症,想拿诺贝尔奖,却赶上了"文化大革命"。1968 年,年仅 15 岁的他便入了伍,却没有阻碍他一颗求知的心。刘迎建对知识有极大的欲望,对他而言什么都不算苦,真正的苦是没有书念。1978 年,国家恢复高考,刘迎建迎来了巨大的幸福,幸运地赶上了高考年龄 25 岁限制的末班车。

1982 年,刘迎建从解放军通信工程学院计算机系毕业,此后在总参第三通信团担任助理工程师;1985 年,研发出世界上第一台联机手写汉字识别在线装置;1987 年,被中国科学院自动化所破格录取为在职博士研究生,从事文字识别研究和开发工作;1988 年,他提出的笔段顺序识别方法在国际上第一次解决了笔顺不限的识别问题,建成了 600 万字样的样本库,开创了国内文字识别全样本的先河;1998 年,成立了汉王科技股份有限公司,至今一直担任董事长一职。

作为汉王公司创始人,刘迎建曾说:"我们在 IT 界的角色就是做核心技术,就是搞创新,就是要做别人没有做的东西,我们决不轻易走别人的路。"作为一家高科技公司,汉王公司一直以振兴民族软件业为己任,扮演着攻克技术难关、推动技术进步的角色。十几年来,汉王紧紧抓住非键盘输入领域的几项关键核心技术,走出了一条民族软件业生存、发展、壮大的成功之路。

作为国内最先研究手写识别技术的机构之一,汉王公司所拥有的手写识别技术成功帮助数百万国人解决了电脑输入及使用的难题,整体技术水平在国内乃至世界都居于领先地位。其在光学字符识别(OCR)领域同样处于国际领先水平。其中,汉王联机手写识别技术荣获 2001 年度国家科技进步一等奖、2001 年信息产业重大技术发明奖等多个奖项。

同时,刘迎建在企业管理中也做出了突出贡献,2005 年荣获"中关村科技园区第三届优秀企业家"称号;2006 年获"第五届北京优秀创业企业家"称号;2007 年获得"中国企业管理特殊贡献奖";2008 年获得"中关村科技园区成立 20 周年突出贡献奖";2009 年被评为"全国优秀社会主义建设者"等多个荣誉和重要奖项。

在多年的奋斗历程中,刘迎建始终坚持一种理念,就是将技术创新分为两种,一种是持续创新;一种是突破性创新。2008 年国际金融危机在全球蔓延,对 IT 产业造成了极大的影响,许多国际知名的企业出现了利润严重下降情况,纷纷破产或以裁员应对。在严峻的大环境下,刘迎建的企业也受到了一定影响,遭遇到一些困难。为了应对危机,他带领企业顺应首都产业发展趋势,迎难而上,高举创新旗帜,推出以电纸书(便携移动阅读设备)为代表的一系列科技创新产品,并把电纸书列为"一号工程",整合企业优势资源,强力推向市场,一举冲破 IT 产品市场低迷的态势,取得了巨大的成功。

"做电子阅读器市场的世界第一",这正是刘迎建现在的梦想。他要将汉王电纸书打造为世界的汉王,使手写识别的技术不仅满足于中国老百姓,更要应用在汉王电纸产品上,推广到国际消费者中间。

三、企业主要技术及生产工艺

作为科技主导型创新企业,汉王科技获得软件著作权登记 86 项,获准注册商标 108 项,获得专利证书 131 项,靠技术赢得新鲜"血液"。汉王科技股份有限公司作为一家无上游的创新性企业,依靠技术起家,发展中历经风雨,凭借对技术的积累与创新,逐步形成了以手写识别技术、OCR 技术、手写板(数位绘图板)硬件技术、智能交通车牌识别技术等系列核心技术,搭建起了属于自己也属于世界的识别王国。

汉王科技现有的手写识别技术、笔迹输入技术、光学字符输入 OCR 技术和嵌入式软硬件集成技术四大核心技术是现在主打的电纸书的关键技术支撑。其中手写识别技术是汉王自主研发的核心技术之一,在手写识别领域内汉王积累了无与伦比的竞争优势。

自成立以来,汉王科技已成功地将手写识别技术授权给微软 WinCE 和 PocketPC 的中文系统以及商务通、快易通、联想等全球近 50 家掌上电脑厂商使用,现在又将这一技术授权给诺基亚、三星、LG、索爱、NEC、飞利浦、联想、TCL、夏新等国内外知名的手机厂商使用。在手写输入技术为手机厂商带来发展机遇的同时,汉王的另一项具备自主知识产权的核心技术——OCR 技术浮出水面,并成功移植于手机的软件平台上,此举再次引起了许多国际知名手机厂商的关注,成为手机技术升级的新选择。汉王的手机语言识别技术走向国际化依靠的就是根据客户的需求来定制这种方式,如果客户需要进入国外市场,汉王就研究出当地的语言识别技术。截至目前,汉王已完成或即将完成英文、泰文、阿拉伯文、俄文等多语种的手写识别技术开发,识别率都达到了相当高的水平。

目前市场上的电纸书阅读器涵盖了当今最热门的电子技术和信息技术,其核心技术主要体现在两个方面:首先是关键技术环节,其次是产品的应用整合。关键技术环节表现在嵌入式软硬件技术(嵌入式处理器、存储、电源管理、系统软件)、显示技术、人机交互、通讯与接口等方面;另外,作为出版资料载体,还需要内容发放与版权保护等方面的技术。随着数字化阅读市场的发展,具备智能人机交互功能并掌握上游数字出版资源的电纸书阅读器正逐渐成为新的市场热点。汉王科技成立以来,一直专注于以模式识别为核心的智能人机交互领域,公司的核心技术(手写识别技术、笔迹输入技术等)居于国内领先地位,且近年来,公司已完全掌握了电磁感应式手写屏技术,并拥有完全知识产权,成为目前全球仅有的两家供货商之一。因此,公司在新型电纸书阅读器市场拥有较大的技术优势。

四、企业销售渠道及客户情况

1. 企业销售渠道

汉王的销售渠道分为传统 IT 渠道(汉王建立了"三足鼎立"的渠道模式,即厂商、分销商、销售商三者并立)、3C 渠道、新华书店渠道、国代渠道。这四种渠道凭借着各自的优势,为汉王的市场开拓立下了汗马功劳。

从电纸书终端阅读器来看,主要的销售渠道和销售模式也如上述所言:首先是 IT 渠道;其次是书城渠道,新华书店是最主要的一块,民营书店也在不断丰富;第三是 3C 连锁大卖场,像国美、苏宁等;第四是网络,最有代表性的是淘宝网和京东网,销售情况表现非常好。此外,还有一些补充的渠道,像礼品公司、行业代理和集中商。并且,汉王科技对不同的渠道供应不同的产品,主要表现在硬件和内容方面。针对不同渠道的流通特点,制定了不同的渠道政策,包括针对终端用户以及渠道本身分层次制定渠道政策。

在十几年磨砺夯实技术基础后,汉王对市场和渠道进行了深入的探索,形成一套成熟的渠道模式:大客户渠道＋多产品集中的渠道。这种渠道布局优点显而易见,就是避免产品渠道商既要维持大客户又要开拓市场,避免力不从心。然而,稳定是长处,定势却会形成枷锁,特别在汉王的转型时期。因此,汉王正在逐步尝试渠道变革,整合新的渠道资源。目前的尝试包括:①单独为一款产品招募具有数码销售经验的优质渠道商,其本质是依据产品特点来划分销售渠道;②由原来的省级代理产品转为城市级代理产品。

2009 年,汉王科技实现了 30 万台的电纸书销量,成功开辟了汉王的市场空间,拓宽了市场领域。在全国各地的一线、二线城市,汉王在行之有效的行业推广下,依托遍及全国 200 多个城市的销售与服务网络,全面打开电纸书产品市场。

对于汉王来说,依据产品特点划分销售渠道,有助于打造企业真正有竞争力的产品线,区分不同产品的产业链条;对于下游厂商来说,能够有效避免不同代理商之间为抢夺同一块资源而恶意削价竞争、挤压利润空间,或者某些代理商囤货从而独霸市场的弊端。而由省级代理转向城市级代理,则可以减少供货环节,降低供应链成本,有效提高企业运营效率及毛利率,也有助于保证代理商的利益。汉王期待这一变革可为公司带来超过 100% 的飞跃增长。

汉王将原来分行政区域的独家经销商制变革为分产品、分区域的独家经销制,以促进每个产品线和每个产品品类的均衡发展;另一方面,公司在数十个城市建立销售联络处,实施销售人员本地化,强化渠道经销商的协调和管理;并且在总结经销渠道经验的基础上,为进一步增强销售能力,拟着手建立营销平台体制,从而全面提升公司营销能力。采取上述措施后,公司渠道经销问题得到了有效解决,营销模式大大优化,从而推动了公司收入和利润的稳定增长。

针对资金硬约束对每个产品线和重点产品投入的影响,汉王科技采取了一系列措施:在营销投入方面,调整广告投放方式,由公司根据资金预算和产品销售方案负责全国媒体的广告投放工作,对经销商的支持全部为终端(演示点、专卖店)。

2. 客户情况

从个人用户群来看,主要集中在三部分人群:首先是年龄段在 35～45 岁的人群占了绝大部分,他们在持续不断地购买汉王的产品,这些人以中年男性、商务人士居多,对于阅读的需求量比较大;其次是一部分年轻人群,大约在25~35岁,他们是活跃群体,对新鲜事物有极大的好奇心和接受能力,他们对电子产品有各种需求,阅读需求只是其中之一;还有就是中小学生市场,汉王有一部分销量是父母买给孩子的,基于望子成龙望女成凤的想法,他们希望电纸书的功能越简单越好,最好只能看书,不能上网也不能打游戏,有助于孩子学习。汉王电纸书的行业用户集中在水、电、煤、油、新能源、风能等领域,还有政府机关、部队、银行、大型国有企业等。

汉王正在将产品的定位从礼品向个人消费品拓展,推出时尚且高性价比的"经济型"电纸书,满足个人消费需求。同时,推出适合专业阅读的电子阅读器,通过技术创新与突破,拓展产品的行业应用。电子产品正逐渐走向大众,越来越多的人正在接受电纸书,忠实用户二次购买率也是相当高。

五、企业市场及赢利情况

1. 市场竞争对手及市场份额

电纸书阅读器已成为数字出版时代最受关注的电子产品之一,而由电纸书阅读器引发的数字出版概念,更在新闻出版这个更为广阔的领域引起较大反响。由于其背后巨大的商机以及 Amazon 的 Kindle 和汉王科技的电纸书取得的成功,电纸书阅读器市场正引诱着来自不同产业背景的企业加入。

全球主要的电纸书生产厂商有美国的 Amazon、我国的汉王科技及日本的 Sony 等,其中 Amazon、Sony 主要在国外市场销售,而汉王科技在我国电纸书阅读器市场处于领先地位,并正逐步向全球市场扩展。目前我国电子阅读器市场出现众多厂商,除汉王、方正、津科、华为、台电、润为、艾利和、易万卷、欣悦博、EDO、Onyx、博朗等厂商外,一些 IT 厂商如联想、华硕、LG、爱国者、纽曼、OPPO 等也相继跟进,呈现百花争鸣的竞争格局。

在汉王上市之时,全球大约有 80 余家企业正在生产或计划开发具有自主知识产权的电子阅读器,其中中国大陆地区有 41 家,港台地区 3 家,国外有 36家。内地 41 家企业中除汉王、翰林、易博士、纽曼等硬件制造商外,还包括中国出版集团和上海世纪出版集团等传统出版单位。

另外,市场的诱惑使得数字出版业不断有新的厂商加入,而技术的门槛不断降低使得行业内出现了鱼龙混杂的局面——手机行业出现的山寨现象开始在电子阅读器市场上出现,汉王的产品遭遇了上市不久就被仿制、造假的情况。

汉王的核心技术和高科技专利无法被简单地复制,但山寨横行在市场上对汉王的形象造成了一定的负面影响,一部分原有份额也因此而流失。

有数据统计,2008 年全球电子阅读器销量 70 万台,2009 年增长到 350 万台,增长率超过 400％。汉王科技 2008 年 10 月正式推出电纸书系列产品,依靠自身的技术实力和销售渠道,迅速成长为全球销量第三、中国销量第一的知名电纸书品牌。

2009 年可以说是中国电子阅读器市场发展的起步阶段。2009 年,全球前三大电子阅读器品牌(美国亚马逊公司[Amazon]的 Kindle、汉王科技的电纸书以及索尼的 Reader)的总销量占据了全球市场份额的 90％以上,而汉王电纸书在全球的市场份额也攀升至 9％。国内市场则呈现汉王一家独大的局面,几乎没有其他国内厂家涉足这个市场,汉王科技的电纸书系列产品占据了 2009 年国内电子阅读器市场约 95％的市场份额。

2010 年年初,汉王作为中国高科技企业自主创新的典范,受邀赶赴美国拉斯维加斯参加国际顶尖的电子消费展(CES)。虽然面对国外电子阅读器巨头亚马逊 Kindle、索尼 Reader 的压力,但汉王自豪地向世界宣布了自己的存在。2010 年全年,中国电子阅读器销量突破百万,共达到 106.69 万台,其中汉王占据近七成的市场份额。总体来说,2010 年电纸书市场增速还是较快的。

自从进入 2011 年,面对平板电脑的冲击,国内电纸书市场开始明显缩水,其中汉王电纸书一季度的销量仅为 14.98 万部,相比 2010 年第四季度 19.36 万部的销量,降幅高达 22.62％。不仅如此,从整个电纸书的市场份额来看,汉王产品销量也骤降至 53.03％。进入二季度,汉王电子阅读器销量为 14.11 万部,相比于 2011 年一季度的 14.98 万部销量,降幅达 5.81％。从销量市场的整体占有率来看,汉王产品市场占有率缩小至 48.01％。除了面对苹果这一强大的竞争对手,还要面对盛大 Bambook 凭借先发降价优势,销量大踏步前进的事实,其销量达 5.03 万部,相比于 2011 年一季度的 4.03 万部,增幅达 24.81％,市场销售占有率突破 17％。

不难看出,2011 年上半年,在强大对手苹果 iPad 的竞争下,各品牌的电子阅读器之间的价格战异常激烈,市场进一步洗牌。原电子阅读器市场的众多随从者或另谋出路或降低产出,相时而动。此前蜂拥而入阅读器市场的企业纷纷退出,只剩几家同时具有阅读器终端和线上书城的品牌,其中汉王仍占据半壁江山。

2. 主要赢利模式

汉王与内容提供商的合作一直采用的是"二八分成"的模式,即内容提供商占八成利润,汉王占两成利润。在短短的 2 年多时间里,汉王书城已经与 160 多家出版集团和出版社、100 多家报社、300 多家期刊社建立了良好的合作关系。截至 2010 年底,汉王书城已经拥有藏书 13 万册,用户近 10 万人,累计下载量 200 万次,单月下载超过 10 万次。并且汉王书城的内容向多种移动终端开放,包括手机、笔记本电脑和平板电脑。

作为电子阅读器领军企业的汉王,2011 年第一季度股价下跌、财报业绩欠佳、销量减少等因素引来质疑声音不断,甚至引起部分业者对中国电子书市场前景的担忧,但是董事长刘迎建仍然表示对电子阅读器市场充满信心,汉王科技也积极转变赢利模式,逐渐从终端设备提供商转型为内容平台服务商。

除了不断升级电纸书终端产品的用户体验、采取降价策略外,汉王在内容方面也在积极应对激烈的市场竞争。在内容上,汉王科技主要集中在对汉王书城这一内容平台的打造上,不遗余力地从一家卖终端、卖软件的产品型公司,向卖服务的公司转型。有了庞大的用户基础,借鉴亚马逊的模式,汉王再一次明确了"内容+终端"的赢利模式。

作为首批获得电子书资质的企业之一,汉王书城还只是汉王向内容服务商转型道路的第一步。有了庞大终端用户,有了资质,汉王可以将终端产品、电子出版物、阅读资源平台进行有效整合,打通数字出版产业链,达到其"内容+终端"模式的实现,以内容的发展来支持终端的发展。同时,汉王看好中国的正版书报刊下载的趋势,未来希望将汉王书城建成整个中文书报刊最大的下载平台。

终端硬件业务、数字出版平台商业务是汉王科技在数字出版领域两大业务架构。而汉王正在加快"汉王书城的数字出版平台"的建设与完善工作,让电纸书成为数字出版的有力支点,并要实现内容与阅读终端完美对接的成功模式,让数字出版赢利模式浮出水面。这也意味着以"终端养内容"的模式将逐渐被"内容养终端"替代,电子阅读终端更多的是起到渠道作用,成为内容平台利润的管道。

六、企业组织架构

汉王科技股份有限公司拥有汉王制造有限公司、南京汉王文化发展有限公司、北京汉王智通科技有限公司、北京汉王国粹科技有限责任公司、北京汉王机器视觉科技有限公司五家子公司,以及三河汉王电子技术有限公司一家孙公司。

汉王科技内设机构有管理中心、研发中心、运营中心、文字识别事业部、大客户事业部、电纸书事业部、智能交通事业部。其中,电纸书事业部(文图浅颜色标注部分)主要承担公司电纸书、绘画板在全国及全球范围内的市场推广、渠道管理、行业营销等工作(如图 3-29 所示)。

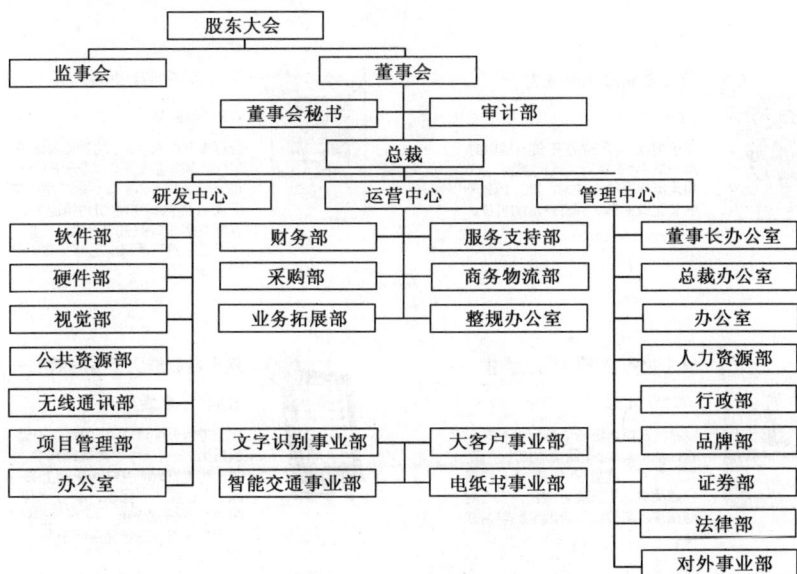

图 3-29　汉王集团企业组织结构图

七、主要数字出版产品与业务

2008 年,汉王科技推出数字阅读终端——汉王电纸书,标志着汉王进入数字出版领域的开始。基于手写识别技术及电子纸显示技术的汉王电纸书销量进入全球三甲行列,汉王科技成为国内电纸书阅读器市场的代表企业。在数字出版领域,汉王也是科技企业进入数字出版领域的典型代表,其主打产品电纸书实现了数字出版领域从内容同终端的分离到内容同终端的结合。

汉王电纸书基于电子墨水最新显示技术,就像阅读纸书一样阅读电子书,舒适环保,不伤眼睛,低功耗,节能省电。在其目前主打的电纸书阅读器系列产品中,汉王针对不同的客户群,在产品中实行层次化定位差异,就其尺寸大小、屏幕数量和色彩、手写支持以及厚度、色彩、外观设计等多个功能项目指标有所区分(如图 3-30 所示)。

汉王最新推出电纸书——

F20

汉王最新推出的一款5寸非手写电纸书，沿用E-INK电子墨水屏技术，显示如纸。采用手写、键盘双触控操作。内置3000余册图书。

汉王最新推出电纸书——

F30

汉王电纸书F30是汉王最新推出的一款6寸非手写类纸阅读器。产品预装3000余册正版图书，F30产品外观沿用了获得中国工业设计最高奖"红星奖"的经典方案。

汉王最新推出电纸书——

F32

汉王电纸书F32是汉王最新推出的第一款6寸非手写类纸阅读器。采用全新电子墨水技术。产品预装千余套正版图书，拥有纤薄的机身。

汉王最新推出手写电纸书——

F21畅享版

全球首款时尚版5寸加手写电纸书F21畅享版电纸书产品基于E-INK电子墨水技术和手写识别技术。专业词典，内置1900余册热销图书，且随机赠送12张畅享光盘、一副"金玉之声"耳机、三年免费听书卡一张。

汉王最新推出手写电纸书——

D21状元版

D21状元版电纸书是专为中小学生设计的一款5寸手写类电纸书产品，实现手写、键盘双触控操作。内置权威词典、中英有声读物、双语对照阅读、与教材同步的全科学习软件。

汉王最新推出手写电纸书——

N618畅享版

汉王电纸书N618畅享版是汉王最新推出的一款6寸手写类电纸阅读器。可通过WIFI登陆汉王网上书城，下载图书、报纸、杂志。随机赠送12张畅享光盘、一副"金玉之声"耳机、三年免费听书卡。

图 3-30　汉王科技的电纸书产品

汉王在做好行业市场与个人市场的同时，也加强了内容平台的建设。汉王书城是汉王致力于为电纸书客户打造的国家级数字内容平台，截至 2010 年底，汉王书城已经拥有版权图书近 13 万册，全国各地报纸 100 多种，杂志 200 多种，品种仍在不断更新中。汉王香港书城、台湾书城相继上线。与此同时，汉王还拿到了新闻出版总署颁发的第一张出版物经营许可及复制经营许可。

汉王的目标就是任何一本纸书在书城上都能够找到，而书城上有的纸书未必有，以期成为人们获得书报刊的一个主要方式。这需要经历三个阶段：第一个阶段是 P2E，先有纸张，然后再数字化转到书城上面；第二阶段是 E2P，先电子化发表，如果好的话再印纸书；第三阶段是 E2E，E2E 最重要的是有了多媒体和富媒体的表达方式，无法在纸张上呈现。

2011 年 7 月底，汉王公布未来发展战略，转攻电子教育市场，可以认为这是汉王不错的战略转型。汉王科技在教育行业试水电子书包业务，进入数字文化产业。汉王电子书包是汉王科技与英特尔联合开发的专为中小学生定制的新一代学习产品,具有触摸和手写功能,其人性化设计特别适合儿童和青少年使用。与此同时,汉王也将和国际著名语言培训机构——新东方教育进行合作。并加大在国内媒体的广告投入,巩固现有的市场占有份额。设想将电纸书定位于有深层阅读需求的高端人群,包括知识分子、高校师生、政府官员、科研人员等。

八、创新过程与创新特征分析

作为终端设备商,汉王科技是新进入数字出版领域的竞争者。因其在产业链末端的位置及其高科技企业的特性,汉王科技在开展数字出版实践中,致力于追求新的商业模式,表现出不同于其他主体的创新特征(如图 3-31 所示)。

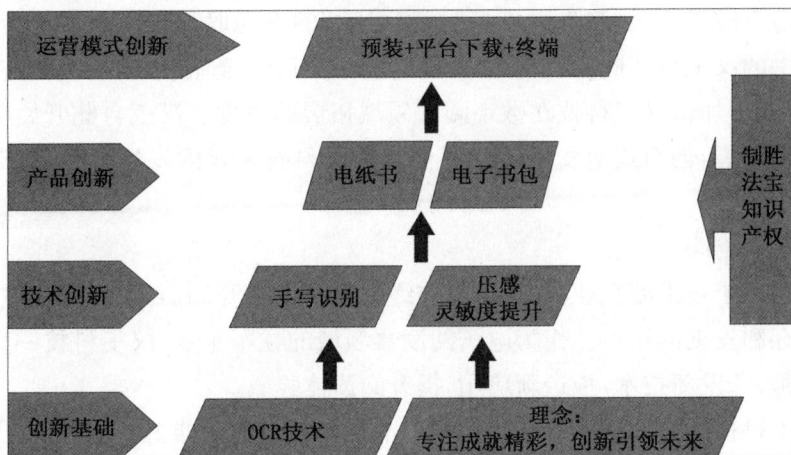

图 3-31　汉王科技的创新特征

1. 理念创新

随着中国经济飞速发展,在日益激烈的市场竞争中,企业技术创新能力已经显示出越来越重要的核心作用。纵观漫漫历史长河,人们追求高品质生活的主旋律激荡不息,各行各业也按照这个主旋律在规划自己的产品,经营自己的创新理念,高新科技企业更是如此。

"专注成就精彩,创新引领未来"是汉王刘董根据企业多年来的发展历程提炼出的,能够指引未来发展方向的十二个字。十二个字,字字珠玑,尤其精辟之至地指出了"专注"、"创新"四字的深刻内涵:汉王之前所取得的成功,在战略上是基于对手写识别输入技术这一高新技术领域的绝对专注投入,并在获得成果的基础上进行相关技术、行业、产业链的开发,取得了现在的成绩;而"创新"二字,则具体展现了汉王从无到有、从小到大、从弱到强成长起来的每一步坚实的脚印。

正是由于汉王在企业发展理念上,以坚持不断创新的思路指导着具体实践,坚持技术层面的不断创新,以持续占有绝对关键核心的多项自主知识产权为载体,以新产品服务的深层研发为依托,以打造具有高科技创新型民族企业为目标,一路走来,终成就今日之佳绩。从先前发展历程中的宝贵经验来看,展望未来,"创新"二字更是汉王科技开拓行业市场,紧握数字出版企业生存命脉,和引导未来高科技行业发展导向的关键所在。

汉王的"船长"刘迎建是这样思考的,也是这样实践的。2010 年 3 月 3 日,汉王科技成功登陆深交所中小企业板。上市仅 7 个交易日之后,汉王科技的股价就轻易突破了百元,跻身中小板"屈指可数"的百元股行列。业界认为,押宝于电纸书的汉王科技此次成功上市,将有利于突破资金瓶颈,向规模化、多元化发展,也利于加快汉王科技在数字阅读领域拓展的速度。汉王自此开始在资本市场大展拳脚,创新式地发展转变了传统中国科技企业的发展模式,打造自己的长线竞争力。

2. 技术创新

作为一个技术型企业,汉王能够在终端市场上打开局面,取得成功,技术还是其生存和发展的根本。作为电子阅读器领域的领军企业,汉王科技一直以用户为导师,开发新技术,推进新应用,提升阅读体验。

汉王科技的技术创新首先是识别技术在电纸书阅读器上的运用,突出了汉王电纸书的手写识别功能。汉王科技的核心技术是识别技术,而手写识别领域里多年的研发经验积累让汉王有了无与伦比的竞争优势。汉王的手写识别输入广泛应用于各项手写设备,在手机中文手写输入领域,汉王的市场份额已逾70%,处于绝对垄断地位。如今这项技术不仅有了对中文支持的优秀表现,更在业界创造了新的技术巅峰——将压感级别推向了 2048 级,这一级别的压感灵敏度让电子设备绘画变成可能,配合 60°倾斜感应,其用户体验也更接近于实物纸笔操作感受。这些尖端技术在电纸书上的应用使得原本单调的电子阅读器具备了人机交互的强大功能,原来一些在纸书上才能实现的操作,如注解、笔记等现在都可以在汉王电纸书上实现,这对于电子阅读来说是一项具有重要意义的技术发明,它为人们数字阅读内容的单向接收增添了反馈功能。

但是,汉王并不满足于此,此前的阅读器,或者只有手写笔进行翻页批注,或者只有手指触摸进行翻页，并不能手写笔与手指同时在屏幕上操作。为此，汉王科技凭借多年在识别技术上的积累，开发出了"全新汉王数位触控技术"——在不影响屏幕显示效果的前提下，实现通过第三代电磁笔和手指同时操控、自由切换的屏幕触控技术。这项应用于移动互联网设备的全新数位触控技术可令电纸书同时具备手指触摸和电磁笔手写功能，将数字阅读带入新的领域。通过手指，我们可以轻松的翻页，并体验纸张的触感；而通过笔，我们可以进行批注、摘录，这是几千年来形成的基本方式，现在仍然如此。在推出全新触控技术的同时，汉王科技也推出了其首款 9.7 英寸大屏电纸书 E920。E920 将主要面向行业市场，优于目前国外市场主流机型，能让图像表现更加细腻，增强用户优质的类纸化阅读，其开关机时间、文档处理速度以及图片旋屏速度均快于国外主流机型。而汉王全新数位触控技术除了应用在 E920 电纸书上，也将陆续应用到多种手持终端设备上，为更多的用户带来舒适体验。

汉王科技在保证其技术创新及持续开发能力上重点是如何在资源约束下实现更有效的创新。首先，在资源投入方面，公司每年 10％左右的销售收入用于研发，研发人员占公司员工总数的比例在 30％左右。其次，公司在新产品研发方面遵循五个原则：一是"专注主业"原则，所有技术创新均围绕以模式识别为核心的智能人机交互技术进行；二是"长线项目"原则，公司研发项目立项的标准是产品生命周期在 3～5 年以上，技术生命周期在 10 年以上；三是"聚焦"原则，每条产品线每年重点推 1～2 种新产品；四是"行业第一"原则，公司从事的具体研发项目必具备成为行业领先者的可能；五是"重视潜在替换"原则，为保证公司的持续发展，对有可能替代公司现有技术的突破性技术始终密切跟踪，在适当的时候投入研发。

3. 产品创新

汉王是做手写识别起家，在对市场的把握上，汉王调整战略推出了其明星产品——汉王电纸书，从而转战了数字出版领域，成为了一家终端提供商。汉王根据不同人群、不同定位开发了不同的产品线。并且汉王将其手写识别的核心融入电纸书终端设备中，成为独一无二的终端产品，在电纸书市场上一举成名。

汉王电纸书作为国内上市最早、销量最大、最具影响力的电子阅读器品牌，其旗下 40 款以上产品，提供 3G、WiFi、手写、全键盘、政务、听书、学习等多个版本。汉王电纸书产品可以根据不同类型来划分，根据用户群体来划分，可以分为商务系列、时尚系列、学生系列、通信系列等；根据屏幕大小来划分，可以分为

5 寸系列、6 寸系列和 8 寸系列等;根据产品功能来划分,主要可以涵盖手写功能、WiFi 功能和 3G 功能等。除了以上主要机型外,汉王还与新华书店合作,在新华书店推出电纸书产品,此外还有听书版、畅享版、政务版等,提供不同的内容组合。

汉王的非手写类电纸书产品主要集中在 5 英寸屏幕的中低端产品线上,全部采用 8 阶灰度的 A 类电子纸屏幕。而手写商务类产品是汉王的旗舰产品,也是最先应用电磁笔的系列。除了商务类电纸书,汉王还为年轻用户准备了白色版的小巧电纸书,这一类产品附带全键盘,可以实现键盘或手写笔的双重输入。学生版本的电纸书则带有多种词典、字典,并预装英语听书资源和双语阅读书等资源,可以实现即时取词双向翻译,十分适合学生使用。带有 WiFi 功能的电纸书,可以通过无线上网登录汉王书城,下载每日的报纸、近期的杂志以及最新的热门图书,其中很多资源都是免费的,大大扩充了电纸书的阅读范围。而装有移动 TD 3G 功能的电纸书在安装 SIM 卡后,可以在中国移动的 3G/2G 网络自由下载,体验更为方便。

汉王不仅仅在产品革新上取得巨大成功,汉王还将注意力投向了数字阅读市场上的其他区域。汉王电子书包这个全新概念的学习用品,是汉王科技与英特尔联合开发的专为中小学生定制的新一代学习产品。它基于英特尔学生电脑 CMPC3.0 硬件平台,具有触摸和手写功能,其人性化设计特别适合儿童和青少年使用。它整合了丰富的学习资源和优秀的学习软件,还配置了《朗文当代高级英语辞典》等强大的学习工具。作为未来电子课堂的重要组成部分,汉王将数字设备走进教室作为自己业务拓展的新的着眼点,并且已经就此与有关教育主管部门、教学单位、机构进行过接触,并积极推动此项目的进展。

2010 年 5 月 12 日,汉王科技发布公告,称拟于 5 月 18 日发布两款命名为"Touchpad"的平板电脑产品,并将目标人群定位为新商务人士。这一设备的推出是汉王进军触摸手写移动智能终端市场的试水,偏向商务的定位让其在这一领域铺开了自己的产品。市场定位上,汉王做到了坚守自己优势产品市场,并向低龄人群、商务人群数字设备市场拓展,不仅是对产品线的完善,也是市场细分化之后加强自身适应性的一次大胆尝试。

4. 模式创新

国际上最大的电子阅读器制造商亚马逊公司的 Kindle 终端阅读器的问世,引发了一次阅读的变革,数字出版产业因此呈现出全面繁荣的趋势。亚马逊公司开创了自己线上内容发布、线下硬件支持的软硬件结合整体数字阅读解决方案。亚马逊对出版社、期刊社、报社以及一些专业博客的内容进行整合,在上游内容提供商方面有了自己稳固的电子书内容来源;通过对终端的控制,亚马逊拥有了一批稳定的客户群,占有了稳定的市场份额。亚马逊在数字出版产业链中,完成了对多个环节的覆盖。

可以看出,美国亚马逊作为世界数字出版业龙头老大,发展很稳健,有着完整清晰的商业路线:依靠电子商务起家,靠销售实体书发展壮大,通过一系列并购将产品范围扩展到其他领域。亚马逊对内容的电子营销方式很熟悉,先卖纸书,再卖电子书Ebook,作品也都是出版社的,后又推出专业电子阅读器Kindle。

汉王在参与数字出版上的切入点和精力集中点与亚马逊存在较大的差异。亚马逊是内容补贴硬件产品。但在中国,内容盗版猖獗,内容很难赚到钱。汉王作为中国主要的电纸书公司,提出的是一种"内容＋终端"模式,先由终端切入再进入内容领域。

汉王董事长刘迎建曾经说过,汉王只当渠道不做内容,内容还是由作者、出版社及拥有版权的机构来做。对于这句话,可以从两方面来理解。

首先,汉王科技的公司属性决定了这一点。汉王是一家科技企业,在其企业的发展历程中,无论巨细都可以看出汉王专注于技术的突破和产品的研发。手写识别技术是实现人机交互的一个重要途径,如何让机器识别用户手写的文字,是一个人类传播符号到机器信号的转换,做到这一点并非易事,而汉王能够一举成名,也是因为这项技术的成功研发。在手写识别技术上不断的精进让汉王独步这一领域,始终保持着领先的位置——作为识别技术上的一项创新,中文汉字的识别也让广大中国人从此能够方便的享受这项技术带来的便利。一直以来,汉王注意保持自己在科技发展上的速度和质量,其高新技术企业的角色也是其参与到数字出版业中一个异于其他企业的鲜明特征。

其次,汉王的产品是电纸书,这也使得企业的精力重点投放主要还是集中在设备制造的不断完善和技术的改进上。美国注重知识产权保护,许多具有付费可能的业务往往是通过一段时间的免费推广,等到业务量达到一定程度、市场培育渐趋成熟,便由免费转向收费,而此时,许多受众都能够接受。中国的国情与美国不同,互联网上的内容、信息呈现出容量巨大的特征,而免费内容的来源又遍布全网。因此,面对无法肃清的免费内容和无法取缔的不合法内容发布机构、个人,在数字阅读业务上想要推行收费业务,不仅要能够在数字出版产业链的源头将资源掌握住,还要在拥有资源的基础上凭借雄厚的资力推广自己的电子书,直至覆盖住免费资源。这一点对于数字出版商业模式尚在探索中的中国来说,有着巨大的难度:我国传统出版机构刚刚完成转企改制,在转型时期依然是以自己的传统业务为重点,并未有较多涉足数字出版,对于这一新领域的业务特点和自己所处位置并没有一个清晰的定位,对于赢利更是无从谈起;许多网络传播机构扎根于互联网,在内容传播方面,对互联网平台有着丰富的经验,但是受到网络内容传播资质缺乏和没有内容资源的限制;实现数字传播的另一个重要角色,硬件提供商长久以来都是从自己技术提供商角度的思维来考虑问题,对于内容的掌握不仅需要去进行资质的获取,还要直接拥有内容的所有权限,这是一个不现实的想法。

于是汉王基于自身的条件,选择了从这一产业链的下端切入,用技术和产品作为自己商业模式的构成核心和经营业务的主要项目。传统出版的主要赢利还是来自于传统纸书,面对数字出版的来临,不免有一些忧虑。相较于传统纸书,电子书阅读器虽然在价格上不具备优势,但是若将其存储容量所能装载的电子读物码洋与实际纸书的码洋对比,性价比便十分明显;此外,电子书阅读器的一些物理特性也是纸书无法比拟的,包括其尺寸和使用时的便携性,都是电子书阅读器能够在市场上顺利铺货的因素。这样的情况下,汉王对数字出版的前景做出了分析,刘迎建说过,"传统出版社其实是有数字化的需求的,就看谁能够很好地满足他们的这种需求。传统出版肯定会过渡到数字出版的,这是不可逆转的。对于传统出版社来说,当下只是阵痛而已。其实所有出版社都明白这个趋势。不管是传统出版还是数字出版,都是出版产业,出版产业的核心是内容,所以,出版业完全没有必要担心。因为无论什么时候,他们手里的内容都是最值钱的。而作为终端制造商,我们要做的,是提供一个适合传统出版社数字化的平台和终端,使他们手里的内容资源能够顺利地实现传播,并带来新的利润增长点。因此,在这个过程中,在这个新的数字出版的产业链条中,大家各自做好自己擅长的事情,各自把自己的事情做好,最后就会实现双赢乃至多赢"。

基于这样的认识,汉王开始布局自己数字出版的前景蓝图。内容方面,传统出版社是一个很大的资源来源,以自己技术厂商的角色,为这些出版社里出版物资源顺利进入数字阅读销售渠道提供技术上的支持,为数字化内容做好平台的搭建,为用户使用这些数字化内容做好自己终端产品的建设,汉王的每一步措施都是以整个产业最底层的基本保障为落脚点。具体到实际的企业行为,汉王做了一系列的工作,从与各大出版社就内容供需进行沟通,建立合作关系,到网上平台汉王书城的建立,再到终端产品——应用了独家先进汉字识别技术的汉王电纸书,汉王没有涉足内容环节的任何一个细节。在产业链上的各个环节之间,汉王十分明确地完成了自己作为技术厂商的分工。这样的合作方式不仅打消了传统出版社的顾虑,还迎合了他们自身数字出版的需求,也为广大出版社开辟了一条全新的销售渠道。

汉王不仅对"内容+终端"的商业模式进行了深入的探究,在此之上又发展出"预装+平台下载+终端"的模式,不仅以新的方式诠释了数字出版中技术厂商与内容厂商之间的合作,还在市场营销手段探索中取得了可喜成果。

若是在资源整合策略上将汉王电纸书与亚马逊的 Kindle 进行对比,我们或许会发现,Kindle 的资源整合只是原有优势资源的重新整合和利用,而非对自身商业模式的根本改变。Kindle 上承载着的也是亚马逊的在线内容及其对图书出版产业链的整合。但真正让 Kindle 赢得用户青睐的不仅在于外观,还在于其无线链接功能。也就是说,Kindle 用户不仅喜欢他们的设备,而且也非常积极踊跃地购买阅读内容。相形之下,汉王董事长刘迎建则表示,汉王电纸书中所有的内容资源全都由内容生产者定价,如果是免费的,汉王乐意提供这个阅读平台;如果内容收费,汉王采用的是"二八模式",即与内容生产方二八分成,版权方获得 80% 的利润。这应该是目前全世界最好的方式。汉王的目的就是要加强内容平台的构建,针对电纸书产业,汉王力求在硬件开发、内容提供及数据加工等多项业务上发挥更大的作用。从技术导向型到以市场作为引领,并且与内容提供商之间智慧性的"让步",无不渗透着汉王致力于打造资源整合平台的决心与信心。

5. 体验创新

由于其处于产业链的下游,终端设备提供商直接面对用户,故重视开发基于用户需求的各种服务,并能充分挖掘用户的阅读体验,通过不断完善自己的终端设备追求体验创新

汉王电纸书以其不伤眼、能手写、低功耗、超便携、海量存储的优势,获得了读书人的青睐。无论从外观设计、模具、内容还是功能上,在数字阅读方面对消费者而言都将是一种全新的体验。汉王电纸书的根本设计理念与目的在于,通过不断创新的科技魅力引发持续消费热潮,并最终以无纸阅读趋势实现绿色环保。

首先,汉王电纸书独一无二的用户体验在于可读可写,任意勾画书中喜欢段落,也可在空白处写下读书感受,随意阅读,极为过瘾。除去预装的电子书外,用户还可到汉王网上书城免费下载更多书籍。其次,汉王电纸书舒适、环

保、不伤眼。在电脑上看书,携带不便,辐射大;用手机看,携带方便却依旧伤眼。汉王电纸书采用全新电子墨水技术,效果酷似纸张,不闪烁,无辐射,手机电脑没法与之相比。并且电纸书的阅读方式不仅仅改变的是阅读习惯,更改变了一种生活方式。看过以后的报纸杂志,甚至一些不具备收藏价值的图书,只要动一动鼠标,就可以删除,这种阅读后的处理方式绝对够低碳、够环保。最后,汉王电纸书持久耐用。功耗是手机的 1‰,充电一次可阅读 15 天。

尽管电纸书市场经过了前两年的爆发式增长,但随着平板电脑的介入,前景似乎并不乐观。平板电脑丰富的功能对于大多数人都是一个诱惑,但对于想专注于阅读的人们来说,恐怕功能过于丰富和强大的平板电脑并不是最好的选择。不论是价格、重量、续航时间,还是显示屏的技术原理,如果真正想专注于阅读,恐怕电纸书产品才是最适合的。

6. 注重知识产权

核心技术的积累让汉王认识到,中国企业必须拥有自主知识产权,才能形成竞争优势。要想真正迈出国门,与国际接轨,知识产权是国内企业必须跨越的一道门槛。知识产权之争就像是一场没有硝烟的战争,激烈而残酷。作为一家创新型企业,汉王科技不遗余力地保护自主知识产权,维护自主创新成果,占取了市场的先机。

首先,汉王聘请 8 名高学历全职人才,成立了专门的知识产权部进行知识产权的申报、预警等管理工作,并针对一些关键技术领域进行专利分析,明确研发方向以及可能遇见的专利壁垒。其次,汉王科技积极鼓励员工进行专利申报,组织企业全员进行专利申报培训,每年都对申报优秀专利的员工进行奖励。最后,在专利申报过程中,汉王还会引进外援,组成公司的专利复审委员会对所申报的专利进行预审,提高专利申报的质量,最大限度地保护企业的自主创新成果。

九、企业发展及创新的主要困难和问题

汉王科技股份有限公司 2009 年推出了其"一号工程"——汉王电纸书,引发了国内电子阅读器市场上的销售业绩的爆发式"井喷"。而押宝于电纸书的汉王科技也成功地于 2010 年 3 月登陆深交所中小企业板,上市仅 7 个交易日之后,汉王科技的股价就轻易突破了百元,跻身中小板屈指可数的百元股行列。2010 年底更创造了百万销售的辉煌纪录。如此辉煌的成就,毫无悬念地奠定了汉王在电子书阅读器方面的领军地位,也许董事长刘迎建做梦都会笑出声来。

但是，刘迎建也许做梦都没想到 iPad 的凭空出世会给国内电子书终端市场造成如此大的冲击，抢占了不少市场份额。作为电子阅读器领军企业的汉王，由于股价下跌、销量减少引来了质疑声音不断、骂声一片，甚至引起部分业者对中国电子书市场前景的担忧。

面对如此恶劣的市场环境，刘迎建仍称对电子阅读器市场充满信心，表示汉王未来将转变赢利模式，逐渐从终端设备提供商转型为内容平台服务商。不管未来如何，汉王电纸书能否反败为胜，这一次在强大的竞争对手面前，也充分显示出汉王以科技进军数字出版领域的不少问题。

（1）从价格上来看，前两年汉王电纸书的售价一般都是在2000～3000元。一本电纸书的售价堪比一部高端手机或者上网本的价格，过高的定价与普通消费群体期望的价位差距较大，所以一直是礼品市场比较畅销，而个人市场所占份额较低。尤其是2010年，随着平板电脑等其他电子产品对市场的冲击，电纸书产品的价格就一路下滑，给这家电纸书霸主带来较大冲击。现在汉王最便宜的电纸书价格是599元，仍高于用户的目标价格。

（2）从功能上来看，尽管汉王有其核心技术的支撑，电纸书终端不仅可以读，也可以手写输入。但是相比平板电脑、智能手机等移动载体的强力竞争，电纸书的功能仍显单一，不伤眼、能手写等优点在用户体验面前显得不具备更强大的竞争优势。

（3）从定位上来看，作为新兴产品的倡导者，汉王在市场布局的过程中，并未激发用户自身的需求，目前火热的电纸书市场更多的是基于"送礼经济"的拉动以及厂家宣传的驱动。汉王给自己塑造了一个礼品市场的定位，让它整体品牌口碑难以因为降价而变成真正的大众消费品。加上汉王产品定价偏高，上市后大量生产电子阅读器导致库存过剩，再加上高定价，无法进入大众市场，也正是在这个意义上，汉王电纸书的个人消费时代尚未完全来临。

（4）从技术上来看，电纸书的核心技术不在汉王手里，它只是把自己的手写技术植入到里面，技术创新点不明确，硬件是组装的，显示屏是别人的，内容也是移植别人的。与传统报纸相比，保存寿命不长依然是所有的电子书难以突破的禁区。这意味着电子书只能作为接受终端，却无法成为真正意义上的载体。就这一点而言，汉王电子书技术层面的胜利也仅仅只是某些方面的胜利，是建立在对过往技术的扬弃、整合基础之上的局部胜利，至于解决终端向载体的转型问题，依然会成为未来发展道路上的一个重要瓶颈。

（5）从替代品来看，由于数字出版是近年来兴起的产业，其中蕴藏着极大的商机。汉王电纸书可谓内忧外患，不仅有其他电纸书终端厂商来分一杯羹，还有各种山寨电子书的市场挤压，以及像平板电脑、智能手机等移动终端的竞争。

（6）从产业链位置来看，汉王需要努力打造权威的电纸书产业链，这不仅需要多方的合作，更是要给品牌产品商、内容提供商、电信运营商在整个产业链条中找到恰当的位置，并彼此达成利益分成的有效协议。然而就目前情况来看，作为终端厂商的汉王拥有成熟的电纸书阅读器生产与制造技术，但是在移动阅读的产业链中，汉王对内容提供商的影响力依然较小。由于内容提供商和服务提供商未达成有效的一致协议，直接导致了电子阅读器市场的利润分成模式不确定，加上电子阅读器的运营和支付平台尚且处在雏形阶段，国内用户对付费阅读模式还不能完全接受，所以电子阅读器市场的产业链始终未能成功搭建。

（7）从合作模式来看，技术是汉王实现差异化定位的优势。作为一家硬件厂商，汉王本身在内容提供以及运营和服务方面并不具备绝对优势。因此，汉王开始在内容上下工夫，内容资源的整合需要投入很大的成本，这样就可能出现内容与平台不能兼顾的局面，使得原本的优势产品在成本和价格上的竞争力被削弱。在这样的情况下，如何选择合作模式成为关键要素。处理好与各方的关系是汉王需要投入精力来研究的议题，也是企业发展历程中亟待解决的问题。

（8）从版权上来看，版权问题是整个数字出版产业链中的任何一方都必须解决的问题。数字出版产业发展的前提是解决传播内容的版权问题，尤其是针对传统纸质图书和期刊内容的版权问题，更是如此。由于我国长期以来的法律实践和思维传统习惯的原因，没有将图书的电子版权和传统版权统一，所以就造成了传统纸质图书在数字环境下的授权困难。而目前汉王采取的是一书一密模式，防止其内容被盗版者利用互联网肆意传播。而如何更好地解决这一数字版权的正常授权问题不仅仅关系着汉王电纸书事业的未来，也关系到整个中国数字出版产业的命运前程。

（9）从管理组织上来看，汉王的内部管理结构、管理流程、资源调度值得质疑。2011年电纸书市场大环境受挫，显示出汉王自身的品牌、销售、渠道方面均有不足。对于市场的过分高估使之前汉王电纸书存下了大量的库存，降价策略推出的时机又不太及时，使得汉王的降价策略并不是那么成功。当然，电纸书降价策略的失败主要跟电纸书整个行业的环境有关，平板电脑来势汹汹地冲击使电纸书市场彻底暗淡。汉王的主要业务即为电纸书，因此受此冲击会比较明显，后果也会比较严重。降价策略的晚跟进，归根结底在于团队的问题，尽管董事长刘迎建作为老一辈管理者,勤恳、努力,但这不足以掩盖其团队的问题。

十、企业未来的发展方向

汉王术业有专攻,依靠手写技术起家,对电子阅读器时机把握得好,手笔够大,铺天盖地做广告,很短时间把市场打开并成功上市。但是随后的发展后劲不足,导致大起大落,所以汉王的产品路线很值得进一步的深入分析。

目前,电子阅读器的市场需求减少已经是不争的事实,可以说汉王一定程度上正经历"内忧外患"的发展困顿期。2010 年,汉王凭借电子阅读器概念成功上市,股价一路上升的喜悦一度使得汉王人员扩张进入"大跃进时期",加之其现代企业管理制度的匮乏,主流产品提升不足,因此在单一的明星产品阅读器遭受冲击之时,企业难免经历阵痛。但是电纸书内容服务的潜力很大,因此汉王必然也是必须要将目光放到内容服务上。汉王科技只有改变战略规划,关注于内容建设和移动互联网的创新,才能突破瓶颈,实现持续增长。

过去,汉王选择的是饮鸩止渴的道路,主要依靠硬件拉动内容的运营模式,即通过终端的利润空间,补贴汉王书城的运营亏损。而未来汉王科技呈现出两大业务架构,一是电纸书终端硬件业务;二是数字出版平台业务。在电纸书上做到国内老大,在其他方面通过开放战略,用书城来覆盖,可以说汉王已经启动了从硬件赢利模式向内容赢利模式的转型,这也是对苹果和亚马逊的商业模式的借鉴。

汉王是通过市场发展起来的,我们不怀疑它对市场的把握能力,关键要把硬件和内容的结合点想清楚。因此,汉王未来的工作主要集中在三点上:第一,在继续完善电纸书各项功能的基础上,推出新型产品;第二,逐步整合数字出版内容资源,探索数字出版信息服务的商业模式;第三,利用平台具备的电子商务功能,营销整合众多出版社内容资源。

在终端硬件业务方面,不但继续坚守并加强电纸书行业的发展战略,也会开拓新的产品市场增长点,执行产品的多元化战略布局。电子阅读器的未来仍会突出其便携性、海量和可移动性,所以仅有 WiFi 功能是远远不够的。这就要求数字出版企业要积极与电信运营商去合作,除了增加手机上网模块之外,更重要的是去整合产业链中的资源,比如电子阅读器同时也是一个生活信息的资讯终端,可以了解天气、订机票和酒店,可以实时了解个性定制的某个类型书籍的动态,可以与喜欢的作者或者出版社即时互动,甚至可以由个人上传文学作品,由出版商来销售然后分成,这些才是数字出版业未来的真正潜力。

在数字出版平台业务方面，从市场推广层面着力考量，致力于培养与用户之间的关系，这是汉王电纸书需要加强的。汉王借鉴亚马逊的模式，致力于打造汉王书城，希望能从一家卖终端、卖软件的公司，向卖服务的公司转型。书报刊数字化是大势所趋，汉王书城是为了适应未来书报刊的数字化而搭建的内容分销平台。因此，汉王必须在加强终端产品的基础上，不断丰富产品内容资源，因为现在的"阅读"变得越来越更像一种潮流的掌握和自我知识的更新，如果一个人不能及时地阅读大家都在讨论的书籍或知识，那么就容易显得信息滞后甚至会被冷落，所以除了终端的阅读器之外，电子书的竞争力不能仅仅停留于经典名著和言情小说之类的内容。

在与数字出版产业链的各方合作方面，终端厂商还存在与产业链各渠道交流不畅的问题，主要包括数字出版产业链上游内容的整合渠道和下游的销售渠道。各方缺乏良好的合作机制，因而各自为政，使数字出版终端提供商处于上缺内容、下缺销售渠道的孤岛位置。汉王作为数字出版产业链中衔接上下游环节的中间端，已经与各方机构建立起紧密的合作关系。一方面，广大出版社、原创文学网站等机构是汉王的平台、终端内容提供商，汉王作为内容的接收、传播者，与以上机构进行了合作形式、利益分成方面的沟通和磋商，实现了利益的共享；另一方面，作为战略布局的重点，汉王与传统发行渠道——新华书店的合作也全面展开。

在市场拓展方面，未来汉王电纸书将更加重视市场细分，如针对教育、办公等特定目标市场，突出满足差异化需求的定制终端产品。

在深耕电纸书的同时，汉王也把目光瞄准了其他领域。2010年5月，汉王正式发布了自主研发的 TouchPad 平板电脑，应对苹果公司 iPad 在数字手持终端领域带来的巨大冲击的挑战。在未来的个人手持终端领域，汉王以其软硬件优势和清晰的市场定位，创新企业发展思路，谋划企业长远发展规划战略，使创新的汉王永远立于科技浪潮中的不败之地。

十一、比较分析

1. 国内企业竞争趋势

经过近两年的电纸书终端销售的井喷式发展，国内出现了不少电纸书产品。目前国内可以见到的电纸书品牌主要分为国外和国内两大阵营，国外品牌有亚马逊的 Kindle、日本的 Sony、韩国的 Iriver Story 等，国内的大品牌厂商有汉王、翰林、爱国者、Foxit，小品牌则有艾博克斯、易博士、易迪欧等。此前面对电纸书终端阅读器销售的良好态势,一些 IT 厂商如联想、华硕、LG、爱国者、纽曼、OPPO 等也相继跟进,呈现百花争鸣的竞争格局。

然而,在井喷式发展后,2011 年的电纸书市场终于慢慢缓和下来。以苹果 iPad 平板电脑为代表的移动终端在国内的畅销,让包括汉王在内的终端厂商如临大敌,各大电子终端阅读器厂商纷纷开始降价销售。面对这种不利情况,不少人质疑电纸书只是过渡产品,以 iPad 为代表的平板电脑完全具有替代电纸书的可能。随着高利润、高收入的时代一去不复返,众多淘金者如潮水般退出这一市场。

面对强大的竞争压力,国内电纸书市场不自救是没有出路的,降价策略似乎是抢占市场份额最行之有效的途径。盛大、汉王等企业都开始纷纷降价销售。不过,各种品牌电纸书售价差异明显,目前的价位从 500 元到 5000 元不等。从市场角度分析,6 英寸电纸书比较合理的价格应该在千元以内,汉王目前最便宜的电纸书价格为 599 元,盛大的为 499 元,距离读者的预期目标 200～300 元仍有距离。只要价格下来,国内的电纸书向大众消费品转型就又迈进了一步。

目前,汉王在国内最大的竞争对手是盛大 Bambook。Bambook 凭借"贵族"出身,依托强大的内容资源,横空出世之时就已引起业内厂商的自危。新品发布之时即采取低价策略,现进一步拉低价位也不足为奇。此时 Bambook 降价可谓盛大一部妙棋,一举三得:首先,给备受业绩表现欠佳困扰的汉王当头一棒,汉王选择跟进或观望均显被动;其次,"替"部分同业竞争者做出抉择,加速市场洗牌;再次,面对增长乏力的电子阅读器市场,Bambook 此时降价有利于快速提升市场占有率。

但作为曾占据中国电子书市场 90％以上份额的行业深耕者——汉王科技,在亚马逊 Kindle 和苹果 iPad 的双面夹击下,作为中国电纸书行业的先驱必须认识到:硬件大幅降价并不能挽救惨淡的市场财报,企业当前面临的不是硬件市场的一时失利,而是整个产品赢利模式的规划创新。因此,在价格战之后,内容资源的抢占将成为电纸书市场的下一步战略。

2. 对比案例:苹果

知己知彼,方能百战百胜,商业战争里需要认清对手,才能做出正确的战略决策。令人错愕的是,汉王科技在招股说明书中并未提及 iPad 这位强劲的竞争对手,仅列出了亚马逊和 Sony 两位电子阅读器同行。而恰恰是苹果 iPad 这个被忽略的强大的潜在对手,将国内电子阅读器市场搅得天翻地覆,同时也令汉王科技损失惨重。

2010年汉王有七成多的收入仍主要依赖于电纸书,而从2011年第一季度开始,营业收入就同比减少50.13%,产品均价同比下降31.64%,销量同比下降53.56%。这其中最主要原因就是受到iPad等平板电脑市场竞争的影响,导致电纸书销量的减少。同时,电纸书整体的销售费用较去年同期微增,研发费用较去年同期有大幅增长。

刘迎建在2010年曾发豪言,要带领汉王走入"世界五百强",却遭遇最强对手。当苹果成为最烫手的科技产品话题时,中国有几家企业以各种方式表达某种"反抗"。国内电纸书终端的龙头老大——汉王就在2010年5月推出自己的TouchPad平板电脑时,在发布会上砸碎了一只冰雕苹果,以示与苹果公司对抗的决心。但一年过去,苹果的iPad平板电脑总销量已超过1500万台,2011年5月苹果iPad2上市后,不出乎大家的意料,销售持续火爆。想要咬苹果却反被咬,这缺一角的"苹果"反而更像汉王的真实写照。

在美国,iPad和Kindle在2010年的销售差不多,但Kindle的销量很多是靠降价来获得的。而汉王在降价策略上明显跟进得慢了,反应有点迟钝。iPad的降价并将中国作为甩货的市场以及iPad2的推出,明显造成了国内电纸书市场的动荡,汉王股价大起大落,明显受到苹果公司的冲击。

面对如此大的困境,汉王仍然坚持平板电脑和电子阅读器属于两款不同的产品,因为目标客户定位不同,长久来看,二者不存在针对性的竞争。所以汉王也不断进行战略调整,加强新产品研发,以增强竞争实力。苹果高明之处到底在哪里,是技术垄断,或是设计精良,还是"硬件+软件"的模式完美,这对于刘迎建来说都是难题。

从技术创新上来看,就电纸书阅读设备领域,不论是在全球掀起数字化阅读潮流的亚马逊电纸书阅读器Kindle,还是拥有强大品牌号召力的Sony Reader,都仅限于视觉上对电纸书进行类纸化显示处理,而汉王正是基于其在世界领先的手写识别输入技术和笔迹输入技术完美地融进其电纸书阅读器中,打造出世界上第一部同时也是独一无二的支持手写识别技术的电纸书阅读器。但是,电纸书阅读器最为关键的核心元件——电子墨水,为元太公司所有,包括汉王、Kindle在内的国内外大小电纸书阅读器生产厂商都受此制衡。目前电子阅读器的上游屏幕生产商的产能有限,而且屏幕的工艺水平要求高,由于屏幕采购成本很高,电纸书厂家大都选择囤积很多屏幕,以免价格继续上涨,汉王也不例外。技术的限制也就决定了成本的高低。所以在面对iPad的冲击下,这一技术极大地制衡了汉王的降价策略的跟进,所以造成了不少的损失。

从产品创新上来看,电纸书是一步步向前推进的,从最开始功能比较简单的 N510,到加上手写功能的 N518,到彩屏智能电纸书,再到 E920 双触控屏幕电纸书,这是一个不断上升提高的轨迹。在某种程度上讲,苹果是美国 IT 业的精髓,它与各产业的融合做得非常成功,从 iPod 到 iMac,从 iPhone 到 iPad,每一项产品都极具竞争力,从 MP3 到手机再到平板电脑,可以说苹果在美国乃至全世界的消费电子行业也是数一数二的。谁也猜不到下一步苹果会做什么产品,但是所有苹果粉丝都在期待。

从体验创新上来看,平板电脑的冲击将更为致命。这种创新通常没有开发新的产品,也没有特别强调产品的技术特性和指标,强调的是采取新的方式来使用产品。在很多人看来,iPad 因为具备了多种功能,并且关注用户的感受,所以更加广泛地被用户所接受和欢迎,甚至是感激。基于体验创新所形成的品牌号召力对用户的印象是最深刻的,而有取代功能单一的电纸书的可能。用户在选择其他产品时,是在购买功能,而在选择苹果公司的产品时,用户是在为自己的情感共鸣和自我实现付费。汉王科技产品所宣传的卖点:超低能耗、保护视力、户外强光下仍可阅读、无辐射、全视角阅读等,似乎除了"无辐射"之外,相比苹果的用户体验度来说,其他都谈不上有吸引力。

从价格方面来看,汉王似乎没有任何优势,汉王为强化零部件资源、"狙击"对手,大量囤积屏幕,未料礼品市场严重萎缩,个人消费市场又遭 iPad 冲击,出货未达预期,库存水位高涨。尽管汉王也建立起内容服务平台,仍然更像是卖硬件的,以内容养硬件还起不到效果,因此汉王的降价策略注定失败。汉王在新产品 N800 上加上了 WiFi 无线上网及浏览器功能,其 3000 元左右的价格比起苹果 iPad 来说仍然毫无竞争力。

在设计理念上看,苹果"牛"在它的工业设计和供应链很强大,时尚就是苹果产品的主题,苹果产品是一种个性、前卫的群体的标识。在设计感这方面,苹果强大的设计理念不是寻常企业能比拟的。即便苹果的产品再薄再轻也是有极限的,汉王有机会逼近,但这个逼近过程很痛苦。

从营销方面来看,苹果是以 1 年为一个开发周期,比如 iPad 两代相隔 1 年,要战胜它就要缩短为 8 个月。所以库存很关键,苹果的饥饿营销值得所有 IT 企业学习。短时间,小范围,为了营造一定的市场强势,制造营销话题,可能会采用满足部分消费者心理效用的这种"小伎俩",但是它不可能作为公司长期、持续的机制。

从成长环境来看,平板电脑会不会替代电纸书这一争论虽然还没有结论,但国内电子阅读器会被平板电脑约束在一个空间内并且短时间内难以突围这一事实并不能改变。为什么国内的电纸书市场受到如此大的冲击,归根结底还是国内外电纸书的成长环境不同。国外用户之所以愿意接受电纸书,是因为国外的纸张比较贵,书本价格高,但中国用户的阅读习惯难以在短时间内改变。而电纸书的劣势还表现在成本没法迅速降低,这导致其价格虽然正在逐步降低,但降价的速度却一直跟不上平板电脑。大的市场环境尽显颓势,内容市场还没有很好的改观,用户付费习惯没有得到改善,出版社提供的内容推动不够,内容市场没有收入拉动,所以高潮过后电纸书开始走得艰难。

从产业链来看,汉王不着力于打造共赢的产业链,而是拼命从终端销售中获取利润,通过终端的利润空间,补贴汉王书城的运营亏损,这是一条饮鸩止渴的道路。汉王这种贪婪激进的战略可谓守株待兔,而待兔未遂的结果就是坐困愁城。相比汉王,如果没有 iTunes 和 App Store,苹果不可能取得今天的辉煌。不管手机也好,MP4 或是电子书阅读器也罢,都需要丰富的"内容"资源来支撑。iPhone 之所以如此受欢迎,是因为它有 App Store 可以提供那么多有趣的游戏和应用程序,才能真正让用户变成苹果粉丝。这就是乔布斯的过人之处。他深知未来的竞争不是产品的竞争,不是技术的竞争,甚至不是品牌的竞争,而是产业链的竞争。当企业建造了一个完整的供需链条时,其商业帝国才能真正站住脚跟。

从商业模式来看,尽管汉王正着力打造汉王书城这一内容平台,但是汉王还停留在卖硬件的地步,用内容养终端这一模式所起的作用成效仍然不高。因此,汉王没有如平板电脑那样走内容为王的市场策略,在价格方面就没有优势。内容增值策略下,硬件终端可以低价乃至低于成本价甚至 1 元销售,索尼的 PS 系列和 PSP 以及其他游戏机厂商的产品很多就是低于成本销售的。

第五节　技术服务商主导的创新案例分析——北大方正

一、相关行业现状及背景

数字技术及互联网技术的飞速发展已经在全球范围内对传统媒体和出版业带来巨大冲击。传统出版业在完成了从"铅与火"到"光与电"的革命后,又迎来了数字化浪潮。我国数字出版依托传统出版行业基础、结合先进的数字出版技术优势，经过十多年的发展，产业规模不断扩大，产业链日益完善，数字出版观念正在形成，数字出版形式、形态更加丰富。如今，已经涌现出一批具有一定规模、拥有各自竞争优势的专业数字出版企业。

北大方正集团有限公司（以下简称方正）自创办之初就不断进行技术创新，在中国 IT 产业发展进程中占据着重要地位，同时也在数字出版领域中引领一次又一次的技术创新。方正一贯坚持的技术选型模式与技术开发思路，为今天数字出版时代的到来奠定着坚实的基础。从王选院士发明的汉字激光照排技术替代铅排铅印开始，到让传统媒体"告别纸与笔"的新闻采编平台，以及对数字出版技术不断探索后诞生的"全媒体数字资源库"、数字内容运营平台等，使得数字出版技术在现时代的发展拥有了必然的技术演化发展路径。

如今，方正阿帕比先后自主研发了 DRM（数字版权保护）技术、CEB（版式文件）技术、数字报刊技术和移动阅读技术，并开发出了业内首套数字出版整体解决方案，将出版、管理、发行等环节置于同一平台下，实现统一管理。此外，方正积极参与行业技术交流，构建云出版服务平台，助推数字出版产业高速发展。

数字出版代表着未来，可以说，2011 年是中国数字出版产业正式进入云出版时代的一年。有业界人士指出，中国的数字出版可以以一个具象的词汇概括其当年的发展主线与成果，2009 年是"电子书"，2010 年是"电子阅读器"，2011年，业界选择了"云出版"。作为中国数字出版产业技术服务提供商，方正有着明确的战略定位，力争为中国新闻出版业提供先进的数字出版技术服务，以数字出版物发行平台帮助任何人在任何时间、任何地点方便、快速地获得书、报、刊、文档各类出版物，并在一次次的创新中不断迎接新的挑战。

但从目前国内的情况来看，数字出版的发展还存在着诸多问题，诸如法律和法规的完善、行业标准的建立、专业人才的培养等。技术今非昔比，观念一日千里，各个数字出版企业都在技术的推动下，不断探索着适合自身的发展路径。

二、企业基本情况

1. 企业概况

北大方正集团有限公司由北京大学于 1986 年投资创办，拥有并创造对中国 IT、医疗医药产业、传媒产业、教育等领域发展至关重要的核心技术，是国家首批六家技术创新试点企业之一。作为目前全球领先的基于移动终端的数字出版技术提供商，20 年来，方正集团始终坚持持续不断的技术创新，给中国的出版业带来了革命性的变化。

方正是诠释中国政府对"创新"理念,即"企业为主体、市场为导向、产学研结合"的典范企业之一,在软件研发和数字出版方面有着独特的技术优势,在数字出版各环节都有着原创技术及应用。2001年,方正首次提出"Ebook 的梦想",此后,方正先后研发出多种具有自主知识产权的核心技术及标准,截至目前,方正数字出版系统提供包括电子书、数字报、移动阅读以及数字内容阅读平台、云出版服务平台等丰富多样的数字资源产品。

在中国数字出版产业不断发展的过程中,其产业规模不断扩大,产业链日趋完善,数字出版的观念已逐渐深入人心。基于国家和政府给予的高度信任和重视,方正正通过不断的努力,打造完整的数字出版产业链。截至目前,阿帕比云出版服务平台已得到上百家出版集团、报业集团等出版单位的认可和加入,同时也得到了汉王、联想、新华书店、歌华有线华阅数码、腾讯网等众多数字内容运营企业的支持,云出版联盟规模也在不断扩大。

中国出版印刷业的每一次技术升级或革命,都是 IT 技术、"数字化"不断深入的结果。方正从铅字排版到激光照排,再到直接制版和现在的数字出版时代,一直不懈地为中国出版印刷业提供着先进的 IT 技术。

2. 成长历程

从 1986 年以激光照排技术起家,到今天的 IT、医疗医药、房地产、金融、大宗商品交易五大产业布局;从最初的 40 万元创办费,到今天的总收入 520 亿元。如今的方正集团已经占据了中国校办产业的半壁江山,是北大的骄傲,是校办产业的一面旗帜,同时也是中国企业多元化之路的典型成功代表。

凭借着技术优势、北大的金字招牌、王选的影响力和创业者的拼搏精神,从20 世纪 80 年代后期开始,汉字激光照排技术迅速产业化并被市场广泛接受。激光照排技术给中国出版行业带来了一片繁荣,告别"铅与火"的革命宣告成功。

然而 21 世纪到来后,数字化的浪潮开始冲击"纸"书这个最古老也最牢固的城堡了,新一场变革在中国悄然兴起——北大方正和众多的公司一道,开始为迎来数字出版新时代而努力。方正适时在 2000 年初启动数字出版技术的研发,并于 2001 年成立了网络传播事业部(2005 年改称数字内容事业部),这是现在方正阿帕比公司的前身。

2001 年 4 月,方正正式推出阿帕比网络出版整体解决方案,以数字版权保护技术(DRM)为核心,致力于电子书及其他数字内容的转换制作、保护、传播和展示。紧接着,方正开始与出版社合作,推动出版业的数字化转型。同时,除了方正阿帕比的 DRM 技术之外,方正还希望借助于新一代版式文档技术,力图打造一个整合数字出版行业上下游的产业链平台,从内容一直延伸到系统和终端。方正依旧秉承着创新的传统,克服了 PDF、ePub、CEB、XEB 等格式的缺点,原创性地提出了融合版式和流式的 CEBX 技术。

其实在 2000 年,方正阿帕比已经自主研发了 CEB 版式文档技术,那是一种可以提供原版原式的文档呈现技术,2001 年又专门针对手机等移动阅读设备开发了 XEB 格式技术。从 2005 年开始将版式和流式技术进行融合,然而融合过程困难重重。直到 2008 年,CEBX 的难点技术被相继攻克,接下来的工作就是要把技术转化成产品,这需要涉及阅读、数据转换、数据加工、跨平台支持等诸多方面,开发工作量成倍增加。于是在 2009 年 1 月,方正技术研究院数字出版分院成立,专注于数字出版领域前沿技术研发。

2009 年 10 月,在被誉为全球出版界奥林匹克的德国法兰克福书展上,方正发布了"全流程数字出版解决方案",为全球传统出版业向数字出版的转型提供了全新的理念与技术支持。该解决方案既包括应用于产业链前端面向全球的最新编辑排版技术,又包含了基于 3G 通信技术的产业链终端应用产品。

2010 年底,方正信息产业集团正式成立。作为方正集团的起家之业,方正信产集团将致力于成为涵盖媒体科技、IT 服务、数字内容运营、精密制造、硬件及增值服务五大板块的最具综合实力的 IT 服务商。

2011 年,方正又推出了云出版服务平台,将以阿帕比核心技术为基础,向出版商和渠道商推出在线数字出版综合服务,该平台将为数字出版产业链上的各方都带来价值提升。

3. 企业规模与地位

方正集团 25 年前由北京大学投资创办,创造了对中国 IT、医疗医药产业发展至关重要的核心技术,吸引多家国际资本注入,已成为中国信产前三强的大型控股集团公司。拥有 6 家上市公司,员工 3 万人,是诠释"创新"理念的典范企业之一。

方正的激光排版系统在全国报刊及出版系统得到了广泛运用,占领了汉字排版 85% 以上的市场,这个份额至今没有被改写。北大方正很快有了极高的知名度,以至于远远比它所在的公司有名气。在汉字激光照排领域,方正已成为绝对的行业领跑者,并被认为是"产学研"结合的成功典范。

到了 1992 年初,在公司酝酿组建集团公司的契机下,"北京北大方正集团公司"顺利挂牌。从此,方正集团以激光照排技术起家,逐步渗透到IT、医疗医药、房地产、金融和大宗商品投资等领域。

方正依靠在印刷出版领域积累的技术优势和客户资源,拓展了印刷出版全流程解决方案、数字出版技术以及云出版平台。方正现在已经成为中国惟一一个拥有自主知识产权的软件出口企业,也是惟一拥有三项国家行业标准的软件企业。值得期待的是,方正还成为了国家数字复合出版工程的主承担单位,这项工程将带来不下千亿的社会价值,其影响将不亚于当年激光照排技术带来的印刷革命。

依靠对数字出版业的不断探索,方正集团使得今天国内有90%以上的出版社通过方正阿帕比技术及平台出版发行电子书,90%的报业集团采用方正数字报刊系统同步出版数字报纸,全球4500多家学校、公共图书馆、教育城域网、政府、企事业单位等机构用户应用方正阿帕比数字资源及数字图书馆软件为读者提供网络阅读及信息检索服务,上百家出版集团、报业集团等出版单位认可和加入阿帕比云出版服务平台。

回顾过去,在数字出版技术上,方正已有明显的竞争优势。2003年,阿帕比DRM获我国信息产业界的最高奖项——重大技术发明奖,基于数字版权保护的电子图书出版及应用系统荣获2009年国家科技进步二等奖。2009年,方正还成为国家数字复合出版系统工程的主承担单位,这是列入《国家"十一五"时期文化发展规划纲要》的重大工程之一。

2009年2月,温家宝总理访问欧洲期间,将采用方正数字出版技术出版的一套精选电子书及数字图书馆系统作为国礼,赠送给英国剑桥大学,并为此套电子书题名"中华数字书苑"。2009年10月,国家副主席习近平在出访比利时期间,也将方正的"中华数字书苑"作为国礼,赠送给了鲁汶大学。这些都使我国悠远的文化得以通过最新的数字技术走向世界,也充分肯定了方正在数字出版领域做出的巨大贡献。

4. 员工基本情况

根据《方正集团有限公司2011年度第一期中期票据募集说明书》显示,目前除7名董事会成员、3名监事会成员及其他12位高级管理人员外,截至2009年末,方正集团共有员工30 662人,除生产工人外,共有16 966人。从岗位构成来看(不含生产工人),公司有管理人员3075人,占比18.12%;技术人员3901人,占比22.99%;销售人员3749人,占比22.09%;其他人员6241人,占比36.79%。从学历构成上来看(不含生产工人),公司共有博士42人,占比

0.2%；硕士学历者1387人，占比8.2%；本科学历者11 306人，占比66.63%；大专及以下学历者4231人，占比24.9%。

5. 创业者特征

王选被誉为"当代毕昇"和"汉字激光照排之父"，既是中国现代印刷革命的奠基人，也是方正事业的开创者、信息产业的泰斗，在他身上有一种勤奋、敬业、创新、奉献的精神。

王选出生在一个三代知识分子家庭，这给王选创造了良好的学习条件。在战乱与动荡的时代，他努力于自己的学业，并在1954年以优异的成绩考进北京大学数学力学系。大学时代的王选在选择专业的时候，选择了计算数学，让人大跌眼镜。然而在王选看来，新兴学科往往代表着未来，越不成熟，留给人们的创造空间就越广阔，"冷清和荒凉"才是更容易出彩的地方。事实证明，正是这样一个冷门专业，成就了王选的辉煌人生。

1958年，研究计算机的热潮开始在中国全面掀起。由于计算机科学人才极端匮乏，计算数学专业的王选得以毕业留校，先后在北大数学系和无线电系任教，成为国内最早研究计算机技术的奠基者之一。学科的发展果真证实了王选当初的远见卓识。

20世纪70年代以后，计算机技术的发展突飞猛进。然而在中国，要跟上世界信息化发展的步伐，必须解决一个巨大的技术难关——汉字输入和输出计算机的问题，也就是汉字的信息处理。1974年8月，在周恩来总理的关怀下，汉字信息处理科研项目被列入国家科学技术发展计划，即"748工程"。科技工作者的直觉使王选立即意识到这是一次难得的机遇。经过仔细分析，他又做出了一个重大抉择——投身于改变铅字印刷术的"汉字精密照排系统"研究。当时，国外正在使用第二代或第三代激光照排技术。王选和他的科研团队追求跨越式发展，直接开始第四代照排技术的研制，开创性地研制当时国外尚无商品的第四代激光照排系统，针对汉字印刷的特点和难点，发明了高分辨率字形的高倍率信息压缩技术和高速复原方法，率先设计出相应的专用芯片，在世界上首次使用控制信息（参数）描述笔画特性的方法，获1项欧洲专利和8项中国专利。这些成果的产业化和应用占领了99%的国内报业市场、90%的书刊（黑白）市场以及90%的海外华文报业市场，取代了我国沿用上百年的铅字印刷，引发了我国报业和印刷出版业的技术革命。

王选将汉字激光照排技术做成了产业，这是中国数以万计的高校科研项目中最为夺目的一个，这是王选众多经历中最重要的一段。1988年，北大新技术公司(北大方正公司的前身)开始全面推出北大方正系统,接着又推出报纸大屏幕组版技术、采编流程的计算机管理和新闻综合业务网络。此后的短短几年里,国内1000多家报社和6000多家印刷厂用上了激光照排系统,国外的同类产品被挤出了国内市场,美国的HTS公司因之而破产。几家颇具实力的外国大公司宣布,在汉字激光照排领域,他们放弃与中国竞争,北大方正从此成为全球最大的中文电子出版系统开发商和供应商。回首往日,方正的成功依然激动人心。

在处理北大与方正的关系方面,王选把握了整体"我"的原则,他常引用这样一个公式:1+WE=FULLYI,即个体我+集体我=完整的我,牢牢把握住整体利益。20世纪90年代,随着公司的飞速发展,方正原有的研发、经营分家的局面面临新的挑战。方正的经营部门和王选教授领导的北大计算机研究所一直是合作关系,是两个完全不同的实体,虽然合作先后经历了技术转让、委托开发、合作开发等若干阶段,关系越来越紧密,但技术与市场的脱节、研究所和公司利益分配上的矛盾日益突出。但王选坚持认为研究开发人员一心不可二用,不应该放弃所长。1995年,方正技术研究院成立,实现了研究所与公司的一体化,研究院具有了企业行为;同时,仍是北大计算机研究所,设有硕士、博士点和博士后流动站。因此研究院保持了北大原有的学术环境和学术氛围,研发人员和销售人员的矛盾转变成了技术和市场的矛盾。

除了激光照排技术,王选相继提出并领导研制了大屏幕中文报纸编排系统、远程传版技术、彩色中文激光照排系统、新闻采编流程管理系统和直接制版系统等,这些成果达到国际先进水平,在国内外得到迅速推广应用,使中国报业技术和应用水平处于世界前列,创造了极大的经济效益和社会效益,成为我国自主创新和用高新技术改造传统行业的典范。两次获国家科技进步一等奖,两次被评为中国十大科技成就,还获得过联合国教科文组织科学奖、日内瓦国际发明展览会金牌、首届毕昇奖、首届中国专利发明创造金奖、陈嘉庚技术科学奖、何梁何利基金科学与技术进步奖、美洲华人工程师学会成就奖等。2002年初,鉴于王选教授在科技领域做出的杰出贡献,国务院隆重授予他2001年度国家最高科学技术奖。2005年,国家科技奖励办公室批准设立"王选新闻科学技术奖",这是目前我国媒体行业(包括通讯社、广播、电视、报刊和网络媒体等)惟一经国家批准的跨媒体的科学技术奖项。

在王选身上,似乎天生就具备一种狂热的工作劲头,驱使他为着自己的事业不断迸发出前进的力量。这种对科学的崇尚与不懈探索,以及朴素而坚定的报国信仰,使得即使劳累过度,甚至危及生命,也绝不愿停息。

三、企业主要技术及生产工艺

方正从 2000 年开始致力于中国数字出版技术探索与实践,在继承并发展了方正传统出版技术优势的基础上,以拥有自主知识产权的内容制作技术、内容管理技术、DRM(数字版权保护)技术、CEB(版式文件)技术为核心,自主研发了关于内容排版制作、内容资源库、电子书、数字报、移动阅读等数字出版技术和产品,积极推动中国数字出版的发展。

1. DRM——数字版权管理技术

数字版权管理是一项新兴的技术,国外很多计算机公司进行了 DRM 技术的开发。方正集团敏锐地洞察到了这一广阔的市场前景,把技术开发的切入点和侧重点放在对网上电子图书版权的保护上,并于 2001 年 4 月推出了以 DRM 技术为核心的阿帕比电子书版权保护解决方案。并于 2003 年获得"信息产业重大技术发明奖",成为当年惟一获奖的软件项目。方正自主开发的 DRM 技术着重解决了网络出版的两大关键问题:数字版权保护技术和电子书的版式处理技术,包括 Ebook 安全分发及可信计数技术、图书资源数字化技术等。这两大技术妥善地还原了传统图书从出版社到发行方到书店再到读者的流程,出版社不仅依然可以选择出版物、出版时间、定价及选定发行渠道,而且还拥有了出版物停售的决定权,网站可以迅速建立万本电子书城,图书馆可以迅速建成电子书图书馆,从而充分发挥各个角色在产业链中的优势和特点,实现多方共赢。

2. CEB——版式文件处理技术

CEB 技术能够将各种格式的文件原版原式地转为统一格式,在转换过程中真实保持原有文件中文字、图表、公式、色彩等版式信息,实现高保真的显示效果。CEB 格式数据量小,利于传输。CEB 降低电子书发布商(书店/图书馆)对不同格式资源管理的困难。CEB 可支持各种新商业模式,如部分加密、分页权利控制、超级分发等。CEB 版式文件技术已经广泛应用于电子书、电子公文、电子期刊、数字报纸等数字出版物中,是方正阿帕比数字出版技术的基础。

3. 全文检索技术

全文检索技术是数字内容运营的核心技术之一,全文检索通过事先建立的倒排索引,能够快速地从海量数据中检索出需要的数据。方正阿帕比的智搜全文检索技术支持布尔检索、短语检索、临近检索、模糊检索、通配符检索、范围检索、前缀检索、距离检索、权重检索,支持简繁体、拼音扩展检索,支持同义、近义等相关词扩展检索,支持过滤器和权限控制,支持结果的排序和分组,支持结果多类别分布统计,支持分布式索引和集群技术,通过段式索引和动态索引技术支持索引的高效更新,可通过数据网关支持关系数据库的索引更新,具有语法能力强大、安全性高、可扩展性强等特点。

4. 版面分析和版面理解技术

版面分析和版面理解技术是利用版式数据中存在的版式信息,如位置、字体、字号、颜色、辅助信息、版式风格等信息,佐以语义分析方法,从而提取版式数据的逻辑结构,将无序、无分类的数据,组织成有序、有结构的数据。阿帕比的版面分析和理解技术可以从复杂版面(报刊的版面)中提取必要的文字和排版信息,自动判定排版方向、合并正文块,自动还原正文阅读顺序,自动关联文章标题和正文,并进行附图与图说、文章与附图之间的自动关联,具有智能程度高、准确率高的特点。阿帕比的版面分析和理解技术还可以处理图书版面,自动进行版心定位、页眉页脚和页码处理,自动进行目录提取、章节切分,进行参考文献等辅助信息的条目化处理,具有效率高、准确率高的特点。

5. 分布式数字内容传输与控制技术

该技术负责控制各个数据源之间的高效的海量数据传输。通过管理各个数据源终端,控制其使用带宽、任务,配合数据传输的范围和打包方式等策略,保证数据上传和下行的可靠、高效和安全。该技术是方正阿帕比提供电子书、数字报刊等数字内容服务的重要保障,也是各出版单位进行数字出版的重要保障。

6. 跨平台阅读技术

现在,各种各样的便携移动设备的硬件性能不断提高,基于移动设备阅读高质量的电子图书已成为可能,移动设备的便携性必将促进数字出版产业的发展。移动阅读设备包括电子书专用阅读器、PDA、智能手机等。方正阿帕比已经攻克跨平台阅读技术的重大难题,不仅可以在 PC 上阅读,也可以在专用阅读设备上阅读;不仅能符合中文的版面规范,而且使电子图书格式与 PC 机一致,可避免重复制作。

7. 统一的数字资源服务和检索技术

方正阿帕比具有统一的数字资源服务和检索技术。用户可根据自己的需求,对阿帕比数字资源平台的首页是否显示进行配置,也可以对首页显示模块进行配置,还可以对资源的各种权限进行控制。资源平台提供多种资源的统一检索功能,能同时实现对电子书、数字报、年鉴、工具书、精品图片等多种资源的检索,并能实现多种资源之间的相互关联。

8. 连续性出版物内容管理技术和发布技术

方正聚焦于传统版式文档的内容面向新媒体进行转型拓展的流程,特别关注于连续性出版物的特点,在新媒体生产流程改造、原始版式文档内容利用、多形态新媒体内容产品发布、数字内容产品策划重组和挖掘、数字内容控制与发行、新形态广告的管理和投放、基于内容的用户互动等方面有着多年的积累,相关技术较为成熟,在多个领域都有广泛应用。

四、企业销售渠道及客户情况

1. 企业销售渠道

方正在数字出版领域为用户提供了包括数字出版咨询服务、技术解决方案、培训与支持服务、运营合作服务等在内的一站式服务,创造新的出版价值链。方正在数字资源产品的销售上与出版社主要采用双轨模式:一种是出版社把内容给方正,方正帮出版社销售,然后分成;一种是出版社购买方正的软件自己做发行,这种情况下方正可以收许可费。可以说两种方式于双方都有利。这样,方正就能把销售渠道拓展得更宽。这种开放主要是解决出版社担心的问题,设想如果把路堵死了,把资源、数字全部都集中在技术提供商手中,出版商难以从心理上接受。目前这个平台包括三个渠道:2006 年上线的阿帕比阅读网,拥有近 50 万册电子书的庞大数据库,主要提供 B2B 的业务,为行业客户提供咨询;2007 年 5 月上线的爱读爱看网,是一个报纸发行的专业网站,目前已经有将近 700 份电子报上线,在过去两年没做过推广的情况下已经有了近 30 万用户;2009 年 7 月上线的番薯网,是方正基于电子书的垂直搜索网站,力图围绕阅读为出版社、书店和读者建立一个共享平台,积累的庞大用户群,同时可为出版社提供全方位、立体式服务,帮助出版社解决电子书的销售渠道问题。

2. 客户情况

目前,方正的用户主要是机构用户,学校、公共图书馆、教育城域网、政府、企事业单位等机构用户已经从 2001 年的 1 家发展到目前的 8000 多家,这些机构用户应用方正阿帕比数字资源及数字图书馆软件为读者提供网络阅读及信息检索服务。

出版社机构:方正已经与数百家出版机构建立紧密合作关系,并通过技术服务帮助出版社进行了有益的数字出版探索,在全球有 4500 多家机构用户为中文读者提供出版社的数字资源服务,这些都是方正与出版机构成功合作的见证。

行业用户：政府等行业用户 240 多家。其中机构用户构成为：公共图书馆占比 36%，位居第一；其次是普通教育系统即中小学校，占比 35%；高校领域占比 19%；企业用户占比 6%。未来 3～5 年，方正的企业用户有望占据机构用户中的最大份额。

数字图书馆用户：方正阿帕比的数字图书馆用户达 3000 多家，其中高校图书馆 1000 多家，国家图书馆等公共图书馆 120 多家，中小学图书馆 1400 多家。

五、企业市场及赢利情况

1. 市场竞争对手及市场份额

从激光照排到全流程数字出版解决方案，再到云出版服务平台，25 年来，方正凭借技术优势，在中国新闻出版业积累了别人无法企及的人脉和市场占有量：中国 90% 以上的报社和出版社使用的是方正的排版系统和输出设备。这意味着，我们能看见的绝大多数报纸或者书籍，从排版到印刷，几乎都和方正有关。

其中，方正汉字激光照排系统占据了国内 80% 以上的市场、海外华文 90% 以上的市场，中文照排市场份额全球第一。中国 90% 以上的出版社在应用方正阿帕比技术及平台出版发行电子书，每年新出版电子书超过 12 万种，累计正版电子书近 60 万册，并与阿帕比共同打造推出了各类专业数据库产品；中国 90% 的报业集团、800 多种报刊正在采用方正数字报刊系统同步出版数字报纸。此外，全球 4500 多家学校、公共图书馆、教育城域网、政府、企事业单位等机构用户应用方正阿帕比数字资源及数字图书馆软件为读者提供网络阅读及信息检索服务。

2. 主要赢利模式

在数字出版领域，技术提供商的赢利模式分为三种：其一，提供技术服务的收益；其二，通过数字内容的代理发行获得收益；其三，是基于内容整合的服务的收益。方正主要采取了前两种赢利模式。

方正阿帕比出身 IT 企业，对新技术的发展十分敏感，技术研发的能力也强得多，所以阿帕比一直在探索数字出版领域的新技术，为传统出版业服务。要每一个出版机构都去建立自己的数字内容的发行渠道，成本相对来说也是很高的，方正正是通过建立一个服务平台来降低所有出版机构营销的门槛。阿帕比数字资源平台主要是 B2B 业务，以图书馆等机构为主要用户。

爱读爱看网是阿帕比的在线阅读服务平台,网站免费提供最新图书在线翻阅服务,通过翻阅可以根据导购信息选择购买纸书或电子书,以及在线借阅电子书,这种即为数字内容的代理发行平台。

云出版服务平台推出了新赢利模式"合作伙伴模式",该模式中出版社向渠道商给出市场价和销售最低限价,渠道商有权定价。云出版服务平台作为技术提供商,根据最终的出版物销售价格靠基础技术服务分成。

方正在推行 B2B 业务的同时,也注重 B2C 业务的推广。例如,方正文房目前主要采取 B2B 的模式,主要面对行业客户、行业应用。同时方正文房将在 B2B 的基础上,会采用 B2C 的模式,不会和别人直接竞争。即便将来面向大众市场,也不会进店销售,而是和数字图书馆的服务捆绑在一起进行销售。

六、企业组织架构

从 1986 年以激光照排技术起家,到今天的 IT、医疗医药、房地产、金融、大宗商品交易五大产业布局,方正集团已经占据了中国校办产业的半壁江山,是北大的骄傲,是校办产业的一面旗帜,同时也是中国企业多元化之路的典型成功代表。其主要投资领域如图 3-32 所示。

北大方正集团有限公司设有集团办公室、财务管理部、资金管理部、技术管理部、品牌管理部、人力资源部、审计部、法务部、信息管理部、政府事务部、战略规划部 11 个业务管理部门(如图 3-33 所示)。

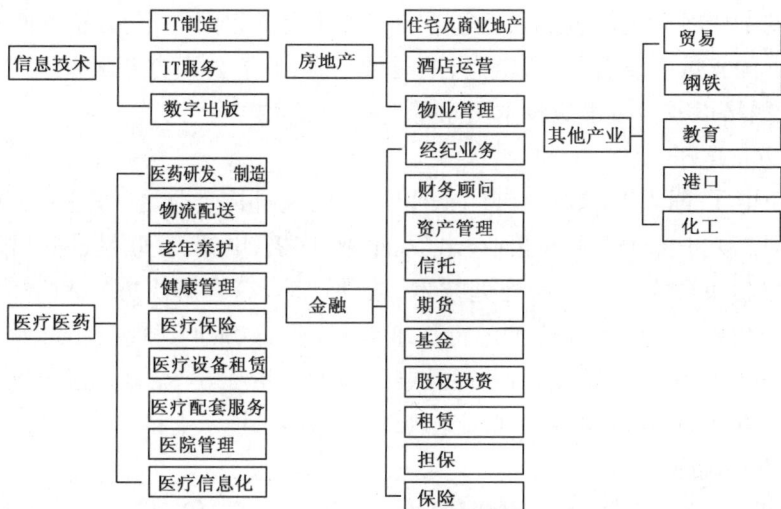

图 3-32　北大方正集团有限公司主要投资领域

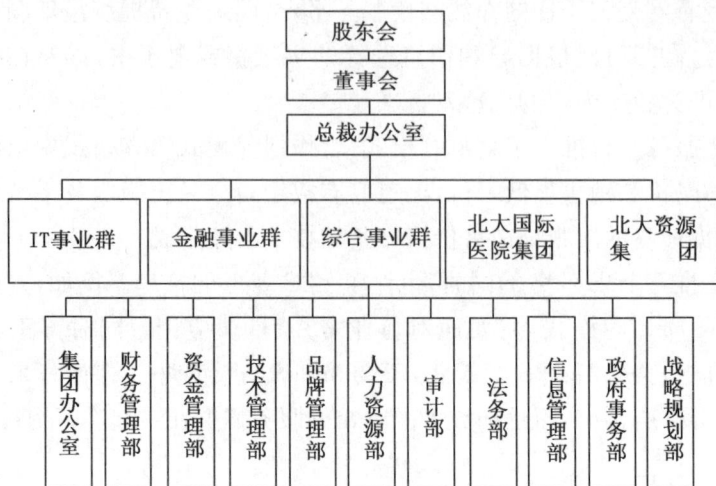

图 3-33　北大方正集团有限公司企业组织架构

方正信息产业集团涵盖了 IT 制造、IT 服务(包括软件和行业解决方案)和国家数字复合出版工程三大业务板块,成为技术领先、软硬结合、中国综合实力最强的 IT 服务商,包括方正科技、方正阿帕比、方正国际、方正电子等方正集团旗下公司。北大方正集团的软件产品与服务广泛涉及电子出版、商业印刷、数字媒体、信息安全、电子政务以及电子金融等领域,经营主体主要为方正科技下属子公司方正电子。在激光照排业务的基础上,公司开发出了数字出版业务,该业务的主要经营主体包括方正电子及其子公司方正阿帕比、方正飞阅和方正网络等。国家数字复合出版工程业务主要由旗下子公司方正阿帕比、方正飞阅、方正网络以及数字出版技术国家重点实验室承担。

1. 方正电子

方正电子是国内少数具有自主知识产权的高科技企业之一,是方正科技下属子公司。方正电子主要向报业、出版、印刷、广播、电视、互联网、图书馆、政府办公等行业和领域提供信息处理技术、软件产品、综合解决方案和增值服务。方正电子在数字出版领域持续进行技术创新,从 2009 年到现在相继发布了方正飞翔2009 交互式排版系统、方正经典资源加工系统等产品,方正全流程数字出版解决方案为传统出版社向数字出版转型提供了技术支持。

2. 方正阿帕比

北京方正阿帕比技术有限公司(方正阿帕比公司)成立于 2006 年 4 月,其前身是成立于 2001 年的北京方正电子有限公司数字内容事业部,是方正集团旗下专业的数字出版技术及产品提供商。Apabi(阿帕比)分别代表着 Author (作者)、Publisher(出版者)、Artery(流通渠道)、Buyer(购买者,即读者)以及 Internet(网络)。作者、出版社、发行商和读者是传统出版产业链的有机组成部分,也就是说,阿帕比是以因特网为纽带,将传统出版的供应链有机地联结起来,实现完全数字化的出版。方正阿帕比公司自 2001 年起进入数字出版领域,在继承并发展方正传统出版印刷技术优势的基础上,自主研发了数字出版技术及整体解决方案,已发展成为全球领先的数字出版技术提供商。方正阿帕比公司为出版社、报社、期刊社等新闻出版单位提供全面的数字出版和发行综合服务解决方案。目前,方正数字出版系统提供包括电子书、数字报、数字博物馆、各类专业数据库及移动阅读的技术解决方案,并提供丰富多样的数字资源产品的运营服务,以及多元化的数字出版技术和平台服务(如表 3-13 所示),并逐步从行业应用走向大众服务。

表 3-13 方正阿帕比产品列表

数字资源产品	软件产品
电子书:阿帕比电子书资源全文数据库、教参全文数据库、企鹅英文原版书库、阅读中国·当代文学精品库、中小学"教与学"精品书库、文渊阁四库全书	电子书软件:Apabi Reader、Apabi Maker
	数字图书馆软件:方正阿帕比新一代数字资源平台、方正德赛数据加工与安全发布系统、方正阿帕比论文提交与安全发布系统、阿帕比工具书助手
数字报:中国报纸资源全文数据库、报纸行业剪报库……	
工具书:中国工具书资源全文数据库	数字报刊软件:方正鼎新报刊解决方案、方正触摸屏读报解决方案、方正数字报刊审读解决方案
年鉴:中国年鉴资源全文数据库	数字出版软件:方正数字出版系统 2.0
特色资源:艺术博物馆图片数据库、国学要览、中医古籍、北京周报、民国期刊	
移动阅读:U 阅迷你书房	

3. 方正飞阅

北京方正飞阅传媒技术有限公司成立于 2009 年 3 月,是方正集团旗下专业的移动数字出版及移动多媒体软硬件整体方案提供商。公司致力于推动传统出版、媒体领域和通信产业的结合与发展,为电信运营商、企事业单位、新闻出版机构和个人消费者提供全系列的软硬件整体解决方案,实现移动出版、移动阅读、移动多媒体和移动信息管理的全方位需求。方正飞阅将在做强做大移动阅读整体解决方案(传媒技术)和专业阅读终端业务的基础上,利用在现有业务上积累的资源向运营和服务领域(传媒)扩张,从而实现成为中国最具竞争力的移动阅读、移动媒体解决方案提供商、专业信息终端供应商和移动阅读媒体运营服务商的战略目标。方正飞阅产品包括移动出版与发行系统(包括阅读客户端软件)和阅读器终端。

4. 方正网络

北京方正网络技术有限公司(番薯网)是方正集团于2009年倾力打造的数字图书门户,是为用户提供集图书的搜、翻、导、购全方位服务的一站式整合平台,正是产业链各个环节需要的对接平台,也是由拥有领先数字出版技术的方正集团与拥有先进互联网技术的中搜联手打造的电子商务平台,致力于为用户打造集书的搜索、多平台阅读、互动分享、购买为一体的全方位服务。

七、企业主要数字出版产品与业务

方正集团在数字出版领域拥有多年的技术和经验积累,包括移动阅读相关软件和终端产品(文房阅读器)、图书门户业务(番薯网和爱读爱看网)、数字复合出版技术以及阿帕比数字出版系统。数字复合出版技术为传统出版社向数字时代转型提供了强有力的技术支持,已在多家出版社成功实施。具体来说,其主要数字出版产品与业务包括以下几个方面。

(一)国家数字复合出版系统工程

国家数字复合出版系统工程是国家在互联网的推广和普及以及激光照排技术创新基础上提出的、实现未来数字出版的重要基础工程。该工程被列入《国家"十一五"时期文化发展规划纲要》,由新闻出版总署负责实施,其目标是研发适合新型数字报业需求和全媒体出版战略需求的数字化全媒体复合出版系统。方正作为工程总体主承担单位,担负着牵头设计工程方案、承担研发组织工作、制订工程标准等重要职责,具有着主导性地位。

(二)电子书业务

方正阿帕比依靠与出版社的传统友好关系,在2000年就开始着手于电子书的开发应用。方正阿帕比自主研发的DRM数字版权保护技术,能够有效地控制非法传播,解决了之前困扰电子书发展的版权问题,打消了出版机构的疑虑,对于用户而言,不再需要担心版权纠纷的困扰。如今,方正阿帕比已与超过500家的出版社建立全面合作关系。主营电子书业务的方正阿帕比先后荣获北京市发明专利奖二等奖、2009中国新媒体自主创新特别贡献奖、2009年度国家科技进步二等奖等多项大奖。同时,方正阿帕比的电子书产品受到国家领导人高度肯定,先后多次被作为国礼馈赠外宾。

(三)数字图书门户网站——番薯网

方正网络于 2009 年推出数字图书门户网站番薯网。该网站与国内 500 多家出版机构、110 多家文化公司建立了合作关系,将新中国成立以来所出版的正规出版物 180 余万种的书目信息、简介、书号、作者、价格进行数字化收集、整理,并结合互联网互动服务模式,提供图书相关的导购、书评、相关信息的增值服务,形成了最完整的中文图书信息库。目前,番薯网已累计拥有 26 万进行销售的数字图书资源。同时,番薯网与天津出版局、中大文景战略合作推出"微型小说基地",拥有超过 10 000 部微型小说和 100 余名优秀作家。此外,番薯网完成了中国首个图书搜索引擎核心的开发,并已进入系统封装和部署阶段。目前,番薯网日均独立 IP 访问数已达到 29 万。2009 年及 2010 年第一季度,公司数字出版业务分别实现收入 3.65 亿元和 0.62 亿元。

2010 年番薯网正式推出自有品牌电子阅读器——番薯 Yambook,此电子阅读器在内容上与番薯网无缝衔接,番薯网实现了基于电子阅读的内容＋终端的一体化服务的战略布局。

2011 年 1 月,番薯网推出了全新的"源创"平台,是正规出版物结合网络发行的全新特色模式。所谓"源创",是在纸书正式发售前,通过网络为读者提供提前预订、抢先预读、按需购买的服务平台。在番薯网上,"源创"平台图书将以多种形式进行发布,方便读者提前体验作品,帮助作家感知市场潜力。

(四)云出版服务平台

阿帕比云出版服务平台是以方正阿帕比 DRM、CEBX 等核心技术为基础,向出版商和渠道商推出在线数字出版综合服务,平台推出的目的就是为了给数字出版产业链上的各方真正带来价值的提升。该平台将为数字出版产业链上的各环节带来价值提升:对于出版商而言,通过该平台,可以实现数字资源的自主授权渠道、自主选择商业模式、安全发行和透明结算;对于渠道商而言,通过该平台,可以快速搭建数字资源运营平台,及时获取正版资源,并实现为读者提供多终端、跨媒体阅读服务。

阿帕比云出版服务平台已得到上百家出版集团、报业集团等出版单位的认可和加入,同时也得到了汉王、联想、新华书店、歌华有线华阅数码、腾讯网等众多数字内容运营企业的支持,云出版联盟规模也在不断扩大。

（五）阅读器——方正文房

2009年4月，方正飞阅与卓望信息共同推出"文房"移动手持阅读器，引发市场强烈关注；10月，"文房"移动手持阅读器在法兰克福书展全球首发；12月，"中国企业家领袖年会"推出定制版"文房"移动手持阅读器；12月5日，"文房"移动手持阅读器个人版大规模上市销售。该阅读器是全球首家基于3G无线模块支持的移动阅读终端，凭借"终端＋信息通道＋内容服务"的全新整合型服务模式，在个性化信息定制方面位于同类产品前列。2010年一季度"文房"移动手持阅读器实现销售收入343万元，销量成长性超出预期。

"文房"里面有非常丰富的内容，包括：每天早、中、晚三次发布的新闻；还有书城，这是一个方正积累了很多年的图书馆，最畅销的图书都在里面；另外还提供一些其他的功能，比如音乐和股票的信息，所以内容非常丰富，而且是在线的。同时，另外一个特点就是可以做到真正的个性化定制，比如金融企业可以把自己的证券研究和书籍整合成资讯库打包发给或者卖给客户。

（六）数字出版解决方案

随着网络的兴起，数字出版成为了现实。电子报纸、电子图书、数字资产管理以及基于数据库的电子出版方式将会在我们的生活中影响越来越大。北大方正在数字出版方面提供电子图书、电子报纸制作系统，以及基于数据库的各种信息处理系统。

1. 全流程数字出版解决方案

北大方正长期致力于出版行业的技术研究与服务，在数字出版领域不断探索创新，形成了完整的数字出版解决方案（如图3-34所示）。该方案在充分理解出版社业务的基础上，通过内容制作、资源加工、内容资源管理及内容应用四个技术平台，帮助出版社对内容资源进行深度加工，构建以细粒度"碎片化"数字内容为核心的数字出版平台，实现个性化内容服务。

方正数字出版解决方案以出版资源管理为核心、内容应用为目标，对出版社各种出版资源进行加工存储，实现一次加工、多渠道应用发布。方案既涵盖传统业务，又对传统业务流程进行再造，满足数字出版时代，出版社为读者大规模提供个性化数字产品服务的要求。

2. 方正期刊跨媒体出版解决方案

方正电子作为数字出版技术产品解决方案提供商、服务商、集成商，为期刊媒体客户提供从内容数字化制作、数字内容协同编审流程、内容数字化管理到内容多渠道动态发布的全流程产品解决方案（如图3-35所示），该整体解决方案

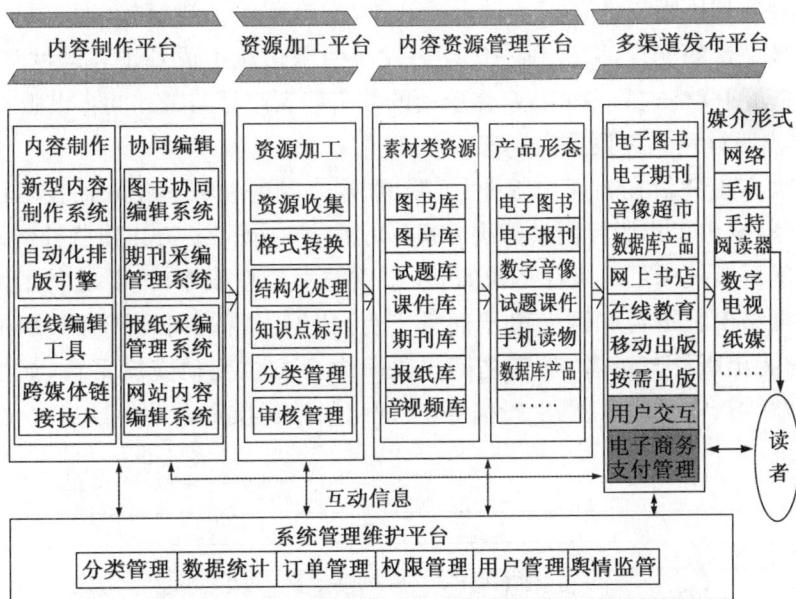

图 3-34 北大方正全流程数字出版解决方案结构图

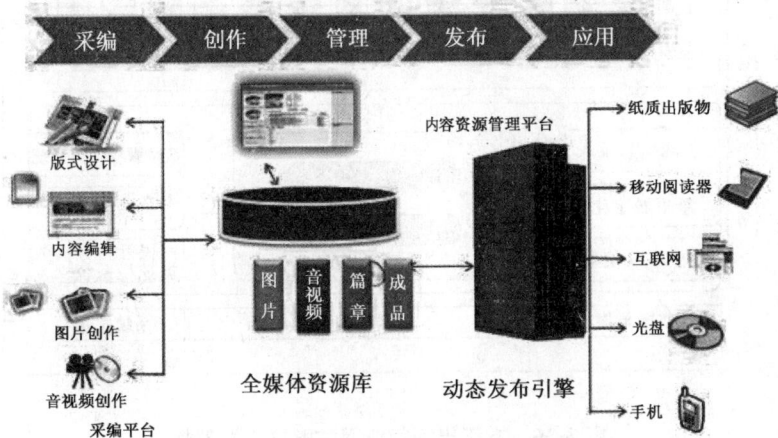

图 3-35 方正期刊跨媒体出版解决方案结构图

将为期刊社从传统出版向媒体服务的转型提供技术基础。

整体方案针对刊社现有纸刊出版流程实现数字化、规范化的流程再造,通过采编流程管理实现稿件从写稿、编稿、定稿、审稿、配图、校稿、校对、签发、组版等稿件编辑、加工、审核及版面制作的全过程生产数字化管理,配合新一代的方正飞翔期刊排版软件真正实现采、编、排、发流程的无缝衔接，通过与全媒体内容管理平台的配合，结合新一代动态发布引擎快速生成基于互动网刊、手机杂志、移动阅读格式的多种新媒体应用的数字期刊产品与纸刊同步出版。

3. 出版社网站建设方案

北大方正凭借在新闻出版业、互联网、视音频等领域多年来的技术创新和经验积累，推出了出版社网站解决方案（如图3-36所示）。方正出版社网站业务解决方案不仅仅满足出版社形象宣传、纸质图书信息发布，重要的是帮助出版社搭建网络出版平台和网上电子商务平台，依据丰富的内容资源实现网络出版，同时为出版社与读者、作者之间提供一个全方位互动交流平台，如读编互动、在线学习、在线教育、网上投稿等，实现出版社优质资源的传播最大化、价值最大化。

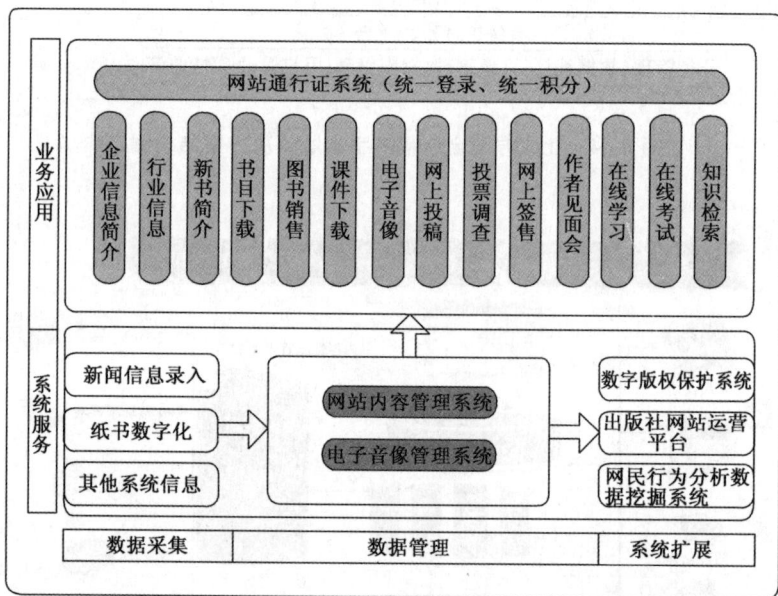

图3-36　方正出版行业网站解决方案架构

4. 图书安全出版方案

图书安全出版解决方案是北大方正在数字出版时代，面向国内各种类型的出版企业，整合多年来在出版、印刷业广泛应用的软件技术精华，推出的用于纸质图书的排版、打印、校样、照排、印制等环节的数字化出版与安全管理系统。该系统为出版企业的纸质图书出版，提供了一个高效、高质、高安全的数字化生产与管理平台,并保障出版资源的数据安全。

八、创新过程与创新特征分析

历经 20 多年的发展,方正在中国高科技企业演进史上留下了深刻而坚实的烙印。从汉字激光照排技术到数字出版系统,从自主创新到新三年战略,从惬意发展到领导人经历,方正一直是媒体竞相关注的焦点。早在 2001 年,方正就开始成立专门的数字出版部门,呼吁和引导相关产业机构了解和开始数字出版工作。秉承持续创新精神,方正数字出版技术正在更为广泛的应用领域掀起一次又一次的技术革命,并已形成了以追求技术创新、产品创新、服务创新、管理创新等持续创新为特点的企业文化。

(一)技术创新

方正是一个"技术型、知识型、学习型"的企业,它的特点是拥有自主知识产权,在技术上是比较有优势的。方正崇尚技术,走的是技、工、贸的道路,"技"是放在第一位的,应该为技术寻找到更多的应用领域。而且对于高科技企业来说,很多时候市场是要由技术来创造的。

方正一贯坚持的技术选型模式与技术开发思路,为今天的数字出版时代的到来奠定着基础,从王选院士发明的汉字激光照排技术替代铅排铅印开始,到让传统媒体告别纸与笔的新闻采编平台,以及对数字出版技术不断探索后诞生的全媒体数字资源库、数字内容运营平台等,使得数字出版技术在现时代的发展拥有了必然的技术演化发展路径。

方正的技术开发实力雄厚,目前拥有方正飞腾、方正世纪 RIP、方正印捷数码印刷系统、方正书版软件、方正报业数字资产管理系统、方正数字报刊系统、方正阿帕比数字版权保护系统等 1000 多种具有自主知识产权的软件产品,以及照排机和印字机共享的字形发生器和控制器、无源以太网数据侦听响应器、颐和 C5 笔记本电脑等 100 多种国家授权专利,并在研发面向高端打印机、MFP、数码印刷机的打印服务器过程中产生了多项技术创新,申请了多项国内和国际发明专利。

1. 跨越式创新——激光照排技术

汉字激光照排系统的问世,迎来了中国印刷业历史的第二次革命,也使北大方正作为当代毕昇而蜚声海内外。西方国家用了 40 年的时间,才从第一代照排机发展到第四代激光照排系统,而我国却从落后的铅字排版一步就跨进了最先进的技术领域,使我国印刷业的发展历程缩短了近半个世纪,并使印刷行业的效率提高了几十倍。

20世纪80年代，当中国印刷业仍然沿用近百年的铅字印刷时，欧美已经进入了第三代阴极射线管式照排系统阶段，日本虽然使用的是第二代光学机械式照排系统，但在实现汉字照排自动化方面，在美国、原西德的帮助下，已经研制出了部分设备。然而，最终在这一领域独领风骚的还是北大方正的汉字激光照排系统，它使中国印刷业跨越了第二代、第三代，直接进入第四代计算机激光照排的信息化时代。

1987—1988年，随着汉字激光照排系统在《经济日报》、《解放军报》的应用，中国报业开始了"告别铅与火，迎来光与电"的信息化浪潮。短短五六年的时间里，国内90%的报社和黑白书刊采用了方正激光照排系统。1991年8月，《人民日报》在北京和武汉之间首次成功地进行了报纸卫星实地远传试验，传送一个版面只用了5分钟。那时，美国的许多大报社还在用高精度传真机远程传版。到1994年底的时候，中国已有上百种报纸都实现了远程传版，缩短了出报周期，扩大了发行量。

方正的激光照排系统是一项拥有自主知识产权的原创技术，依托设计思想的先进性，通过不断改善硬件设备，提高系统的可靠性，在短短几年的市场激烈竞争中大获全胜。汉字激光照排系统一统国内市场，直到目前仍处于世界领先位置。这项技术的大面积推广为方正集团提供了十几亿的利润，奠定了方正的软件产业，可以说方正电子的方正汉字激光照排业务具有垄断优势，在国内已占有85%的市场份额，在海外中文出版市场占有90%的份额。

2. 渐进性创新

(1)DRM技术

DRM是在原有激光照排技术上的一种延伸性发展，而DRM的技术创新推动国内信息产业进入Ebook全数字信息时代。2000年，方正推出了全数字化报业生产流程管理系统及电子图书出版系统(Ebook)、印前领域全数字化工作流程系统等基于互联网的新技术、新产品。

方正Ebook是从方正原来的技术延伸出来的，它的技术方向是网络出版，而网络出版最怕的就是出版物被复制、盗版，因此有效的版权保护是网络出版的首要条件。2001年方正推出的具有自主知识产权的第二代核心技术——阿帕比数字版权保护系统(Apabi DRM，简称DRM)是数字版权保护的核心技术，它成功地解决了网上出版物被复制、盗版的难题。

具有自主知识产权的第二代核心技术DRM，至少能在四个方面体现

Ebook 的版权控制：DRM 技术能保证 Ebook 不能被复制，Ebook 与阅读的机器是绑定的，计算机文件拷贝到别的机器无法阅读；DRM 技术能保证 Ebook 不被篡改，包括 Ebook 的内容、定价、出版社名称等信息；DRM 技术能保证 Ebook 可以计数。可计数性包括两个含义：第一，读者买 Ebook，按"本"购买，网络电子书站卖书按"本"卖，数字图书馆按"本"买 Ebook，一本一本地借给读者；第二，出版社能知道网络书店卖了几本书、图书馆买了几本书，该统计数据通过技术保证其公正和不可篡改。DRM 技术可以控制 Ebook 的二次传播，例如图书馆购买的书可以借给读者阅读，读者的 Ebook 到了借期后不能继续阅读等。目前，只有方正 DRM 和部分国外的 Ebook DRM 技术，在以上方面实现了对 Ebook 的版权保护。在 DRM 技术基础上的电子书系统是北大方正继激光排版技术、输出技术后，又一项具有自主开发、对出版业产生深远影响的原创技术革命。

（2）CEBX——文档格式规范

CEBX 是北大方正电子有限公司于 2000 年推出的 CEB 文档格式的一种技术创新，目标是建立一种可靠且便易的电子文档规范。对于文档格式，方正一开始并没有找到很好的解决方案。如何把电子内容高质量地在各种拥有不同操作系统和外形尺寸的终端上呈现出来，在当时看来，就像一座不可逾越的大山。然而，方正依旧秉承着创新的传统，克服了 PDF、ePub、CEB、XEB 等格式的缺点，原创性地提出了融合版式和流式的 CEBX 技术。

从 2005 年开始，方正将版式和流式技术进行融合。融合过程困难重重，直到 2008 年，CEBX 的难点技术终于被相继攻克，接下来的工作就是要把技术转化成产品，这需要涉及阅读、数据转换、数据加工、跨平台支持等诸多方面，开发工作量成倍增加。2009 年 1 月，成立了方正技术研究院数字出版分院，专注于数字出版领域前沿技术研发。

CEB 是一种版式文档格式，它可以提供原版原式的文档呈现方式，同时支持阿帕比数字版权保护系统（Apabi DRM）。CEBX 是对 CEB 的革命性技术升级，成为方正阿帕比新一代数字出版技术的坚实基础。

目前，CEBX 已经获得了数字出版产业链的广泛认可，方正在过去数十年里积累的 800 多家报刊以及占据全国 90％以上的 500 多家出版社资源，全球 4500 多家学校、公共图书馆、教育城域网、政府、企事业单位等机构用户资源，都将通过 CEBX 这一最有力的工具来激活。

（二）产品创新

方正的移动阅读终端"文房（WeFound）"被视为方正集团继激光照排后的

"二次革命"的排头兵。在方正看来,"文房"宛如一个窗口,凭窗远眺,方正在激光照排、数字出版上的长期积累有了新的意义。

自从亚马逊推出的 Kindle 在美国市场热卖后,电子阅读市场旋即迅速升温,国内不少厂商均跃跃欲试,汉王电子书已经推向市场,盛大、当当已完成移动阅读终端的立项。方正文房阅读器的立项时间并不长,2009 年年初,亚马逊 Kindle 声名正盛时,方正决定投资移动阅读终端的研发与销售,并将其命名为中国味十足的"文房"。

文房电子书是方正飞阅公司与中国移动旗下的卓望信息合作推出的国内首个 3G 阅读终端,是一款高端定制产品,内置 TD 无线模块,能够为用户提供一站式的无线阅读服务,旨在打造"终端+服务"一体化的 3G 专用终端。文房结合了方正在软硬件研发和数字出版方面的技术优势,和卓望信息在无线增值服务领域的强大运营能力,充分发挥双方在内容资源上的积累和强大的售后服务,是目前国内最完善的移动阅读服务平台。

文房和市场的一些阅读器相比,超越了普通手持终端的概念范畴,成为一部全新的移动资讯平台,能够向用户无线推送新闻资讯,并提供最新图书的阅读和生活信息的查询。读者可以从网上书城中下载,书城的内容资源来自于方正集团旗下网站番薯网,完成下载的图书存于读库之中。书城及读库中的图书均可按作者或书名搜索。除了书城之外,文房可接收新闻,包括早、中、晚报;以及可接收股市资讯,包括要闻、行情、排名、大盘等共计 10 类信息。上述两类信息由文房后台通过移动互联网向文房终端推送。文房均与 CP(内容提供商)合作,新闻与资讯来自各大媒体与专业机构。

文房除了硬件终端外,还包括其他多种服务,比如免三年流量费、新闻订阅、在线图书下载。假如文房的硬件成本约 2000 元;流量费包月,以每月 20 元计,三年 720 元;新闻订阅每月 10 元,三年 360 元;在线图书下载一本 5 元,下载 500 本,也是 2500 元。算来算去,文房的利润并不高,但是方正现在的目的不为赚钱,主要任务是培养阅读习惯。

这个类似于美国亚马逊 Kindle 电子阅读器的东西,结合方正的全媒体资源服务平台,被赋予了拯救互联网所围困的图书和新闻出版机构的重任——与 30 年前一样,在这方面,方正总是有着舍我其谁的大志愿。

(三)服务创新

方正的数字出版战略都是基于技术与平台的,专注于技术和服务。因此,方正一贯采取数字出版综合服务的全新合作理念,为出版商提供"阅读体验+

版权保护＋运营服务"为一体的以内容为核心的综合服务模式,共促产业繁荣。因此云出版服务平台应运而生,这一平台将通过技术创新,面向整个数字出版产业链上的各环节提供服务。

云出版服务平台可以帮助渠道商和运营商充分地集约数字资源,快速地进行运营结算,为渠道商选择内容合作伙伴、挑选合适的内容资源提供了展示与合作的载体,也为数字版权内容的传递提供了安全便捷的通道,更为确定合作方式、确定合理的销售分成结算提供了第三方的支持,并且可以为读者提供多媒体跨终端的阅读体验。

"自主运营透明结算"和"快速对接灵活运营"这十六个字道出了云出版平台模式的精髓所在。对于出版商而言,通过该平台,可以实现数字资源的自主授权渠道、自主选择商业模式、安全发行和透明结算。出版商在自主完成数字资源的加工等工作的同时,可以在线完成资源的加密、发布,确保数字资源的安全发行。对于渠道商而言,通过该平台,可以快速搭建数字资源运营平台,及时获取正版资源并实现为读者提供多终端、跨媒体阅读服务。

阿帕比云出版服务平台拥有 CEBX 和 DRM 两大核心技术。CEBX 技术完全满足运营商的需求,其版式流式一体化的技术能有效地帮助渠道商大幅度提升多终端服务能力。DRM 技术充分保障在运营过程中的文档安全,并可提供可信的内容使用报表,分成结算日自动提供分成报表等。另外,云出版服务平台还能帮助出版单位改进内部样书审阅流程,放大新书推广与营销的效果;帮助渠道商迅速搭建内容运营平台,汇集大量正版数字内容,多终端运营大幅度改善读者体验。

阿帕比数字出版云出版服务平台归根结底还是要解决数字出版产业内容、版权和运营这三个核心问题。在数字出版时代,出版单位、渠道商、读者这三个产业链上的主要环节之间的关系变得更加紧密,以前"自上而下"的传统运营流程已经不适应数字出版的发展要求。云出版服务平台将会成为中国数字出版行业 B2B 的电子商务平台,成为我国出版行业信息化电子商务商业模式创新的一个重要成果。

(四)管理创新

凭借着领先的技术优势,方正集团在 20 世纪 90 年代发展迅速。但到了 90 年代末,经营却出现了困难,究其原因,问题出在管理上。当时,王选多次强调专业管理对于企业的重要性,认为高科技企业"只有技术专家是不够的","中国企业与国外相比更大和更致命的差距在管理方面"。

2003 年,方正集团总部只有三个部门:行政部、财务部和经营部,对子公司的控制缺乏有效的制度安排,更缺乏严格的执行办法。方正集团的董事会和管理层都深刻认识到了加强集团控制的重要性。2003 年底,方正提出"一个原则,五个统一"的管控模式,总部相应地成立了投资部、审计法务部、公关部等职能部门来改变集团管理体制。一个原则是"控制权上移、经营权下放",五个统一是指"统一财务管理,统一人事管理,统一投资管理,统一品牌管理,统一内控管理",其中最重要的是人和钱的集中管理。

企业具备规范化现代化的管理,已有的技术优势和市场优势才能更大程度地发挥出来,才能抓住更多的市场机遇。方正自 2003 年实施"五个统一"管理以来,知识产权发展迅猛,专利申请的复合增长率超过 30%,2010 年申请专利581 件,在电子信息百强中排名第十。集团已经在 IT、医疗医药产业精心进行了专利布局,累计申请专利 2087 件,获专利授权 605 件,拥有国家专利金奖 1件、专利优秀奖 2 件,北京市发明专利一等奖 1 件、二等奖 2 件、三等奖 1 件。与此同时,方正的"伞状"商标体系已经建立,形成了以"方正"、"Founder"及方正徽为核心,以"北大国际医院"、"北大资源"、"方正资本"及"方正物产"为子商标的商标体系,拥有国外商标 2805 件,国内商标 861 件。此外,方正还拥有近 600项著作权。方正是国家知识产权局认定的知识产权示范企业,已经积累了一大批高质量的知识产权,形成了基本合理的知识产权制度体系。

与 2001 年之前相比,方正集团的管理在近十年间实现了王选教授所希望的"脱胎换骨",方正集团也在多元化发展之路上大步向前。

回顾方正集团内部管控模式的发展历程,可以清晰地看出方正集团管理的转型和创新轨迹。在管理团队的努力下,方正集团建立了现代企业管理制度,管理工作焕然一新,方正的人力资源管理体系被收入哈佛管理案例,方正的财务管理严谨健康,方正的品牌形象统一有序。

(五)经营模式创新

方正的发展战略中碰到的第一件事就是专业化还是多元化的问题。专业化和多元化实际上是两种不同的经营模式,各自有其优势和劣势。对于方正来说,专业化基础上的多元化是一种经营模式的创新。

方正一直都在做大量的创新,从企业的技术研发一直到经营模式、管理方法。但这当然不是为了创新而创新,目的当然是为了企业更快的发展。因为任何行业都会有一条生命周期曲线,当所处的行业步入成熟即将衰退的时候,企业就必须思考两条道路:一条是通过技术上、市场上、管理上的不断创新,使所处行业过渡到另一条上升的曲线上;另一条道路是将企业引导到别的新兴行业,用现有的资源创造未来的现金流入。多元化经营目标就是要在恰当的时候,将企业引入更具发展潜力的行业。世界在变,环境也在变,原有的模式一旦跟环境不适应,那就要死掉了,用进化论的观点来看,就是适者生存。所以,变是必然的。

和很多同规模的中国企业一样,方正走进了资本市场,同时也走上了多元道路:以人和钱为主线的内部管理创新改造自身,发展出新的动力,再反哺到多元产业链,使其解放出从技术到商业模式的新的创新。方正的定位也因此而改变:由最初实现科技成果产业化的科技型公司,调整为一家投资控股集团。方正几乎完整地践行了经济学家熊彼特概括的创新五模式:开发一种新产品,引入一种新的生产方法,发现一个新的市场,获得原材料或半成品的一种新的供应来源,创建一种新的产业组织组合形式。世界在变,方正不是变得最快捷的,但看上去,他是变得最持续的。

从 2001 年,方正集团董事长魏新就提出了方正要"持续创新",很显然,持续创新不能吃激光照排的老本,而是向网络出版转型。2001 年,方正成立方正电子有限公司数字内容事业部。2006 年,该数字内容事业部更名为方正阿帕比公司,为出版社、报社、期刊社提供数字出版和发行技术解决方案。目前,中国80％以上的出版社在应用阿帕比技术及平台出版发行电子书。

九、企业发展及创新的主要困难和问题

过去十年中,方正在数字出版技术和服务上不断深入研究,除了已经得到业界广泛认可的 DRM 数字版权保护技术和 CEBX 版式文件处理技术,还与产业伙伴在商业模式上进行探讨,并取得了一定的成绩。在取得成绩的同时依然存在很多问题,有待思考解决。

在赢利模式方面。虽然方正和合作伙伴,比如出版社、设备厂商、运营商会有一定的比例分成,但在初期利润没有那么丰厚。尽管预估的市场价值不错,不过终究需要时日。而用户大多早已形成免费上网下载资料的习惯,小额的费用也许还能接受,比如下载一部书要收费不超过 3 元,但这个人群基数和消费习惯的形成和培养也不可能一蹴而就。

在技术研发与人才培养方面。方正是高科技企业,只有具备超前技术、超前产品的企业才能不断发展,这就需要不断巨额投入,可能研发支出占到销售收入的 10％～15％,甚至更高,可以说投资大,效益回收慢。目前大学里没有相

关的专业和课程,毕业生到了岗位至少也得培养半年才能上路,所以人才培养周期会很漫长。

在移动阅读方面。一个手机阅读软件的开发商需要适配至少 200 种以上的机型,才能覆盖 60％的手机用户,这极大地增加了手机软件的开发成本。终端的种类多了,升级和维护都是比较大的问题,推广也是一个大的问题。这是一个比较大的瓶颈。

十、企业未来的发展方向

方正的数字出版路径可以说主要包括两个方面:第一,作为数字出版技术综合方案提供商,为新闻出版业提供技术服务;第二,同时做数字出版物的在线分销发行商,数字出版物发行平台的发布即意味着这种身份的开始。目前,方正阿帕比的主要精力集中在两大战略方向,一是云出版服务平台;另外一个是主要面向机构用户的专业知识服务平台。在这两大战略方向上,方正还要增强自己的实力。

在内容平台建设上,坚持内容原则,无论是数字出版还是传统出版,媒体的本质不变,都是内容和渠道相结合的产物,而其中内容又占主导位置,因为书籍等内容资源可以源源不断产生、销售,拥有版权的数字内容和技术服务才会拥有数字出版的未来。方正一直做电子书,同时又增加了数字报、数字期刊等数字内容。通过方正的服务平台,出版机构能够分销和发行自己的数字内容。可以说,这是双赢的选择。

在产品和服务上,成功的数字出版模式,以"读者"为中心,实施"需求—服务"的深度研究,并提供相应的优质产品和服务。在方正强大的技术创新能力的基础上,做好产品和服务尤其重要。这是方正还需要努力的方面之一。毕竟针对用户需求的产品才能被用户接受。

在营销宣传上,要注重发挥品牌优势。高端的核心技术和依托方正集团的品牌优势和丰富资源,是方正核心的竞争力。对于任何商家来说,卓越的品质永远都是成功的重要保证。所有的出版机构都可以通过方正的数字出版物发行平台来分销发行自己的数字内容,而产品的宣传是努力的重点。

在运营战略上,方正集团几乎拥有完整的电子阅读运营产业链,从电子内容资源平台到硬件设备,从工业设计到生产线,这是其他竞争厂商所无法比拟的。若能选择深具竞争性的运营战略,相信一定能在该领域占有举足轻重的地位。

在业务扩张上,目前方正阿帕比只在南美洲和非洲没有业务,实现对这两个洲的业务覆盖,也是方正未来的发展方向。

十一、比较分析

1. 国内企业竞争趋势

2010年,中国的数字出版产业规模就已经达到了千亿元,但与整个产业真正发展起来的规模相比,这一数字还有很大的上升空间。现在数字出版已经呈现了百花齐放、百花争鸣的局面。

首先,大出版圈的形成势在必行。由于互联网技术和数字出版技术的快速发展,在出版市场领域已经不仅仅是传统出版集团的天下,优秀的技术公司已经能够介入到这一领域。在美国,相关协会有时也会把谷歌列为信息服务商,甚至有时候也会划入大媒体/大出版商圈。在大出版时代,内容和技术会充分融合、互相作用,只要能够找准定位,真正提供读者有价值的服务,谁都可能在这一产业领域有所作为。

其次,产业链上不同角色的战略合作和融合,未来会有更多的相互参股、控股等多种形式的资本合作,从而也将促进出版和技术的大融合,催生大型数字出版企业的诞生。拥有内容资源的传统出版社正在迈开理性的步伐,他们开始与一些知名的数字出版技术公司进行合作,组建全新的数字出版公司,发挥各自的优势,扮演好产业链中的角色。积极转型的传统出版社开始进军网络书城、电子报刊,希望把自己的内容平台优势利用起来,但是他们缺乏技术和服务平台,通过与产业链内的数字出版技术公司合作获得技术和平台服务,能大大节省成本和时间。

并且,云计算正席卷IT界,而对于互联网时代的数字出版来说,进入云出版时代已不遥远。云计算为数字出版技术带来了新的发展动力,技术方案会更加成熟,数字内容和平台建设将与用户需求更好结合,基于互联网的平台和数据服务将为传统出版机构提供转型的出路。靠云出版平台贯穿整个产业链,来促进数字出版产业实现健康可持续发展。只有业内人士在以自主知识产权技术为基础的商业模式上达成共识,数字出版产业链上的各方才能一起共赢未来。

2. 对比案例:谷歌

谷歌是全球最大的搜索引擎公司。谷歌从2004年就开始了"谷歌图书馆计划"(Google Library Project),开始寻求与图书馆和出版商合作,大量扫描图书。到了 2005 年,谷歌推出了"谷歌图书合作商项目"(Google Partner Program),再到 2010 年 12 月的"谷歌电子书店",谷歌公司推行的三大图书战略前仆后继、相辅相成,共同完成"谷歌图书"(Google Books)对数字出版的整体布局。谷歌数字图书馆,其目的是使全世界图书在网络中可搜索,建立世界最大的数字图书馆,依靠数字图书吸引浏览者与广告商,通过广告与数字图书销售获得经济收入。

谷歌数字图书馆是一种馆藏以数字化格式存储、可以利用计算机访问的图书馆。数字化的内容可以被存在本地端或通过计算机网络由远程访问。可以说,如果谷歌的计划成功,那么它将是世界上最大的互联网图书馆。很多大型出版集团和知名大学图书馆都与谷歌进行了合作,如哈泼·柯林斯出版集团、哈佛大学图书馆等。它与内容提供商的合作分成模式是其将由图书搜索带来的广告收入的 50% 分给内容提供者。

谷歌拥有自己的优势条件,虽然谷歌并不拥有数字内容,但是所有的数字内容都必须有一个下载、交易和阅读的平台,这些都与出版社无缘,出版社只能控制自己生产的那一部分内容,在数字时代,这点内容并非称王的本钱。海量内容+电子平台才是数字时代称霸的条件。难怪出版社作为内容创造者,在数字出版大潮冲击下只有招架之功。

虽然今天的谷歌面临着版权和政策因素的影响,使其图书搜索业务的国际化拓展举步维艰,但是谷歌的数字出版的发展路径却有很多值得方正借鉴和探索的地方。

在赢利模式创新方面。谷歌的赢利模式十分清晰,即通过广告与数字图书销售获得经济收入。第一,广告收费。谷歌通过免费提供海量图书内容检索,充分发挥图书长尾效应。除原有的搜索广告外,另一植入广告的想法具有较强冲击力,其通过在数字图书内容相关点处植入广告,这使得广告的精准投放又增进了一步。广告收入是目前谷歌图书搜索业务的主要收入来源。第二,通过销售电子图书获利。同时这种模式还可以进一步延伸,如渠道导购,即与接入商分享成果——通过数字图书的章节阅读,可以将需要购买纸书的读者导购到书店,其相当于渠道索引的方式可以与书店分享销售分成。此外,如果市场时机成熟以及业务模式开拓顺利,按需印刷(POD)也会成为不错的赢利模式。虽然方正和合作伙伴,比如出版社、设备厂商、运营商会有一定的比例分成,但在初期利润没有那么丰厚,尽管预估的市场价值不错,不过终究需要时日,所以这种广告+销售收入的赢利模式具有较高的创新价值,值得方正借鉴。虽然需要一定的加工和编辑能力，但是在技术上讲，方正也有实力克服并跨越。

在版权方面，版权问题一直是所有数字出版企业的硬伤，方正一贯重视知识产权，并致力于通过技术手段保护数字出版物的知识产权，以期保护著作权人的价值和权益。基于这种认识，长期以来，方正一直与盗版行为作斗争，采取各种积极行动抵制盗版行为，并赢得了合作伙伴的尊重。但遗憾的是，方正经历了非常痛苦的过程，八九年没赚到多少钱。但是谷歌不同，谷歌采取了"新版权"方式，虽不合理，但是却出奇制胜。若谷歌沿用其他数字图书馆先授权后扫描的老路，即使花上百年也很难获得全部版权授权。而且寻找版权人和版权谈判的费用与时间成本都是巨大的。为此，谷歌反其道而行之。在预估可能的版权风险后，谷歌未经作者同意便将上千万册图书扫描入库。谷歌的"通过大量扫描图书，建立全球最大的数字图书馆"计划，在中国遭遇了强烈的反抗，虽然谷歌强调其做法是合理使用（即只显示相关内容片段），其"霸道"行径还是刺痛了各国作家与出版商的神经，也备受美国出版商协会及多个出版商的阻击，诉讼不断。此后，谷歌抛出一揽子图书版权和解协议，实际上等于让作者主动来找谷歌谈版权，从而省去了寻找和确认版权权益人及一对一版权谈判所要耗费的成本。旧版书的数字化是"从作品找作者"，这与"从作者到作品"的出版方式大相径庭。方正可以说是拥有中文版权书最多的数字厂商，也有希望做成中国最大的数字图书馆。尽管在数字出版方面的经历非常痛苦，但大佬毕竟是大佬，方正的收获也不可小觑。不过，谷歌的做法是否合理姑且不论，但从"新版权"的创新上来说，旧的版权原则显然已不适应以高效、便利为特征的互联网精神。各国都已开始探索新的数字版权授权方式。在这个过程中，谷歌将其他对手甩到了后面。

在技术方面，图书扫描速度一直是阻挠图书数字化发展的主要因素，因为谷歌2003年就已研发了一种批量化图书扫描的专利技术，利用红外摄像技术探测书页的三维形态，进而对字符进行光学识别。这样既不像传统扫描破坏图书装订——因此许多图书馆愿意将珍贵的古籍加入扫描计划，也不用将每页都平铺在扫描板上，因而实现了图书扫描的批量化。

在资金实力方面，图书数字化工程大多依靠图书馆经费或政府专项资金，少数企业的数字化项目往往因投入大、产出慢或缺乏赢利模式而举步维艰。谷歌图书馆之所以能够得到众多顶级图书馆的支持，原因是谷歌将数字化成果免费提供给合作图书馆作为其数字化馆藏。这对想要和正在进行馆藏数字化的图书馆来说是很大的诱惑。对资本雄厚的谷歌公司来说，垄断全球图书信息所能带来的收益是很划算的长期投资。

在渠道上,谷歌最大的优势是图书的全文搜索可将与搜索词相关的书一网打尽。这就意味着任何书都能快捷地被需要它的读者找到,从而建立"搜索—发现—购买"的新发行模式。

在用户方面,谷歌合作商项目是实现自助出版的强势平台。合作商计划不仅面向出版商,还面向作者。作者可将自助出版的书或者已收回版权的著作提交谷歌图书。

在支付系统上,谷歌推出了新的在线支付系统,以开放、共享、众包为哲学的谷歌将其理念贯穿于各项业务。从立足于服务独立出版商的谷歌电子书平台到今天的网络订阅支付系统,无不体现其开放性和合作性。在谷歌的支付系统中,出版商可以获取并掌控销售数据,从而使产品的销售情况透明化,这一点在数字出版领域中也堪称开先河。以往国内商业数据库与期刊之间的诸多争执,其实都源于网络销售数据的不透明。方正推出的云出版服务平台也在解决授权多个渠道发行的时候,如何实现数字资源的安全发行,如何监控数字资源的实际发行量并透明结算的问题。

第四章

数字出版产业创新体系构建

第一节　数字出版产业创新要素

一、技术

　　科学技术的每一次重大创新总是能带来社会生产力的一次重大发展。随着技术的进步，技术创新所提供的推动力日益成为决定一个企业生存和发展的关键，成为推动生产力发展的最活跃因素。对于建立在数字媒体技术和网络技术基础上的数字出版产业来说，技术更是起到了决定性的作用。

　　与传统产业链（如图 4-1 所示）相比，数字出版产业链（如图 4-2 所示）最大的特征是产业链上的每个环节都与新技术密切相关，宏观如多媒体技术、互联网技术、移动互联网技术、电子纸技术等，微观有出版物内容制作技术、版权保护技术、分销网站的发行技术、图书馆的管理技术、复制的即时印刷技术、阅读的显示技术等。数字出版技术孕育了数字出版产业本身，没有技术，也就没有

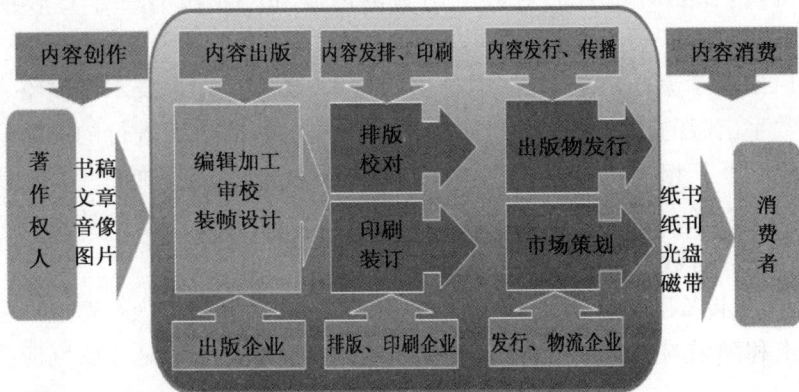

图 4-1　传统出版产业链主要环节

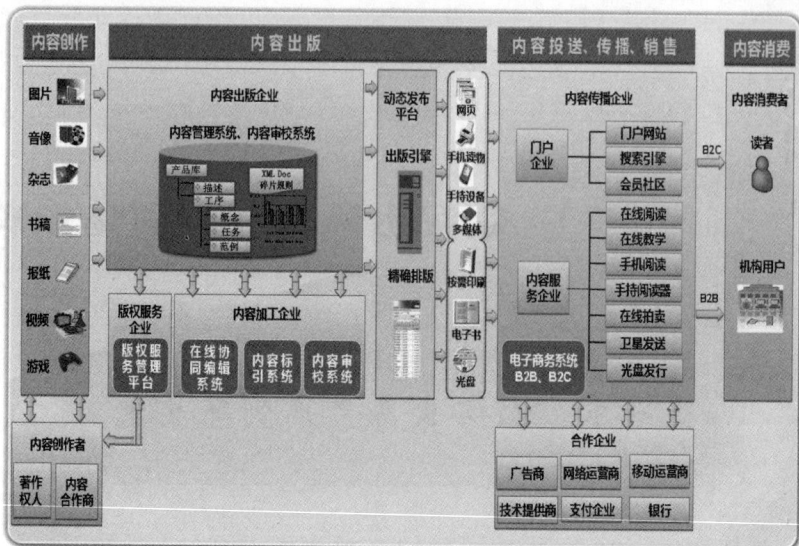

图 4-2　数字出版产业链主要环节

这个产业。技术对数字出版产业创新所起的作用主要表现在以下几个方面。

1. 技术既是催生数字出版的重要动力,也是重新定义数字出版存在和发展的基础,它是数字出版最本质的属性。

科技在数字出版的发展过程起着至关重要、无可替代的作用。数字出版的萌芽可以追溯到 1951 年美国麻省理工学院的巴格利(P. R. Bagley)对利用计算机检索代码做文摘所进行的可行性研究。1961 年,美国化学文摘服务社用计算机来编制《化学题录》,这一研究产生了电子出版物的雏形。[①] 这是数字出版最初的形态,但在当时学者们对数字出版的内涵和外延没有一个比较明确的说法。

之后出现了桌面出版系统、电子出版技术、计算机处理技术及网络和互联网……数字出版的每一次发展和演变都是在技术的推动下进行的。从研究者对数字出版及其相关概念的界定同样也能看出技术的发展轨迹。无论是二进制代码,是磁、光、电介质,还是计算机及类似设备,都具有浓重的技术色彩。可以说,没有技术,数字出版就无从谈起。

20 世纪末兴起的数字出版浪潮,对传统出版业乃至整个内容产业产生了巨大的冲击和深刻的变革。显然,推动和主导这一变革的无疑是互联网应用的深

---

① 谢新洲．电子出版技术[M]．北京:北京大学出版社,2006.

入,是计算机、信息和网络技术的突破性进展。技术既是催生数字出版的重要动力,也是重新定义数字出版存在和发展的基础,同时,它也引发了出版业乃至整个内容产业的新革命。在这一背景下,数字出版与传统出版相比,在内容产品、市场消费、产业形态、商业规则等方面呈现出革命性的变化。

通过前面对数字出版概念发展历程的分析可以看出,从桌面出版、电子出版、网络出版、跨媒体出版、手机出版到数字出版,各种概念的提出,无一不是建立在一种或几种技术的进步或大规模使用的基础上,都是用更本质的技术属性来概括出版的不同过程。例如,1978 年 4 月,J. A. Urquhart 在卢森堡提出的"电子出版"就是伴随着电子技术出现,利用电子手段创建、管理、传播出版物的过程;而随着计算机通讯技术、网络技术和数据库技术的发展,特别是互联网的发展,电子出版物将不仅包括只读光盘这种有形载体,还将包括计算机网络上的无形传播,"网络出版"开始成为数字出版的主流形式;"移动出版"、"全媒体出版"等概念则是伴随着跨媒体出版技术、电子纸技术、跨平台资源整合管理技术、知识挖掘技术和多媒体技术等的出现而不断出现在各种数字出版的创新模式中;"数字出版"概念最早也是从技术的角度出发的。谷歌最近提出的"云计算"的概念及打造全球"信息工厂"的计划和相关技术的出现,也引发了人们关于能"整合全球信息,并通过一个简单的接口提供给用户"的"云出版"的遐想。如果这一设想成为现实,无疑将使内容信息的集中度急剧增加,并带来出版产业形态的新变化。

对数字出版的界定同样能反映数字出版的技术属性。如中国出版科学研究所数字出版研究室主任张立(2006 年)提出:数字出版是指用数字化的技术从事出版活动。数字技术的直接结果是计算机的发明与普及,数字技术在出版界的应用,就是数字出版。[①] 吕志军(2007 年)认为:数字出版是采用数字技术二进制的技术手段进行的出版。一方面,数字出版主要指利用数字出版技术对出版业的各个业务流程进行改造,它包括数字化的创作、数字化的编辑加工、数字化的复制发行、数字化的阅读消费等;另一方面,数字出版也被业界理解为出版管理的信息化,指利用现代信息技术设备和工具对传统出版的管理进行信息化改造,包括编务、出版印制、发行、财务等出版环节的 ERP 管理系统等。[②] 可见,无论从哪一个角度理解数字出版,"数字技术"都在其中起到了关键的作用。

因此,从某种意义上讲,数字出版是一种技术,是一种手段。数字出版具有

---

① 张　立 . 数字出版相关概念的比较分析[J]. 中国出版,2006(12):11—14.
② 吕志军 . 数字出版对传统出版业务流程的影响[J]. 大学出版,2007(2):36—37.

很强的技术属性。

2. 数字技术使传统出版流程发生了革命性的变化,实现了数字出版生产工艺的创新。

在传统出版产业数字化的过程中,数字技术的广泛应用使传统出版全部流程发生了革命性的变化,这表现在编辑手段的数字化、排版技术的数字化、印刷工艺的数字化和发行手段的数字化等。

(1)编辑流程的数字化

1)选题策划的数字化。正是有了互联网,编辑可以通过网络了解到某一选题的出版情况。通过了解做到心中有数,避免选题的重复。编辑也可以通过参加网络上特定的新闻讨论组,吸引读者参加网络上特定专题的讨论。通过这种方式了解广大读者对某一类图书的需求、读者期望图书包含的内容以及读者群对某类图书定价接受的范围等。通过网络,编辑还可以方便地搜索到新资料、新成果、新知识,掌握最新学术动态和学科的发展趋势等,从而根据这些信息策划出最新的选题,快速而准确地切中市场的脉搏。

2)编辑加工的数字化。现行的编辑软件可以实现编辑加工的数字化,甚至实现编辑加工的远程化(特别是 B/S 系统软件)。在现行的编辑软件中,从来稿登记、编前会或选题会到初审、二审、三审,都可以在软件中实现。每一程序执行完毕后,通过软件将书稿发送到下一程序执行,每一个审稿人均可直接在书稿上进行修改,通过设置不同的颜色来标志不同的审稿人,并自动保留不同人对书稿加工(包括表格、公式)的痕迹和加工记录,从而明确责任和权限,对稿件中的文字性错误还可通过校对软件进行校对。

3)签字付印的数字化。齐、清、定之后的稿件,通过权限设定,编辑不再能对其进行修改。这时可进入激光照排中心进行发排,输出胶片,亦可通过网络将排好的文件传送到印刷厂,由其输出胶片并照相付印。排版文件可存入出版社内部检索库和书稿库,以备编辑进行检索,还可形成 SGML 通用的文档格式,以备制作电子出版物时调用,为出版社信息资源的再利用提供方便。

(2)印刷流程的数字化

在印制环节,数字技术的应用出现了按需印刷 POD。它是建立在数字化信息远距离传输和数字化信息高密度存储的基础上,通过计算机将数字图书直接印制成印刷文本的一种先进技术。POD 数码印刷不需要经过从胶片到 PS 版的过程,只需通过计算机终端与数字化印刷设备连接,传输数据,便可直接印刷。省去了制版这一道费时费钱的工序。同时 POD 也是即时印刷,开印数量从一本起。避免了大批量库存的风险,将从根本上解决长期困扰出版社的退货和库存积压的问题。

(3)发行管理的数字化

1)MIS 系统。我国新华书店较早使用 MIS 系统管理图书发行业务的是深圳市新华书店。深圳市店于 1996 年在第七届全国书市上推出 BIMS 系统。这套系统的硬件由门市 POS 收款机网络、门市通信设备、后台 POS 机伺服器、通信服务器、数据管理服务器、条形码阅读及打印设备、业务工作站等构成,软件则包括 POS 收款机操作系统、收款机通信软件、后台图书营销管理软件等构成,系统能够实现小、中、大型书店的门市销售、商品数量、业务统计等各项业务的管理。目前该系统已推广到全国各省、市、区的近百家中、大型书店使用。

2)POS 系统。POS 的中文意思是"销售点",是一种配有条码或 OCR 码的终端阅读器,有现金或易货额度出纳功能。POS 机也简称收款机,又称销售点管理系统,是为了实现书店管理的自动化,达到图书管理的数据化和实现对外作业的自动化而建立的。

(4)出版管理的数字化(OA 系统)

出版单位的 OA 管理系统为领导的办公和决策提供了巨大的方便。在出版单位的管理软件上,社领导可实时了解全社信息,如书稿流程进度(包括各环节的处理意见)、成本、周期以及发行、财务、人事等数据,并可对这些数据进行分析,以饼图、直方图、曲线、表等方式显示分析结果,及时了解到社内的超时稿件、滞后稿件、超成本稿件等信息,从而为社领导决策提供依据。利用管理软件,社领导可方便地向各个部门下发指令和通知,从不同部门调阅有关信息,部门负责人把本部门要审批的文件按权限上报到社领导,社领导处理后再下发给部门负责人。①

3. 数字技术改变着出版产业的发展模式,整合数字出版产业链,带来了企业组织结构创新和商业模式创新。

数字技术改变着出版产业的发展模式,它是建立在数字融合基础上的电信、传媒和出版业之间的融合。数字出版产业的基础是技术融合,这些传统产品可以通过数字技术对其进行统一编码和处理,可以共同享用一个技术平台,并通过同一个网络平台进行传播,而产品和技术平台的融合又会促使企业产品、业务和组织结构等方面重新整合。这导致产业领域内的企业出现合并与重

---

① 张　立．数字出版的若干问题讨论[J]．出版发行研究,2005(07).

组,使得原本属于不同产业领域的企业出现了合作与竞争,从而形成新的价值链和业务模式。技术整合数字出版产业链主要是横向整合数字内容出版商,实现数字出版产品数据格式的一致性,改变因格式不一致导致读者阅读成本过高、阅读方式不便;另一方面,整合数字技术提供商,加强集成研发,尤其是数字产品防盗版技术方面的合作,防止重复研发,资源浪费。技术融合主要体现在通信、广播电视与网络和其他媒介的融合。数字技术的大量应用为画面和声音的传递提供了便捷方式,信号压缩技术的应用使媒介传播大容量的信息内容和服务成为可能;数字与压缩技术的融合,促进传播基础设施融合,使传播呈多媒体化和多渠道化;而计算机数据处理能力的升级、切换功能的加强以及光纤的广泛应用等,都将促进接收终端的融合。这样,数字出版只有充分发挥技术优势,广泛结合内容资源,积极拓展新的市场渠道,才能在整条产业链的带动下,促进数字出版行业的高速发展。

4. 日趋成熟的数字出版技术,构建起用户与媒体之间、用户与用户之间的紧密联系,实现了以读者为中心的服务创新。

数字出版将由传统出版的产品中心、内容为王,转变为读者中心、渠道为王。究其原因,网络技术既缩短了人们的沟通时间,又扩大了人类交往的空间。如果需要,来自世界各地的读者都能在同一时间内集中起来,与出版者进行直接交流;出版者则可以直接了解读者的个性化需求,重新制作文化创意产品,与读者直接产生互动。这样,在数字技术的推动下,数字出版产品可以超越内容为王的单一视野,构建起用户与媒体之间、用户与用户之间的紧密联系。

互联网时代,海量的存储空间、充足的带宽、免费的传输成本使得从资源短缺的时代进入了资源富足的时代。数字出版内容范围的拓展以及表现方式的转变,将传统的读者、观众、网民转变成广义的"内容消费者",搜索技术的发展开辟了个性化内容需求的广阔市场。在海量信息和在线阅读迎合"浅阅读"趋势的同时,数据挖掘(Data Mining)、知识发现(Knowledge Discovery in Databases)等技术使得内容消费提升为高层次的知识消费——从未有过的"深阅读"乃至"创造性阅读"成为可能。伴随电子技术的发展而诞生的各种阅读终端也使得阅读体验呈现移动、个性化、跨媒体的特点。[①]

因此,数字出版中,海量的数字资源和日趋成熟的数字出版技术使过去传统出版中出版者为主体的格局发生了变化,出现了读者为中心的市场重心转

---

① 傅　强. 数字出版:新的革命[J]. 浙江大学学报(人文社会科学版),2008 (7).

移。在这种变化中，读者的要求越来越高，在权利保护与作品传播利益平衡中，读者的能力也逐步加强。个性化定制、一次创建多次使用、强大而准确的搜索和链接功能、交互功能等以读者为中心的各种功能成为数字出版区别于传统出版的特点与优势所在。

5. 互联网技术的发展改变了信息的传播方式，实现了数字内容由单向传播和多向传播的产品创新。

以现代信息技术为基础的互联网的迅猛发展，改变了信息的传播方式。互联网技术将文字、声音、图像转变为多媒体传播形式，使受众体会到全方位的视听感受；同时，整合了传统报刊、广播、电视媒体，给受众提供全方位的多维信息；互联网信息传播快速及时，交互性强，受众的反馈参与度高，实现由传统媒体的单向传播向双向和多向传播转化。

数字出版除了强调出版的多介质外，还包括文字、语言、图形、影像等多种符号的使用，视觉、听觉、触觉等多种媒体的使用，纸张、光盘、磁盘、集成电路等多种传播载体的应用，报纸、杂志、音像制品、网络、移动终端等多种传媒形态的应用，以及多种显示终端和制作技术的应用等。另外，也包括传统出版全流程数字化并生成各种出版载体需要的形式和格式，同时也涵盖了新型基于数据仓库和数据挖掘的定制化出版等增值服务。可见，通过数字出版，实现了"一种内容、多种媒体、同步出版"，满足了任何人在任何时间任何地点通过任何方式阅读任何内容的需求，实现了数字内容产品从形式到内容的创新。

6. 数字出版技术的应用使数字内容实现了个性化定制、一次创建多次使用，为数字内容营销模式和渠道的创新打下了基础。

数字出版的核心技术是数字技术，而数字技术框架下的数字表达、存储和传播技术使文字、图像、影像、语音等原来以不同表现形式和载体表达的内容要素得到统一。也就是说，在数字环境下，不论是文字、图片、音频还是视频的信息内容，都可以通过计算机以"0"和"1"的数字形式加以组织、处理和表现，并通过不同的信息传输平台进行传播。而读者亦可根据自己的实际需要，通过不同的终端来接收，从而在更大程度上实现信息消费的个性化和便利性。

数字出版的边界不断拓宽，融合了移动内容、互联网、游戏、动漫、影视等几乎所有的数字内容。另外，有线电视网、电信网、互联网"三网融合"的趋势也使得电子书刊、电视、移动内容、网络信息等以所属行业和传播方式相区分的数字内容趋于统一。

数字出版通过最密集的信息发布、最有效的全媒体整合营销，将资源有效整合实现传播模式从"单一"向"多元"转型,从而带来版权价值最大化、信息传播广泛化、品牌传播具象化。

数字出版打破了传统出版按介质分割的限制,通过全媒体的出版经营实现了内容资源价值的最大化。在数字出版的条件下,能充分按照主题,以最直接的阅读形式,把传统的零散的出版进行整体运作,从而真正形成整合性、系统性的连续出版。①

另外,对基于内容管理系统(CMS)/数字资产管理系统(DAMS)和数字权利(DRM)管理系统的数字出版过程而言,再利用(repurpose)和授权(licensing)都是成为可行的赢利模式。

近年来我国从事数字出版的企业已取得多项数字出版技术自主创新成果。比如,数字版权管理(DRM)技术的开发成功,对数字出版内容产生复制保护功能,一定程度上抑制了盗版,数字内容无成本复制的局面有所改观。这项技术的研发成功和改进对我国数字出版内容货币化产生积极影响。又如新一代版式文档(CEBX)技术,它作为数字出版向移动阅读领域拓展的一项创新技术,解决了数字出版内容在手机终端等各类通信设备上的全显示问题,某种意义上拓展了数字出版业的出版发行市场。

二、产品

周宏桥在其《就这么做创新》中提出产品的三种属性:功能属性、使用属性以及高级属性。其中功能属性是产品的本质属性,体现了产品的本质功能和主要用途,包括满足某类用户、满足某种需求等;使用属性是产品使用时间、地点、情景、体验以及文化等所体现出来的性能和特征,它是产品在使用过程中体现出来的主要特性;而高级属性则是描述一个产品除了基本功能和使用情况外,其他能带给用户的延伸的、多维度的同时也是高功能的感受和用途。

几千年来,对于出版业而言,其产品就是固化在纸上的内容产品,包括我们所熟知的书、报、刊等各种形式的出版物。数字出版物对于传统的纸质出版物而言,无论是内容、表现形式还是其他扩展性能,都发生了很大的改变。新生的数字出版物较之传统纸质出版物,在整合信息、出版媒介、发行和销售方面具有独特优势:数字出版信息量大,节省了存储的物理空间;数字出版物发布速度快,更新方便,出版周期短;数字出版物随时可以出版,发现错误也可以快速进

---

① 张建明. 论数字出版泛化的出版概念对出版产业的影响[J]. 出版发行研究,2009(3).

行更正;数字出版物的出版费用,相对于其巨大的效益而言,成本更低;数字出版覆盖空间广,发布时间长;数字出版有很大的增值服务,因而有互动功能;数字出版目前没有刊号的要求,也没有印刷、储存、运输的过程,因而方便简单;数字出版物的传播范围正在依托电脑、手机等普及性电子产品而迅速扩大。

下面,我们针对数字出版的产品——各种形式的数字出版物,通过描述其在功能属性、使用属性和高级属性三种属性上的变化,解析产品属性的变化在数字出版产业创新中的作用。

(一)产品功能属性的改变导致数字出版物的根本型创新

1. 数字出版改变并扩大了出版的目标客户

《2010—2011 年中国数字出版年度报告》显示,2010 年国内数字出版产业总体收入规模达到 1051.79 亿元,比 2009 年增长了 31.97%。其中手机出版为349.8 亿元,网络游戏为 323.7 亿元,互联网广告为 321.2 亿元,电子书为 24.8亿元,博客为 10 亿元,互联网期刊为 7.49 亿元,数字报纸(网络版)为 6 亿元,网络动漫为 6 亿元,在线音乐为 2.8 亿元。手机出版、网络游戏和互联网广告在数字出版年度总收入中所占比例分别为 33.26%、30.78%和 30.54%。

2011 年 7 月 19 日,中国互联网络信息中心(CNNIC)在京发布《第 28 次中国互联网络发展状况统计报告》。该报告显示,截至 2011 年 6 月底,中国网民规模达到 4.85 亿,较 2010 年增幅仅为 6.1%,网民规模增长减缓,但引人注目的是,微博用户数量以高达 208.9%的增幅从 2010 年年底的 6311 万爆发式增长到 1.95 亿,成为用户增长最快的互联网应用模式。

中国新闻出版研究院发布的第八次全国国民阅读调查结果显示,2010 年中国 18～70 周岁国民对阅读作用的认知程度较高,国民综合阅读率达 77.1%,比2009 年的 72.0%增加了 5.1%。其中国民数字化阅读方式的接触率为32.8%,比 2009 年的 24.6%增加了 8.2%,增幅为 33.3%。对数字化阅读方式的进一步分析发现,中国 18～70 周岁国民中,23.0%的国民进行过手机阅读,比 2009 年的 14.9%增加了 8.1%;3.9%的国民在电子阅读器上阅读,比 2009年的 1.3%增加了 2.6%;18.1%的国民通过网络在线阅读,比 2009 年的16.7%增加了 1.4%。各类数字化阅读方式中,电子阅读器的接触率增长幅度达到了 200%,增幅最大。另外,数据分析发现,2010 年中国 18～70 周岁国民人均阅读电子书 0.73 本,按 18～70 周岁国民约为 8.40 亿计算,可推及 2010 年中国 18～70 周岁国民共阅读过电子书 6.13 亿本。

通过以上数据可以清晰地看出,数字出版在有效巩固原来传统纸质用户的基础上,带来了众多新的用户。这些习惯于数字化阅读的新的用户,一定程度上改变了数字出版物的功能属性,因而带来了数字出版物的根本型创新。

2. 数字出版激发了读者新的需求

首先,从传播渠道来说,由于新的内容传播渠道,如互联网、手机和便携终端迅速扩张演变,海量的、层出不穷的新内容开始进入数字出版领域,让越来越多的读者满足了阅读需求,推动了中国数字内容产业的发展。

其次,数字出版打破了过去作者、出版者与读者之间泾渭分明的界限,傻瓜化的编辑手段、便捷的发布方式激发了众多网民的创作欲望,来自众多网民的原创内容大大丰富了网络空间,也满足了众多读者的阅读需求。

最后,数字出版不断向无线移动、个性化按需定制和跨媒体出版方向发展,也为扩大用户需求、扩大数字出版潜在市场提供了基础和条件。从整个数字出版环境来看,用户需求才能主导行业的走向。毕竟我们有着多元化的内容需求、多样化的出版领域、多层次的受众群体。

(二)产品使用属性的改变导致数字出版物的适度创新

1. 网络媒体的跨时空属性,扩展了数字出版物时空范围。

网络媒体的跨时空性使得依托于各种网络的数字出版物与传统的纸质出版物相比,其出版发行以及阅读的时空范围都大大扩展。传统媒体的信息传播往往都受到地域、区域限制,但数字出版物立足互联网,可以轻松跨越国界发行,传播空间相当大。传统媒体的出版物和节目都有一定的出版或播出时间,错过了时间就难以再寻,而数字化了的出版内容在理论上是没有时限的。如数字报纸的过刊和现刊都可以在数字报纸发行网站上查询得到,并且可以随时下载,令读者轻轻松松地从创刊号收集到现时最新一期。通过网络,你也可以方便地看到,创刊于 1904 年,商务印书馆的标志性刊物《东方杂志》。

另外,通过网络,出版物可以做到实时更新,无需出版周期和发行时间,读者可以轻松便捷地通过 iPad 阅读到一秒钟前远在大洋彼岸的国家地理杂志的最新内容。

随着网络技术的迅猛发展,信息处理与传递已经突破了传统的时间与空间的限制,数字出版物优良的跨时空性,使其在使用过程中,具有众多的创新元素。只要有足够的网络空间和带宽,数字出版物就可以通过改变其时间属性、地点属性,成为不同的创新产品。

2. 依托先进的数字出版技术和多媒体表现形式,丰富了数字出版物的使用情景和体验。

美国新媒体研究家约翰·帕夫利克曾说过："多媒体产品的发展将会推动新媒体和传统提供商探索新的出版领域。"相对于平面媒体而言，以计算机技术、电子通讯技术和网络技术为依托而编辑、出版和发行的电子杂志，这种特点尤其明显，其强烈的视觉冲击感和声音震撼力是报纸、杂志、书刊等传统媒体所无法比拟的。通过互联网进行出版，使用计算机设备阅读，采用多媒体技术制作的电子杂志，其表现形式综合了动画、声音、视频、超链接及网络交互等手段，效果犹如一本在计算机屏幕上展开的书，文字、声音与图像相得益彰，内容丰富生动，再加上为读者提供了便捷的电子索引、随机注释等，被人们誉为"21世纪的代表性数字媒体"。

另外，读者在欣赏电子杂志的同时，可以直接进行联网互动，随时随刻与杂志制作者和其他读者进行沟通，把自己的意见、观点反馈给杂志制作者，或者向其他用户推荐杂志内容，传播信息。依托于互联网这个发行平台，电子杂志的信息传播和反馈都得到了很好的拓展延伸。

再者，先进的发行技术和显示技术为读者提供便捷的阅读。美国传播学家施拉姆曾提出信息选择的或然率公式：信息选择的或然率＝报偿的保证/费力的程度。这个公式说明，只要受众获得信息的途径很容易，那么他们就乐于获得更多的信息。而阅读电子杂志就不需要花费过大的力气，只要你打开电脑，用鼠标轻轻一点，杂志内的信息即轻松呈现在你眼前。电子杂志的专业化、个性化定位也使你不必使用搜索工具在浩如烟海的各类网站上寻找你所需要的信息。读者不仅可以通过计算机，也能通过手机、PDA等方式阅读电子杂志。此外，还有一项重大的变革，对于普通读者来说，阅读传统杂志无法摆脱购买这个环节，而电子杂志的免费发行为读者带来了全新的、便捷的阅读体验，将获取信息的费力程度大大降低。

可见，数字出版物情景属性的变化，带来了基于读者感受的体验创新。

(三)产品高级属性的改变导致数字出版物的渐进型创新

1. 数字出版实现了产品的个性化创新

数字时代，博客、微博等开放式维基发表模式，将使出版重新回归到个性化、个人化时代。个人成为内容生产的重要主体。

通过数字出版物的互动设置，读者可以只选择和订阅自己喜欢的内容，内容制作者也可以就读者的反馈信息进行沟通和完善，推出满足目标受众口味的制作精良的数字出版物，从而尽可能达成读者个性化的阅读需求。

Web2.0内在的动力来源是将互联网的主导权交还个人，个人享有充分的

"信息自主权"。这一权力转移过程,极大地解放了个人创作和贡献的潜能,在Web2.0时代,个人通过多种方式参与到互联网的内容生产中来。

博客被认为是Web2.0的典型应用,它是在开放源代码构建平台上的个人信息中心。博客开创了一个自媒体的时代,它为每一个人提供了一个信息发布、知识交流的传播平台,博客使用者可以很方便地用文字、链接、影音、图片建立起自己个性化的网络世界。博客使作品在无法通过传统渠道出版的情况下,有了一个向公众发布的通道和机会,博客方式因而引发了新的全民写作热潮。由于个人发布作品的渠道自由畅通,网络原生作品的数量将以几何级数增长,无限丰富的网络原生作品必将成为重要的出版内容资源,无视这一有待开发的文化富矿将在Web2.0时代的出版市场竞争中落后。近年来,博客书出版已对此做了一个很好的注解。

以博客出版为代表的即时出版是一种个人化网络出版方式,其出版模式迥异于传统出版。在即时出版中,作者、编辑、出版者集于一人,作品通过网络技术平台一经发布即完成了出版行为,省略了出版流程的许多中间环节。这种出版方式与传统出版中作品的载体形式与复制方式不同。由于博客出版比较灵活,内容形式不受限制,个性化风格明显,受到很多互联网用户的青睐。

2. 数字出版实现了产品的简单化(傻瓜化)创新

通过运用各种数字出版技术,可以做到出版物在编辑、制作、发行以及阅读上都实现一定程度的智能化,从而使读者在使用数字出版物时,可以做到真正的无障碍和简单易行,也就是我们常说的"傻瓜化"。

例如,亚马逊网络书店一点通(1-Click)设计就是产品傻瓜化设计的典型案例。任何人在亚马逊网络书店只要买过一次商品,亚马逊就会记住购物者的相关资料,下回再购买时,只消用鼠标点一下欲购之物,网络系统就会帮你完成之后的手续,其中包括消费者的收件资料,甚至刷卡付费也可由网络系统代劳。使用"一点通购物"技术,无疑是亚马逊在技术上的一大创新,它使得重复购物行为所必然要遇到的麻烦、琐碎减到几乎为零的程度。

3. 数字出版实现了产品的集成化(平台化)创新

根据规划,到"十二五"末期,我国将形成8~10家各具特色、年产值超百亿元的国家级数字出版基地或国家级数字出版产业园区,总产值力争达到新闻出版产业总产值的25%,整体规模居于世界领先水平。为实现这一目标,数字内容平台化正成为我国数字出版产业的工作重点。

方正正在积极启动云出版服务平台,吸引出版机构及众多数字内容运营方加入,内容商可自主定价、管理、经营其数字版权。在这个电子商务平台上,通过技术服务让产业链的所有关联者参与进来,并发挥自己的优势去帮助版权方运营、分销版权,而企业自身则通过分享数字内容的收费与增值服务收益获得相应的利益。

淘宝网也成立了自己的视频音乐文学交易平台淘花网,他们希望版权商和出版商能把自己的数字产品放到这个平台上来,淘花网将提供交易管理、上架服务、版权保护、支付选择、内容挑选等内容。

无论是方正,还是淘宝网,开放平台都是一条连接出版商和渠道商、终端厂商的有效途径,通过数字出版平台,渠道商和终端厂商可以获得更多的数字资源,而传统的出版社也可以对不同的渠道商和终端厂商进行比较,双方通过双向选择实现双赢。建立统一的、在线数字出版综合平台可以使分散的、碎片化的出版资源整合起来,这对出版产业达成合作联盟,统一行业标准,完善产业链分工,优化高效利用和使用资源,提供更好和更便捷的服务,将起到直接的推动作用,从而带来数字出版商业模式、渠道与营销方式的创新。

三、服务

随着数字技术的飞速进步,技术及产品的创新已经不再是数字阅读产品发展的主要障碍。要实现数字阅读产品的赢利,传统的以产品为中心的思维必须向以客户为中心的思维转变。

随着网络信息技术的发展,传播载体发生变化,出版技术手段不断提高,不同的出版主体要根据客户的不同需求采取不同的商业模式。如何最大限度地满足消费者不同的个性化需求,将是数字出版产业最终实现赢利的必由之路。

商业模式就是服务模式。随着数字出版产业发展的不断成熟,市场化程度的不断提高,我们看到越来越多的数字出版企业开始关注用户体验,创造服务需求,加强服务深度。

在用户体验方面,我们拿"读览天下"作为例子。网站不仅有优秀的设计页面和展示方式,重要的是它是从用户需求出发,将互联网阅读、手机阅读的界限打通,让读者成为一个真正的内容专注者;在运营上不断追求高品质的内容呈现,同时将互联网和实体杂志、报纸等媒介消费的通路开放,让读者拥有更多选择空间。

在创作服务需求方面,以社科文献出版社为例。作为传统出版社,它很早就将自己定位成为人文社会科学内容资源供应商,近年将自己旗下的品牌产品

"蓝皮书"打造成为细分领域的数据库产品,为专业读者提供个性定制的优质内容,取得了非常好的效果。另外,最近中国出版集团数字传媒公司和移动合作的文学故事报面市,受到很多职场白领的欢迎。可以预见,文学故事报作为一种手机休闲阅读方式,改变了文学报地摊化生存的尴尬,创造了一种新的生活需求。

在服务深度上面,比如维基协同写作网站一起写网,自 2007 年创办以来,不断进行内容创作模式的深化,新版引入线上阅读收费、手机阅读收费、版权交易、影视改编权交易等更多的版权运作模式,让作者获得更多的收益。2009 年他们与国内某家知名的影视剧制作公司达成战略合作,此项合作将充分发挥网站近 10 万用户的力量,利用维基协同创作的优势创作优秀剧本。

这些企业在开展数字出版业务的过程中,不再单纯地进行内容的数字化,而是根据自己的资源和特点,积极尝试新的数字出版服务模式,努力去改善产业生态链条,创造了新的用户需求和市场渠道,体现出了浓重的创新元素。

四、渠道与营销

有了新技术必然就有新产品。出版机构的手中掌握了大量的信息和资讯,这就是他们的产品,那么,如何使这些产品实现的价值最大化,如何将这些新产品推广开来,让它们快速到达消费者手中,渠道与营销上的创新自然必不可少。[①]

作为内容提供商,如何利用先进的数字技术将合适的内容准确地传递到合适的目标读者手中,将内容产品营销和传播的触角延伸到更广阔的范围,从而使内容的价值最大化,已成为出版业未来发展的关键所在。

2010 年以来,以电信运营商为代表的数字出版渠道越来越积极地投入到数字出版的版图争夺中。从 2009 年中国移动对其网上书城的推广,到其高层与台湾电子书屏幕生产商的密切接触,这些动作似乎告诉人们这样一个信息:畅通的网络是他们的硬件基础,而几亿的用户则是他们的软实力所在。

另外,在 2010 年的数字出版年会上,一个名为直播星的公司走入人们视线:与运营商的电信网络渠道不同,这家公司采用卫星网络开展"卫星数字发行"业务,就是利用卫星(中星 9 号)网络向用户具有接收和播放能力的终端直接投递音像、电子读物、游戏、软件、实用信息等数字化产品的发行服务。这个

---

① 彭 敏. 营造创新合力[J]. 软件世界,2007(8).

在广电总局"村村通工程"、新华社"中国网电视台"等项目中发挥了巨大作用的卫星通讯网络,实际上是对部分闲置卫星资源的二次开发和利用,也成为数字出版领域新的发行渠道。

一方面是新渠道商的加入;另一方面数字出版企业在数字产品的市场营销上还必须迎合消费者心理上的习惯偏好,通过改变数字产品的价值形态或引入第三方价值桥梁的途径,规避自身稀缺性价值不足的天然缺陷,并通过赢利模式创新,最终实现迂回的价值回报。

美国西部出版商集团的 Constellation 项目为图书经销渠道的数字化创新提供了良好示范。Constellation 项目强大的功能建立在集中存储和管理数字图书资源的基础之上,具体来说,主要包括内容在线浏览、电子书分销、短版印刷和按需印刷四项业务模块。需要说明的是,此处的短版印刷和按需印刷都是以数字存储、数字印刷等数字化技术为基础的,属于广义的数字出版范畴。或者反过来,可以据此推断数字经销的对象物完全可以是经由数字化出版流程产生的纸质出版物。

通过 Constellation 数字营销项目,美国的中小型出版商实现了图书内容的数字化,而且经过这种转化后,图书能够直接进入理想的销售渠道并到达目标读者手中。

Constellation 项目的积极影响主要有以下几方面:一是拓展了小型出版商的客户群,成功地将这些出版商的数字内容传递给更多终端客户;二是提供快捷的数字内容和格式转换服务,使小型出版商能够与大型出版商享有类似的技术水平、数字出版效率和灵活性;三是向 Constellation 描述自身图书的特点与销售目标有助于出版商准确锁定目标市场,尤其对其专业性较强的数字图书的发行工作具有重要价值。[①]

五、终端

数字出版的价值分离特性与生俱来。从前面对数字出版的诸多定义中,我们不难看出,数字出版是一种必须通过计算机或类似设备才能阅读使用的新型出版形式。也就是说,任何数字化的内容都必须依附于一定的载体,相同的内容可以选择不同的载体,从而组合出不同的销售对象。对读者而言,购买信息内容的同时就额外增加了一笔购置阅读设备的开支,例如购买电子阅读器、手

---

① 徐丽芳,丛　挺. 图书经销渠道的数字化创新——Constellation 数字经销项目个案研究[J]. 出版发行研究,2010(1).

机、MP4 等。[1]

数字出版技术的成熟,使数字阅读终端产品不断升级,新型的阅读方式不断涌现,进一步突破了空间和时间的局限。在亚马逊 Kindle 的成功范例下,越来越多的厂商投身到电子阅读器的开发和生产中,市场竞争日益激烈。[2] 针对阅读终端的创新,成为各数字出版企业积极开展的业务之一。

作为正版电子书销售平台,番薯网并没有将为读者提供的服务局限于 PC 终端。2010 年,番薯网就联手数字出版产业链中各个伙伴共同打造了"云阅读"平台,其目的就在于让用户任何时间、任何地点、应用任何媒介都能够阅读电子书,实现 PC、手机和手持阅读终端设备的无缝衔接,共同为用户提供海量的内容服务。

第二十届书博会上,番薯网完整地展出了数字阅读解决方案,从丰富的电子书内容资源到多终端阅读解决方案一应俱全。[3]

2010 世界电子纸技术大会暨电子阅读器展中,卓望信息和方正飞跃联合打造的文房 3G 资讯平台以颠覆性的"定制化移动应用"思路,将电子阅读器的功能延伸到新闻、证券信息、教材阅读、公文下发等领域,从金融、教育、出版等行业的实际应用出发,挖掘出电子阅读器的多重价值,受到与会者和广大业内人士的关注。

从长远发展来看,数字出版的终端创新还有很大的发掘空间,并非电子阅读器一枝独秀,只有在明确各自价值优势的前提下,才能有的放矢地占领市场,避免同质化竞争。[4]

六、组织

组织结构是为数字出版产业服务的,传统出版社应该在内部机构、数字化平台和区域性全国性的战略联盟方面有积极的动作,找到在国家数字出版产业中的定位,优化一个顺应数字出版的内部组织结构和形态。

传统的企业组织结构形式经历了直线型、职能型、直线职能型、直线职能参谋型等不同的形式。时至今日,国内出版单位虽然已经基本完成企业化转制(除了少数公益性出版单位),但内部机构设置仍然主要停留在职能型和事业部

---

[1] 张　炯．试析数字出版营销的战略创新[J]．今传媒,2010(10)．
[2] 张晋升,杜　蕾．数字出版产业链融合的价值和路径[J]．中国出版,2010(8)．
[3] 京　文．番薯网玩转多终端数字阅读[J]．出版参考,2011(6)．
[4] 张　炯．试析数字出版营销的战略创新[J]．今传媒,2010(10)．

型这两种结构形式,从而使内部治理结构落后于现代企业体制。①

因传统出版单位的现行体制、管理机制、激励机制等方面目前很难适应新的数字出版要求,②要发展数字出版,就必须建立一个与传统出版不同的,有利于创新、创造、创业的组织机构。

数字技术和网络技术的快速发展为改进内部结构提供了新的机遇。一些有前瞻性的出版单位已经借助网络逐步优化内部组织结构,力图尽快适应数字出版产业的飞速发展。尤其是一些大型的出版单位,在这方面已先行了一步,如社科文献出版社在优化内部组织形态上开辟了出版的新领域。

很多出版社原来都把数字出版工作放在信息中心、总编室之类的管理和服务部门,数字出版以版权管理和技术服务为主。近两年,很多出版社认识到成立专门的数字出版部门的重要性,纷纷成立网络出版部、数字出版部,从机制上确保了数字出版地顺利开展。社科文献出版社的数字出版工作能快速推进,从根本上来说得益于其有组织结构的创新。

首先,成立数字出版部,负责出版社所有数字产品的编、印、发。社科文献出版社早在 20 世纪 90 年代末就成立了电子音像部(2000 年更名为网络出版中心,2008 年底更名为数字出版中心),专门负责出版社的数字出版工作。目前,出版社的软硬件功能等服务功能完全剥离,数字出版中心成为集数字产品策划、制作和营销等工作为一体的业务部门,该部门完全可以视为一个独立的"小型出版机构",具有传统印刷流程所具有的完整的编、印、发各个环节。

其次,成立信息化委员会,指导出版社的数字出版工作。社科文献出版社谢寿光社长一直认为数字出版是一把手工程。在 2002 年社科文献出版社信息化小组(信息化委员会的前身)成立之初,谢寿光社长亲自挂帅,任小组组长,直接领导出版社的信息化工作。目前,信息化委员会已经发展为与编辑委员会同级的出版社领导机构,负责所有数字产品的选题策划及出版社信息化建设工作。信息化委员会高效、务实,坚持定期例会制度,制定了出版社数字出版的中长期规划,并先后通过了出版社《电子文档管理规定》、《数字出版流程管理规定》等条例,进行数字出版的制度化建设。

可见,在开展数字出版业务时,如何优化企业的组织结构,对其开展创新活动具有重要作用。

---

① 尹章池,邓红艳. 论数字出版的内部组织结构与形态[J]. 编辑之友,2010(12).

② 祝兴平. 我国数字出版跨越式发展的瓶颈与短板[J]. 中国出版,2011(2).

七、创新者

通过梳理人类的创新历史,不难发现:创新成功的一个重要因素就是要有一个卓越领导人领衔的多元化优秀团队。无论是一生申请了 1039 项发明专利的最具传奇色彩的创新大师爱迪生,还是 2005—2010 年连续 6 年蝉联美国《商业周刊》评选的"全球最具创新力企业 50 强"第一的苹果公司前总裁乔布斯,他们领衔的创新团队成为企业创新思维的源头和创新实践的实施者。作为创新者,需要有观察、质疑、试验、各种逻辑与非逻辑的思维能力以及较强的意志品质等综合能力。

数字出版作为创新行为比较频繁、创新素质要求较高的出版活动,要求出版企业在实行数字化、信息化方向转型过程中以及进入数字化经营轨道后,开展大量的创新活动和实施较多的创新行为,以获取数字出版的竞争优势。

就我国整个数字出版业来说,掌握数字出版技术的人才和管理人才缺乏,尤其是具有创新思维和创新能力人才的缺乏现象更加突出,困扰着数字化进程的提速。[①]

作为中国出版界杰出的领军人物之一,中国出版集团公司总裁聂震宁无论作为一个作家、编辑、学者还是出版管理者,他几十年来的出版实践,无不体现出创新的思维和创新的智慧。

聂震宁曾任作家、编辑、漓江出版社的总编辑、社长、广西新闻出版局副局长,现任中国出版集团公司总裁、党组副书记。

在 20 世纪 80 年代,他就已是一位有成就的作家,发表过大量的中短篇小说,出版过小说集《去温泉之路》、《暗河》等,并以短篇小说《长乐》和《绣球里有一颗槟榔》、中篇小说《暗河》和《岩画与河》等作品赢得过读者的赞誉。特别是《长乐》,至今仍是当代小说选本的常选作品。他编辑的书籍多次获得过全国性的奖励,撰写的出版研究随笔产生了良好的影响。

文学创作使他形成了创新的思维方式和思维习惯。因此作为一名编辑,他也就习惯对每个选题都用创新的价值标准来衡量,要求每一本书都有一点新的特点,在内容、形式或者传播方式上都在努力寻求创新。无论当年主持编辑的获第五届中国图书奖一等奖的《文科知识百万个为什么》(大型套书),还是获第二届国家图书奖提名奖的《聊斋志异评赏大成》,抑或是出版界的超级畅销书

---

① 朱静雯,胡誉耀. 论数字出版企业创新激励机制的构建[J]. 出版发行研究,2008(12).

《哈利·波特》，作为一个编辑、出版人，创新也是他基本的思维方式和思维习惯。他策划并任责任编辑的"古典文学名著评点系列"，因约请当代著名作家评点古典文学名著，重开传统评点之风，在出版界和文学批评界颇有影响。甚至是为了把一些长篇小说的书名起好，他也都不厌其烦地去琢磨。长篇小说《历史的天空》原先叫《凹凸山英雄记》，《沧浪之水》原名为《动物卡通》，就是经聂总提出修改而成的，这其中也不乏创新的思考与智慧。

1994 年他担任漓江出版社社长期间，用创新的价值观来衡量出版社的经营管理模式，提出了以整体化经营方式取代编辑承包经营方式，在国内出版界较早推行策划编制和生产流程岗位有限责任制，致力于出版社的现代企业制度建设，具有一定的开创性，在实践中，取得了初步的成效。他的不断深化、不断完善的经营管理理念和不断强化的现代出版家的综合素质，使得他在进入人民文学出版社后，先后在图书的编、印、发等各环节进行改革，在业界和读者中引起了很大的反响。

在担任中国出版集团公司总裁期间，他还用创新的价值观来衡量集团化的经营管理模式。他一方面加强科技创新力度，探索数字出版的商业模式与赢利模式，着力提高集团公司数字出版和信息化水平，大力推进集团公司管理信息系统建设；另一方面加大数字资源整合力度，推进数字出版资源总库建设，加强重点产品开发与重大项目管理，鼓励各单位发挥品牌优势开发数字出版产品，形成数字出版的商业模式和赢利模式。

通过资源、平台、终端三位一体的格局，打通产业链，同时建立广泛的数字出版产业联盟，与电信、渠道商谈判，获得利益最大化，共享信息渠道资源，强强联合，优势互补。如加快集团公司移动数字出版平台建设、"中版闪印王"数字设备推广、移动阅读的终端研发。依托中国出版集团公司强大的资源基础，联合全国出版发行机构，聚合国内优质出版资源，搭建了中国数字出版最大的推送平台大佳网（www.dajianet.com）。

2010 年 11 月 18 日，北京印刷学院聘请聂震宁担任该校新闻出版学院院长。他又以创新的思维，积极推动出版业产学研结合，并鼓励高校积极参与出版企业的科研与实践，同时形成学校在出版业的"学院派声音"。

正如聂震宁所说，"创新是出版的灵魂"。在他的带领下，中国出版集团公司通过不断的创新实践，已成为名副其实的中国出版业"国家队"，其出版理念、出版实践对我国出版业的发展起到了较好的引领示范作用。

八、小结

通过以上分析，对影响数字出版产业创新的核心要素进行提炼，我们认为主要体现在技术、组织、创新者、产品、渠道与营销、服务、终端七个方面，这七个创新要素构成了数字出版产业的创新体系。其中，技术要素、组织要素以及创新者要素是数字出版产业创新发展的关键、基础性要素，是数字出版产业创新的自变量，我们称之为"自变创新要素"；产品、渠道与营销、服务、终端则是由于前面三个自变创新因素的变化，而产生的因变创新因素，我们称之为"因变创新要素"。这些创新要素之间的关系如图4-3所示。

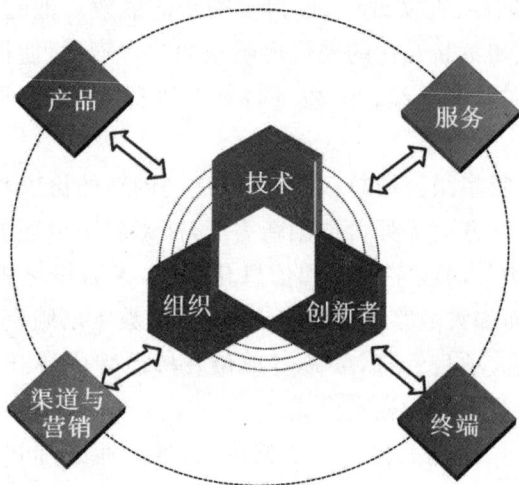

图4-3　数字出版创新要素及其关系图

第二节　数字出版产业链及创新主体分析

一、数字出版产业链

所谓产业链，是指建立在产业内部分工和供需关系基础上的，以若干企业为节点、产品为单元的纵横交织的链状或网状企业战略联盟。[①] 产业链从本质上看是处于上游、下游的相关企业之间进行资源、信息和创意的交换，从而实现价值增值的管理过程。

---

① 王鹏涛. 基于流程再造视角的数字出版产业链创新研究[J]. 科技与出版，2009(4).

数字出版产业链是由完全独立的数字出版关联企业所构成的一种长期的企业战略联盟关系。它既不是同一出版企业的纵向一体化，又突破了传统出版产业链的范畴，实现了在数字化时代参与主体多元化的转变。产业链上的每个主体都可以在相应的权责范围内独立地运作，充分发挥自身的核心竞争力。[①]因此，虽然各环节在内部功能上具有相对独立性。同时，构成数字出版产业链的各个环节也是一个统一的有机整体，上下游之间具有内在的逻辑性和方向的不可逆性，任何一个环节的缺失会造成整个产业链的断链。

一方面，上、中、下游企业之间存在着类似传统出版产业的大量的信息、物质、价值方面的交换关系；另一方面，数字出版的发展推动了传统出版产业价值链的延伸。它突破了传统出版产业链以出版企业为核心的形态，实现了数字时代参与主体多元化的转变。

具体来说，数字出版产业链包括作者、内容运营商、技术服务商、终端设备提供商、读者等构成要素，但实质上与产业相关的参与者更加复杂，其身份既可以是单一的、独立的，又可以是多元的、重叠的，这也意味着产业链中各参与主体身份的日益多元化和出版样态的多元化。对比传统出版的产业链可以发现，传统出版社正在向数字出版内容提供商转型；除了内容生产企业外，电信业、软件开发商、投资商以及产学研用合作机构等机构都可以通过提供各种服务加入数字出版产业链中，他们扮演的角色往往是内容集成商、平台运营商以及技术或设备提供商。作为新进入者，他们往往以其较为雄厚的资金和实力，以及较为成熟的运作模式、业务流程、管理机制、激励机制、较为合理的人才知识结构等处于优势地位。相对于传统出版，数字出版产业链的组成如图 4-4 所示。

在数字传媒语境下，数字出版产业链将呈现出许多新特征。

（1）高效快捷性。传统的出版产业链把经过选择和加工的信息从出版者传播到读者需要少则数天、多则数月的时间，而数字出版产业链简化了出版流程，缩短了流通环节。它使读者可以通过互联网从出版社、网站、图书馆等许多地方方便、快捷、直接地获取到数字内容资源。出版从传统的物流转变为信息流，从单向传递转变为双向互动，从以产品为主转变为以产品和服务为主。体现在产业链上，则意味着出版活动从传统的图书产业转变为网络信息服务业的一部分。

另外，编辑流程、统计销量、商务信息、物流配送等这些在传统出版产业链

---

① 刘灿娇，黄立雄．论数字出版产业链的整合[J]．中国出版，2009(1)．

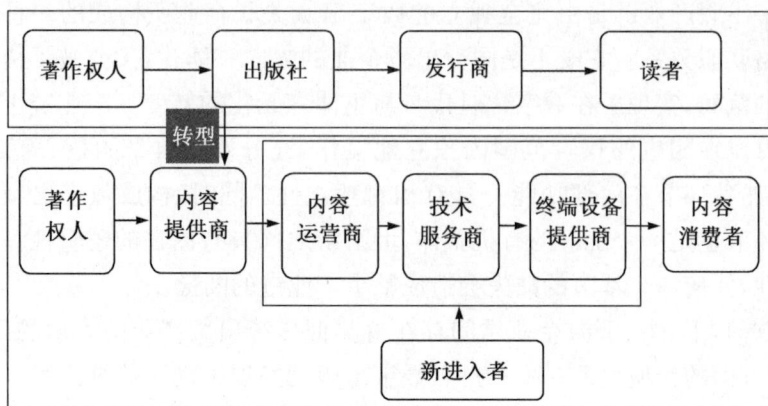

图 4-4　数字出版产业链的变化

条上劳神费力的事情,要投入大量人力物力。而在数字出版产业链上,这些事情都能够迎刃而解。在纷繁复杂的编辑流程中,利用网络和出版社信息系统,编辑可以方便地了解某一选题的出版情况以及搜索到最新的资料,避免选题的重复,还可以通过相关编辑软件实现编辑加工的数字化。

(2)高技术相关性。与传统出版产业链相比,数字出版产业链的最大特征是设备制造商和技术提供商的地位凸现。在产业链的每个环节上,都与技术相关:位于上游的作者、出版社与制作技术、版权保护技术相关;位于中游的分销网站、图书馆与管理技术、发行技术相关;位于下游的读者与阅读和显示技术相关。

(3)强协同合作性。传统的出版产业链的成员可以仅仅依靠高超的内功和与相连的上下游成员密切配合,就能在产业链上稳居一席之地。在数字出版产业链中,不论是处于上游的作者、出版者还是中游的销售商、技术提供商甚至下游的读者都要有密切的交流,不是处在产业链上某一环节的某一成员通过自身或局部的努力所能完成的,而必须依靠整个产业链的协调分工、高效运作才有可能。

二、数字出版创新主体分析

通过以上对数字出版产业链的分析可以发现,在数字出版产业中,内容提供商、内容运营商、技术提供商以及终端提供商等作为产业链的主要构成要素,在数字出版产业发展过程中起到了重要的作用,从而成为数字出版的创新主体。

1. 内容提供商

内容提供商,顾名思义,就是在产业链中通过各种渠道和媒介向用户提供内容信息的机构,其主要功能包括信息与内容的选择、加工、包装和传播等。在数字出版产业链中,图书出版社是数字出版的主要内容提供者,主要将图书的有关权利交与电子书出版商,取得未来电子书销售额的分成;期刊、报纸、唱片公司作为内容提供商参与数字出版的方式与出版社基本类似,他们分别为互联网期刊、手机报、在线音乐等数字产品提供内容,通过用户的下载付费、订阅或广告分成获得收益。

传统出版单位作为内容提供商的优势在于内容以及建立在内容基础上的对于版权的控制权,按说在数字出版市场中他们可以呼风唤雨、赢得主动,但实际上却步履蹒跚。为什么呢?

首先,技术和大量资本投入成为大多数传统出版单位从事数字出版的瓶颈。例如,辽宁出版集团从 2000 年就开始电子书业务,分别在内容的数字化和阅读器开发方面进行尝试,发展至今,阅读器业务早已停止了。副总经理俞晓群曾无奈地表示,这个业务需要专业技术团队和大量资金投入,实在不是出版企业擅长的。技术提供商则不同,它们在技术上是"向下兼容"整合,数字技术可以兼容纸质,进入全媒体出版,但反过来传统出版社的印刷技术要"向上兼容",付出的代价会更大。①

其次,传统出版单位自身拥有的内容资源在日益丰富的网络资源中已日渐势微,主要体现在以下三个方面:①出版社不具有绝对的内容资源优势,如专业期刊、图书的内容资源分散于全国上千家科研院校,而不是出版社;②数字出版的内容资源是动态的,是随着社会发展而不断发展的,如在线音乐、网络游戏、网络文学、博客的出现;③数字出版内容资源是多元的,人人创造内容,人人出版,满足个性化的需求将成为时尚和趋势。

再者,互联网出版投入大、风险大、周期长,传统出版单位受体制机制约束,内容资源无法真正在营销上实现数字化;②加之内在动力不足、版权保护存在问题、信息化程度较低、缺乏相关专业人才等原因,传统出版单位作为内容提供商,在数字出版产业链中一直处于配角地位,使得整个数字出版产业链呈现出上游冷、中下游热的情况。③

① 周利荣. 我国数字出版产业链整合模式分析[J]. 出版发行研究,2010(10).

② 张文豪. 数字出版赢利呼唤产业链的专业化分工[J]. 出版发行研究,2009(11).

③ 张晋升,杜 蕾. 数字出版产业链融合的价值和路径[J]. 中国出版,2010(8).

随着数字技术的迅猛发展,网络的快速普及,传统出版业必须尽早面对来自数字出版的巨大冲击和挑战,明确自身的定位和优势,重塑内容提供商在产业链中的主体地位。

首先,传统出版企业必须尽快完成数字化的基础工作,实现内容资源的数字化创新。如尽快建设数字化的基础设施,完成对文本的数字化,同时建立数字化的图书仓库和大型数据库,与IT企业进行紧密合作,将数字内容资源紧紧地抓在自己手中。这些举措可以先由比较大型的出版集团率先开展,然后再在一些相对较小的出版企业中推广进行。

其次,加强横向合作,实现内容资源的整合和创新。在数字出版时代,对内容资源进行深度开发以符合多种媒介阅读的需求是内容提供商要着重考虑的事情。从数字出版的开展过程来看,我国大多数出版企业处于比较分散的状态,规模较小,实力有限,难以形成规模经济,限制了其作为数字出版主体的可能。因此,应当从横向整合内容提供商,加强出版企业之间的合作,实现资源共享,优势互补,建立信息共享机制,为内容生产和创新提供新的增值服务,充分发挥其在内容方面的核心优势,从单纯的内容复制转变为对内容的深加工和创新,提高其在整个产业链中的竞争力。例如,在媒介融合趋势下,出版社、杂志社、报社等可借助数字出版推出了电子版、网络版、手机版等新媒介产品,将信息载体从单一的印刷纸质变成多种不同载体的集群。

再次,建设一支经验丰富、富有创造力的数字出版人才队伍也是传统出版企业面对数字出版浪潮的重要任务。出版业正朝着数字化、产业化的方向前进,而现有的人才资源还缺乏与之相适应的管理和经营的能力。因此,如果想在数字出版领域占得先机,就必须大力培养和吸收适应数字出版需求的新型复合人才,建立起一支适应数字化时代要求的新型人才队伍。

可见,数字出版的内容资源的属性要求其加大内容资源整合力度,把握能承载信息的新的内容资源,并敏锐感知多元主体的个性化内容。因此,内容提供商只有将内容资源整合与内容资源创新、开发结合起来,才能在竞争中立于不败之地。① 另一方面,就目前数字出版内容提供商的组成来看,作为数字出版产业链的内容产品供应环节,其对于各级各类组织、机构乃至个人有极大的开放性;而各级各类组织、机构乃至个人进入此一环节的意愿和积极性也相当强烈,如微软、索尼以及中国的起点中文网等机构,都已经或正在成为数字出版领

---

① 傅勤奎. 内容资源的整合与开发:数字出版的制高点[J]. 新闻世界,2011(5).

域的内容提供商。因此,传统出版单位要在新产业链中保持内容资源和专业技能优势并非易事,而必须经过艰难的转型,并要经受激烈竞争的考验。

因此,以提供出版内容为主的传统出版企业必须未雨绸缪,尽快明确自身的产业定位并选择适合于自己的商业运营模式,提前布局,占据产业链的适当位置,以免在数字出版快速发展的洪流中被淘汰出局。

2. 内容整合/运营商

内容运营商依托内容提供商的内容,将内容信息数字化后进行一定加工,以数据库的方式集中化后对外发布和运营。内容运营商是数字出版产业链中游的另一个重要角色。

尽管内容提供商可以直接面向读者,但是内容运营商作为数字经销商和数字零售商仍然有其不可替代的作用。就如同在传统出版业内,出版社可以开设邮购部、读者门市乃至发行公司,但是批发商和零售商仍然不可或缺一样。首先,专业化分工和协作仍然是产业提高效率的必要条件。例如,只有让内容提供商们在内容层面竞争而不必去比拼技术水平,这样才能对行业的整体发展有利。其次,在以海量信息为特征的互联网上,仅仅依靠内容提供商的自有网站提供产品和服务,那么其为读者发现和消费的几率是很小的;只有吸收尽可能多的经销、零售、营销和其他各种各样的机构与个人网站进来共同扩散其产品、服务及相关信息,才能接触到尽可能多的读者和消费者。最后,通过延长产业链来壮大产业群是符合产业发展需要的。[①]

内容运营商作为数字出版的创新主体,大多拥有较为雄厚的资金、丰富的市场运作经验和先进的数字出版理念,其上接内容提供商的信息资源,下联技术服务商和终端提供商,在数字出版产业链中成为中坚力量。其在产业链中的作用主要体现在以下两个方面。

作为全球最大的科技出版集团之一,德国施普林格出版集团在全球范围内有 70 多家出版社,专注于科学技术、医学等出版领域。1996 年 6 月,Springer-Link 启动(学术专业信息服务平台),目前施普林格所有图书和期刊的内容都集中在这个服务平台上,实行收费下载,有 350 万篇期刊文章或图书章节,分别来自于 1600 多种期刊、1.65 万种图书,涵盖 13 个学科领域。该平台每年以 4000种新电子图书的速度增加,2007 年 SpringerLink 全文下载达到 8000 万篇,相当于全球用量的 1/15,全文下载量平均每年以 100% 的速度增加。在国内,清华

---

① 徐丽芳. 浮现中的大众消费类数字出版产业链[J]. 出版广角,2008(12).

知网、万方等在该领域也做出了开创性的努力。从这种模式中,我们可以看出,想使数字出版做大做强必须走内容资源整合之路,强大的内容整合能力和搜索功能是数字出版企业的必备条件。然而,走内容整合之路不等于漫无目的地建造一个"信息海洋"。领域的选择、特色的把握将是数字出版的精髓和最富竞争力的东西。在电子书领域,亚马逊的 Kindle、北大方正阿帕比走的也是内容资源的整合之路。

第二条途径是走数字出版内容资源的开发与创新之路。以培生教育模式为例,培生教育以教育互动社区数字化的课程方案、丰富多彩的视频教学、数字化的课堂练习、测验以及数字图书为平台,不断开发创新,并取得成功。目前教育案推广到其他学科,现有大约 450 万名美国大学生在使用培生的某个在线学习项目,230 万名美国大学生注册培生网上家庭作业和评测项目"我的实验课"进行在线学习。这种在线教育和服务的商业模式催生了数字课本内容、原教材内容、参考书、习题集、字典、笔记本、学习资料、文字、图片、视频动画等数字内容产品的出版。从该模式中我们可以看出,在线教育只是网络出版的一个领域,这一点给我们以启示,整合富有市场前景的领域的内容资源,将其与网络技术结合,实行数字出版,是传统出版向数字出版转型的又一路径选择。[①]

但目前,在产业链的中游,内容运营商还存在一些问题,如几家数字内容集成商的数据整理雷同,重复开发浪费较大;电子图书和数字期刊等营销过于依赖机构消费者,尚未完全形成市场化;另外,网络运营商不掌握主要的内容资源,在技术开发商那里获得的支持力度又不够,真正深度有效的合作难以形成。[②] 这些都在一定程度上制约了内容运营商的创新。

3. 技术服务商

与传统出版业不同,我国的数字出版最初是由技术服务商推动进行的,而目前产业链中发展最迅速、最活跃的也是中游的技术服务商。

纵观我国数字出版发展历程,凡颇具规模、初具产业链模式的数字出版活动,基本都是由技术提供商主导的。这些信息技术公司在数字出版的开拓方面走在了前面,在不断探索利润增长点的同时,又自然地向上、下游渗透拓展,更易于建构一个完整、和谐的产业链。

新兴信息技术公司在涉足数字出版业之时,具有先天的技术优势。方正、书生、世纪超星、万方数据等成为我国最先一批从事数字出版的传媒企业,其中

---

① 傅勤奎. 内容资源的整合与开发:数字出版的制高点[J]. 新闻世界,2011(5).

② 张文豪. 数字出版赢利呼唤产业链的专业化分工[J]. 出版发行研究,2009(11).

一些企业还依托其雄厚的技术、资本优势,通过向上游集成个体作家和传统出版业的内容资源,向下游联系各家手持阅读终端商和读者,已经初步完成了由自身主导的产业链的整合,并且形成了不同的运作模式。①

技术服务商目前也存在一些问题。首先,技术标准的缺失一直是困扰数字出版技术的一大瓶颈。我国数字出版市场目前存在多种格式,如方正的 CEB、书生的 SEP、同方知网的 CAJ、万方的 PDF、中文在线的 OEB 等,不同的格式导致用户在阅读时必须使用不同的阅读器,既增加了阅读成本,也不利于信息内容的整合和处理。另外,技术商同质化竞争严重,导致资源浪费。此外,内容提供商和运营商的滞后也使得技术厂商往往身兼多职,不仅要提供技术服务,还要参与产品的内容整合以及销售等环节。这样由一个环节"通吃"整条产业链的状态既降低了该环节自身的效率,也不利于整个产业链的健康发展。

要改变这样的困境,首先必须制定统一的技术标准。我国数字出版市场目前存在的多种格式既增加了用户的阅读成本,也加大了信息内容整合的难度。因此,数字出版行业应尽快制定出一个统一的技术标准,或者由占有强势地位的技术服务商来牵头提供一个统一的标准。国内可以采用国际上目前比较标准的格式 PDF 或者 XML 格式,将数据标准化并且实现共享,可以降低制作成本,实现资源的合理配置,更好地促进数字出版产业链的健康发展。

其次,整合数字技术提供商,搭建合作平台,加强沟通与协调。我国的数字出版行业一直无法制定出统一的标准,究其原因还是产业链条上参与者均从各自利益出发,彼此缺乏良好的沟通和协商。要尽快解决统一的标准问题,必须整合数字技术提供商,搭建平台,加强各方的沟通与协调,强化行业管理,或者可以效仿美国数字出版界,成立一个类似 OEB 的标准化组织,统一规定必须遵守的技术标准。

再次,向专业化细分定制方向发展,提高市场竞争力和占有率。技术服务商在搭建平台的同时,还承担着为作者、读者和出版商服务的任务,这就要求技术服务商必须在数字平台上细分各种不同的市场,提供专业化、个性化程度很高的数字服务,这样才能使其提供的服务一方面满足大规模定制的要求,另一方面又能满足消费者不同的个性化需求,同时避免严重的同质化竞争情况,提高其在市场上的竞争力。②

4. 终端设备提供商

① 周利荣. 我国数字出版产业链整合模式分析[J]. 出版发行研究,2010(10).
② 张晋升,杜 蕾. 数字出版产业链融合的价值和路径[J]. 中国出版,2010(8).

产业链终端是直接接触消费者的企业,是产品的分销渠道,此终端设备提供商在数字出版领域分销渠道的建设中具有重要的作用。目前,我国数字出版终端提供商可谓众星云集。

在我国,自 2006 年起市场开始兴起对电子阅读器的需求。2006 年 10 月,宁波日报报业集团就借助 iRex 电子阅读器首推了国内第一份电子报纸《宁波播报》,支持无线和电脑下载,可以同时存储多天的报纸新闻和上百部书籍。汉王科技、大唐电信、广州易博士等诸多国内电子生产商纷纷试水电子书这一新兴产业。2008 年 7 月,汉王科技第一批电纸书阅览器出厂。2009 年 3 月,素有出版业奥运会之称的法兰克福书展在德国汉诺威召开时,汉王电纸书在展会上一举赢得 3 万套的大单。至 2009 年上半年,汉王电纸书销量已达 15 万套,到 9 月份的销量已超过索尼,成为仅次于亚马逊的全球第二大电纸书生产厂商。在国内市场上,汉王电纸书占有绝大部分市场份额,并且正在积极开拓海外市场。在法兰克福书展和同期的香港电子展上,汉王科技同步展出英文、德文、葡萄牙文等外文电纸书,内置 3000 本正版书籍,并且宣布与美国新闻集团旗下的哈伯·柯林斯(Harper Collins)出版集团正式成为战略合作伙伴,享有数千册英文书籍的使用权。除了购买哈伯·柯林斯集团数千册英文版权以外,汉王还计划在年底之前从出版社手中买下大量最新的畅销书,并使汉王书城书籍数量提高至 10 万本。

2009 年大唐电信推出了 TD 电子阅读器 AirPaper50T,也是国内推出的第一款 3G 电子阅读器。这款电子书将分为内部存储和外部存储卡两部分,内部存储可以通过 3G/2G 网络登陆中国移动的无线书城下载电子书,也可以通过 USB 接口从电脑上下载电子阅读内容。中国移动的 3G 网络将为国内电子书的开发和推广,提供一个特殊的契机。

2010 年 3 月 30 日,上海世纪出版集团推出的"辞海悦读器",不仅是全球首款由出版机构出品的电子书,而且也形成与众多出版机构融合发展的里程碑。世纪出版集团为"辞海"整合了庞大的内容资源:旗下 17 家出版机构、44 种期刊、5 种报纸的优秀书籍和刊物,台湾数个出版联盟的 880 家出版社,及北京、上海、台北、香港等地众多出版机构浩如烟海的出版物。

前不久,中国壹人壹本公司新推出了一款名为"e 人 e 本"的手持新型电脑,实际上则是融合了部分电脑功能的电子书。该款产品 1.1 厘米厚,440 克重,1 秒开机、WIFI、3G 无线上网,除内置图书外,可上网下载报刊图书资料,彩色显示阅读,指尖翻阅,可放大缩小,剪辑保存。在电脑功能方面,它还支持 Office

编辑，无需键盘和鼠标，用一支 3D 电磁笔操作与写作、发送邮件。

苹果 iPad 推出后，《南方周末》、《广州日报》、《东方早报》等迅速推出专供 iPad 的客户端，用户只要点击图标，即可阅读这些媒体专门定制的各类资讯。目前，国内许多出版机构已成立专门部门，研发制作针对 iPad 的内容产品。

2010 年，上海的文汇新民联合报业集团与汉王科技合作，为数十万汉王电子阅读器用户提供《文汇报》、《新民晚报》的下载阅读服务。解放日报报业集团也联合新华传媒和易狄欧公司，推出"亦墨"阅读器，读者能在这个数字平台上读到解放旗下 4 份报纸的核心内容。①

2010 年，中国移动已联合 5 家终端厂商推出移动电子书，多数都内置 TD-SCDMA/EDGE 模块，这 5 家厂商包括汉王、华为、大唐电信、方正以及一家美国公司 Firstpaper。这些电子书多数可使用中国移动的 TD-SCDMA 网络，并且用户可以"不换卡，不换号，不登记"即使用 TD-SCDMA 服务，目前理论下载最高速度为下行 1.4Mb/s，存储空间标配为 4GB。

从以上对电子书发展历程的梳理可以看出，目前我国有电子书生产厂商众多，其中包括汉王、大唐、微星、华为、易狄欧、华硕、易博士、博朗等知名技术厂商，也有中国出版集团公司、上海世纪出版集团等国内知名出版企业，就连中国移动这样的渠道大鳄，也对电子书阅读器表示出浓厚的兴趣。

然而，在目前数字出版产业发展过程中，也暴露出终端设备提供商的一些问题。其中最为突出的就是优质内容资源的匮乏。首先，许多的终端厂商虽然拥有产品研发实力或海量用户、销售网络，但其对数字出版的期待值过高，不舍得在内容合作方面付出合理资金；其次，就是如何给终端加载内容，成为所有电子书阅读器厂商都必须面对的问题。目前我国出版资源非常分散，国字号的中国出版集团大概拥有全国 7%的图书版权，全国每年万种图书出版，阅读器厂商要一家家出版社、一个个作者谈版权几乎是不可能的事情。而 Kindle 的所有者亚马逊本身就是图书大鳄，只要联合北美排名靠前的几家出版社，80%纸质图书市场份额就能成为电子书阅读器源源不断的内容来源。

此外，终端厂商还存在与产业链各渠道交流不畅的问题，主要包括与数字出版产业链上游内容的整合渠道和下游的销售渠道。各方缺乏良好的合作机制，因而各自为政，使数字出版终端提供商处于上缺内容、下缺销售渠道的孤岛位置。

因此终端厂商必须努力创新，根据自己的业务重点和特色，确定运作模式。

---

① 吴信训，吴小坤. 我国数字出版产业链的冲刺关键——构建数字出版公共（交易）平台的构想［J］. 新闻记者，2010(8).

如汉王,作为数字出版产业中领先的终端制造厂商,由于受 iPad 平板电脑的冲击,致使其公司股价遭受重创。他们积极应对不利局面,开拓创新,一方面效仿 Kindle,加大了内容资源平台汉王书城的建设,逐步构建"终端+内容"的发展模式,原来有 13 万册正版图书的汉王书城很快就会增加 30 万本书,此外还有 300 多种期刊、100 多个报纸可以在汉王电纸书上看到,与盛大云中书城的对接在资源上为汉王电子书带来源源不断的最新内容;另一方面,汉王除了和中国移动建立了良好的销售渠道外,还积极建设 IT 渠道、书城渠道、商超渠道等其他销售渠道。汉王正在从单纯的终端设备商向数字出版平台商转型。

任何新兴产业在发展中都会逐渐形成成熟的产业链,业内主体无一例外会被纳入这个产业链当中,除非它退出市场。因此,无论大小、无论新旧,各传媒机构都应做好定位和筹划。

上述几个主要的数字出版创新主体是目前我国数字出版产业链的重要组成部分。能否运作好它所搭建的产业链模式及其网络平台,不断做大做强,能否带动整个传统出版业向数字出版业迅速转型,关键在于协调各创新主体的利益。合理的利益分配自然能够把各方主体吸引到产业链当中来。

数字出版产业是一个以技术实力、商业运作实力和实际占有市场规模论成败的产业。众多知识密集型产业的发展历程表明,因知识产品特有的"锁定"效应,先期确定微小优势的企业可能在后期尽享整个产业规模。同理,在不久的将来,这些数字出版创新主体中,会有一批数字出版巨头占据出版产业的不同制高点,而其他出版企业将成为这些巨头控制的产业链上的环节。

第三节　数字出版创新类型分析

"创新"就是建立一种新的生产函数,将生产要素和生产条件的新组合引入生产体系,目的是为了获取潜在的利润,包括五种情况:创造一种新的产品;采用一种新的生产方法;开辟一个新的市场;取得或控制原材料或半成品的一种新的来源;实现一种新的产业组织方式或企业重组。

数字出版不是简单地将纸质阅读转化为电子阅读,而是数字复合出版,是在生产、技术保障、专业人才、市场培育等多个环节进行创新和改革,是以数字化为前提,进行传播方式和传统阅读习惯的变革。①

---

① 侯耀东. 数字出版新时代下人才建设的几点建议[J]. 出版发行研究,2011(1).

通过前面的分析我们发现,在数字出版中,不同的创新要素、不同的创新主体组合出不同的创新函数,下面我们就分析其中几种典型的创新类型。

一、商业模式创新

作为一个以内容生产为基础的知识产业,数字出版产业为适应数字出版产品形态丰富、网络化传输等特征,获取尽可能多的收益,就必须创造出比传统出版更复杂的经营模式,也就是模式创新。

随着数字出版业的快速发展,除传统的内容供应商外,技术提供商、电信(广播电视)等网络运营商、阅读设备提供商、渠道开发商等力量相继进入数字出版领域,这不仅推动了传统出版产业链的价值延伸,还带来了新的经济增长点,随之形成了以单边市场、双边市场和多边市场为核心的不同的新的商业模式。[1]

商业模式是企业创造价值、销售价值和传达价值的方式,是一种包含了一系列要素及其关系的概念性工具,用以阐明某个特定实体的商业逻辑。简言之,商业模式就是指企业为客户创造价值并获取恰当回报的方式。因此,数字出版商从客户那里获取收入的机制和方式是我们重点研究的内容。

目前,数字出版商业模式(如表 4-1 所示)主要有四种:用户支持模式、广告支持模式、内容提供者支持模式、版权经营模式等,每一种模式又包括不同的具体模式。

表 4-1 数字出版商业模式

用户支持	广告支持	内容提供者支持	版权经营
订购模式	赞助	在线优先出版	版权输出、线下出版
付费模式	产品定位	开放存取	转让改编权、版权
分层布置模式	每次点击链接的花费	自助出版	……

(一)收费模式

1. 订购模式

订购是一种产品的收费方案,用户按照该方案为特定时间段的内容使用服务提供费用。这种模式在数据库类型的内容销售中很常见。书报刊等全文数据库的发行对象主要为机构团体用户,订购方式也以集团采购为主。这类数据

① 金雪涛,唐 娟. 数字出版产业价值链与商业模式探究[J]. 中国出版,2011(2).

库在订购时只能按全库、主题分库等订购,不能按单种期刊订购。在数据库的计费方面,针对用户的类型(高校/科研机构/公司企业等)、并发用户数、接入方式(国际访问/本地镜像/网上包库)等方面的不同,各种数据库所采取的订购和计价方案也有所不同。国外的数据库(如:ProQuest、EBSCOhost 等)多采用网上包库的形式,因此每年需缴纳相对固定(每年有小幅上涨)的费用,获得所订购部分数据库的年度使用权。而国内数据库(如:CNKI、维普数据库等)则分为网上包库和本地镜像方式。其中本地镜像方式在初始订购时,往往需支付较大数额的数据回溯费用,而以后每年只需缴纳相对较少的年度数据更新费。

2. 付费模式

付费模式就是出版商向用户所需要的内容即时式的收取费用。目前应用广泛的方式是微支付。微支付是指在互联网上进行的一些小额的资金支付,如网站为用户提供的下载一篇文章、一段音乐、一个视频片段或试用版软件等,所涉及的金额很小,往往只要几分钱、几元钱或几十元钱。微支付的特点不仅在于交易额度小,分解用户的支付心理障碍,更在于针对性强,物有所值。美国市场调查机构 Strategy Analytics 发布的一份虚拟世界战略服务研究报告中预测:在 2009—2015 年期间,全球社交虚拟世界的年复合增长率将达到 23%,虚拟世界的总收入中约有 86% 的份额来自于微交易。微支付在国内的数字出版领域应用广泛,如中国知网、维普资讯、龙源期刊网等数据库也都可以实现为单篇文章阅读、下载等进行微支付;其中应用最成功的是在网络小说的出版形式上,目前国内营利性的网络小说网站的绝大部分收入都依赖于此。如起点中文网现有 2000 多万注册用户,其中有 200 万是付费用户。阅读者可以花几块钱购买整本小说,也可以 2~5 分钱的价格阅读其中的一页。

3. 分层布置模式

分层布置模式是出版商对同一内容的不同客户,根据他们对该内容的需求程度、性质及支付能力等因素进行分层管理,收取不同费用。CHEST 是由美国胸科医生学会(ACCP,American College of Chest Physicians)主办的专业医学学术杂志,被世界胸科医学界公认为发行量最大、最有影响力的医学杂志,具有很高的学术权威性。它的机构用户遍布全球,从公益性的图书馆到商业性的医药公司各类都有。针对这些不同性质的用户,该刊在发行纸本期刊和在线期刊时,分了 5 个级别,分别收取不同的费用,如第一级收费最低,包括私营办公机构或诊所、住院医师培训计划;第五级收费最高,大概是第一级的 5~6 倍,包括院校图书馆、医学图书馆及附属医院、大型营利性组织等。

（二）广告支持模式

广告支持模式是大众媒体获取收益的最主要的传统途径之一，在数字环境下，优质的内容资源不仅可以吸引广告主的投入，更能以丰富灵活的表现形式满足广告主的各种需求。该模式以门户网站、搜索引擎为代表。门户网站从传统媒体购买内容，搜索引擎利用搜索技术集纳内容，然后两者都将内容免费提供给网民以换取人气和流量，再用人气和流量吸纳广告，广告收益是这类网站的主要收入来源。从某种意义上讲，搜索引擎网站并不是数字出版企业，只能算做出版业的数字渠道。但是随着谷歌等网站将数字化的图书内容、音乐加入图书搜索频道和 MP3 音乐频道，并且 Google Print 进一步将全球所有图书数字化之后，搜索引擎网站已经向数字内容服务商转变。在经营上，它们采取了一贯的用户免费使用、广告赢利的模式。谷歌对数字出版业务的介入，主要通过其"图书搜索"项目进行。谷歌图书搜索是一种图书内容的全文索引目录，读者在搜索结果中发现感兴趣的图书后，能够进行少量的图书内容浏览，如果想要买到全文书籍，可以通过在搜索结果页面上出现的出版社网站以及网上书店的链接方便地进行图书购买。谷歌搜索的图书主要有两个来源，一是从出版社获得；二是来自于图书馆。目前谷歌从出版社已经拿出的可供全文检索的图书有 100 多万种，全球有 1 万多家出版社参与了这项图书搜索项目，我国也有 20 家出版社参与了该项计划。谷歌将出版社提供的图书通过扫描的方式放进自己的服务器内，读者进入图书网页后，就可以看到书中的一些页面。对出版社来说，利用这样的搜索引擎可以让更多的人浏览到自己所出的图书，发掘潜在读者，并延长图书销售周期和寿命。曾有数据表明，进入谷歌服务器的非畅销的图书销量可提高 6%～8%。当然，考虑到版权问题和自身利益，出版社提供给谷歌的图书以专业书、非畅销书居多。谷歌介入数字出版的赢利模式是通过向读者提供图书的免费阅读而聚集人气，进而获得广告收益，并将广告收入的50%分给内容提供商。

（三）内容提供者支持模式

在学术研究出版领域，为了满足研究者和研究机构获得科学发现优先权或使研究观点快速、广泛传播的需求，出版商可以采用内容提供者支持的收费模式。施普林格在数字出版上的收入相当一部分就来自内容提供者。在 SpringerLink 平台上，作者可以选择自主付费出版模式进行在线优先出版（Online First Publishing）或开放存取出版（Open Access Publishing）。

1. 在线优先出版模式

为了应对竞争,尽量缩短出版周期,施普林格采用在线优先出版的流程。在线优先出版实现了网络出版早于纸介质出版,使科技论文能在第一时间发表。在线优先出版等同于正式出版,也要经过同行评议。

2. 开放存取出版模式

施普林格是商业出版界中第一个认可并支持这种商业模式的出版企业。2004 年 7 月,施普林格创建并实施了"开放选择"(Springer Open Choice)的商业出版模式。Springer Open Choice 是对 Open Access 出版理念的进一步发展,从一开始就受到世界出版界的关注。作者在施普林格的"开放选择"套餐中宣布该文献开放共享,并支付 3000 美元。施普林格开放存取的文章也像非开放存取的文章一样,需要经过严格的专家评议。与施普林格略有不同的是,BioMed Central 作为是一家泛传播科学研究成果的开放获取出版社,其内容全向读者开放。出版 250 多种期刊,内容覆盖整个生物、医学、化学、物理学等领域。读者可以随时随地免费通过网络获取论文全文,但通过收取"文章处理费"(APC)来支付成本并获利。"文章处理费"是一项固定收费,不同学科不同期刊的收费标准不一,每篇单价在 500～2000 美元,支付者可以是作者、作者所在机构或社会资助机构。[①]

3. 自助出版模式

自助出版即作者个人写书,自己编辑、印刷、发行、投资出版图书。自助出版服务的客户主要有两类:一类是只想出版少量图书的作者;另一类是有商业抱负的作者。出版商通过为这些作者提供服务收取报酬,所以其收入主要来自作者,只有少部分来自销售市场。网络技术的发展和数字印刷技术的成熟催生了这个模式的兴起,目前美国已有 100 多家出版公司(如 Xlibris、iUniverse、Lulu等)开展这类经营。美国的图书零售巨头亚马逊较早专门成立了按需印刷出版社 BookSurge,为作者出版作品,而作者需要为每本书支付最少 3.15 美元的费用,另外还要为黑白版印刷支付每页 2 美分的印刷费。此外,如果图书在 CreatSpace 的网页上销售,作者要向亚马逊支付图书定价的 20%,如果在亚马逊网站上进行销售,则需支付图书定价的 30%。由此算来,如果一本定价 25 美元的黑白版图书通过 CreatSpace 销售,每售出一本,作者会得到 14.85 美元,亚马逊可获得 10.15 美元。有的作者在达成自助出版协议后只印刷几册,并通过零售商直接销售,这时图书可以在亚马逊的一个仓库中心进行制作。对于大宗

---

① http://www.biomedcentral.com/info/authors/apcfaq_ch

订单,则通过 BookSurge 印刷,作者还可以获得更高的折扣,但没有版税收入。

(四)版权经营模式

版权经营模式是指出版商对所持有的数字内容版权进行经营从而获得收益的机制和方式。经营版权的形式很多,如版权增值开发、版权转让、线下出版等。盛大网络从代理游戏起家,到现在为止,其 90% 以上的业务都来自自主研发和原创版权的产品。2007 年,盛大的游戏在海外输出授权达到 2000 万美元。2008 年成立的盛大文学在版权经营上更有特色。盛大文学 CEO 侯小强称,盛大模式的精髓就是"全版权运营"。所谓全版权运营就是建立一个由多元业务组成的完整产业链,将版权经营从网络延伸到实体书出版、动漫、影视、游戏、音乐等各个环节,实现价值最大化。[①] 以《鬼吹灯》为例,该书在盛大旗下的起点中文网的点击超过 13 253 276 次;实体小说销量突破 1 000 000 本;小说 4 次加印,远销海外,形成了强大的影响力;2007 年 8 月《鬼吹灯》的影视改编权转让给杜琪峰;由盛大自行研发《鬼吹灯外传》游戏于 2008 年 9 月 25 日内测;《鬼吹灯》漫画作品在 2007 年第一季度火热上市,点击已超过 1482 274 次。[②]

二、组织创新

目前,数字出版企业可供选择的内部组织形态主要有以下几种。

(1)网络型结构

当前,国内企业化之后的出版集团、发行集团和知名出版社都已经建立了基于网络运营平台的母子公司制组织结构,有的实现 ERP 管理模式,有的实现物流战略联盟,有的实现连锁经营,特别是上市出版企业的网络组织结构更成熟一些。

中小出版社和公益性出版社的网络体系、组织机构及其职能尚不健全,需要予以足够重视。可以说,这些单位在传统渠道和传统组织结构方面没有大社的优势,而将网络形结构置入这些中小出版社可以实现营销渠道的放大和增值,促进了分工和专业化的发展,降低了交易成本,有助于优化资源配置,充分、有效地整合有限的生产要素。

(2)扁平型结构

方正科技集团一直是扁平化渠道策略的倡导者和实践者,从集团到最终用

---

① 《盛大文学 CEO 侯小强:全版权运营造福文学》(引自 http://www.itxinwen.com/View/new/html/2009-12/2009-12-09-893521.html)

② 起点中文网:http://www.qidian.com/aboutus/ads/show.html

户之间只有一级渠道,主要通过全国的 7 个大区和 32 个区域公司直接对遍布全国的 1500 余家代理商以及 200 余家专卖店进行管理。由于这种组织结构形态渠道层级少,方正科技集团能掌握大量一手的客户动态,对客户需求能快速响应。数字出版部门的嵌入,如出版社网络信息中心、数字版权开发部、数字出版物选题策划与市场部等,可以极大地减少管理层次,增加管理幅度。这样就可以加快编辑出版速度,缩短周期,提高质量,更好地对人力资源予以组合和开发管理,有利于发挥职员的主动性和创造精神。

(3)信息控制型结构

将传统介质的内容扩展到各种数字化形式和渠道进行传播,是国际出版集团目前和长远规划的重点。荷兰沃尔特斯·克鲁维尔集团将其所有经营的产品和服务分为四类,即静态内容、动态内容、迅捷工具、定制解决方案。静态内容包括图书和散页读物;动态内容包括 CD-ROM 光盘、数据库产品以及在线产品;迅捷工具包括工作流程工具和配套应用工具;定制解决方案包括集成软件包和定制工作流程系统。通过对近几年不同种类产品的成长几率和利润增长率的分析,定制解决方案的成长速度非常迅速。另外,从介质来看,电子载体产品的增长速度为 33%,而传统纸介质产品处于停滞状态,仅为 1%。相较国际出版集团已逐渐成为一个从事信息资源价值链和产业链的连续存储和开发的信息集团,国内出版企业在产业链整合的同时,也应在组织结构的调整上,充分重视建设版权信息和出版信息的组织单元,从而将出版管理和组织机构置于信息控制过程中,这才会有利于出版产业的升级换代,有利于价值链和产业链的延长,有利于保护和开发传统出版社的版权资源。

(4)复合创新型结构

现代出版机构越来越体现为学习型组织,更是基于多学科、新技术、含创意的研发形结构。比如长江文艺出版社的北京图书中心,就是一个将市场触角伸到拥有最快捷、最丰富的选题资源的北京的新型组织。还有许多出版社在全国各地的分社、分公司以及与国外出版社驻中国办事处、民营出版社的合作开发,将文化工作室作为出版社的编外编辑机构等,都是出于选题的创意策划,借助网络技术而出现的新型机构。然而,团队合作精神和研发能力却是最重要的。研发部门的功能在于,创造编辑、产品、服务及单位组织的新能量。[①]

以上所谈的四种数字出版企业组织形态模式,也同时反映出出版单位内部

---

① 尹章池,邓红艳. 论数字出版的内部组织结构与形态[J]. 编辑之友,2010(12).

组织结构由低到高的提升顺序,较为容易的是网络形结构,有资金和技术就可以自建或加盟,而后三者需要组织内部的进一步消化、调试和创新,是对运行规则的调适、融合和完善的过程,在数字出版企业中常被运用。

据管理学者查尔斯·奥利莱和迈克尔·塔什曼的创新研究,发现企业有四种基本的创新组织方式:一种是在现有的职能型结构中进行创新业务,完全融入常规的组织和管理结构中;一种是成立跨职能团队,在既有的组织结构内运作,但不受现有的管理层管理;一种是采用无支持团队形式,脱离既有的组织和管理层,组建独立的业务单元;最后一种是在并联型组织中运作,即为创新业务设立独立的业务部门并构建自己的流程、结构和文化,但受现有的高管管理,简言之,就是两个业务部门(当前业务和创新业务),一套高管人马。

统计数据表明,在推进创新业务方面,并联型组织比其他组织结构方式的成功概率要大得多。这一点无论是前面提到的商务印书馆的商易华信息技术有限公司,还是社科文献出版社的数字出版部,都是很好的佐证。

三、技术创新

数字出版是建立在计算机技术、通讯技术、网络技术、流媒体技术等高新技术基础上,融合传统出版内容而发展起来的新兴出版产业。技术创新一直是数字出版产业创新的基础。

许多学者从经济学角度出发给技术创新下定义,最具代表性的是弗里曼(C. Freeman)在其1982年的著作中将技术创新定义为,包括与新产品的销售或新工艺、新设备的第一次商业性应用有关的技术、设计、制造、管理以及商业活动。

数字出版是新技术含量很高的新型出版,技术在出版链条中发挥着独特的作用。虽然技术是工具不是目的,但是技术手段往往制约着内容产品的价值作用和价值增值方式。所谓"内容为王"是有前提条件的,只有在一种新技术支持的新型生产业态达到成熟阶段之后,竞争的重点才会转向内容,内容能否适合读者,适合什么样的读者,才能成为胜败的关键。[①]

国际电信联盟(International Telecommunication Union,ITU)对媒介的定义有以下五种:感觉、表述、表现、存储、传输媒体。

(1)感觉媒体(Perception Medium):声音、文字、图形和图像等,物质的质

---

① 周利荣. 我国数字出版产业链整合模式分析[J]. 出版发行研究,2010(10).

地、形状、温度等。

（2）表述媒体（Representation Medium）：为了加工感觉媒体而构造出来的一种媒体，如语音编码、图像编码等各种编码。

（3）表现媒体（Presentation Medium）：感觉媒体与通信电信号进行转换的一种媒体。

（4）存储媒体（Storage Medium）：用于存放媒体的一类媒体，如硬盘、光盘等。

（5）传输媒体（Transmission Medium）：用来将媒体从一处传送到另一处的物理传输介质，如各种通信电缆。

该组织对媒介定义主要从纯技术的角度去，这一定义对全面、系统地理解传播范畴的媒介，尤其是互联网、广播电视等电子媒介的概念具有一定的指导意义。因此，我们也可以把建立在数字媒体基础上的数字出版技术分为以下四类：数字出版编纂技术、数字出版表现技术、数字出版存储技术和数字出版传输技术。

另外，按照数字出版过程中技术所起的作用，我们还可以将数字出版技术分为以下两种，即基础性数字出版技术和服务性数字出版技术。

（1）基础性数字出版技术。这类技术采用了大量先进的信息技术和数据管理技术，因此在内容的编辑加工过程中，特别在编辑出版流程再造、大型工具书、教材编辑及科技类图书编辑、出版资源积累中，能提供大量的技术性支撑，从而使得传统出版产业完成出版规模工业化、出版过程精细化管理、出版工艺流程化控制、出版质量分量化管理，满足不断细分的小众市场和专业市场的产品需求，提升企业的市场竞争力。

（2）服务性数字出版技术。这类技术是信息技术在出版产业的重要应用之一。由于其构架在成熟的信息处理技术和计算机技术之上，因此在内容编辑加工环节中，其大规模快速处理和管理文稿数据的能力以及便利性地查找处理问题的能力，为编辑加工带来了全新的出版理念和技术手段，为出版物的质量提供了可靠的技术保障。

这些数字出版技术可以实现无限容量的编辑、存储、传输，大大降低了传统出版业所必须承担的生产与发行成本，从而可以在实现规模经济的基础上，通过多渠道和多终端开发更多的产品与服务，延伸产业链条进入更多的数字融合领域，实现各种形式的创新。

四、产品创新

产品创新(Product innovation),是指技术上有变化的产品的商品化。它可以是完全新的产品,也可以是对现有产品的改进。因此,产品创新可以从产品整体概念出发,重点突出以下几方面的创新。

(1)产品品牌创新:一方面要根据时代的发展和竞争的变化对品牌的设计和使用加以更新;另一方面要根据企业的发展扩大品牌的知名度,争创全国名牌和国际名牌。

(2)产品品种、花色、样式创新:随着科技的迅速发展,产品生命周期日趋缩短,产品的流行色、流行式变化更快,因而企业必须不断加速产品的更新换代,适时推出新品种、新花色、新样式,以变应变。

(3)产品服务创新:服务是有形产品的延伸,能够给消费者带来更大的利益和更好的满足,因而越来越成为产品的一个重要组成部分。

正如美国营销学家李维特教授所言,未来竞争的关键,不在于企业能生产什么样的产品,而在于为产品提供什么样的附加价值:包装、服务、用户咨询、购买信贷、及时交货和人们以价值来衡量的一切东西。另外产品创新还要顺应国际大趋势,朝着多能化、多样化、微型化、简便化、健美化、舒适化、环保化、新奇化等方向发展,并注重实施产品陈旧化战略。①

数字出版不仅大大丰富了人类获取信息的渠道和方式,而且改变了读者获取信息的时间、空间以及成本,这使得消费者被进一步细分为更多的子市场。因此,开发有针对性的产品,通过产业链延伸进入不同的消费者群体也是出版机构应对竞争环境变化的客观要求。

由于构架在信息技术上的数字内容产品不仅能为纸介质图书的出版提供先进的技术支持,而且其产生的数据可以在书、盘、网上共享,特别的还可支持三网合一(即手机、电视和广域网)环境下的产品发布和传播。因此,其产品的发行销售渠道比传统图书宽广了许多,赢利模式及推广模式也丰富了许多,产品的增值空间也大了许多,从而使得整个产业在一个全新的产业链中得到有效拓展和延伸。②

数字出版的产品,其实质是符号性的知识和文化,从不同角度可以进行不同的分类。

---

① 宿小军. 浅谈营销创新[J]. 山西焦煤科技,2006(6).
② 王 勤. 从本质上谈数字出版[J]. 出版参考,2009(10).

从满足的社会需求性质看,数字出版产品可分为娱乐性内容产品、教育性内容产品和学术性内容产品,以这三类为主要经营对象的产业部门可以分别称之为大众出版、教育出版和学术出版,这在基本形态上与传统出版业相似。实际上,数字出版中的大众性娱乐性产品远比传统出版所涉及的娱乐产品的涵盖面要广。

从生命周期角度看,数字出版产品也可分为三种:一种是畅销或热点性内容产品,该类内容往往与大众所普遍关心的话题相关,能在整个社会中迅速产生爆炸性影响,但随着社会风尚的更易和读者阅读口味的变化,它们会迅速失去价值;另一种是长尾产品;还有一种产品是具有一定持续性生命力的经典产品。三种内容产品各有一定的特点、受众面和赢利潜力。

数字出版企业在确定产品模式时,首先要考虑的是策划创造能满足受众需要的内容。这里的受众既可能是个体消费者,也可能是机构性用户。这就需要数字出版企业把产品的内容创建、集合置于首位,尽可能扩大内容规模,再通过多而全的产品吸引相应的用户。基于这种理念,目前,数字出版产品模式主要包括以下几种。

(1)用户体验模式:这种模式认为所有的内容产品都应该为客户提供一种独特和愉快的体验,而不仅仅是信息、知识或服务。这种理念的核心是体验。方正阿帕比就采用该模式,它将数字出版内容通过互联网、手机、手持阅读器、U阅迷你书房、迷你数据库、触摸屏阅读机等渠道,以移动阅读或数字库查询阅读方式,为各种需求的读者提供直观快捷的阅读体验。再如"读览天下"网,不仅有优秀的设计页面和展示方式,重要的是它从用户需求出发,将互联网阅读、手机阅读的界限打通,让读者成为一个真正的内容专注者;在运营上不断追求高品质的内容呈现,同时将互联网和实体杂志、报纸等媒介消费的通路开放,让读者拥有更多选择空间。

(2)捆绑和购物车模式:捆绑意味着将很多不同类型的内容产品都放到一些有吸引力的网页或存储器中,这些产品可以来自不同地方、涉及不同领域,用户只需为捆绑的所有产品支付一次单独的费用。如《大英百科全书》就以电子版、网络版等多种数字化版本形式提供服务。其中《大英百科全书》(2009完全版)的 CD 或 DVD 以每张 391.95 美元的价格进行销售,读者在购买该版本产品的同时还可获得价值 70 美元的为期一年的网络版免费试用服务。

购物车模式一般意味着用户只需一次支付就可获得尽可能多的同类产品。人们每月或每年支付一次固定的费用后就可以无限量地下载内容产品,这就是购物车模式的典型例子。例如,目前国内大多数面向机构用户的数据库,如CNKI、重庆维普、龙源期刊网等,就采用这种模式。当下流行的手机报也广泛应用该模式。

(3)用户创造内容模式:用户创造内容(User Generated Content,UGC)是指用户将自己原创的内容通过互联网平台进行展示或者提供给其他用户。随着网络的兴起,内容创造模式经历了一个由精英向大众的转变。尤其进入Web2.0时代,网络上的每一个用户都可以生成自己的内容。无论是传统互联网还是移动互联网,越来越多的内容不再来自于传统媒体或互联网增值服务提供商,而是直接来自于用户:论坛、博客、社区、电子商务、视频分享乃至游戏等各种应用。在这种模式下,数字出版商的角色是内容运营商,而不再是内容提供商,它通过搭架开放式的网络、加强 UGC 内容的组织和管理,吸引用户参与,可就具有增殖价值的内容产品与用户进行收入分成,也可以通过这类业务刺激流量而获得广告收益等。著名的维基百科 Wikipedia 就采用这种模式,它是一个自由、免费、内容开放的百科全书协作计划,每天都有来自世界各地的参与者进行数以千计的创建条目和编辑工作。

(4)授权许可和企业联合模式:数字出版企业如果面临自身内容资源不足或扩大市场势力的情况,可能会与其他的内容提供商采用授权许可和企业联合的方式迅速扩大内容产品规模。龙源期刊网是一家从事传统期刊数字化内容发行的公司,主要通过与各期刊社签订合同获得对期刊内容的授权经营,目前在线传播的期刊达 3000 多种。盛大文学则主要通过企业并购的方式获取内容。盛大文学有限公司自 2008 年 7 月成立以来,通过频繁的收购行为,至今旗下已拥有"起点中文网"、"潇湘书院"、"言情小说吧"、"晋江原创网"、"红袖添香"、"榕树下"与"小说阅读网"七家国内最领先的原创文学网站,占据国内原创文学市场份额的 80% 以上。

五、渠道与营销创新

传统出版向数字出版转型,实质上转换的是内容传播的渠道,数字出版产业链的形成关键在于渠道建设。

(一)渠道模式

渠道模式是指数字出版企业如何推广并传送产品。适当的分销渠道就是能够及时有效地把产品输送到消费者便利购买的地方。近年来,网络技术以及信息传播媒体迅猛发展,而且数字产品本身就具有非物质性等特征,使得数字产品分销渠道的扁平化可以进一步实现。扁平化的销售渠道简化了销售过程，缩减了销售成本，使企业有较大的利润空间。数字产品又具有强烈的时效性，也要求厂商必须选择合理的销售渠道，保证消费者及时、方便地获取数字产品。

随着数字出版技术和出版机构出版理念的不断更新与发展，出版的渠道和流程也完成了从单向的内容数据流（内容以纸质载体通过书店推送到读者），到双向闭环的信息知识流（从各种途径获取读者的关注等信息，到创作内容推送到读者，到读者对内容的反馈），再到全方位、多渠道的服务流程（纸质载体、互联网载体、手机载体、阅读器载体）的转变。目前，主要的渠道模式有以下几种。

（1）在线出版模式：主要通过计算机通信网，在线将基于网络的各种内容产品传输到 PC 机、笔记本电脑等固定终端的渠道模式，这是数字出版发展早期较为流行的一种渠道模式。

（2）移动出版模式：主要通过电信网、移动互联网将各种数字内容产品发布到手机、电子书阅读器、PAD 等移动阅读终端，这是近两年来发展较快、较为流行的一种渠道模式。

（3）数字与传统融合出版模式：融合了传统发行渠道和数字化传输渠道以及在线与离线、移动与非移动等不同的传播方式和渠道模式，包括纸质出版物的数字化发行、原创数字内容的印刷发行以及按需印刷等方式。

（4）三网融合出版模式：通过电信网、有线电视网和计算机通信网的相互渗透、互相兼容并逐步整合成为全世界统一的信息通信网络，实现网络资源的共享的一种渠道模式。这是未来数字出版的渠道模式。

（二）营销模式

营销是一个发现潜在客户、传送产品或服务价值并获得收益的过程。对于数字出版来说，一个营销模式需要回答这样的问题：对某一特定用户或用户群来说，营销主体的内容拥有何种吸引他们的特质，这些用户为什么要注意和消费这种内容，他们如何发现这个内容？数字出版的价值要通过质量高的内容产品、现实的需求、便于获取的途径、读者的阅读使用这几个方面去实现。因此，我们要让读者在众多的内容产品当中可以很方便地找到所需要的产品。可以说，"找得到"成为数字出版的竞争优势所在。因此，创新性的营销模式成为数字出版企业着力发展的重点。目前，数字出版的营销模式主要有以下几种。

1. 推送式营销模式[①]

---

① 赵海宁，黄孝章．数字出版产品营销策略分析[J]．出版广角，2009（4）．

在推送式营销模式中,内容产品的链接越多,其被看到的可能性就越大,从而被卖出去的机会就越多。

所谓的推送式营销是指一种根据产品的流通渠道,自上而下地按照生产厂家→经销商→零售户→消费者的顺序进行宣传、推广的一系列营销活动,这是基于数字出版平台和数据挖掘技术的一种推送式营销模式。推送式营销模式的最大优点是操作简单而且短期内效果明显,但其主要的缺点是将营销的重点放在了产品的流通渠道上,对消费者的关注不够。

数字出版的推送式营销可以有以下几种形式。

(1)主动推送相关内容产品:系统平台根据读者所检索到的产品信息,主动推送相关或相近的产品给读者。如读者在清华同方知网平台上查找到某一篇文章或论文时,平台系统能主动检索到与之相关或相近的文章或论文,并主动推送给读者,给读者提供了很大方便。

(2)采用数据挖掘技术,主动推送读者可能感兴趣的内容产品:经常在某一网上书店购书的读者会有体会,当进入到该网上书店购书时,书店会主动推送一些自己可能感兴趣的内容产品给你。这是由于系统平台采用了关联规则挖掘技术,从自己历次的购买记录中挖掘出了你的购买习惯。

(3)广告宣传:基于数字出版平台,将新产品以文字动画、卡通动画等形式在网页上进行宣传。

(4)电子邮件宣传:以电子邮件的方式主动将新产品信息发送给读者。如当当网、卓越网都能根据读者的购买兴趣和习惯,主动将新产品信息以邮件的形式告诉读者。

2. 拉动式营销模式

随着数字技术的飞速发展,在互联网信息的海洋里,推式营销策略在发挥互联网优势方面很有限。因此,在互联网上出现了功能强大的搜索引擎,国外许多大出版集团在数字出版产品营销上更强调使用拉动式营销。

所谓拉动式营销模式是指通过激励消费者的购买欲望与购买需求,自下而上地按照消费者→零售户→经销商→生产厂家的顺序进行逆向宣传、推广的一系列营销活动。

如施普林格通过和主要的搜索引擎建立技术合作关系,通过搜索引擎把终端读者拉到施普林格的出版平台上。这种营销策略目的性强,效果很好,也不会大量占用和浪费营销资源。自 2006 年 10 月 SpringerLink 2.0 与谷歌合作以来,谷歌已成为施普林格最大的访问者来源。2006 年 SpringerLink 2.0 平台的全文下载量比 2004 年增长 300％，而 2007 年第一季度全文下载量已经与 2006 年全年持平。依靠拉动式营销手段，施普林格的全文下载量平均每年以 100％ 的速度在增加。[①]

3. 全媒体营销模式

全媒体营销又称全媒体出版。这里的全媒体有两个含义。一是指同一创意内容的所有符号表现形式。符号是意义的载体，也是内容的载体。数字出版内容的符号主要包括文字、声音、图像、视频等；在数字化环境中，出版内容在不同符号载体之间的转换成本将越来越低。二是指所有的内容接受和呈现载体。数字出版和传统出版的一个显著不同在于，一般的数字出版内容必须通过一定的网络渠道和外部电子装置才能得以接受和阅读，这样的装置即阅读终端，包括 PC 机、笔记本电脑、电子阅读器、手机等。随着传播符号和内容载体的日益丰富，受众的内容接受行为呈现出越来越大的差异化、个性化发展趋势，建立在数字内容传播渠道和接受终端基础上的受众划分将越来越细化。为了覆盖尽可能宽的受众面，数字出版的运作者就需要采用全媒体营销的方式。

全媒体营销即一种内容，多种媒体，同步出版。中文在线在全媒体营销方面做出了很多探索性尝试。2009 年 3 月，英国电影《贫民窟的百万富翁》登陆中国，其同名小说也同步首发，小说中文版同时采用传统图书、互联网、手持阅读器、手机等方式，采用多渠道的全媒体形式同步出版。这一成功运作让全媒体解决方案成为传统出版与数字出版协同合作的经典范例。2010 年的北京图书订货会，纸质与数字出版结合的全媒体出版概念更是让人眼前一亮。订货会上，导演胡玫团队推出的小说《孔子》举行了首发式。这部根据电影《孔子》剧本改编的小说，纸质图书由中华书局首发，中文在线、中国移动阅读基地、汉王公司等推出的数字图书同步发行。全媒体营销模式通过最密集的信息发布、最有效的全媒体整合营销，将资源有效整合实现传播模式从单一向多元转型，从而带来版权价值最大化、信息传播广泛化、品牌传播具象化。[②]

六、服务创新

传统出版中，出版机构为社会提供的服务很简单，就是提供高质量的内容产品——书、报、刊等。数字出版时代，随着网络技术、数字出版技术的不断发展，出版业产业化、国际化改革进程的不断加快，以及日益激烈的各种出版机构

① 赵海宁，黄孝章. 数字出版产品营销策略分析[J]. 出版广角，2009(4).
② 钟　楚. 数字时代的全媒体出版论坛[J]. 中国出版，2009(7).

间的竞争,如何尽快转变传统出版思维模式,树立以用户为中心的服务理念,从而完成从内容提供商向数字内容信息服务商转变,是各个数字出版机构积极思考和探索的问题之一。

数字出版是一种高度创造性的服务,数字出版机构已经掌握许多可供利用的出版资源且熟悉数字出版流程,可以在此基础上开发专业的出版服务,为有出版要求的作者、出版社乃至商务公司提供出版服务,成为"数字出版商"。

目前,较为典型的数字出版服务模式主要有以下几种。

(1)基于读者的增值服务模式:利用出版机构丰富的内容资源以及先进的数字出版技术,为读者提供个性化的知识服务解决方案,应该是未来数字出版可高度开发的利润来源。从关系营销的角度来看,提供良好的增值服务可以延长和加强用户关系,提高用户可感知的价值,提升用户的整体满意度,进而形成用户忠诚,给企业带来赢利。

德国施普林格出版集团是全球最大的科技出版集团之一,它在 Springer-Link 上实现了在线期刊、电子书和参考书无缝集成;实现了网上出版早于纸介质出版,契合了科学家和研究人员对于学术的领先性需求;提供了各种易于使用和灵活精准的工具,支持 RSS 信息推送定向服务,图书可按章节搜索,用户可以按章和期刊篇目自由组合成一本书来购买;针对不同要求提供个性化服务,通过访问客户信息智能化管理,保存检索历史和检索结果,设置个人收藏夹和电子通告服务。正是这些基于用户需求开发的服务方式得到科学研究人员、高等教育领域专业研究人员的肯定与支持,赢得了较好的市场份额。[①]

(2)基于作者的专业服务模式:数字出版时代,读者、出版机构与作者之间的单向线性联系变成了网状互动关系,同时也使众多的网民成为数字出版环境下的内容发布者。这些"作者"一方面缺乏必要的写作经验,另一方面也缺乏足够的营销自己作品的平台和手段。为此,出版商可以根据作者个人需求、经济状况以及其提供作品的水准,提供分级服务。作者缴纳的费用越高或其作品在网上受到的关注度越高,享受的服务就越丰富、个性化程度就越强。这种服务可以指导作者写作和经营个人图书,帮助作者提高写作水平和营销能力,并能大大提升作者的成功机会,从而使用户黏性增加。

如起点中文网,在吸引作者并为其提供专业服务方面就有其独到之处。起点是一家以发布娱乐文学为主的原创文学网站,提供的文学作品不仅包括武

---

① 刘灿娇,姚　娟,刘　治. 对数字出版新的商业模式的探讨[J]. 出版发行研究,2009(9).

侠、玄幻类小说,在游戏、休闲等文学领域也拥有大批非常优秀的作家和作品。根据起点管理层提供的信息,起点发布的各类文学作品(小说)已达到 14 000 部,超过 12 亿字,起点还拥有其中最受欢迎的 300 多部作品的独家电子版权和游戏改编权;授权起点进行文学发布的作者已达到 10 000 名,其中市场上非常活跃的原创作家大部分都是起点的签约作家;每天都有 10 万多读者、作者、出版人、编剧、制片人等汇聚在这个网站上,互相交流碰撞,寻找或提供符合自己需求的内容。而一旦某一个人或团队的创作内容被出版商看重,或者得到读者的付费阅读,作者就可以直接获取收益。从线上到线下,起点中文网通过长期积累,与港台、中国各专业出版社都有较密切的关系,能及时了解到出版动态以及征稿视点,故此能协助很多原创作者找寻到满意的出版方向,并进行了大量品牌授权以及自主出版方面的开拓。

(3)基于出版商的延伸服务模式:可以为传统出版社提供网络出版的平台,管理整个出版流程的完整系统,包括评估出版社的选题策划、提供选题准备、电子选题管理、半成品管理、个性化定制服务、数字版权管理、按需印刷服务等。

(4)基于公司的商业服务模式:可利用自己在数字内容搜集、整合以及传输发布方面的人力资源、市场及软硬件优势,与公司办公自动化系统无缝对接,从而使公司需要的文件、手册和图书等出版物通过数字系统自动、高效传输。对于客户要求较高的需要,出版者还可以提供更专业的服务,如数字内容商务计划与战略、系统集成、用户应用设计等。在数字出版产品竞争趋于同质化的情况下,这种一站式专业出版服务的商业模式开辟了业务的"蓝海",更值得我国数字出版商借鉴和应用。

七、体验创新

体验经济的概念源于美国经济学家约瑟夫·派恩和詹姆斯·吉尔抹合著的《体验经济》,他们认为体验经济是继以物为中心的经济、产品经济、服务经济后的第四个经济阶段。

体验创新没有把焦点放在产品的基础技术的使用和组合上,而是放在了用户的操作方式和体验上。这种创新通常没有开发新的产品,也没有特别强调产品的技术特性和指标,强调的是采取新的方式来使用产品。

我们可以把用户体验分为三种类型。

(1)"物境"价值:是基于产品和服务的核心功能而产生的,包括价格、产品功能、技术优势、质量款式等。这些价值主要通过感官要素,如视觉、触觉、味觉、听觉和嗅觉等来体验，所以作为创新者应突出产品的感官特征。

（2）"情境"价值：是购买或拥有该产品时引起的精神愉悦及情感方面的价值，它的价值符号是拥有者身份、地位以及权力的象征。

（3）"意境"价值：是基于环境刺激、购买时的互动和个性化体验等产生的价值。

目前，数字出版能给其用户带来的体验创新主要有以下几种模式。

（1）游戏化、娱乐性体验模式：在体验经济时代，人们日益追求一种休闲的、愉悦的生活方式。产品的游戏化、娱乐性正是人的本性回归的体现，如现在流行的网络游戏、卡通动画等。

（2）人性化、互动参与性体验模式：因为人们的消费需求是从低层次的物理功能转向高层次的精神功能，产品的差异性、人性化成为人们的价值取向。目前，在数字出版领域流行的个性化定制、自助出版、维基出版等数字出版形式就是基于这种体验模式而产生的。

（3）非物质化、虚拟性体验模式：数字化时代，人们以计算机为中心，通过网络构建了一个由"0"和"1"组成的比特虚拟世界。人们正处在由物质社会向非物质社会过渡，形式的非物质化、功能的超级化逐渐使人们的体验从物质层面向纯精神的东西靠近。目前，人人网、校内网等网络社区就是基于这种体验模式而发展壮大的。

作为创新者，数字出版企业应该以服务为舞台，以产品为道具，以环境为布景，通过创新的主题设计，让用户置身其中，以用户作为价值创造的主体，将消费者的参与融入设计中，创造一种具有强烈吸引力的、具有独特体验价值的产品。

体验创新的典型代表就是苹果。相比对手，苹果更关注用户的感受，所以更加广泛地被用户所接受和欢迎。

与微软公司提倡的不断提升技术，IBM 公司提倡的不断提升服务不同，苹果公司采用的就是客户体验升级模式。更简洁的设计、更友好的用户界面、更方便的使用场景、更高雅的外观和更为舒适尊贵的持有感等，这些都构成了良好的用户体验。当产品能够调动消费者的情感时，需求自然会产生。基于情感的多样性和复杂性，这种需求成为具有惟一性的需求，这种产品成为最具差异化的产品。在爱立信实验室对全球 iPhone 用户的调研中发现，70％以上的苹果用户认为，iPhone、iPad 等苹果产品是一种个性、一个时尚且前卫的群体的标识。用户在选择其他产品时，是在购买功能，而在选择苹果公司的产品时，是在为自己的情感共鸣和自我实现付费。而实现这种体验价值的基础则是苹果公司具有卓越体验的革命性产品。在 iPhone、iPad 出现之前，很多人都没有想到，触摸屏的使用体验和交互操作可以做得如此出色。

第四节　数字出版创新体系模型构建

一、数字出版创新的生命周期

产品生命周期理论是美国哈佛大学教授雷蒙德·弗农（Raymond Vernon）1966 年在其《产品周期中的国际投资与国际贸易》一文中首次提出的。

产品生命周期是一个很重要的概念，它和企业制定产品策略以及营销策略有着直接的联系。管理者要想使他的产品有一个较长的销售周期，以便赚取足够的利润来补偿在推出该产品时所做出的一切努力和经受的一切风险，就必须认真研究和运用产品的生命周期理论。此外，产品生命周期也是营销人员用来描述产品和市场运作方法的有力工具。

任何产业都有一定的生命周期。产业生命周期是指产业出现直到完全退出市场经济体系的全过程，包括引入期、成长期、成熟期和衰退期。一个产业在生命周期的不同阶段表现出不同的特征。

（1）第一阶段为介绍（引入）期：指产品从设计投产直到投入市场进入测试阶段。新产品投入市场，便进入了介绍期。此时产品品种少，顾客对产品还不了解，除少数追求新奇的顾客外，几乎无人实际购买该产品。生产者为了扩大销路，不得不投入大量的促销费用，对产品进行宣传推广。该阶段由于生产技术方面的限制，产品生产批量小，制造成本高，广告费用大，产品销售价格偏高，销售量极为有限，企业通常不能获利，反而可能亏损。

（2）第二阶段为成长期：当产品进入引入期，销售取得成功之后，便进入了成长期。成长期是指产品通过试销效果良好，购买者逐渐接受该产品，产品在市场上站住脚并且打开了销路。这是需求增长阶段，需求量和销售额迅速上升。生产成本大幅度下降，利润迅速增长。与此同时，竞争者看到有利可图，将纷纷进入市场参与竞争，使同类产品供给量增加，价格随之下降，企业利润增长速度逐步减慢，最后达到生命周期利润的最高点。

（3）第三阶段为成熟期：指产品走入大批量生产并稳定地进入市场销售。经过成长期之后，随着购买产品的人数增多，市场需求趋于饱和。此时，产品普及并日趋标准化,成本低而产量大,销售增长速度缓慢直至转而下降。由于竞争的加剧,同类产品生产企业之间不得不在产品质量、花色、规格、包装服务等方面加大投入,在一定程度上增加了成本。

(4)第四阶段为衰退期:是指产品进入了淘汰阶段。随着科技的发展以及消费习惯的改变等原因,产品的销售量和利润持续下降,产品在市场上已经老化,不能适应市场需求,市场上已经有其他性能更好、价格更低的新产品,足以满足消费者的需求。此时成本较高的企业就会由于无利可图而陆续停止生产,该类产品的生命周期也就陆续结束,以致最后完全撤出市场。

传媒产业也遵循生命周期规律。在产业发展的不同阶段,传媒产品的销售额、单位顾客成本、产品利润、消费者类型以及竞争者的数量都不同。一般而言,其变化规律如表4-2所示。

表 4-2 传媒产品在不同的产业生命周期中的表现

阶段	引入期	成长期	成熟期	衰退期
销售额	低	快速增长	最高值	下降
单位顾客成本	高	中	低	低
利润	亏损	增长	高	下降
顾客	创新者	早期接受者	大多数	落伍者
竞争者	少数	增长	稳定	削弱

目前,各种传媒产品处于不同生命周期的发展阶段。据媒介经济学家罗伯特·皮卡特分析,在发达国家,一般主要的传统传媒产品都处于成熟阶段;由于受众和广告商越来越习惯于使用更新的信息技术和传播技术,传统的印刷媒体(书籍、报纸和杂志)处于成熟的后期阶段。我国传媒产业起步较晚,但发展很快,传统传媒产业包括出版业的发展阶段与发达国家相似。

数字出版产业是传媒产业的一个新兴领域,最近几年发展很快。据统计,2006年数字出版产业总产值达213亿元,2007年达362.42亿元,2008年达530.64亿元,2009年达799.4亿元,到2010年已超过1000亿元。从2006年到2010年,年均增长在50%以上,远远高于其他行业;其中网络游戏、网络广告和手机出版已经形成较成熟的赢利模式,成为数字出版产业最重要的组成部分。随着数字出版技术的发展,各种数字出版产业形态正在不断形成,数字出版产业在整体上已基本走出了踯躅蹒跚的引入期,跨进了快速发展的成长期。

但是,数字出版产业的发展还远未成熟。数字出版产业从技术、经营到行业管理、消费者行为等方面还面临着许多尚待解决的问题,如尚未形成具备经济规模的商业模式,传统出版社的数字出版研发能力不足,数字内容资源的编校水平低,数字出版人才缺乏、培养机制乏力,数字内容的盗版问题严重,产业管理的体制机制滞后等。① 这些问题可以看做是当前制约我国数字出版产业更快发展的阻碍性因素,反观则是我国数字出版产业发展的巨大潜力。

同时,由于数字出版丰富的内涵和外延,数字出版产业形态日益丰富多样,电子书、网络期刊、网络地图、网络游戏、网络音乐、网络教育产品、手机报、博客图书等数字出版产品不断涌现。这些不同类型、不同形态的数字出版产品也处于产品生命周期曲线不同的位置,不能一概而论。

相对而言,传统出版单位由于刚刚涉足数字出版,其所开发的数字出版产品也大多处于内容数字化阶段,还只是纸质内容的简单数字化,如光盘出版物、电子书等产品就属此类。因这类产品的创新程度较低,属传统出版向数字出版转型的过渡产品,故这类产品还处于产品生命周期的引入期,还需要在数字出版技术创新和产品创新上多下工夫。

相对于传统出版机构,一些网络媒体由于具有较为丰富的市场运作经验和较为雄厚的资金与技术,在数字出版创新过程中往往更为得心应手。他们更多地把创新的重点放在数字出版产品渠道与营销手段上,开发的较为典型的数字出版产品有网络期刊、手机报、博客图书等,这些产品无论是在内容、表现形式,还是传播渠道和营销手段方面,都具有一定的创新性,且发展速度较快,处于产品生命周期的成长期。

此外,还有一些数字出版机构,他们经过多年在数字出版领域的实践和创新,在专业和教育出版领域摸索出一些商业模式,也挖掘出许多具有良好赢利模式和市场前景的数字出版产品,如网络游戏和专业数据库出版等。这些数字出版产品是目前为数不多的处于赢利状况的产品,他们应处于产品生命周期的成熟期。

最后,还有一些产品,由于技术的普及和竞争对手的不断增加,产品的成本可压缩空间和利润空间都趋于零。同时由于技术实现和需求的关系已达到过饱和,在革命性的技术变革出现前,这些数字出版产品则更多地从体验创新上做文章,通过产品的设计、产品创造的情境以及产品所虚构意境让产品与用户

---

① 郝振省:《2010 中国数字出版产业年度报告》(引自:http://news. xinhuanet. com/eworld/2010—07/22/c_12360171. htm)

产生共鸣,让用户产生难忘的体验,从而成为企业先发制胜的法宝。这类产品目前较为典型的有各种电子阅读器、Pad 产品等。

通过上述对各类数字出版产品发展现状的考察,可以得出一个初步结论:我国的数字出版产业整体已走出引入期,跨进了快速发展的成长期;但不同类型和形态的数字出版产品,由于其创新程度和创新方式不同,还处于数字出版生命周期的不同阶段。因此,对数字出版创新体系的分析还需引入时间维度,根据不同产品形态和类型进行差异化分析。

二、数字出版的创新程度

Rosanna Garcia 和 Roger Calantone 认为,根据创新性大小,可以把创新分为根本型创新、适度创新和渐进型创新。

(1)根本型创新(Radical Innovations):是指引入一项新技术,从而产生一个新的市场基础。它包括宏观和微观层面上的不连续性。一个引起世界、产业和市场层面不连续性的创新必然引起一个企业或顾客层面的不连续型创新。如果一个产业是由一项根本型创新引起的,例如万维网,那么这种创新必然会产生新企业和新顾客。

根本型创新并不是为了满足已知的需求,而是创造一种尚未被消费者认知的需求。这种新需求会产生一系列的新产业、新竞争者、新企业、新的分销渠道和新的市场活动。在 20 世纪 70 年代,很多家庭都很难想象为什么他们需要家用电脑,而如今有上百亿美元的市场是面对这些顾客的。根本型新技术就像是一种促使新市场或新产业产生的催化剂。

(2)适度型创新(Really New Innovations):Kleinschmidt 和 Cooper 认为适度创新是"由公司的原有产品线组成,但产品并不是创新性的,即市场对于它并不陌生,它只是企业当前产品线上的新产品"。我们称这种适度创新产品为适度创新。在宏观层面上,一个适度产品将带来市场或技术的中断,但并不会同时带来两者的中断(如果两者同时发生,这将成为一种根本型创新,而如果两者都没发生,那将是一种渐进型创新)。从微观层面上,市场中断和技术中断的任何组合都会发生在企业中。适度创新很容易识别,它的标准是在市场或技术宏观层面上发生中断,并且这个中断是轻微程度上的。它们能够演变成新的产品线(例如索尼的随身听),基于新技术扩张原有的产品线(例如佳能的激光打印机)或现有技术的新市场(例如早期的传真机)。

(3)渐进型创新(Incremental Innovations):可以定义为,为当前市场当前

271

技术提供新特色、收益或升级的产品。一项渐进型新产品涉及对现有或(和)生产和传输系统的改善和提高。渐进型创新根据创新流程的循环本质进行演变。Rothwell 和 Gardiner 认为,渐进型创新可以发生在新产品发展过程中的任何阶段。

通过梳理数字出版的发展历程,我们可以发现,不同的数字出版形态和产品,其在产生、发展的过程中创新的程度是不同的。以电子书这种较为典型的数字出版形态为例,其不同类型的产品,创新程度就不尽相同。

(1)电子书 1.0(Ebook 1.0):即传统印刷图书对应的电子版。其源于印刷纸质书,通常是先有纸质书再出电子书,或同时推出。它和纸书的内容完全对应,版式也相同或相近。国内常见电子阅读器里预装的许多电子书一般属于Ebook1.0,国外一些主要电子书平台如 Amazon Kindle,Apple iBook,Google Ebooks,B&N Nook,Kobo,Sony Reader Store 上目前数量最多的电子书也是Ebook1.0。

Ebook1.0 的产业链延承了传统出版业的产业链主干,传统出版商仍然承担内容生产的角色。产品定价也基本上是以纸质书为参照系,遵循纸质书出版的基本规律。传统产业链上的各个环节,包括出版商、批发商、销售商、印刷商,在新产业链上都能找到自己的位置,从而找到扩张路径,甚至扮演重要角色。

由于这种产品与传统类型的纸质图书在内容组织、表现形式上没有本质的区别,因此其创新程度属于渐进型创新。

(2)电子书 2.0(Ebook 2.0):是指从生产到发布都只有数字化形态的电子读物。它不一定源于传统纸质书,通常是只有数字版或先出数字版。

目前国内的网络原创读物,如盛大旗下的文学网站上的原创内容等,属于Ebook2.0。在国外,Kindle,Publit,Lulu,Smashwords,BookBrewer 等平台上自助出版和独立出版的电子书以及 Amazon 最近推出的 Kindle Singles 等都属于 Ebook2.0。Ebook2.0 在产品表现形式上虽然未脱离基于文字的传统出版特色,但它已经可以独立于传统出版产业链而存在了。在国内,盛大着力打造的阅读模式是 Ebook2.0 的典型代表,手机阅读基本上也是。在美国,大众出版的门槛较低,Ebook2.0 的出现是基于自助出版(Self-publishing)服务的兴起。

这种产品虽然内容上有所创新,但其表现形式还主要基于文字和图片,没有充分运用数字媒体技术的优势,因此其创新程度属于适度创新。

(3)电子书 3.0(Ebook 3.0):是指除了文字、图、表等平面静态阅读要素以外,集成了声音、视频、动画、实时变化模块(如嵌入的网页等)、交互模块等要素的多媒体读物。这类电子书目前有诸多形式和名称，如增强型电子书（Enhanced Ebook）、Vook、多媒体电子书以及 Apple App Store 里的许多图书 App 等。

Ebook3.0 的内容形式包罗万象，更接近新兴媒体，离传统出版则渐行渐远。Ebook3.0 的商业模式目前尚难以确定，在某种程度上更依赖于整个信息服务业、教育服务业和娱乐业的发展。

这类产品无论是内容，还是表现形式，乃至其应用领域，都与传统意义的图书相去甚远，其创新程度属于根本性创新。

因此，对数字出版创新体系的研究还需要引入创新程度这个维度，以便能从不同视角，全方位地分析数字出版产业的创新过程。

三、三种维度下的数字出版创新体系模型

1. 数字出版创新体系研究及其意义

运用系统方法研究产业创新并首次提出国家创新系统的是英国经济学家克里斯托夫·弗里曼（Christopher Freeman）。弗里曼于 20 世纪 80 年代提出"国家创新系统"理论，终于构筑起一座辉煌的创新经济学大厦，开始形成系统的创新理论。弗里曼（1987 年）认为，产业创新是一个系统概念，系统因素是产业创新的成功决定因素，产业创新主要包括技术创新、产品创新、流程创新、管理创新和市场创新。

随后，布雷斯齐和马勒尔巴（Breschi&Malerba，1997 年）等在国家创新系统和技术系统研究的基础上，结合演化论和学习理论，提出了产业创新系统概念，认为"产业创新系统可被定义为开发、制造产业产品和产生、利用产业技术的公司活动的系统集合"。马勒尔巴（Malerba，2002 年）等学者进一步发展和深化了产业创新系统理论，从知识和技术领域、行为者和网络、制度三个维度进行分析，认为在一个产业创新系统的框架中，创新可以被看做包含在众多行为者当中，以创造和交换与创新有关的知识及其商业化为目的的一种系统性交互作用过程，并认为是不断变化的。同时，又进一步将构成产业创新系统的要素划分为企业、其他参与者、网络、需求、制度、知识基础和技术特性六个部分（Malerba，2006）。此外，曼弗雷德·费希尔、Charles Edquist、伦德瓦尔、尼尔森、经济合作与发展组织等均对创新体系进行了讨论。

我国对产业创新系统的研究则始于 1999 年，并主要从理论探讨、特色产业的实证分析角度进行了研究。目前以清华大学、浙江大学、中国科学院等研究机构为主的国内理论界主要将研究的重点集中在国家创新体系、区域创新体系和企业创新体系层面,而对产业创新体系的研究还处于起步阶段。虽然对产业创新体系的内涵、特征、动力已有少量研究成果,一些学者也尝试构建产业创新系统的模型,对其结构、功能和运行机制进行了分析,但对产业创新系统的内在机理的研究还很少,产业创新的理论体系还远没有形成。而且不同产业有着不同的技术特性和创新特点,一个产业如何通过技术创新系统建设来实现产业技术升级仍有大量理论和实践问题需要探究。

在经济全球化和市场激烈竞争的冲击下,出版产业也正在经历创新资源的重组和创新方式的变革,在内容形式、服务平台、技术手段、传播手段等方面进行创新,深刻地影响着出版企业运行机制的改革。伴随经济发展和产业结构演进,必然会出现以数字出版为典型代表的出版产业创新模式和创新系统。目前,对出版产业,特别是数字出版产业创新的研究刚起步,没有形成一个完整的产业创新定义和理论框架。

创新过程是一个社会经济现象,它并不是在一个企业内孤立地进行的,而是在企业与其他组织和个人(包括供应商、用户、竞争者等其他企业和个人,以及大学、研究机构、政府部门等非企业组织)的合作和相互影响中完成的。同时,制度,如法律、规则、规范和惯例等构成企业创新的激励和障碍因素,对系统内的各类组织的行为产生影响。这些组织和制度组织了一个创造和商业化知识的系统,创新正是在这个系统内产生、扩散和使用的。

经济全球化和市场激烈竞争的冲击,深刻地影响着出版企业运行机制的改革。以提供出版物产品和知识服务为主要特征的数字出版产业已成为当今出版产业科技与经济结合过程中发展最快、最活跃的领域。数字出版产业创新系统的研究也因此具有一定的理论和实践意义。

2. 数字出版产业创新系统模型的构建

产业创新系统是以企业活动为中心,以知识发展为基础,以市场需求为动力,以政策调控为导向,以良好的国内外环境为保障,以创新性技术供给为核心,以实现特定产业创新为目标的网络体系。

数字出版创新体系是一个系统,它是不同的创新主体,创新要素所构成的创造和商业化数字内容的系统函数,应该从不同维度和视角来分析这个系统。在本书的前面,我们已梳理了数字出版产业创新的要素、创新主体以及不同的创新类型,对数字出版产业创新组成有了一个大致的了解。在这里,我们试图从数字出版创新生命周期、数字出版创新过程中不同的创新程度以及不同的创新类型这三个维度,来勾勒数字出版产业的创新曲线,从而构建数字出版创新体系模型,以期为数字出版产业创新发展提供一个理论研究的模型(如图 4-5 所示)。

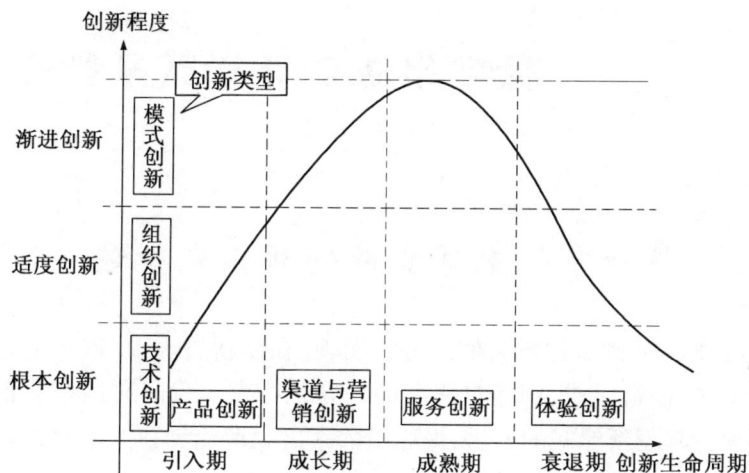

图 4-5　数字出版产业创新系统模型

第五章

数字出版创新模式及特征研究

第一节　数字出版创新模式概述

通过前述四个典型创新案例的分析发现,在创新过程中,数字出版企业表现出创新主体、创新形式、创新过程上的差异化特点。我们通过典型企业的主要创新要素及其创新形式的分析,提炼出数字出版产业创新网络及创新主体的表现形态(如表 5-1 所示)。

从上述创新要素的分布分析中可以看出,前述四个典型企业的创新要素分布是有差异的,为了更加直观的进行表述,我们通过简单的赋值归一化处理,得到如图 5-1 所示雷达图。

内容提供商在产品创新上更加凸显,是传统出版单位将自有品牌资源产品成功实现数字化转型的代表;内容运营商在服务创新和渠道及运营创新上表现更为突出,他们采用一系列信息技术为用户提供多样化的增值服务,并利用全媒体整合营销实现了跨媒体、跨平台、跨界的同一内容同一时间、不同渠道不同载体的产品传播;技术服务商充分利用自己强大的技术背景,在技术创新上处于领先地位;终端设备提供商重视体验创新,凭借其良好的终端向数字出版产业链上游推进。在这个创新雷达图中,北京数字出版产业中的四家创新主体的表现,代表性一目了然。

第二节　基于不同创新主体的
几种创新模式

通过上述分析,可归纳总结出以下几种典型的数字出版创新模式。

表 5-1　数字出版创新主体及创新要素布局

创新要素　创新主体	技术	产品	服务	渠道/运营	终端	组织	创新者
内容提供商	▲▲▲ 认识到其重要性，多用于传统出版流程的数字化改造，但普遍缺乏自主创新。	▲▲▲▲▲ 在产品内容、形态上都有较大创新。	▲▲ 大多习惯于传统出版时代与读者的关系，服务的关系、服务理念和手段都较为缺乏。	▲▲ 大都缺乏运营经验，发行渠道单一。	▲ 除了个别大型出版集团，大多数出版机构在终端上都依靠外源。	▲▲▲ 根据自身情况和数字出版发展要求，对原组织架构进行了不同程度的改革和创新。	▲ 总体缺乏创新精神和创新能力的领导者与员工。
内容运营商	▲▲▲ 对新技术较为敏感，在各个环节能充分应用数字出版技术，并与技术商充分合作。	▲▲▲ 根据市场和用户需求，对内容进行整合挖掘，产品具有创新性。	▲▲▲▲ 在出版版权管理体制下积极开展知识内容集成服务、知识增值服务、个性化服务。	▲▲▲▲▲ 利用数字出版物的内容和形态特征，充分利用各种媒体和渠道开展全媒体出版。	▲ 除较大运营商外，大多主要针对网络平台，不太重视终端的开发。	▲▲▲ 大多为新媒体机构，具有现代企业组织特征，企业能根据企业现状和业务需求积极开展组织创新。	▲▲▲ 企业领导及成员大多具有较为丰富的创新经验和一定的创新能力。

创新要素　　　创新主体	技术	产品	服务	渠道/运营	终端	组织	创新者
技术服务商	▲▲▲▲▲ 这是其涉足数字出版的根本，也是各创新的基础和源泉。	▲▲▲ 其研发的产品具有较高的技术含量，品成为数字出版其他产品的基础。	▲▲▲ 通过各种形式的技术服务，渗透到数字出版产业的各个环节。	▲▲▲ 运用其强大的技术能力，较好地整合了其营销渠道和营销手段。	▲▲ 积极将许多高水平的技术运用到其终端设备上。	▲▲▲ 具有现代企业组织特征，能根据企业现状和业务需求开展组织创新。	▲▲▲ 企业领导及成员大多具有较为丰富的创新经验和一定的创新能力。
终端设备提供商	▲▲▲▲ 非常重视技术创新，能及时运用相关技术提高终端设备性能。	▲▲▲ 其产品多注重用户需求，具有较好的创新性。	▲▲ 处于产业链的下游，直接面对用户，重视开发基于用户需求的各种服务。	▲▲ 在渠道和产品运营上创新不足。	▲▲▲▲▲ 充分挖掘用户的阅读体验，通过不断完善自己的终端设备追求体验创新。	▲▲ 企业组织架构较稳定，缺乏创新。	▲▲ 企业创新者缺乏全局意识。

注：▲表示创新主体的创新程度。

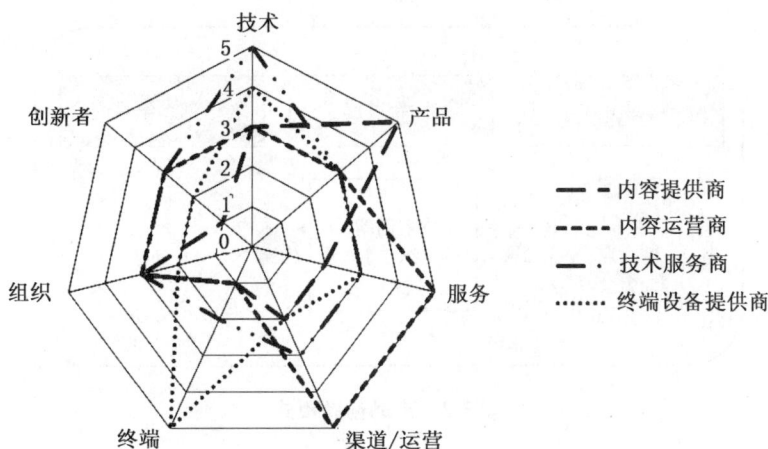

图 5-1　四家创新主体创新要素结构分布

一、内容提供商主导的产品创新模式

以传统出版机构为主要代表的内容提供商利用自己优质的内容资源,在从内容提供商向服务提供商转型的过程,其创新模式可以概括如下:充分利用自己的优质内容资源,面对网络时代用户的新特征,不拘泥于传统出版的思维,大胆进行服务理念创新,对传统出版物内容、形态上进行创新,开拓各种渠道,实现从提供产品跃升到提供服务的转型,从而最终提供满足读者各种需求的数字内容产品;另外,在技术上,他们认识到技术对于开展数字出版的重要性,充分重视技术创新,积极与技术商合作,实现了编辑手段的数字化、排版技术的数字化、印刷工艺的数字化和发行手段的数字化,但普遍缺乏自主创新的能力;在组织架构上,在现有的管理体制下,设立独立的数字出版部门,引入社会资本,特别是企业的资本,建立全新的运行机制和管理模式,从而实现了企业的组织创新。内容提供商主导的产品创新模式如图 5-2 所示。

二、内容运营商主导的服务创新模式

以新兴的 IT 企业为主要代表的内容运营商对新技术较为敏感,在各个环节能充分应用数字出版技术,并与技术商充分合作,形成了对内容强大的集约整合能力。他们根据市场和用户的需求,对内容进行整合挖掘,并对其进行数字化和结构化处理,通过对内容资产的有效管理,针对不同用户,在出版版权管理体制下积极开展知识内容集成服务、知识增值服务、个性化服务;同时根据数字出版物的内容和形态特征,充分利用数字出版物具有可以个性化定制、一次

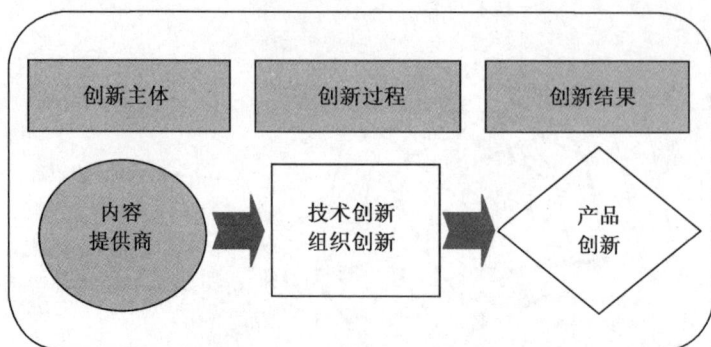

图 5-2　产品创新模式

创建多次使用、强大而准确的搜索和链接功能、交互功能等以读者为中心的各种功能，积极拓展并对接各种渠道，开展立体营销，通过互联网平台、手机平台、手持阅读器等终端数字设备，构建起用户与媒体之间、用户与用户之间的紧密联系，实现了以读者为中心的全媒体立体营销。

另外，内容运营商大多为新媒体机构，具有现代企业组织特征，能根据企业现状和业务需求积极开展组织创新，且企业领导及成员大多具有较为丰富的创新经验和一定的创新能力，这为其开展数字出版创新提供了组织和人力的保障。内容运营商主导的服务创新模式如图 5-3 所示。

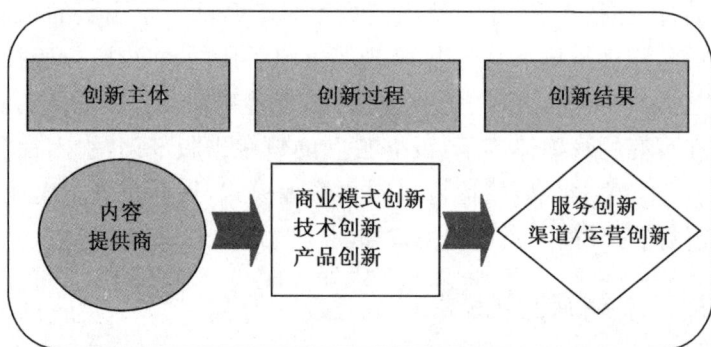

图 5-3　服务创新模式

三、技术服务商主导的技术创新模式

技术服务商依托其雄厚的技术、资本优势，加强集成研发，通过各种形式的技术服务渗透到数字出版产业的各个环节：通过数字技术对数字内容进行统一编码和处理,实现数字出版产品数据格式的一致性;通过开发版权保护技术,实现对数字出版产品营销的控制;还通过向上游集成内容提供商的内容资源,向下游联系各家阅读终端商和读者,已经初步完成了由自身主导的产业链的整合,并且形成了不同的运作模式。

另外,与内容运营商类似,技术服务商作为新兴的 IT 企业,具有现代企业组织特征,能根据企业现状和业务需求开展组织创新,且其企业领导及成员大多具有较为丰富的创新经验和一定的创新能力。技术服务商主导的技术创新模式如图 5-4 所示。

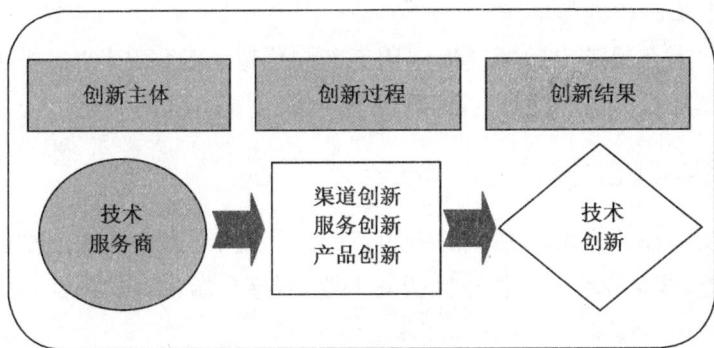

图 5-4 技术创新模式

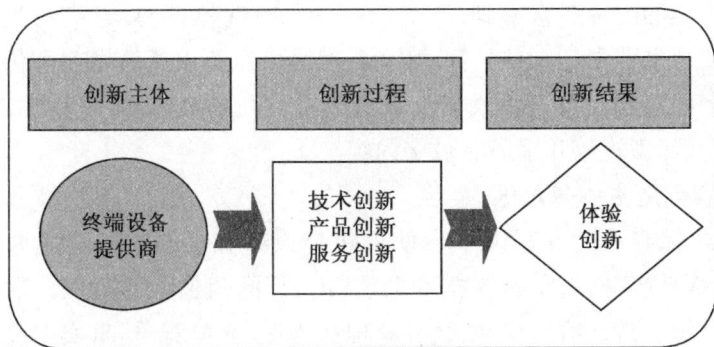

图 5-5 体验创新模式

四、终端设备提供商主导的体验创新模式

终端设备提供商大多为技术商出身,他们拥有较为前沿和领先的技术,并能及时运用相关技术提高终端设备性能;由于其处于产业链的下游,直接面对用户,故重视开发基于用户需求的各种服务,并能充分挖掘用户的阅读体验,通

过不断完善自己的终端设备追求体验创新;同时能广泛结合内容资源,将内容与自己的终端绑定,使终端成为"活"的数字化阅读设备和信息处理终端,进一步增加了产品对读者的吸引力。终端设备提供商主导的体验创新模式如图5-5所示。

第三节　数字出版产业创新特征分析

数字出版与传统出版相比,在内容产品、市场消费、产业形态、商业规则等方面呈现出革命性创新特征。

信息技术在数字出版领域的应用不断向广度、深度以及快速推进,内容的数字化生产方式正在悄然发生,出现创造主体、创造方式的变化。

一、数字内容创造方式不断创新

信息技术在数字出版领域的应用不断向广度、深度以及快速推进,为内容信息的创造、共享和交流提供了肥沃的土壤,数字出版内容的内涵、形式和创造过程发生了根本性变化。

1. 内容边界不断拓宽

数字表达、存储和传播技术使文字、图像、影像、语音等原来以不同表现形式和载体表达的内容要素得到统一。互联网、有线电视网、电信网"三网融合"的趋势也使得电子书刊、电视、移动内容、网络信息等以所属行业和传播方式相区分的数字内容趋于统一。数字出版的边界不断拓宽,融合了移动内容、互联网、游戏、动漫、影视等几乎所有数字内容。

2. 内容创造主体多元化

完全平等、自由的互联网平台使得每个人都有平等的机会成为内容创造者,自助出版系统、按需印刷等技术也使"出版"的门槛大为降低。数字内容的融合使得出版、传媒、信息技术、服务等相互渗透,充分竞争,事实上改变了以行业资质区分"出版"主体的传统。同时,互联网和网络应用技术的发展使得大规模协作创造内容成为可能,也彻底颠覆了以个体或团队创造为主的传统内容创造方式。维基百科(Wikipedia)就是一个成功的范例,在这个自由、免费、内容开放的百科全书协作计划中,任何人都可以编辑任何文章及条目,短短数年维基百科的条目已超过《大不列颠百科全书》十数倍,且每时每刻仍在动态更新中。

3. 内容组织方式非线性

超文本(Hypertext)的发明使得内容组织方式实现了从顺序方式到非顺序方式的跨越,也使得内容表达从过程式组织转化为结构型乃至主题驱动型组织。这一改变不仅适应了人类非线性、跳跃性、联想式的记忆思维特点,使相互关联的信息能以网状的结构记忆存储及搜索再现,而且建立了超出文本层面的语言层次和信息结构,极大地方便了信息搜索以及个性化的内容再组织。

4. 内容表现形式丰富多样

互联网和多媒体技术使得单向、平面、静止的内容表现形式向交互、立体、跨媒体乃至多线索方向转变。互联网可以使得读者和作者实时沟通,立体化、跨媒体的文本、声音、视频等多种方式可以最大限度地满足特定内容的表达需求,在动漫、游戏等应用中的内容通常由角色或事件等多线索驱动。同时,网络应用技术的发展不断地创造着新的内容形式,如博客(Blog)这种新的表现形式充分展现了自由发表、个性化写作、双向互动、跨媒体表达、超文本组织和随时更新等特性,成为彻底挑战传统出版的典型事例。

二、数字内容消费方式不断创新

数字出版内容范围的拓展以及表现方式的转变将传统的读者、观众、网民转变成广义的"内容消费者",搜索技术的发展开辟了个性化内容需求的广阔市场。在在线阅读和海量信息迎合"浅阅读"趋势的同时,数据挖掘(Data Mining)、知识发现(Knowledge Discovery in Databases)等技术使得内容消费提升为高层次的知识消费——从未有过的"深阅读"乃至"创造性阅读"成为可能。伴随电子技术的发展而诞生的各种消费终端也使得消费体验呈现移动、个性化、跨媒体的特点。

1. 深浅阅读方式两极分化

现代搜索技术的发展使得消费方式由单纯的被动阅读向目的导向、问题驱动的主动搜索转变,超文本技术和内容聚合技术(Really Simple Syndication)使以特定阅读兴趣为目的的内容定制和推送成为现实。借助数据挖掘、数据仓库、语义网络等技术,读者可以从数据库或文本中发现隐性的知识和规律,实现"深阅读"。如通过文本挖掘技术可以实现文本总结、信息抽取、文本分类、文本压缩乃至关联规则提取等,此时内容消费转变为知识消费。此外,数码印刷技术使得按需印刷逐渐兴起,兼顾个性化需求和低成本制造、传播的大规模定制成为可能。消费方式呈现出高效率、个性化的特点,并向内容"浅阅读"以及"知识深消费"两方面发展。

2. 阅读载体呈现移动化多样化

随着电子、通讯和网络技术的发展,内容消费的载体由纸质媒体扩展到电脑屏幕、视听终端、手机、掌上电脑、配备电子纸的专用阅读器乃至 MP3、GPS 导航仪、PSP 游戏机等任何可显示内容的设备上,内容消费变得无处不在。同时,阅读终端已经远远超出了内容载体的概念,围绕阅读终端产生的客户应用体验、社群网络、内容交互性等其他配套服务成为用户消费的重要组成部分。如汉王、亚马逊等公司推出电子书产品,人体工学设计和电子墨水技术使其持握感和阅读感逼近真正的印刷书籍,数百本书的存储量和随时在线、完全免费的网络服务使其具备传统书籍无法比拟的优势。亚马逊公司甚至提出以此"改变人类阅读方式"。

3. 免费消费颠覆收费模式

互联网的发展使得"分享"乃至"免费"的观念在消费者中根深蒂固,诸如免费的电子邮件、网络空间服务,免费的新闻、阅读,免费的搜索工具和软件服务,等等。免费或共享模式在相当程度上成为互联网的潜规则和互联网经济的基础。建立在对普通用户免费基础上的众多成功的商业模式更助长了这一趋势。

免费和共享的消费习惯使得直接依靠内容收费的模式不再成为主流,数字化在线服务的成本如此之低,以至于只要有 1% 的用户为特定需求付费就能支撑 99% 的免费用户的成本。而海量的数字资源和日趋成熟的内容搜索乃至知识发现技术,激活了潜在的个性化消费市场,使面向特定用户个性化需求的信息服务成为可能。除了在线付费阅读外,通过广告、专业咨询、增值服务以及依靠数字资源与软件应用提供专业信息解决方案等新的赢利模式都取得了很大的成功。

三、数字出版产业形态不断创新

1. 数字出版企业组织形态呈大小两极分化

科斯定理指出,一家企业会持续扩张直到企业内部组织交易的成本超过外部市场的交易成本。因此,在传统内容产业中,大多数企业倾向于在企业内部拥有尽可能多的功能,故出现了众多打通内容生产、集成、发布产业链的"大而全"的集团。互联网的出现使得将不同产品和过程协调在一起的所谓外部"交易成本"急剧降低,横跨产业链的垂直整合和横向跨媒体并购优势不再明显,企业形态出现了向专业化的"大而专"发展和专注细分市场"轻而专"发展的趋势。20 世纪 90 年代后期,美国传媒业掀起了试图打通内容生产、集成、发布整条产业链的垂直整合的并购浪潮,产生了所谓"跨媒体时代"、"大传媒时代"。而近年来,几大传媒集团的并购则以专业化和集约化为导向,如励德·爱思唯尔计划抛售旗下以广告和会展为基础的传统出版传媒业务,集中发展增长更快的信息服务业务;汤姆森集团已将以教育出版为主的汤姆森学习集团售出,集中发展以专业出版为主的数字化产品。

2. 数字出版产业链各方竞争激烈

随着数字内容的融合、行业边界的模糊和信息的充分共享,以信息、资源不对称和行业分割为基础的产业链不可避免地被彻底打破,以著作权人、内容提供商、内容(信息)服务商、技术(设备)提供商、平台运营商、内容消费者为基础的新的产业链正在形成。传统格局被打破,产业链的每一个环节都面临新的竞争。IT、出版、传媒、服务等力量激烈争夺产业链的有利位置,如传统的技术提供商 IT 企业正力图强势进入并主导内容提供和服务环节;而传统的服务商如亚马逊书店试图通过终端设备 Kindle 主导内容、服务、消费的整个产业链;汤姆森、爱思唯尔等国外出版集团大举进军高附加值的信息服务环节;中国移动等平台运营商也凭借平台优势进军内容提供和服务领域。同时,价值链发生变化,面向个性需求的信息服务成为价值链的高端,并成为各方争夺的制高点。

四、数字出版商业模式不断创新

互联网的应用导致信息的充分公开,交易成本的急剧下降,存储、渠道资源的无限扩展和消费者选择范围的无限扩大,动摇了以资源稀缺为前提的传统商业规则,并改变了企业的商业模式,主要的商业模式有以下几种。

1. 基于逆二八定律的长尾模式

传统产业中由于资源的限制,人们一直用"二八定律"来界定计算投入和产出的效率,即 20% 少数主流的对象可以造成 80% 重要的影响。互联网时代,海量的存储空间、充足的带宽、免费的传输成本和日益发展的搜索技术使得从资源短缺的时代进入了资源富足的时代。人们有可能以很低的成本关注任何以前看似需求极低的产品,只要存储和流通的渠道足够大,需求不旺或销量不佳的产品共同占据的市场份额就可以和那些数量不多的畅销品所占据的市场份额相匹敌,甚至更大。因此,商业和文化的未来不在于传统需求曲线上那个代表畅销商品的头部,而是那条代表冷门商品经常被人遗忘的长尾。真正的个性化市场浮出水面,一套崭新的商业模式也跟着崛起。

2. 基于马太效应的"只有第一"模式

由于信息的充分共享和扩张的边际成本趋向于零,占据竞争优势的企业可以迅速地获得市场的承认并占据有利地位,并以极低的成本将自己的领先优势扩大,从而形成"赢者通吃"的结果。在数字出版领域,行业领先者占据了绝对的优势,形成"只有第一,没有第二的"格局。同时,信息时代也给新兴企业提供了迅速追赶的机遇,其原因在于迅猛的技术革命很可能使得领先者的优势瞬间消失,把握机遇的追赶者也存在十分明显的后发优势。

3. 基于大规模定制的个性化消费模式

个性化消费模式是指以大规模生产的成本和速度,为单个客户或小批量、多品种的市场定制生产任意数量的产品。传统制造业的发展一般都经历了原始的手工制造、节约成本的大规模生产阶段以及兼顾成本和个性需求的大规模定制阶段。由于个性化内容需求难以掌握及以大批量印刷为起点的传统印刷技术的限制,传统内容产业只能采用大规模生产的方式。信息技术和数码印刷技术使得掌握个性化需求并降低小规模生产成本的大规模定制成为现实。

综上所述,数字出版的浪潮给出版业带来了深刻的革命,也使传统出版业面临着前所未有的挑战。传统出版业固有的领地已被 IT、传媒等力量逐步渗透,而由于资金、人才、技术的先天劣势,出版业在新兴内容领域拓展的力量也明显不足,其惟一出路在于顺应发展的潮流,发挥自身优势,逐步向数字出版转型,实现从内容、产业形态到商业模式的创新。

第六章

开放式数字出版创新模式构想

第一节 数字出版内容平台将成为重要形态

这些年来,数字出版行业的探索和经验启示我们,现在造成数字出版业徘徊的最大症结在于:没有能有力沟通内容生产与大众消费的公共出版服务路径。换言之,没有具有公信力并能以相应现代科技支撑的数字出版公共平台,由此而制约数字出版产业链的有机形成。

中国数字出版公共平台是数字图书、数字报刊等数字出版物在网上的综合超级市场,它既是数字出版的内容平台,也是数字出版的交易平台,更是数字出版的服务平台。该平台是一个集产品推销、展示、服务功能、与客户交互功能、方便快捷的电子商务功能为一体的网站平台,这也是数字产品走进客户、服务客户、赢得客户的主要通道。具体说来,它具有如下主要的综合职能:①数字出版平台可以集纳、整合各种内容信息,不断地补充新资源,建设一个信息资源总库,帮助用户实现一次查找多种资源,以便能够了解与主题相关的全方位信息;②数字出版平台可以不断地加深资源标引深度,增加资源关联维度,丰富信息挖掘方法,帮助用户更深入地了解相关主题知识;③数字出版平台可以实现与数字图书馆的对接,以信息和知识服务为原则,在数字出版平台上建立个性化服务平台,为用户提供各种高水准的个性化、针对性、增值性的知识服务;④数字出版平台可以方便广大用户利用电子书、手机、电脑上网本等电子阅览终端,从网上对超市中的产品进行自由选择、浏览与下载;⑤数字出版平台可以实时对用户的付费消费项目通过电子银行进行结算,并同时按照合同,向提供产品、服务的各个厂商进行营业收入分配进账;⑥数字出版平台可以对平台中的数字出版物的版权利用实现保护。

数字出版平台要实现上述功能,在技术上,首先要以云存储技术为支撑,作为数字出版的承载平台,提供数字出版的工具,建立起一条各类数字出版的生产、流通和结算渠道,并实现多样化的终端发布。这种基于互联网的存储架构可进行智能的数据备份和分布式的存储,便于进行自动化的网络扩张和调整,还具有高度的安全性。另外,该平台要采用智能传输技术,进行跨平台的网络传输,全面支持移动应用,可实现多源点数据传输。再者,该平台必须要利用Web2.0技术,重视个性化知识服务,且随着数据库资源的日益丰富及用户规模的不断扩大,从资源整合种类、深度、平台功能等方面加强完善。利用Web2.0技术,未来的数字出版平台不但可让用户全面、系统地了解相关主题的发生、发展、应用的状况以及与各相关方面的关系乃至未来的变化趋势,摆脱深陷知识信息海洋却"不识庐山真面目"的窘境,而且还可以让用户根据自己的需要定制服务,开展网络课堂或学术会议,进行远程交流讨论等。

最后,该平台还要以安全可靠的实时结算技术手段为支撑,确保合作各方商定的各种合理且灵活适用的分成模式实现,确保加入到平台中的各个实体的经济利益和版权得到维护。

数字出版平台将有力改变我国目前数字出版深陷瓶颈的状态,实现诸多愿景,这将突出地表现为:①带动相关上下游要素进入行业,形成富有活力的数字出版产业链体系,提高出版企业的生产效率与效益,促进产业升级,同时避免数据库重复建设;②有利于主流媒体及其出版物率先利用移动新媒体渠道,为广大受众提供更经济实惠便捷的服务,同时还有利于更广泛地开发潜在受众,发挥主流舆论导向作用;③数字出版的内容和运营将得到进一步规范,行业标准将逐步确立;④政府公信力的价值会在平台建设中得到有效发挥,同时有利于政府对出版行业的数字化高效管理。[①]

目前,数字出版平台的发展模式主要有以下几种:①出版社自主建设数字出版平台,自主开发和销售数字出版产品;②出版社和技术提供商合作,出版社提供内容资源并负责数字产品的制作和生产,技术提供商负责平台建设和数字产品的销售,数字产品的版权归出版社所有;③出版社将内容资源卖给技术提供商,技术提供商负责平台建设和数字产品的生产和销售,数字产品的版权归技术提供商所有。

如德国施普林格所有图书和期刊的内容都集成在名为 SpringerLink 的数字出版平台上,相应的数字出版产品主要有在线期刊、在线丛书、在线参考书、在线电子书等。目前在 SpringerLink 上已有 350 多万篇期刊文章或图书章节,

---

① 吴信训,吴小坤. 我国数字出版产业链的冲刺关键——构建数字出版公共(交易)平台的构想[J]. 新闻记者,2010(8).

并且实现了二者之间的互相链接。有超过 1.65 万种电子书，并且以每年 4000 种新电子书的速度增加，这些电子书涵盖 13 个学科领域。与此同时，Springer-Link 实现了信息的片断化，数字内容可以按章节进行销售。

高等教育出版社、商务印书馆、人民教育出版社、中国出版集团、中国大百科出版社、电子工业出版社等大的出版机构，目前也大都建设有自己的数字出版平台，并依赖于数字出版平台进行数字产品的制作、生产和销售。如高等教育出版社的门户网站集成服务平台把高等教育出版社上百个课程网站集成起来，并跟后台的内容管理系统、ERP 系统等实现了无缝集成，从而构成了一个技术先进、功能强大的大规模数字出版平台。该平台能为读者主动推送感兴趣的学习内容，读者也可以通过其内容管理系统将感兴趣的内容自由组合成一本电子图书来购买，同时还通过按需出版和定制出版等营销手段来满足读者的个性化需要。

自主建设数字出版平台，自主开发和销售数字出版产品是资金和实力雄厚的大型出版集团和出版社发展数字出版业务的一种模式，目前已成为大型出版社发展数字出版业务的首选。

另外，出版社与技术提供商共同合作，也建立了许多数字出版平台，其运营模式各有特色，合作方式也不尽相同，通过这种合作，各方优势互补。该模式将为中小型出版社发展数字出版业务提供更多的自主性和灵活性，为出版社数字出版产品的生产和销售提供更大的市场空间。[①]

2010 年 3 月，番薯网在北京发布全球首款中文图书搜索引擎"云阅读"。云阅读平台不仅解决了终端厂商的内容困局，而且提供"找、购、读"三位一体的电子商务模式，实现 PC 终端、手机和电子阅读器设备的无缝链接。作为番薯网云阅读平台的核心，"云搜索"功能既强大又便捷，能直接面向全文进行点对点搜索，真正满足了读者个性化的阅读需求。对数字出版营销来说，大型通用的购书平台和功能强大的搜索引擎是必不可少的，将有助于更好地推广和销售电子图书。[②]

以开放、共享、众包为哲学的谷歌将其理念贯穿于数字出版各项业务。从立足于服务独立出版商的谷歌电子书平台到今天的网络订阅支付系统，无不体现其开放性和合作性。谷歌在 2008 年提出了"云计算"的概念和打造全球"信息电厂"的计划，拟整合全球信息，并通过一个简单的"接口"提供给用户。2011

---

① 赵海宁,黄孝章.数字出版产品营销策略分析[J].出版广角,2009(4).
② 张　炯.试析数字出版营销的战略创新[J].今传媒,2010(10).

年 2 月 17 日,谷歌推出名为"Google One Pass"数字内容付费系统,方便出版商使用谷歌支付系统 Google Checkout 在网络以及手机应用软件中出售数字内容。谷歌的"信息电厂"设想和数字内容付费系统成为现实,无疑将使内容信息的集中度急剧增加。谷歌在大幅度免费和开放的基础上,吸引众多开发商和创新者加入其行列。谷歌的目标是向整个网络开放其图书搜索的资源,并建立一个其他网络服务可以互通的数字出版平台。

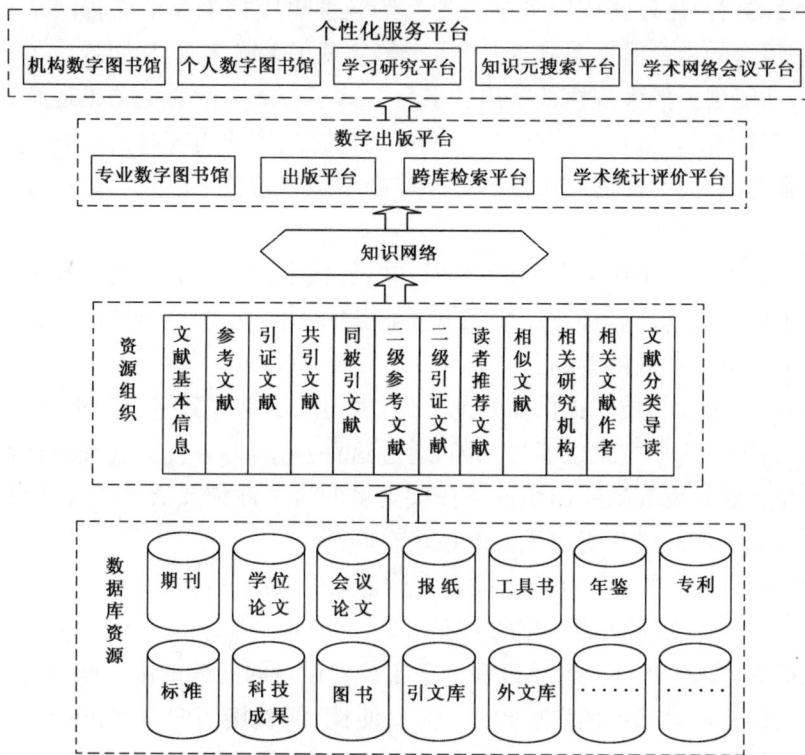

图 6-1   未来数字出版平台结构图

汉王科技总裁刘迎建在 2010 年底也表示,随着电纸书毛利降低,汉王将转型数字出版平台商,以汉王书城为基础打造网络数字出版平台。通过该平台,出版单位可以对社内资源加密,并且可以选择发行渠道进行授权、安全分发,而渠道运营商也可以打通各种渠道的终端应用,方便获取出版单位授权的资源进行运营。同时,由于这一切的流程都通过云出版服务平台进行,因此渠道的销售数据随时反映在平台上,出版单位可以随时掌握,甚至连读者的查询、点击、购买等行为,出版单位也可以通过该平台了解掌握。

未来数字出版平台发展的结构如图 6-1 所示。

概言之,中国数字出版平台旨在为我国提供一个数字出版业的公平、可信、高效、便捷的交易市场。该平台的市场前景还将随 3G 网络和下一代广播电视网的逐步成熟向视频领域进一步拓展。因此,数字出版平台将成为未来数字出版产业创新的重要形态。

第二节 数字出版产业链各方呈竞合混搭

由数字化浪潮所带来的产业融合正使得出版、传媒、网络、电子、电信等行业的界限被打破,内容行业正逐渐被纳入更为宏观的服务业范畴,并不断产生更加创新的商业模式,数字出版以强大的力量消解着传统媒体包括电视、广播、报纸、通信之间的边界,消解着国家之间、社群之间、产业之间的边界,同时也消解着信息发送者和接受者的边界,数字出版将会打破传统出版业按介质区分的行政分割,延长出版物的产品线,实现内容资源价值的最大化。[①]

随着数字内容的融合、行业边界的模糊和信息的充分共享,以信息、资源不对称和行业分割为基础的产业链不可避免地被彻底打破,以著作权人、内容提供商、内容(信息)服务商、技术(设备)提供商、平台运营商、内容消费者为基础的新的产业链正在形成,[②]传统格局被打破,产业链的每一个环节都面临新的竞争。IT、出版、传媒、服务等力量激烈争夺产业链的有利位置,技术提供商如汉王、方正等 IT 企业正力图强势进入并主导内容提供和服务环节;而网络服务商如亚马逊书店试图通过终端设备 Kindle 主导内容、服务、消费的整个产业链;汤姆森、爱思唯尔等国外出版集团大举进军高附加值的信息服务环节;中国移动等电信平台运营商也凭借平台优势进军内容提供和服务领域。相比之下,传统出版单位的现行体制、运作模式、业务流程、管理机制、人才知识结构、激励机制等都处于劣势。

目前,在数字出版产业链中,处于上游的内容提供商拥有一定的版权和内容优势,中游的技术提供商具有技术优势,下游的网络服务和终端设备供应商拥有渠道优势,但上、中、下游环节却并未利用好各自优势,专注于自身核心业务的开发,而是各自为政,分散经营。正如有位学者所形容的"内容提供商'分了心',不精练内容而去研发硬件阅读设备;网络运营商'不真心',拥有海量用

① 高 颖.2010 年数字出版:移动终端兵家必争?[J].中华读书报,2010(2).
② 周蔡敏.传统出版与数字出版对接的思考[J].湖南大众传媒职业技术学院学报,2010(7).

291

户和销售网络终端却在内容合作方面不舍得支付合理资金;平台服务商'铁了心',数字内容整理雷同多,重复开发浪费较大仍然不回头寻求标准化;硬件生产商'不甘心',掌握技术和资金却觊觎内容资源甚至是违规的资源"。

由于缺乏合理的利益分配机制,产业链各方往往试图扮演多种角色,希望获取更多的垄断利益,使得整个产业链不协调,竞争力下降。同时,由于缺乏统一的信息协作平台,各环节无法及时沟通与合作,使得重复开发情况严重且质量不高,产业链整体效率偏低。

数字出版产业链的形成和健康发展是衡量一个国家数字出版产业是否成熟的重要表现。建立合理健康的出版产业链是提供优质的出版产品和服务,维护著作权人利益,实现信息及时有效传播,以及达到公众利益平衡的需要。

经济的迅速发展和技术的不断创新推动着产业链的深刻变革。原本产业链中的各环节对价值创造的贡献被重新界定,"价值和利润也在产业价值链上转移,向对价值创造起关键作用的环节集中,而且转移的范围越来越大,转移的方式越来越多样化,转移的频率也越来越快"。[①] 另外,随着社会分工的细化,没有任何一种产品或服务可以由一家企业完全提供。正是因为如此,单个企业所掌握的资源和具备的能力越来越无法满足竞争的需要,要想在全球经济一体化的时代取得竞争优势,必须将范围从单个企业扩展到整个产业链的竞争。

企业竞争的优势可能更多地体现在该企业与产业链上各环节的协同合作中,同一产业链上的企业可能一荣俱荣、一损俱损。因此,必须将数字出版产业链上的上下环节紧密联合起来,加强相互间的协作,注重整个产业链的融合,实现资源的优化配置,提高整个产业链的运作效率。数字出版产业链的融合有利于改善这些薄弱环节。整合产业链首先就是从横向出发,整合内容资源和技术渠道,实现内容资源的共享,加强沟通与合作,实现数据和技术标准的统一,最终确保各个企业竞争力的实现。

只有整合和优化整个数字出版产业链,使从上游的内容提供商到下游的终端设备各个环节均紧密协作,才能将更大范围、更多种类的资源集中起来,实现资源的合理分配,从而使我国的数字产业在国际竞争中占据优势地位,最终推动产业链的整体发展。

从出版商的战略布局考虑,价值产业链的整合不能仅做加法。数字出版产业需要多方整合。传统内容资源与网络资源的整合,传统出版力量和技术提供

---

① 张晋升,杜 蕾.数字出版产业链融合的价值和路径[J].中国出版,2010(8).

商的整合,以及企业之间通过竞争达到对市场资源的整合。通过整合,达到建立和谐共赢产业链。

出版产业利润率低,企业积累的发展资金规模不大,而数字出版业务的前期投入巨大,现有的数字出版模式一般都需要较长的培育周期与较大的资金支持,传统的出版企业难以开展规模化的数字出版业务,因而需要寻求合资经营的商业模式。联合经营其实质就是优势互补,包括两方面的内容。

一是传统出版企业之间实现联合经营,即合作开发数字出版业务以弥补单一企业在资金、内容规模方面的不足。中国出版集团公司已经成立了数字传媒公司,并邀约中国科学出版集团及北京、吉林、河北、安徽、广东、湖北、陕西8家出版集团发起共建中国数字出版网,向更多出版发行集团发出共建邀约书,实现跨地区、跨媒体、跨系统的数字出版合作和资本合作。

二是传统出版企业与新技术新媒体企业之间的联合经营,即通过并购新技术新媒体企业、与新技术新媒体合作开发等手段实现优势互补,查漏补缺。这种模式缓冲了传统出版企业独霸内容资源而新技术新媒体公司垄断技术的割据局面,真正实现了技术和内容资源的重组与整合,是真正意义上的多赢互补。2006年,美国约翰・威力收购了伦敦一家叫做 Waht-sonwhe 的小型在线旅游图书公司,提供 B2B 和 B2C 服务,通过在线平台,为旅游产业的各个环节提供产品和服务,成功打造出"佛式旅游系列"以及"非正式旅游指南"。在我国,2008年2月,中华医学会所属系列期刊与万方数据股份有限公司结成战略合作伙伴关系,双方联手共同打造中国的 STM 在线出版服务,[①]这说明传统出版单位与数字技术公司的合作已经走出了委托与代理关系,向着价值统一体方向发展。

除了传统出版商,设备提供商也应该重视与网络出版商的合作。在网络出版中处于垄断地位的盛大文学,目前拥有全国最多的网络小说电子版权,并取得了如王蒙、莫言、韩寒、阿来等众多知名作家的电子版权,而且这些内容均对电子阅读器开放,这无疑是缓解阅读器正版内容匮乏的渠道之一。同时,其近日推出的"云中图书馆"平台,力图为内容提供商和硬件设备商提供关于版权问题、支付问题、数据安全问题、硬件问题等一系列解决方案,对于产业链的整合给出了一个新的思路。

可见,一个良好的产业生态应该是企业群落内形成一个合理的分工链条,

这个链条上的每个环节都有自己专注的领域,合起来才能形成整体优势。因此,随着数字内容的融合、行业边界的模糊和信息的充分共享,数字出版产业链的各个环节只有通力合作,紧密配合,寻找出版产业新的经济增长点,才能优化现有的出版产业结构,调整产业布局。

因此,作为数字出版的主要参与者,产业链各方之间的竞争不可避免。但竞争之外,双方也必须进行合作,数字出版产业链的建设必然是一个多元合作的过程。扬长避短、合纵连横的竞合关系应该是未来数字出版产业创新发展的理想模式。

第三节 数字出版版权保护与资源共享互为补充

一、共享模式在相当程度上成为互联网经济发展的基础

互联网带给内容产业最重要的变化是内容创造和交易成本的降低,以及信息的充分公开。共享成为聚集资源进而降低交易成本的前提,信息的公开和个性化服务技术激活了数字出版产业潜在的个性化消费市场,共享模式在相当程度上成为互联网经济的基础。与此同时,依靠信息和资源不对称而构筑起来的产业链也将被彻底打破。

目前,国际许多大的数字出版公司已开始尝试在放弃版权保护的同时,转而通过扩大产品的传播度,增加在网络广告、无线增值等业务上的收入。谷歌和百度都是其中的典型案例。

全球搜索巨头谷歌于 2004 年 12 月宣布筹建全球最大的数字图书馆。至 2008 年,谷歌数字图书馆已收录了 700 万部图书。

谷歌数字图书馆的好处在于可以让网民更迅速地找寻到想要的书籍、文件甚至是图片,能轻易地连接并浏览许多不同的页面,能够更快速地找到想要的数据,且数据的数字化大大地缩减了书籍所占的空间,使数字图书馆有能力存储更多的数据。

此外,谷歌还推出了免费的搜索业务、电子地图、在线翻译、在线办公等产品,这对于谷歌业务的提升、影响力的提升、谷歌自身搜索产业的发展等都有好处。另一方面,对于我们用户群,谷歌极大地方便了我们的网上生活,使我们可以享受到免费的方便的阅读和更多的选择,对于著作权人和出版社,也能够很大程度地促进宣传,因为谷歌在图书的左边写有详细的著作权人和出版社信息。

在国内,2009年11月12日,百度知道文档分享平台测试版上线,12月8日更名为"百度文库",并且升级了部分功能。

百度文库是供网友在线分享文档的开放平台。在这里,用户可以在线阅读和下载涉及课件、习题、考试题库、论文报告、专业资料、各类公文模板、法律文件、文学小说等多个领域的资料,不过需要扣除相应的百度积分,平台所累积的文档,均来自热心用户上传。

百度自身不编辑或修改用户上传的文档内容,用户通过上传文档,可以获得平台虚拟的积分奖励,用于下载自己需要的文档。下载文档需要登录,免费文档可以登录后下载,对于上传用户已标价的文档,在下载时需要付出虚拟积分。当前平台支持主流的.doc(.docx)、.ppt(.pptx)、.xls(.xlsx)、pdf、txt文件格式。截至2011年5月,百度文库中的文档已增至1900多万份。

百度文库还于2010年12月底上线了文库书店模式,为用户提供环保且更有价值的电子图书。当前在书店中的图书一部分是完全免费的,剩下的大多可以先免费阅读前几章的内容,然后可以以不到纸质书一折的价格购买在线图书。

虽然版权官司不断,但在百度文库正式上线一周年的庆典中,百度文库表示:百度文库自建立以来持续提升用户的使用体验,实现对iPhone手机终端的支持,对多种文档格式的兼容,批量上传功能的完善等,目的都只有一个——让知识传播得更广,让有价值的知识最大化地转化为推动行业进步、社会发展的动力;下一阶段百度文库将继续推动互联网文档分享,加速知识的沉淀、聚合与流通,并会继续以开放的心态,与更多的机构合作,弥合信息鸿沟,共享知识社会,并让更多的人从互联网浩瀚的知识海洋中受益。

二、数字出版产业发展的核心问题是版权

然而,数字出版的基础还是内容,它是利用网络和数字出版技术为网络消费者提供各种数字内容信息的一种服务方式。因此,对于优质内容的保护,也是促进网络内容不断丰富的必要手段之一。因此,数字出版产业发展,核心问题是版权。

在数字出版产业中,版权是支持该产业发展的核心与基础,数字出版产业的发展离不开版权保护,可以说数字出版产业自始就与数字版权紧密联系在一起。从狭义来讲,数字版权是网络环境下法律赋予作者的对其作品在网络传播中所享有的专有权利,包括人身权和财产权两部分。从广义上讲,数字版权是

包括在磁盘、数据库等新媒体载体中的作者所享有的法律赋予其的专有权利，同样包括人身权和财产权。

当下，数字出版产业发展中侵权盗版现象比较严重。技术不断进步，传播手段不断丰富，极大地推动了数字出版产业的发展，但同时也为侵权盗版者带来了很多便利。网络的开放性、虚拟性、交互性、大容量、数字化等特点，决定了它是一个缺乏有效监控的环境，使版权人的作品在互联网上极容易被转载和扩散。网上侵权不但极为容易，而且具有极大的隐蔽性，侵权后果也更为严重。这些都给数字版权保护提出了很大的挑战，在一定程度上阻碍了数字出版产业的发展。

版权制度存在的基础是利益平衡。传统环境下，版权利益平衡着重体现在作者和公众的关系上；但在数字网络环境下，作品的传播速度和传播方式打破了原有的利益平衡，导致传播者（数字出版商）在利用平衡链上的位置凸显出来，利益平衡主要表现在版权人、传播者和公众之间。

虽然技术环境对版权制度造成一定冲击，但对版权人的保护仍然是前提和基础。版权人权利的保护可以激发其创作的积极性，此时公众才有取之不尽、用之不竭的优秀作品。在数字环境下，也只有尊重版权人的合法权益，才能更好地鼓励创新，更好地促进文化资源的共享与传播。

目前数字出版产业秩序尚不合理，市场尚不规范，出版社、作者、运营商三方利益的分配没有一个比较合理的比例，以致难以保障出版社和版权人的正当利益，所以版权人不愿意授权。进而导致数字出版产业缺乏正版内容的顺畅供应，这必然加深数字环境下盗版的泛滥，而版权人正版授权的收益状况则会进一步恶化，从而进入一种恶性循环状态。

因此，版权保护是数字出版产业发展的前提和基础。版权保护既要从完善法律法规的高度着手，又要强调有效执法，维护市场公平竞争秩序，确保盗版没有生存空间；同时，还要引导整个社会增强版权意识，尤其是要提高对数字版权的认识，不能认为数字版权就是廉价、免费的，可以任意传播、使用。

三、寻求新的利益平衡点是促进数字出版产业发展的关键

然而，目前实施数字版权保护的技术措施常常成为了"双刃剑"：它在给权利人带来保障的同时，也给合理使用者带来诸多不便；作者在受到严格版权保护的同时，也担心在海量信息中被用户忽略；内容的严格限制与以共享为特征的互联网文化背道而驰。更为困难的是，没有哪一种版权保护技术是不可被破

解的。因此，保护和共享相结合，技术和法律互为补充，个人用户和商业目的适度区别的数字版权保护思路成为必然的选择。

2008 年 6 月，国务院颁布了《国家知识产权战略纲要》，对包括版权在内的知识产权进行战略发展规划。在专项任务中指出，版权战略目标是促进版权产业的发展；版权战略提出的原则中，特别强调应有效应对互联网等新技术发展对版权保护的挑战。妥善处理保护版权与保障信息传播的关系，既要依法保护版权，又要促进信息传播。

可见，数字时代版权保护是手段而不是目的，保护的最终目的是实现信息的正常传播及培育相关产业的市场主体，以促进相关产业发展。数字环境下的版权利益平衡应尽可能地兼顾版权人、公众和传播者等多方面的利益，达到多赢。

因此，版权保护重要的是促进知识的有效传播和版权的创新交易。推进数字版权的良性发展，关键要促进版权的进一步交易，针对不同的作品和内容，采取多样的交易模式，分享版权，而不局限于垄断交易。在版权保护的基础之上，对版权资源进行有效管理和充分运作，通过交易不断摸索成熟的商业模式，实现利益各方的收益和共赢，促进数字出版产业发展。

盛大网络作为国内领先的互动娱乐媒体企业，通过盛大游戏、盛大文学、盛大在线等主体和其他业务，向广大用户提供多元化的互动娱乐内容和服务。近年来，盛大通过强大的游戏运营能力、周到的客户服务能力、完善的技术保障与支持能力、广泛的销售网络和健全、高效的支付平台，形成了面向用户的综合性互动娱乐平台。该平台凝聚了庞大的家庭用户群体，各年龄层的玩家均可以借由盛大互动娱乐平台与其他成千上万的玩家进行互动，体验互动娱乐带来的乐趣。实践证明，无论是在游戏还是在文学方面，盛大在免费共享和版权经营上，寻求到一个较好的利益平衡点。

经过多年发展，版权运作事实上已经成为盛大文学最重要的业务模式，涵盖与文学相关知识版权的搜集、出版、分销等。目前，盛大文学已经拥有了几十万种产品，并已搭建起一种比较成熟的平台，不仅通过网络阅读和图书销售去形成市场，而且向周边渗透，通过版权运作发展出一个巨无霸式的产业。

盛大文学版权运作平台的优势在于：通过创新性地整合、发掘网络文学的产业价值，同时借助盛大网络的雄厚资金与优质资源，盛大文学已经实现"多种渠道搜集，多种方式分发"的平台化版权运作模式。

在盛大文学业务中，用户可以通过网络发表自己的作品，好的作品可以集结成册出版,目前盛大出版的实体书超过 2000 万册,作品授权还延伸到海外,以及网游、电影领域,版权已成为盛大核心的资源。在内容搜集上,盛大文学分别完成了对小说阅读网和潇湘书院的收购后,中国前十大文学网站,盛大文学已经拥有 6 家。在版权出版、分发上,盛大文学已经覆盖线上和线下出版、无线传播,或向电影发行商、网络游戏、电视台、动画制作商等授予特许权等。截止到 2010 年第一季度末,仅盛大文学前四大文学门户网站,出版字数已经超过500 亿,盛大文学已经成为中国目前最大的网络文学平台。

可见,盛大网络就是利用委托开发和授权方式,对现有版权进行进一步跨行业、跨领域版权增值开发。从代理游戏起家,到现在为止,其 90％以上的业务都来自自主研发和原创版权的产品。盛大网络通过版权的开发和利用,实现了版权赢利,实现了一个从文学分享平台到版权运作平台的华丽转身。

因此,未来数字出版发展模式中,版权保护和共享相结合,技术和法律互为补充,个人用户和商业目的适度区别的数字版权保护思路将成为必然的选择。这种模式如图 6-2 所示。

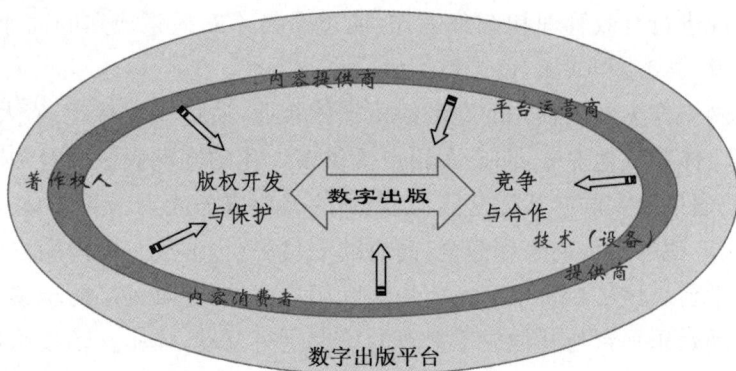

图 6-2　数字出版平台创新模式

第七章

数字出版产业创新发展策略及政策建议

第一节　企业篇：数字出版产业创新发展策略

　　每个数字出版企业都应选择适合自身特点的创新方式，只有坚持创新，与时俱进，才能实现可持续发展。

一、完善产业链各环节，明确分工与合作

　　1. 强化各环节关联企业的诚信建设。从目前的情况来看，一部分关联企业缺乏自律，在版权保护、市场准入等方面存在着诚信问题，因此必须建立有效的奖惩制度，对于破坏整个产业链畅通的行为给予严厉惩罚，保护产业链各方的利益。

　　2. 各环节必须明确自身的角色定位，分工协作。明确规定各环节的权责，防止功能交叉，专注于各自核心业务的开发。对在采集创意和制作集成阶段具有优势的传统出版商来说，应坚持以其生产和组织优质内容的能力为核心竞争力，同时根据数字时代的读者群、阅读需求、阅读方式、消费模式等特点对内容进行数字化编辑；对在新兴的传输与分销阶段崭露头角的平台运营商来说，应积极整合内容资源，同时拓展营销渠道，通过线上线下联动、全媒体运作等方式在平台上提供多种增值服务；对在终端呈现阶段占优势的终端运营商来说，应在手机等普及率高、顺应阅读趋势的终端大力开展数字出版业务，并实现与各种网络有效的对接。[①] 无论是内容提供商还是技术服务商，都应该根据自身优势进一步巩固在该环节中的核心竞争力，以防由于"通吃"导致主要业务弱化的情况，以及同质竞争引起的资源浪费现象。

---

　　① 金雪涛，唐　娟．数字出版产业价值链与商业模式探究[J]．中国出版，2011(2)．

3. 建立统一的协作平台,加强各环节间的交流,实现数字出版产业链各环节信息的无缝对接。目前我国数字出版产业链缺乏统一的协作平台,各环节出于自身利益考虑扮演多种角色,同质竞争严重,整条产业链不协调,效率不高。

因此,应利用统一的协作平台,一方面加强渠道整合,就是要从纵向角度打通产业链中的不畅通环节;另一方面加强横向合作,加强出版企业之间的合作,实现资源共享,优势互补,建立信息共享机制,提高出版企业在整个产业链中的竞争力。

4. 成立产业战略联盟组织,建立合理的利益共享机制,提高各环节协同合作的动力,实现利益的合理分配。企业之间建立稳定的数字出版战略联盟有利于实现资源的合理配置,提高产业链的整体效率。

5. 数字出版产业需要有一个主导力量,随时对出版产业链的运行状况进行评估,根据实际情况对产业链结构进行合理的调整。这个力量可以由各环节共同成立统一组织,也可以由产业链中的强势企业来担任。[①]

只有在企业群落内形成合理的从内容到平台到终端的完整产业链,才能发挥整体优势,保持良好的产业生态,这就要求数字出版产业链上的各环节各司其长。

二、调整企业运行和管理机制

经营数字出版就要遵守企业的游戏规则,采用与企业相类似的管理方法。对于出版社来说,需要全新的运行机制和管理模式。从出版机构微观角度说,数字出版技术含量高,市场前景虽然较好,但风险也较大。出版单位应利用数字出版的契机,做生产关系上的调整改革。可采取成立专门的数字出版与运作的公司的方式,引入社会资本,特别是企业的资本,由出版机构控股,对管理层和技术骨干可以采取持股或许以期权的方式,充分吸引既懂出版又懂数字技术的复合型技术开发和管理人才。

1. 优化数字出版企业组织结构的策略

出版单位组织结构变革必须遵循提升核心业务、发挥资源优势、瘦身传统营销、增强竞争力等基本原则。目前,出版单位在组织结构上主要有以下两种形式。

(1)出版单位成立专门的数字出版与运作的公司,引入社会资本,特别是企

---

① 张晋升,杜 蕾. 数字出版产业链融合的价值和路径[J]. 中国出版,2010(8).

业的资本,由出版机构控股。例如,由中国出版集团公司投资组建的中国出版集团数字传媒有限公司,就是通过增资扩股,吸收集团各成员单位和出版发行界以及其他社会界的投资,其中心工作是本着"共建、共享、共赢"的理念,聚合全国的出版发行资源,搭建中国数字出版网。

(2)出版单位成立数字出版相关部门,并将其置于单位内部主体结构。出版社应该把更多的资源放在内容的提供及可开发的数字化产品形式上,向上游内容开发集中,向终端网络客户服务集中,向数字化专业队伍培养集中。同时,对非内容创造与非信息服务部门进行瘦身和外包,如传统营销、传统印刷等。目前,至少重点建设这样三个部门。

1)数字出版物选题策划部:数字出版的选题策划具有许多新的特点,与传统出版物选题有很大不同。首先是数字出版物选题可以选择更多的新卖点;其次是小众化、专业化、个性化选题受到重视;再次是可以依据选题内容来选择适合它的表现形式。在复杂性程度上,数字出版选题足以超越传统选题方式,在管理部门归口上,也可以兼并传统纸质的图书选题领域。

2)数字版权开发部:以资本和技术为先行的电信产业运营商、网游企业、数字出版平台的技术型企业对版权的争夺大面积展开,以盛大为代表,它们大规模吸纳、收编作者,成立版权机构。从此,传统出版社对于内容资源的优势不再。为了长远利益,传统出版社必须增强自主版权的保护和开发,探索出版资源,挖掘与控制新模式,主动转化数字出版权。

3)数字技术开发和信息部:目前,数字出版技术系统和装备系统需要加大研发和创新,数字出版行业标准、数字出版物格式、数字出版防伪加密、数字版权保护等技术问题,也都需要采取相应的措施解决。所以,整合技术平台,解决数字技术问题,是发展数字出版的前提条件。当前,传统出版企业对数字出版仍缺乏足够认识,自主研发能力不够,尚未形成业界普遍认同的商业模式。要通过政策引导和重大项目实施,推动传统出版业数字化转型,加快技术创新体系建设,增强企业研发能力。出版单位的内容资源、作者资源、选题资源、版权资源和人力资源等信息资源是其核心竞争力,因此应该与技术研发同步进行。

综上所述,出版单位内部的机构重置和结构优化是出版单位发展数字出版的体制保障。对于中小出版社来说,比出版技术本身更重要的是建设网络型结构,还需要区域性或国家性的网络出版平台提供公共出版服务;出版集团要积极提升组织结构为复合研发型,转型为区域性和全国性出版平台,辐射其他中小出版社。出版单位内部的组织结构变革必须围绕提升核心业务、发挥资源优势、瘦身传统营销、增强竞争力等核心主题来展开。[①]

2. 加快培养企业数字出版人才的策略

数字出版产业的创新发展离不开人才建设,数字出版在技术要求、知识结构、产品形态、出版流程、市场营销、销售渠道等许多方面都不同于传统出版,需要兼具多种知识和技能的复合型人才。[②] 但目前我国的数字出版发展中一个突出问题是对传统出版流程和数字技术及经营管理都比较精通的复合型人才极度匮乏,更多的是单一型人才,要么精通计算机技术,要么只懂出版专业方面知识。复合型人才的缺乏严重制约了传统出版单位向数字出版的转型。

因此,在传统图书出版单位、数字新媒体企业如何培养一批懂开发、会管理、善赢利的复合型出版人才队伍,成为推动数字出版发展的关键环节。

(1)对于传统出版单位,要洞悉社会趋势的变化,加大培养人才的力度,更新人力资源结构。

首先,要在实践中培养一支双栖专业人才队伍。除了要具备传统编辑出版流程的核心能力,还必须具备创新的思维模式和娴熟的网络编辑能力、信息检索能力以及新媒体运营能力等计算机与网络应用能力,在数字产品研发上能和技术人员对话,解决实际问题。其次,要大力引进数字技术人才,并不断培养自己的数字产品研发人才,在精通数字技术的基础上,了解编辑出版理论,逐步提高数字产品的自主研发能力。最后,要改变过去单一培训模式,注重培养复合型高端人才。对原有掌握丰富的从业经验和专业知识的编辑、发行等人才重新培训,对其知识结构进行再补充和完善,力争培养出版界高端人才。

(2)对于数字新媒体企业,要尽快与出版接轨,就必须构建自身的数字出版编辑队伍,建设资源数据库,搭建数字内容整合平台,从而提升其数字产品的内在价值。

首先,是引进数字出版编辑人才。数字出版编辑承担着传统编辑、技术开发、管理人员等多项职责,构成了数字出版的主体,承载着数字出版的重任,是数字出版产品生产的中坚力量。此外,还要注重培养熟悉技术研发和经营管理的复合型数字出版人才。随着数字出版市场逐渐成熟,电子报纸、电子期刊、网络文学、网络数据库、手机报纸、手机期刊、手机小说等新型数字出版产品将得到大发展,拥有数字多媒体开发和应用技术型人才是发展数字出版的必要条件,但掌握出版编辑以及图书经营管理方面的知识,了解消费市场需求,研发适

① 尹章池,邓红艳. 论数字出版的内部组织结构与形态[J]. 编辑之友,2010(12).
② 周蔡敏. 传统出版与数字出版对接的思考[J]. 湖南大众传媒职业技术学院学报,2010(7).

应市场需求的数字出版营销人员也同样重要。因此,数字出版企业应注重培养熟悉数字化出版流程、了解应用技术开发和经营管理的复合型人才。[①]

(3)数字出版企业要充分利用高校教学和实践资源,发挥国家数字出版基地、网游动漫基地的优势,将企业数字出版人才培养、培训与高校数字出版人才实训以及国家新媒体产业基地建设有机地结合起来,和高校一起联合培养数字出版人才。

3. 构建数字出版企业创新激励机制的策略

由于创新活动需要调动人的创造力和积极性,其主体因素的活跃程度至关重要,所以相应的激励机制对于提高数字出版企业创新活动的水平和实现创新发展十分必要。

由于行业发展特点,目前我国数字出版业基本上侧重于内部人才的锻炼与培养,而出色的激励机制则可以结合创新目标制定岗位标准与技术规范,有计划地进行相关岗位人员的技术培训,促进岗位绩效监控与管理水平的提高,在促进创新成果涌现的同时,能有力地识别、挖掘、培养、鼓励一大批创新人才的成长与提升;此外,数字出版创新激励机制可以刷新人力资源管理的工作理念、技术、方式,赋予人力资源管理新的时代内涵,带动人力资源管理机制、运作流程的自我革新和重构调整,全面强化其适应数字出版环境要求的能力,进而提高对数字出版创新活动的保障水平和服务能力。

数字出版创新激励手段要求充分利用数字出版环境的特点和技术优势,除了沿用传统的激励措施如薪酬奖励、职务提升、标杆管理、培训激励等以外,还需要尝试运用一些新型激励措施和策略。

(1)虚拟奖励制度。国内人气论坛 MOP 采取 MP 激励的赏金猎人制度,聚集了无数网民的眼球,表明网络货币、虚拟威望能给人们带来很大的快乐感、成就感和幸福感,因此虚拟利益激励手段可以用于提高员工的士气,如美国施乐公司的在线投稿系统便是以虚拟威望奖赏制度来激发员工们的网络投稿热情。

(2)网络学习交流激励机制。网络无时空限制、信息传递迅速的性能构筑了强大的交流渠道,可以利用其优势,设计出新型的沟通与学习平台,例如《经理人》杂志旗下的经理人传媒公司,其所构建的 OA 系统——经理人家园信息门户上面的公司新闻、部门窗口、公告板、工作计划 BBS、互动区等频道,都是区域、部门、层级间交流、汇报的重要平台,各种与《经理人》电子杂志运营有关的

---

① 侯耀东. 数字出版新时代下人才建设的几点建议[J]. 出版发行研究,2011(1).

创新经验、心得和创新理念甚至成果在这里经常得到分享。

（3）数字出版技术入股激励制度。在物质利益上保证创新主体收益最大化的原则是实现技术资本化、资本人格化、分配细分化，其集中表现为技术入股和无形资产量化折算分配。要切实加强数字出版自主知识产权业务品牌的开发应用，提高相关自主研发创新能力，而引入技术入股模式来保证创新主体的剩余索取权和收益分配权无疑是有益的尝试，这其中不乏成功的先行者。例如博瑞传播公司创新手段与技术股权分配激励方案和 MBO 计划实施后，其数字出版创新活动成绩斐然；美国汤普森出版集团推行教育出版数字化技术创新入股模式，大大地激发了员工的积极性，使其教育出版数字化创新产品和服务不断涌现。

（4）数字出版创新文化导向的个性激励管理体系。代表共同价值观和集体思想形态的企业文化对员工的情感和思维具有参考群体性的辐射作用，数字出版创新文化氛围的形成有利于出版工作者培养创新意识和研发兴趣。由于数字出版较之传统出版创新的难度高、范围广、力度大，且对其创新质量和速率要求高——创意理念更新要快，创新主体的才气、灵感和激情个性化色彩浓厚，因此需要建立以创新文化为导向的个性、动态、灵活的激励管理体系。例如荷兰的 Elsevier 集团在开发其核心数据库 Science Direct 上，就倡导构造持续创新的文化环境，并制定出针对创新人员的培训、职务、授权、股份、休假等方面的一系列个性激励方案。[①]

三、优化企业运营模式，提高服务能力

1. 满足消费者的全方位需要

用户的需求是数字出版商业模式成功与否的关键因素。面对网络时代的用户，不能拘泥于传统出版的思维，要充分利用网络和技术的优势，来满足读者的各种需求。同时，数字出版作为高度创造性的服务，在很大程度上不是满足用户已有的需求，而是创造尚不存在或是潜在的需求。所以，数字出版更贴切的定义是基于网络和新媒体的长尾服务。从产品跃升到服务，数字出版企业需要迎接的不仅是思路的改变，更是对内容资源的细致思考和创新性的服务平台架构，运营模式的改变要实现从单一的内容提供商向资源服务商的转型。

以出版社为例，从产品最初的选题策划起始，就应该增加产品线的长度，把

---

① 朱静雯，胡誉耀. 论数字出版企业创新激励机制的构建[J]. 出版发行研究，2008(12).

某一选题开发成符合多种媒体的产品。这就要求内容提供商要以终端用户为核心,对用户需求进行市场分析,结合出版社的自身优势进行市场细分、目标市场选择、市场定位,以满足终端用户量产个性化(mass customization)的需求。从这个意义上说,出版社不仅仅是内容提供商,更应该是提供内容、加工内容、创新内容的信息资源服务商。①

2. 向专业化细分定制方向发展

数字出版企业承担着为读者服务的任务,这就要求其必须在数字平台上细分各种不同的市场,提供专业化、个性化程度很高的数字服务,这样才能使其提供的服务一方面满足大规模定制的要求,另一方面又能满足消费者不同的个性化需求,同时避免严重的同质化竞争情况,提高其在市场上的竞争力。为此,数字出版企业一是要根据自身的优势清晰地界定自己的目标市场,分析自己能够为目标读者提供什么样的资讯和服务;二是要选择自己的优势领域。国外数字出版的成功案例几乎都是在一个细分领域经营的,随着我国出版业专业化细分程度的提升,出版企业也应在细分的专业领域或已有优势的领域里整合内容资源。

3. 不断创新商业模式

一个成功的商业模式不一定是在技术上的突破,而是对某一个环节的改造,或是对原有模式的重组、创新甚至对整个游戏规则的颠覆。商业模式的创新形式贯穿于企业经营的整个过程之中,贯穿于企业资源开发研发模式、制造方式、营销体系、市场流通等各个环节,也就是说,在企业经营的每一个环节上的创新都可能变成一种成功的商业模式。

现阶段数字出版商业模式的创新可以有以下几种实现途径:一是将数字内容与阅读器捆绑,通过阅读器的出售实现数字内容价值的增值,培养读者的数字阅读习惯;二是借鉴报纸期刊与广告合作的成功经验,在现阶段读者付费阅读意识较为薄弱的时期通过广告收入或用户区分迂回实现价值;三是积极与移动运营商合作,提供更为个性化的服务,建立读者的个人数字图书馆,从过去的"多人一书"向"一人一书"转变,实现数字出版个性化服务的优点。②

4. 注重内容资源的集约整合能力

信息时代内容为王,谁掌握了内容,谁就是胜者。但随着数字技术和网络的发展,内容为王有了更深层的含义,谁的内容资源具有更强大的集约整合能

---

① 金永成,任 健. B-B-C:数字出版商业模式的创新与启示[J]. 出版发行研究,2011(3).
② 黄先蓉,刘 菡. 传统出版业数字化转型的政策需求与制度、模式创新[J]. 中国编辑,2011(1).

力,谁才有更大的市场控制力。

近年来,互联网正走向数据的结构化时代,在不久的未来,数字出版内容也必然由高度结构化的数据服务组成。所以,数字出版企业要抓紧完成已有资源的数字化和结构化,实现内容资产的有效管理,通过对内容所涉及的版权进行合理的保护使内容资源库持续地发挥各种潜在的应用服务的价值。另外,还要根据自身的专业出版优势着手建设各种专业数据库,并根据不同内容设计不同的商业模式,进行立体开发,提高资源整合能力。

5. 打造数字品牌

与传统出版模式相比,数字出版应该更重视品牌的建立和发展。在数字出版领域,由于信息的充分共享和扩张的边际成本趋向于零,占据竞争优势的企业可以迅速地获得市场的承认并占据有利地位,并以极低的成本将自己的领先优势扩大,形成"只有第一,没有第二"的格局。因此,数字品牌就显得更为重要。

第二节 政府篇:数字出版产业创新政策建议

一、完善法律法规,理顺管理体制

我国目前尚未出台专门的数字版权保护法,有关的数字版权保护法律条文只是在新修订的《著作权法》中有所提及。虽然修改后的《著作权法》增加了信息网络传播权,2006年颁布了《信息网络传播权保护条例》,但其中对侵权范围的规定不够明确细致,对数字出版物的合理使用范围界定模糊。随着数字出版的发展,国内外都在探讨法律法规、标准等制度建设对于其发展的保护和推进,我国应加强关于数字出版的制度建设,完善相关的法律法规。如跟踪高新技术发展的新动态,推动《著作权法》、《出版管理条例》、《印刷业管理条例》、《音像制品管理条例》、《计算机软件保护条例》等法律法规的适时修订,增加手机出版、互联网出版等相关内容,加强数字版权保护。对出版准入的审批条件,应根据实际情况做出相应调整,为数字出版发展和传统媒体的转型营造良好的政策环境。此外,业外资本的进入和数字出版形式的多样化,也需要相应的法律法规对其进行规范和保护。现有的对于数字出版的管理意见和政策法规并不少见,但还需要一部真正意义上的《数字出版产业法》,通过这种上位法的方式,可以解决各部门之间管理权限冲突的问题。另外,诸如数字版权的保护与转让、电子商务的货款支付与安全、数字出版的税收及征收、数字出版合同的签订及履行等有关数字出版正常运行不可或缺的操作要求,都应通过立法的形式,尽快用法律法规来予以规范。我国政府、企业以及其他与该行业息息相关的机构和部门都应顺应数字化出版的浪潮,及时转变观念,为数字出版产业的发展营造一个良好的环境。

另一方面,为了更好地对数字出版产业进行管理,政府相关部门应该根据数字出版的特征、类型以及数字出版的不同阶段进行不同的管理。在新闻出版总署《关于发展电子书产业的意见》当中,拟对从事电子书相关业务的企业实施分类审批和管理,将电子书的创作、复制、发行、进口的业务作为不同类型的单位进行管理,这样的管理更具针对性,也可以有效避免业务交叉重叠带来的管理问题。例如,对参与数字出版与数字传播的企业采取分类管理的办法,将数字内容出版企业、数字化内容加工企业、数字化内容投送、传播企业的性质区分开来,分别授予资质。同时,在资质授权上,给予传统出版单位数字出版资质,给予民营数字技术企业数字传播、数字化加工资质,使掌握新技术的民营企业参与到传统出版单位的数字化经营中来。对于数字出版实施准入制度,加强资质审核,提高行业门槛,将有利于数字出版产业的规范、有序发展。规范并不意味着压制发展,而是为市场竞争提供良好的环境保障,让真正有实力、拥有先进技术与健康内容的企业成为数字出版的中坚力量。[①]

二、加强行业规范和标准体系的建设

标准问题不是技术自身的问题,而是行业管理问题。建立和健全数字出版的行业规范准则,在数字出版领域建立统一的行业标准,改变不同出版厂商各自为政的现状,降低使用成本,是发展我国数字出版业的迫切举措。

目前我国数字出版面临的问题主要是缺乏统一的技术标准,导致阅读成本过高;将传统出版标准化与数字出版标准化割裂;技术商同质化竞争严重,导致资源浪费。要改变这样的困境,应尽快制定数字出版标准、数字印刷标准等,完成信息标准化和数字出版标准体系表,在生产、交换、流通、版权保护等过程中形成符合行业规范的数字出版业标准化体系,创造公平的市场竞争环境。

首先,必须制定统一的技术标准。我国数字出版市场目前存在的多种格式既增加了用户的阅读成本,也加大了信息内容整合的难度。因此,数字出版行

---

① 黄先蓉,刘 菡 . 传统出版业数字化转型的政策需求与制度、模式创新[J]. 中国编辑,2011(1).

业应尽快制定出一个统一的技术标准,或者由占有强势地位的技术服务商来牵头提供一个统一的标准。国内可以采用国际上目前比较标准的 PDF 格式或者XML 格式,将数据标准化并且实现共享,可以降低制作成本,实现资源的合理配置,更好地促进数字出版产业链的健康发展。

其次,要搭建合作平台,加强沟通与协调。我国的数字出版行业一直无法制定出统一的标准,究其原因还是因为产业链条上参与者均从各自利益的单方面出发,彼此缺乏良好的沟通和协商,使得在标准制定时难以协调一致。因此,政府相关部门要尽快解决统一的标准问题,必须整合数字技术提供商,搭建平台加强各方的沟通与协调,强化行业管理,或者可以效仿美国数字出版界,成立一个类似 OEB 的标准化组织,统一规定必须遵守的技术标准。

三、紧抓内容建设,做好产业规划

数字出版物作为网上数字内容文化产品,与其他文化产品一样,具有社会导向功能,其内容影响着受众的政治、道德、价值取向。政府相关部门应使传统出版和网络出版优势互补、理想对接,鼓励、支持传统媒体、网络公司、主流网站等从事网络出版业务,将优秀的作者、丰富的内容纳入网络出版,开发丰富的文化资源,从而吸引广大的读者,支持数字出版的社会导向功能。

因此,在数字出版发展过程中,相关政府部门对于原创的内容、市场渠道、传播平台的培育显得至关重要。只有内容丰富、形式多样,产业才有源源不断的产品,才能满足和稳定市场需求。另外,在渠道建设中,一是要利用好传统出版的渠道;二是根据数字出版的特点开拓新渠道。[①]

总之,相关政府主管部门应通过统筹规划,从国家战略的高度制定产业政策,做好产业规划,推进数字出版工程的建设,通过对产业界的支持和引导,建立良好的数字出版生态环境和价值链,逐步培养出一批具有清晰产业定位的数字出版商和集成服务商。

四、扶持建设区域性或全国性数字出版公共服务平台

数字出版产业具有"三高"性质,即内容的高度集成、技术对运维环境的高度支撑、运营模式的高度动态化,而这"三高"正是传统中小出版单位以一个出版社之力难以超越和解决的问题。要想在数字出版领域有所作为并取得实效,

---

① 曹胜玫. 当前数字出版产业链的相关问题及思考[J]. 编辑之友,2009(3).

就一定要从高端进入,即要从集团和战略联盟的层面上整体考虑,集约性地类聚整合资源,整体性地进入,而不宜从小的或个体的出版单位进入。出版集团具有发展为区域性版权交易平台和中心的基础,而中小出版社、公益性出版社则需要国家、政府的扶持。由政府相关部门主导,扶持建设区域性或全国性数字出版公共服务平台,优先为中小出版社和公益性出版社提供各种在线服务。

(1)出版物流及出版市场监测平台

目前,面对经济全球化和出版市场快速变化的趋势,出版业市场监测日益成为政府加强宏观调控力度、企业提高市场响应速度的惟一重要保证。当前的主要问题是信息的收集依然是传统的静止、片面统计方法,尽管应用了网络通信技术和 POS 技术,但关于某一图书的完整数据信息依然失真失范,这就需要整合上中下游出版企业的出版供应链的数字平台,如出版集团供应链信息平台、发行集团供应链信息平台、第三方出版监测机构信息平台。

因此,我国政府相关部门和企业应逐步认识到信息共享与监测的价值,扶持建立立足市场、面向市场的共享与监测系统,如北京开卷全国图书零售市场观测系统。这样,政府管理部门可以观测产品供求状况、市场结构变化、产业发展趋势和行业运行格局,出版单位可以依据持续的跟踪监测结果来调整目标市场和细分市场、优化选题以及实施新的定价营销策略等。

(2)公益性少数民族出版网络平台

现在,少数民族出版社在网络基础建设方面还比较薄弱,许多还是局域网,有时用外网根本打不开,甚至找不到它们的主页。少数民族出版具有一般出版的共性,又具有资源特色化而产生的选题稀缺性、读者基数小而产生的市场有限性、文化保护而伴随的出版公益性和难以集团化而导致的经营分散化等特殊性。

政府主导建设国家少数民族网络出版平台,可以聚合少数民族出版的出版资源,转化出版劣势为出版优势,示范和引导少数民族数字化出版。因此,平台应致力于提供各民族出版社在出版资源远程共享、出版政策传播研究、民族文化出版项目评审和监管、出版物及其版权资源的国内外贸易等方面的公共服务。

(3)数字出版公共交易平台[①]

近年来数字出版行业的实践和探索启示我们,造成数字出版业发展的症结

---

①　尹章池,邓红艳.论数字出版的内部组织结构与形态[J].编辑之友,2010(12).

之一在于没有能有力沟通内容生产与大众消费的公共出版服务路径。换言之，没有具有公信力并能以相应的现代科技支撑的数字出版公共交易平台，由此而制约数字出版产业链的有机形成。因此，政府相关部门应积极发挥引导作用，尽快促成数字出版公共交易平台的建设。

数字出版公共交易平台的建设可采用政府和企业共同开发的模式。之所以建议由政府和企业共同开发，一是有利于发挥政府的公信力，便于广大的数字出版企业能公共应用；二是有利于加大力度，整合集中优势各方，高水平地实现该平台的快速建成，及时产生效益，避免盲目竞争，重复建设。之所以要由企业来运作，是因为该平台的建设是具有经济前景的经营性项目，需要充分发挥企业的专业技术优势及现代企业管理体制与机制的优势，才有利于充分运用市场规律，与广泛的合作方通过灵活的市场机制，共同努力实现社会效益与经济效益整体目标以及合作各方的利益。

对参与的出版企业，在依据互惠共赢的市场规则驱动的前提下，政府尽可能提供优惠奖励措施，促进更多的国内外出版企业提供优质产品参与到平台中来，以集中优势资源，形成规模效益。同时，还可鼓励国内外企业投资平台建设。另外，在平台试运营阶段，政府应给予平台建设企业一定的税收减免；对参与平台的终端产品厂商，政府应给予一定的价格补贴，以利于迅速开拓终端产品用户群规模，有利于数字出版形成供需协调的规模效应。[①]

五、加强版权保护软硬件环境建设

目前，由于我国数字作品的版权不能得到有效保护，著作权人的权益得不到保障，网络传播商没有取得有版权的数字作品的合法传播权，以及广大网民缺乏良好的版权保护意识和正确的数字消费观等，导致我国数字出版产业链不完善，无法进行正常的产业循环，数字出版业难以得到健康发展。

政府应尽快更新相关的法律法规，让作者和发行单位建立起授权的畅通平台，让数字出版业得到法律的有效保护，促使市场能得到有效运作，并配套地成立以数字出版为核心的著作权委托代理组织，以有效地解决数字出版相关的版权问题。[②]

版权保护是数字出版产业发展的核心问题，政府相关部门在版权保护方面

[①] 吴信训，吴小坤．我国数字出版产业链的冲刺关键——构建数字出版公共（交易）平台的构想[J]．新闻记者，2010(8)．

[②] 曹胜玫．当前数字出版产业链的相关问题及思考[J]．编辑之友，2009(3)．

进行制度创新时,主要应关注三个方面:一是根据各种新媒体业务模式,如网络图书、网络期刊、在线数据库、原创文学、手机小说等的特点,来创新版权保护制度;二是注意技术进步与版权保护的关系,版权保护应与时俱进;三是把握版权保护的利益平衡原则,在数字出版的创作和传播过程中理顺创作者、传播者和使用者的关系,对各方的权利进行保护,使用数字加密技术的同时应考虑数字内容的传播,通过权利义务的界定来合理地将作品中包含的利益分配给作者和社会公众,以实现作者利益与社会公众利益的双向互动,促进社会文化事业的蓬勃发展和人类文明的进步。此外,有关部门还需要完善版权登记和监管体系,建立完善的版权登记和交易平台,提供版权追踪、检索的监管技术,更好地实现版权的统一管理。[①]

另一方面,政府还应充分利用技术手段,建设产权保护信息系统环境。知识产权保护的力度和有效性在较大程度上决定着创新主体的热情和专注度,电子化手段和数字化技术能生成与数字出版创新产权保护相关的各种科学、高效的数字化信息系统,例如数字出版创新技术成果在线分析与鉴定系统、数字出版技术专利申报数字化平台、网络出版科技查新系统、数字出版物创新属性智能捕捉系统、出版创新效益评估数字化模型、数字化成果使用追踪系统等,都能为数字出版创新主体的利益设置一道道保护屏障。

六、加快发展数字出版产业基地

2010 年 8 月,国家新闻出版总署颁布实施《关于加快我国数字出版产业发展的若干意见》指出,"十二五"期间,要在全国形成 8～10 家各具特色、年产值超百亿的国家数字出版基地或国家数字出版产业园区。

所谓数字出版产业基地,主要是指由政府或民间组织、机构规划或自发建设,通过控制产业基地招商定位,吸引数字出版行业的相关企业入驻,在基地内产生行业集聚和规模效应,形成完整的产业链,从而促进数字出版产业快速发展的产业基地。数字出版产业基地首先可以作为产业发展的孵化器和助推器,引领传统出版业向数字出版转型。它不仅为传统出版业向数字出版业转型提供平台,而且有利于数字出版产业由单个企业的自发性发展向产业整体自觉性发展深层转变,更有利于纸质书籍、报刊、影视作品、艺术品等传统出版资源向电子图书、数字报刊、网游动漫、数字艺术品、数字电影、数字音乐、手机出版

---

① 黄先蓉,刘　菡.传统出版业数字化转型的政策需求与制度、模式创新[J].中国编辑,2011(1).

等数字出版内容进行高效率、高质量的转化与再造。其次,数字出版产业基地可以打通产业链上中下游,形成通畅的产业链条。数字出版产业链上中下游的内容提供商、技术提供商、产品销售商可以进行深层次的相互投资、参股合作,甚至建立合资公司,利用双方的优势,共同提高赢利能力,共同开发数字出版业务,真正实现内容优势、技术优势、营销优势的强强联合,探索出能够助推数字出版产业发展的产业链模式。第三,数字出版产业基地可以发挥产业规模效应,优化数字出版产业组织结构。产业基地内的企业凭借宽松的环境和优惠的政策可以打破所有制壁垒、行业壁垒等,实现企业间的并购、联合、重组等。重点的内容生产企业、技术研发企业、平台服务企业可以借势做大做强。第四,数字出版产业基地可以更好地保护数字版权,促进原创内容生产。数字出版产业基地的建设有利于国内外入驻企业、政府管理机构、中介组织等共享版权保护的先进经验,方便地沟通联系,有利于其携手搭建数字版权保护平台,创新保护模式,降低保护成本,并营造良好的数字版权保护环境。

因此,政府相关部门应加快发展数字出版产业基地,充分发挥政府的扶持推动作用。首先,政府应支持完成基地基础设施和公共服务设施建设,为基地产业的发展提供宽松优越的物质环境;其次,政府应在深入研究基地的战略优势和时空资源的基础上,制定出台扶植数字出版产业发展的优惠政策,包括财税政策、金融政策、奖励补贴政策等,从而构建有利于其壮大的产业政策环境;第三,要理顺数字出版产业管理体制,对基地的管理要坚持有所为、有所不为的原则,可以通过政策手段给基地企业以良好的服务、引导与协助,实现对基地的宏观管理,对于项目的日常运作和管理则应交由企业负责。[①]

---

① 曹　旭,苟莉莉. 论数字出版产业基地的功能及发展建议[J]. 中国经贸导刊,2010(22).

后 记

《数字出版产业创新模式研究》一书终于要出版了。本书的内容主要来源于本人承担的北京市科委软课题项目《北京数字出版产业创新模式研究》。

在书稿的写作过程中,由于其他事务,几次都使写作过程中途停滞,若非出版社孙微巍主任的一再催促,恐此稿还需时日才能出版。

本书的写作过程中,得到了许多人的支持和帮助。首先,要感谢我的导师及好友张志林教授,她在数字出版研究方面丰富的积累、开阔的学术视野以及独到的研究视角,都对本书的写作起到了重要的指导作用。其次,要感谢我的同事包韫慧老师、周康老师等,他们在课题研究以及书稿写作过程中,给予很多支持和无私的帮助。再次,要感谢北京印刷学院09级、10级传播学数字传播方向的几位研究生,他们对书稿的顺利完成贡献巨大:周红主要负责案例调研资料的分析和汇总工作,唐沄和辛晓磊负责书稿内容的整理和图片完善等工作,另外,还有周玥、张倩、马凌珊、张阿源、张俊等,他们在前期案例调研过程中,取得了大量的第一手调查材料和数据,为本书的案例分析打下了基础。在他们的帮助下,书稿才得以顺利完成。最后,要感谢我的家人,由于工作较忙,本书的写作主要在暑假期间和工作之余进行,因此耽误了许多陪伴孩子与家人的时间,但他们都非常理解,并大力支持。每每念及于此,心里总感愧疚,希望本书的出版是我给他们的一个回报和礼物。

英国著名情报学家 Lancaster 大约 30 年前做出了有关数字出版的预言,他说:"在我看来,在科学及其他领域出现完全无纸化的出版体系并不是问题,而在什么时间出现才是惟一真正的问题。"显然,时间已经证实了他的预言。进入21世纪,随着数字技术的不断发展,探讨数字出版的文献也越来越多,数字出版已成为学界和业界共同关注的热点话题。

在内容上,本书选择了创新理论和数字出版的结合点,以数字出版产业链中不同的创新主体为主线,以相关研究案例的创新要素为研究起点,构建数字出版产业创新体系,并据此提炼出几种不同的数字出版创新模式。

希望本书能为相关数字出版理论和创新研究提供些许借鉴和帮助,也希望本书在实践层面,能在一定程度上对全国相关数字出版企业的发展起到一定的引领和指导作用。

由于本人学识浅陋,书中难免有许多不当甚至是错误之处,欢迎批评指正。